远观译丛

陈夏红·主编

中国知识产权法

中国特色知识产权新探索

卷主编·何天翔 谢晴川　译者·王杰 彭耀进

中国大百科全书出版社

图书在版编目（CIP 数据）

中国知识产权法/陈夏红主编；何天翔等编 . - - 北京：中国大百科全书出版社，2018.8

（远观译丛）

ISBN 978 - 7 - 5202 - 0079 - 0

Ⅰ.①中…　Ⅱ.①陈…　②何…　Ⅲ.①知识产权法 - 中国 - 文集　Ⅳ.①D923.404 - 53

中国版本图书馆 CIP 数据核字（2017）第 095448 号

策 划 人　郭银星
责任编辑　李海艳
责任印制　魏　婷
封面设计　乔智炜
出版发行　中国大百科全书出版社
地　　址　北京阜成门北大街 17 号　　邮政编码　100037
电　　话　010 - 88390093
网　　址　http：//www.ecph.com.cn
印　　刷　北京君升印刷有限公司
开　　本　787 毫米×1092 毫米　　1/16
印　　张　28.25
字　　数　342 千字
印　　次　2018 年 8 月第 1 版　　2018 年 8 月第 1 次印刷
书　　号　ISBN 978 - 7 - 5202 - 0079 - 0
定　　价　79.00 元

总　序

大洋彼岸的回声

想编这样一套丛书的想法由来已久。自多年前到荷兰游学，出于研究需要，查阅了大量英文写成的有关中国法律的文献。阅读的过程，失望与希望并存。说失望，是发现，由于语言、文化等因素，有一些用英文写成的有关中国法律的文献，或流于浅层次的泛泛介绍，或充满西方式的傲慢与偏见，并不尽如我们在惯性思维里对西方学者的预期与推崇。而说希望，是发现，亦有为数不少的文献，选题新颖，论证严密，评析问题入木三分，既顾及中国的传统与现实，亦能够用最现代化的法治标准，去衡量中国法治发展的成败得失；既有理性的批评与建议，亦有客观的褒扬与赞许。尽管现在国人的英文水平较之以往有提高，文献检索能力也随之进步，数据库技术的发展消除了获取这些原文的障碍，但从传播效果最优化的角度，我觉得这些佳作，依然有翻译成中文并在国内出版的必要。

这个想法，首先得到中国大百科全书出版社社科学术分社社长郭银星女士的鼎力支持。2013 年初，我回国探亲，忙里偷闲与郭银星聚餐，聊及这个选题，双方一拍即合，并在各自的领域内，做了最大的努力。

我与郭银星相识已有十多年，在出版领域算是挚友，此前我们已有一些合作。比如在我的建议下，中国大百科全书出版社重版曹汝霖的回忆录《曹汝霖一生之回忆》；《高宗武回忆

1

录》出版过程中，我亦参与校阅；我们更大规模的合作，便是辛亥革命100周年之际，由我与杨天石教授编辑的《辛亥革命实绩史料汇编》四卷本。这套丛书出版过程延宕甚久；出版之际，辛亥革命百年纪念已经落幕。但这套书出版后，依然获得一些好评，尤其是很荣幸地获得"2011凤凰网年度十大好书"的称号。而这套远观译丛，则是我们最新的合作成果。

选择与中国大百科全书出版社合作，完全是基于该社在法学学术出版领域卓越的声誉和口碑。据我所知，中国大百科全书出版社在法学领域最早期的成果，是20世纪80年代初期的《中国大百科全书·法学》。百科全书作为国家学术思想的门户，其重要性毋庸赘言，尤其是中国经过多年"文革"浩劫，亟待重建知识体系的情况下。中国大百科全书出版社由此创建，而亦以此成名。《中国大百科全书·法学》编撰过程中，当时国内老中青三代法学家尽数参与其中，济济一堂；这本书出版后，一时洛阳纸贵，也成为当时法学院师生不可或缺的参考书。而90年代中后期，中国大百科全书出版社与福特基金会合作，由江平先生出任主编，隆重推出"外国法律文库"，将德沃金的《法律帝国》《认真对待权利》、伯尔曼的《法律与革命》、哈耶克的《法律、立法与自由》、贝卡利亚的《论犯罪与刑罚》、哈特的《法律的概念》、戴西与莫里斯的《论冲突法》、奥本海的《奥本海国际法》、凯尔森的《论法律与国家的一般理论》、拉德布鲁赫的《法学导论》等西方学界脍炙人口的法学名著，悉数译介到国内。这些书籍的出版，对于当时的法学界来说，其意义自不待言。如今随着法学出版格局的进化，译介甚至原版影印的作品越来越多，但中国大百科全书出版社在法学领域的这些贡献和创举，至今散发着绵延不绝的影响力。

远观译丛想法的产生，不能不提及一些同类作品。最为著名的当然是刘东主持编辑的海外汉学丛书。这套书从文史的角度，将海外学人研究中国的佳作"一网打尽"。而在法律领域，除了早年王健编辑的《西法东渐：外国人与中国法的近代变革》，尚有高道蕴、高鸿钧以及贺卫方等编辑的《美国学者论中国法律传统》。除了译作，后来也出现一些研究外国学者论中国法的作品，这里面最重要的一本当属徐爱国教授的《无害的偏见——西方学者论中国法律传统》。我之所以有想法编译这套远观译丛，无疑是受到以上作品的启迪，理当在这里表达敬意与谢意。

但是，上述译作大都局限在比较法或中国法律传统的框架内，重理论而轻实务，重理念而轻实践，文史气息浓郁，对具体的部门法则涉及不多。这或许是远观译丛与前述作品的最大区别。在我看来，中国法律传统固然值得盘点，但在中国大转型的节骨眼上，更为重要的则是对我们现行法制建设的成败得失作出理性的分析评判。正应了那句老话："兼听则明。"我们有必要将域外学者对中国法律制度的具体评述译介到国内，为法治的现代化更上一层楼，增加必要的参考资料。这些中国法治事业在大洋彼岸的回声，势必会给读者带来耳目一新的感觉。这么说，并不是说前述对中国法律传统的盘点不重要，而是希冀在这些工作的基础上更进一步。

说到中国法治的现代化，这无疑是一个更长久的历史过程。清末开启中国法治现代化进程，绵延至今已有一个多世纪。大约115年前，即1902年，刚从义和团运动及八国联军侵华之后回过神来的晚清政府，在与西方列强修订商约过程中，被迫启动修律新政，为挽救这个摇摇欲坠的王朝，不得不服下一剂废弃祖宗成法的猛药。此举一下子将畅行中华帝国千余年的传统律法体系几乎连根拔起，亦将中国带上了法律现代化的不归路。正所谓"开弓没有回头箭"，中国在法律现代化的道路上，因应国际政治形势的演变，先学欧美，再学苏联，复归欧美，一波三折，大方向却始终如一。在这个过程中，中国的法律体系可以说是一个"全盘西化"的过程。这个"西"既包括日本、德国、法国，也包括英国、美国，当然更不能漏掉苏联。周大伟先生尝言，中国现代化的过程便是三院诞生的过程。这里的三院便是医院、法院、法学院，此言颇得我心。现在是对持续近百年的法治"全盘西化"作一盘点的时候。在盘点之前，我们有必要听听域外学者对我们现有的法律成果作何评说。师夷长技以自强也好，师夷长技以制夷也罢，中国法治现代化的伟业，我们只能一步一个脚印，筚路蓝缕，群策群力，以愚公移山的精神艰苦奋斗下去。

在我心目中，这套书预期的读者，将不仅仅是法科学生，而更多的是各个部门法领域的专家、学者及研究人员，还有实务部门的实践者和决策者。我之所以这么说，完全是由这套丛书的格局与气象决定的。在阅读译稿的过程中，我常常惊讶于原文作者直面中国法律实践的学术敏感，以及他们发现问题、归纳问题、提出问题以及解决问题的能力。这里面给我冲击最大的，既有《中国知识产权法》中，从中国传统文化角度解读"山寨"现象的新观点，亦有《中国破产法》中，对1906年《大清破产律》的比较研究。我不敢说每部入选图书都是佳作，但这样的列举势必挂一漏万，因为这样的闪光点实在是比比皆是。

这套丛书能够以现在这个样子呈现在读者面前，不能不归功于一个优秀的翻译团队。这个团队年轻而富有朝气，大部分成员为"八〇后"，基本都在中国、日本、德国、荷兰、奥地利等国内外法学院，受过完备的法律教育及扎实的学术训练。这也是为什么我们首辑包括《中国民法》《中国刑法》《中国刑事司法》《中国公司法》《中国知识产权法》以及《中国破产法》中，能够收录包括日语、德语、英语在内的重要文献。这既保证我们能有国际化的视野，也保证我们可以尽最大的能力，使得这些优秀的作品能够以尽可能完美的方式，呈现在读者面前。

毫无疑问，对于我们这个年轻而朝气蓬勃的翻译团队来说，无论是在专业素养上，还是在人格养成方面，翻译并出版这套丛书，都是一个极为宝贵的锻炼机会。在这个协作的过程中，我们逐渐学会有效沟通、制定规则、执行规则、维护权利、履行义务、践行诺言、承受压力等。在这个组稿、翻译、定稿的过程中，我们既完整地展示出各自的能力，亦发现自身颇多值得完善的地方。对于每个参与者来说，这套丛书出版的意义，绝不仅是署有自己名字的译作出版，而更多的意义在出版物之外。我希望这套丛书的出版，对于所有参与者来说，不是我们这些参与者学术人格训练和养成的终结，而只是开始。

坦率地说，翻译本身不仅仅挑战译者的外语能力，更考验译者的中文水平。就翻译三目标"信、达、雅"而论，能够"信"而"达"已属不易，"雅"更是一个值得恒久努力的目标。什么是美好的汉语？这个问题仁者见仁、智者见智，但能够做到清楚、通顺已经很不容易。只有在翻译的过程中，我们才能真切地看到自身的汉语水平。这套丛书译稿不断更新的过程，也是我们对自己的母语水平不断审视并提高的过程。但即便如此，用一句俗套但绝非客套的话来说，恐怕翻译的讹误之处在所难免，还请读者们不吝赐教。

第一辑七本分册的出版，只是远观译丛的起步。这套丛书将保持开放性、持续性，会通过各种方式继续进行下去。下一步，我们除了继续围绕不同学科或者特定主题选译优秀论文外，亦将会引进合适的专著，目前这方面的工作已经起步。此外，我们诚挚地期待并邀请更多的同行加入这个团队，将更多的佳作介绍给国内的读者。

　　作为这套丛书的主编，在这里，请允许我诚挚地感谢中国大百科全书出版社尤其是社科学术分社社长郭银星女士；感谢本丛书所收论文的作者或原出版机构等版权持有方的慷慨授权；感谢本丛书各位分卷主编耐心细致的组织工作；感谢各位译者认真负责地翻译；当然，最后更要感谢并期待来自各位读者的意见和建议。

　　是为序。

陈夏红

2015 年于荷兰马斯特里赫特大学

2017 年定稿于京郊昌平慕风斋

序　言

在过去的许多年间，中国的知识产权保护，一直是国外学者所热议的重点话题之一。虽然近年来情况有所改观，但在多年的时间里，中国知识产权学术界所进行的讨论，与外国知识产权学术界之间一直脱节：我国的学者对外国学者的"皮毛研究"颇有微词，而外国学者也对我国学者的学术成果表示难以理解。因此，除了假定外国学者们对国内知识产权制度，乃至学术界的研究，多带有这种"雾里看花"的嫌疑之外，我们是否也应当有机会拨开这层迷雾，来看看这些产自异域的"花朵"，是否真正触及了我们所关心的问题？这也正是本卷编译者的初衷之一。

知识产权这门学科，以及中国的知识产权制度的相关问题，已经不再仅仅是一个学科、一个制度表象本身的问题；它涉及政治、经济甚至历史在内的各种学科。中国的知识产权制度，本身也并不特别，从表面上看，现行的中国知识产权法律，已与发达国家的知识产权法律相差无几。而特别的是，与知识产权制度无法分离的文化、历史、政治经济制度、习俗等植根于中国这片土地之上的这些"特质"。正是这些特质，才使得中国的知识产权问题如此复杂和如此值得探讨。也正是这些特质，才让中国的知识产权问题，散发出一种独特的光彩。事实上，知识产权领域的研究，已经从早期的纯规范研究，转

1

向了一种跨学科的、跨领域的综合研究，由于知识产权的不断发展，所涉及的问题也日益广泛与包容，可以预见这样的发展趋势还将会持续下去。因此，本卷所介绍引进的文章范围，不仅仅包括对知识产权法学理论方面进行的论证，也包括一系列从文化、历史、经济等角度，对中国知识产权问题进行的精深探讨。而本卷文章的作者，既有德高望重的资深教授，也有年富力强的年轻学者，还有已经奋战在知识产权行业的业界精英。相信他们的声音，可以略微描绘出在外国学者心目中，中国知识产权法律制度的独特外貌。

本卷内容首先以文化解构为题，一览韩诺季教授将如何以对中国文化的深入理解，来解构中国普遍存在的山寨问题。第二部分的专题剖析，围绕着版权以及商标问题进行。首先，蒲睿恪教授将对哈佛大学费舍尔教授所提出的"替代补偿机制"理论进行"中国式"的改造，以期能为中国解决盗版问题提供借鉴；罗伯特·罗戈尔斯基和肯尼斯·贝森这两位曾经的哈佛高材生，现在的业界精英，为我们说明诸如戏仿等转换性使用，将如何协调美国在中国的经济和民主追求之间的冲突；阮轩桃教授通过深入剖析中国商标法律体系中的赔礼道歉救济措施，为美国处理商誉受损的案件提供了一个新的思路。第三部分国际博弈专题中，娜塔莉·斯弢昂奥夫教授，以中国与外国间的经济互动为背景，来研究中国知识产权制度的变迁，并就WTO对中国知识产权制度发展的影响作出评析；安臣·坎普曼·桑德斯教授结合法经济学与国际经济法理论，对中国如何应对知识产权领域的国际挑战提供了独到的见解。第四部分，对中国知识产权的历史回溯作了重点回顾：梅西教授以自身多年与中国进行贸易谈判的经验，为我们简要重述了长达十年的中国知识产权变迁史，以及在这一变化背后的艰辛博弈；来自日本早稻田大学的本野英一教授，以翔实的史料及图片，对

1923 年中华民国时期发布《商标法》前后，中日、中英之间的商标权纠纷进行了详尽的梳理。第五部分以一篇综述性文章作为收尾：来自马里兰大学法学院的派翠西亚·坎贝尔教授以及来自该校工程学院的迈克尔·裴教授，共同就中国的知识产权制度总体作出了述评。本卷的最后部分，刊载了早稻田大学上野达弘教授的特稿，其对中日两国共同关心的形象权商业化所引起的问题，以及日本最高法院的最新判例进行了解读。

　　编者选择了以上文章介绍给读者，并非因为这些文章观点绝对正确，也并非基于编者本人的偏好以及特定作者的名声。选择的标准，就在于能否激扬学术，鼓励思辨。如若能借此为国际学界与国内学界之间提供一个相互评判的平台，在国内学者与国际学者之间搭建一个相互了解的桥梁，那么我们的目的就已经达到。当然，"西学东渐"式的做法，虽然能为中国学者构筑自身的学术批判理论提供思想来源，却并不能成为中国学术批判理论的主心骨。我们必须坚持这一观点。

　　新科技发明的不断出现，正日益冲击着知识产权制度本身；而全球化的浪潮对知识产权制度带来的影响，也正在通过各种不同的国际公约与协定得以显现。在未来，现有的知识产权制度究竟还能维持多久？而我们的过去，会对思索未来之道，造成什么样的影响？对于来自中国的知识产权研究者们来说，思考中国知识产权制度在下一个十年内将如何发展才足以应对新科技带来的挑战，或许正是当务之急。《诗经·小雅·鹤鸣》有曰："他山之石，可以攻玉。"学术的发展离不开健康的学术批评。正如中国知识产权先驱者郑成思教授与哈佛大学安守廉教授，就宋代的版权问题于 20 世纪 90 年代末期进行的学术争论一样，本卷编者也期许，我们所挑选的这些发出了"另类"声音的文章，能引起中国学者的共鸣或者批判。也希望这种共鸣或批判，能为中国的知识产权发展之路，寻找到一定的指引。

何天翔　谢晴川
于荷兰马斯特里赫特大学

目　录

文化解构

解构山寨——中国的"仿冒"反文化[*]

韩诺季[**] 文

何天翔[***] 译

简目

一、前言：何谓山寨

二、21世纪的中国知识产权与官方行业政策：矛盾、不确定性与模糊性

三、体制（官方）文化与山寨"反文化"

四、从儒家的"效法文化"到理学的"模仿文化"：宇宙的主宰（而非创造者）

五、现代山寨的日常生活：对"模仿文化"的戏仿与"草根创新"

---

[*] William Hennessey, "Deconstructing Shanzhai—China's Copycat Counterculture: Catch Me If You Can", 34 *Campbell L. Rev.* 609 (2012). 本文的翻译与出版已获得作者及出版社授权。

[**] 韩诺季，美国新罕布什尔大学法学院教授、亚洲研究项目教授。感谢 Jon Cavicchi、Kathy Fletcher、Will Grimes、Tom Hemstock、Barry Shanks 以及 Naiying Yuan 对本研究的协助及深刻洞见，也感谢《坎贝尔法律评论》编辑部的辛勤劳动。

[***] 何天翔，香港城市大学法律学院助理教授，荷兰马斯特里赫特大学知识产权法学博士、中国人民大学刑法学博士，主要研究方向为知识产权法、欧盟刑法。

> "如果你能做一个海盗的话，为何要加入海
> 军呢？"
>
> ——史蒂夫·乔布斯（Steve Jobs）
>
> "假作真时真亦假，无为有处有还无。"
>
> ——曹雪芹《红楼梦》①

一、前言：何谓山寨

何谓"中国式复制"②，为何中国会以这样一种典型的
"仿冒文化"而闻名，以至于每天都有关于名贵商品被仿冒的
新闻出现？为何外界会偏向于认为，中国在尊重及保护他人的
知识产权方面极其无力？③ 复制与创新这两者究竟是截然相反

---

① Cao Xueqin, *The Story of The Stone*, David Hawkes Trans. , Penguin, 1973, p. 55.

② 根据不列颠大百科词典网络版的查询，"中国式复制"的定义是"不仅包括所要求的质量，连缺陷也包括在内的、完全对等的模仿及复制"，而有关该词的最早使用可追溯至 1920 年。搜索结果：copy, Britannica Online Encyclopedia, http：//www. britannica. com/bps/dictionary? query = copy（last visited Mar. 15, 2012）。

③ Joe Karaganis et al. , Media Piracy in Emerging Economies（Joe Karaganis ed. , Social Science Research Council 2011）（以下简称社会科学研究委员会关于盗版的报告），http：//piracy. ssrc. org/wp-content/uploads/2011/06/MPEE-PDF- 1. 0. 4. pdf。在采访报告的其中一名作者拉维·桑达拉姆（Ravi Sundaram）时，他说："在印度，盗版一词跟'本地产品'（暗指无品牌的产品）一样，是流行语的一部分。近年来的新词是'中国货'，用于指代所有廉价商品。" Ramon Lobato & Julian Thomas, "Transnational Piracy Research in Practice：A Roundtable Interview with Joe Karaganis, John Cross, Olga Sezneva and Ravi Sundaram", *Television And New Media*（forthcoming 2012），http：//papers. ssrn. com/sol3/papers. cfm? abstractid = 1950482；see also "Chinese Factories Now Manufacturing Shanzhai Indian Goods", *Shanghaiist*（Jan. 2, 2012），http：//shanghaiist. com/2012/01/02/chinesefactories-now-manufacturing. php. 两本介绍了但并未分析中国山寨商业的图书分别是：Robert Neuwirth, *The Stealth of Nations：The Global Rise of The Informal Economy*, 2011（特别是在第四章"复制文化"中描述了广州大沙头市场里的卖家）；Gordon Mathews, *Ghetto at The Center of The World*, 2011（描述了在香港的非洲及南亚商贩，在离半岛酒店一个街区距离的重庆大厦里购买山寨产品的情况）。

的两个对立面，抑或一个硬币的两面，还是完全不相关？这些极度成功的模仿者们是否就一定缺乏创造力？"中国人是复制的老手"这一指控，是否反映了中国的传统和文化中的一些独特性；① 是否正是中国的传统文化（特别是儒学），在助长复制或压迫创新；② 是否"对他人作品进行复制"这一做法在中国的文化中如此根深蒂固，以致复制者们完全没有意识到他们的所作所为就是复制；③ 又或者说，他们正在参与一种新的

---

① 对中国文化中的复制现象的研究，当推安守廉（William P. Alford）的著作 *To Steal A Book Is An Elegant Offense：Intellectual Property Law In Chinese Civilization* (1995)。在他完成该研究的时候，山寨现象尚未流行。而本研究所关注的，乃是作为传统及现代中国精英文化之通行视野下的山寨这一概念。

② 有关"创新"在中国的讨论，参见与本文相关的实证研究：Weihua Niu & Robert J. Sternberg, "Cultural Influences on Artistic Creativity and its Evaluation", 36 *Int'l J. Psychology* 225-41 (2001), http：//www. tandfonline. com/doi/abs/10. 1080/00207590143000036。该文的两位作者这样描述该研究的结果："我们设计了两组研究方法来比较：（a）美国与中国大学生所创作的艺术品的创造力的差值；（b）受邀请的美国与中国的评委来评价这些作品的标准。该研究最终证明，两组学生的艺术创造力是不同的。美国学生比中国学生更能创作出有创意及美观的作品，美国及中国的评委共同认可了这一差异。美国评委与中国评委所采用的评价标准间的差异极小，美国评委采用了更严苛的标准来评价总体创造力。另外，总体来说，在创造力构成的问题上，中国评委之间要比美国评委之间更能取得一致意见。这一研究同时也初步揭示出，中国学生的艺术创造力被局限了解决特定任务的功能上，或者说他们缺乏明确的指引来获得创造力。这项研究的结果支持了这样一种假设，即独立的自我导向文化，会比相互依赖的自我导向文化要更能鼓励艺术创造力的发展。其他可能的解释，比如人们对参与艺术活动的态度与动机的不同，以及社会经济学的因素也可能导致人类艺术创造力的区别。"

③ See e. g., Alia, "When Copycat Becomes Cultural Norm in China：Foreign Movie Posters Ripped Off", *Haohao Report* (Mar. 3, 2012), http：//www. haohaoreport. com/1/33681；Tom Carter, "Six Degrees of Shanghai Girls", *Talk Magazines*, http：//shanghai. talkmagazines. cn/issue/2012-03/six-degrees-shanghai-girls (last visited Mar. 15, 2012)；Brian Ling, "Why Does China Copy Designs?", *SGEntrepreneurs* (May 17, 2007), http：//sgentrepreneurs. com/contributorscorner/2007/05/17/why-does-china-copy-designs.

创新活动，用一种新的方式发表评论？①

在当代中国的流行语中，作为公众自我意识的一部分，随意且公开的"复制"以及"戏仿"的行为被统称为"山寨"。②"山寨"一词的字面意义是指"山上的寨子"，在传统中国流行文化中，它代表着强盗及其他违法分子的藏身之处。作为一种文化表达的方式，对代表上述意义的"山寨"一词的使用，最早可以追溯至一千年前，早在公元12世纪左右，由云游四方的专业说书人在城乡广场所讲述的一系列口述英雄故事。而当这些故事发展至第二代后，其讲述的则是一帮居住在中国的荒山野岭之中，试图反抗帝国体制的造反者和草莽豪杰的冒险故事。到了14—15世纪，随着书籍的商业印刷开始在中国出现，这些故事被以通俗白话文重写为许多浪漫历史故事，以供文化水平较高的城市居民阅读。③

将"山寨"这一术语应用于当代文化现象，只是复兴中国传统文化热潮的一部分。对这一"富矿"的挖掘热（常说的"复古"或"穿越"）在当代重新兴起，然而这与在其他亚

---

① See Glyn Moody, "Just Because Something's Fake Doesn't Mean It Can't Be Innovative", *Tech Dirt* (Oct. 24, 2011), http://www.techdirt.com/articles/20111021/06241416447/just-because-somethings-fakedoesnt-mean-it-cant-be-innovative.shtml. 谷歌大中华区前总裁李开复也建立了一些涉嫌仿冒的新网站。批评者们因此为他取了个绰号叫"李开（始）复（制）"（或"开始复制李"）。See Jing Gao, "Picture of the Day: Diandian v. Tumbir, Another Classic Chinese Copycat in the Internet Age", *Ministry of Tofu* (Apr. 20, 2011), http://www.ministryoftofu.com/2011/04/picture-of-the-day-diandian-tumblranother-classic-chinese-copycat-in-the-internet-age.

② "Tag Archive for 'Shanzhai'", *China Hearsay*, http://www.chinahearsay.com/tag/shanzhai (last visited June 2, 2012).

③ 有关将山寨视为"山上的寨子"的最具代表性的作品，应当是写于14世纪至15世纪间的白话文小说《水浒传》。*Great Dictionary of Chinese-Japanese*3597 (Morohashi Tetsuji ed., 1955—1960). 对该小说之标题的英语翻译版本有很多，如《水边》(*The Water Margin*)、《沼泽里的歹徒》(*Outlaws of the Marsh*) 以及《四海之内皆兄弟》(*All Men are Brothers*)。

洲国家发生的对传统文化的兴趣复苏现象不尽相同，以现代日本以及韩国等国的类似现象为例，它们均植根于自身的"历史"而非"西方"，其人口随着极大物质财富的极大丰富而增长，并由此发展出独特且繁荣的现代生活方式。曾有人如此解释此趋势：

> 近来，对传统文化及风尚的复兴突然（在中国）流行。传统服饰以及礼节开始在各种场合出现，以用于张扬个性或吸引注意。然而，这一有关回到礼仪之邦的复兴潮，也同时引出许多有关"穿越"的尴尬例子，许多东西看起来不合时宜且存在历史失实问题，很难说"穿越"是成功的。[①]

2008 年北京奥运会前后，山寨一词被赋予了新意义："山寨仿冒"。[②] 现在的山寨一词，已经被用于指代那些生产廉价仿冒手机以及手提电脑的地方，这一说法已经被普遍接受。山寨产品的生产者多于晚间偷偷生产那些粗制滥造的产品。而在白天，他们

[①] "Hanfu Movement: Cultural Revival or Awkward 'Time Travel'?", *Chinasmack* (Jan. 27, 2012), http://www.chinasmack.com/2012/pictures/hanfu-movement-time-travelcultural-revival.html. 这次复兴包括传统中国服饰（汉服）在婚礼、农历新年等喜庆或节日场合的再现。在许多中国的"穿越"文学作品中，巅峰代表当推香港小说家金庸（笔名 Louis Cha）的系列武侠小说。See *The Jin Yong Phenomenon: Chinese Martial Arts Fiction and Modern Chinese Literary History*, Ann Huss & Jianmei Liu eds., 2007; John Chirstopher Hamm, *Paper Swordsmen: Jin Yong and The Modern Chinese Martial Arts Novel*, 2011. 北宋画家张择端（1085—1145）以传世名画《清明上河图》，精确地展现中国城市社会的繁荣。该画为观者提供了一次从中国的乡间村落，穿过帝国首都开封，向西直至宋徽宗住所的皇宫大门的想象航程。See "Along the River During the Qingming Festival", *China Online Museum*, http://www.chinaonlinemuseum.com/painting-alongthe-river.php (last visited Mar. 15, 2012).

[②] "Copycat 'Shanzhai' Culture Takes on Life of its Own", *China View* (Dec. 30, 2008), http://news.xinhuanet.com/english/2008-12/30/content_ 10582935.htm.

往往是中国南方庞大手机制造产业中的正式工人。① 正如那让人啼笑皆非的山寨"阿迪达斯"球鞋形手机一样,"山寨"现在代表着"产品的扩张"。② 其中,苹果公司的产品和服务就受到了特别的"照顾"。例如,从中国昆明③到纽约法拉盛④,

---

① 若想通过视频了解如何制作 iPad 仿制品,see Jing Gao, "Video: Chinese Young Man Liu Xingying Makes 'iPad 3' By Hand", *Ministry of Tofu* (Jul. 14, 2011), http://www. ministryoftofu. com/2011/07/video-chinese-young-man-liu-xinyingmakes-ipad3-by-hand。麦高登(Mathews)在其书中如此解释"复制品"与"仿冒品"之间的区别:"大部分学者将'复制'与'仿冒'视为同义词。在本书中,我对这两个术语作了如下区别:复制品是制造者为使其与原件无法分而制作的;而仿冒品则不同,为了获得一定程度的法律保护,它存在细微区别,比如更改品牌名中的某个字母,使其看起来与原件并非完全相同。" Gordon Mathews, *Ghetto at The Center of The World*, p. 111. 纽沃夫(Neuwirth)也同样评价道:"广州大沙头市场实际上就是一系列出租的摊位。摆摊的商人都是中国人,但大多数消费者……都来自非洲……而该市场运营方式,与世界上所有其他无序市场一样,只收现金……手机在中国是一盘大生意。根据官方的数据,2008 年中国共出口 6 亿台手机……这里卖的手机都是仿制品……有 'Sansung'(模仿三星)、'Motorloa'(模仿摩托罗拉)以及 'Sany Erickson'(模仿索尼爱立信)……在广州的服装和皮草市场,你可以轻易发现以 Hogoo Boss(模仿 Hugo Boss)、Zhoumani(模仿 Armani)、Versce(模仿 Versace)以及 S. Guucci(模仿 Gucci)为名的店铺……" Robert Neuwirth, *The Stealth of Nations: The Global Rise of The Informal Economy*, pp. 89-90. 麦高登发现许多非洲商贩喜欢去香港的重庆大厦购物,因为他们不用像在广州一样担心其所买的仿冒品在过深圳海关时被没收。See Gordon Mathews, *Ghetto at The Center of The World*, p. 133. "大鱼去中国内地,我们这些小鱼留在中国香港。中国内地很大,因此比较适合大鱼而不是小鱼。" Id. p. 135(引用一位坦桑尼亚服饰采购商的话)。

② "Shanzhai Adidas Shoe Phone", *Tech Fresh* (Aug. 13, 2010), http://cellphones. techfresh. net/shanzhai-adidas-shoe-phone.

③ See Jacqueline Wong, "China Inspects Electronics Stores After Fake Apple Shops Report", *Reuters* (Jul. 23, 2011), http://www. reuters. com/article/2011/07/23/uschina-apple-idUSTRE76M2NP20110723.

④ See Neil Hughes, "Apple Takes Aim at Copycat Fake Retail Stores With New Lawsuit", *Apple Insider* (Aug. 4, 2011), http://appleinsider. com/articles/11/08/04/apple_ takes_ aim_ at_ copycat_ fake_ retail_ stores_ with_ new_ lawsuit. html.

山寨 iPhone 和 iPad 产品①以及山寨苹果电脑专卖店都不难找
到，甚至有个人洗浴用品品牌以"iShampo"（苹果洗发水）
命名②。山寨的"iPhone"煤气灶也不甚稀奇③。山寨一词的
中国用法，现在已经延伸到山寨快餐店以及咖啡厅，④ 甚至还
有山寨电视晚会⑤。

    "山寨"文化在中国流行至今。从字面意义上
看，"山寨"是指"山上的寨子"或者"山上的堡
垒"；其带有脱离官方管控的隐含意思。山寨文化则
始于仿冒名牌产品开始占据市场之时。然而，山寨一

---

① See "GooApple", Valley Fruit Science and Technology（Hong Kong）Co.,
http://www. gooapple. com（last visited Mar. 15, 2012）; see also Makiko Taniguchi and
Eddie Wu, "Copycat Design as an Open Platform for Innovation", *Patterns*, http://
patterns. ideo. com/issue/shanzhai（last visited Mar. 15, 2012）. 该文的两位作者这样
描述山寨创新效果：山寨对草根研发者来说是一个开放平台，苹果、诺基亚以及
三星的智能手机被不断山寨，但是，仿冒品对正品的设计作了相应调整以吸引中
国顾客。山寨设计师可能会在手机中电流不太稳定的区域添加闪光灯，目的是让
产品在价格、外观、价值及需求方面更能让普通人接受。山寨设计对国际公司来
说，是将自己的产品介绍给中国消费者，并观察本地经济是如何适应该产品的一
个机会。官方新闻报道称，山寨手机占据了中国 4.5 亿手机用户市场中的 30%。
See Wang Xing, "Shanzhai Culture Now in the Crosshairs", *China Daily*（May 18,
2009）, http://www. chinadaily. com. cn/bw/2009-05/18/content_ 7785393. htm.

② Jing Gao, "Picture of the Day: EPIC WIN The Latest Chinese Grassroots Innova-
tion: iShampoo", *Ministry of Tofu*（Oct. 27, 2011）, http://www. ministryoftofu. com/
2011/10/picture-of-the-day-epic-win-the-latest-chinese-grassroots-innovation-ishampoo.

③ Jing Gao, "Picture of the Day: iPhone Gas Stove", *Ministry of Tofu*（Feb. 24,
2012）, http://www. ministryoftofu. com/2012/02/picture-of-the-day-iphone-gas-stove.

④ See "Funny and Clever Chinese 'Shanzhai' Brands", *Chinasmack*（Nov. 4,
2008）, http://www. chinasmack. com/2008/pictures/funny-clever-chinese-shanzhai-
brands. html.

⑤ See Sky Canaves & Juliet Ye, "Imitation is the Sincerest Form of Rebellion in
China", *Wall St. J.*（Jan. 22, 2009）, http://online. wsj. com/article/SB123257
138952903561. html; see also Yi-Chieh Jessica Lin, *Fake Stuff: China and The Rise of
Counterfeit Goods*, 2011, pp. 57-64（该书第五章的标题为"作为抗议及反叛象征的
仿冒文化"，其讨论了中央电视台的春节晚会的山寨版本——山寨春晚）。

词的意义，也随着它的流行开始扩张。山寨并不仅指模仿及盗版产品，还包括对……主流文化、名人……其他类似主体的戏仿。例如，用棍子搭的北京国家体育场（鸟巢）及山寨春晚。它既反映了一种为他们的日常生活增添乐趣的新精神，也反映了一种普通民众间的谈资，但这并不能成为正当化冒牌产品的理由。不论是草根的创造力，还是一种侵犯知识产权的行为，山寨文化确实在大众中十分流行。①

那么，究竟原意为"山上的寨子"的山寨一词，是如何转而带有中国仿制品、仿冒品以及戏仿的假货的意思的？知名的华裔黑客——黄欣国（Andrew "Bunnie" Huang），讲述了其父亲告诉他的山寨的起源：

首先，我们应当尝试理解山寨一词的文化内容。山寨……来源于汉语词汇，指的是"山上的堡垒"，而字面的翻译会有误导。英语词汇中的"堡垒"（fortress）意味着经过强化的巨大设施或者要塞，有可能还会让人联想到城堡的炮楼及护城河。另一方面，该词的外延清楚地表明，它仅仅是指经过防御工事改造过的地方。这一外延与汉语中的初始意义更为接近；事实上，山寨一词中所指的堡垒，更类似于洞穴或游侠的藏身之所。到了当代，山寨是对该词本身蕴含之传说的历史影射。其中的一个传说，就是公元

---

① 引自百度网的一篇博客，http：//tieba.baidu.com/p/1158948699？pn=1；see also "Photo Hunt Game of Chinese Shanzhai Products", *China Hush* （Jan. 31, 2011），http：//www.chinahush.com/2011/07/31/photohunt-game-of-chinese-shanzhai-products/#more-8691（展示了近期的一些有趣的山寨例子）。

12世纪有关宋江和梁山一百单八将的故事。这个故事至今还很流行，当我询问我的父亲时，他马上就明白了。我的朋友把宋江描绘成一个类似罗宾汉（Robin Hood）与切·格瓦拉（Che Guevara）的结合体。宋江是造反者，也是运气很好的军人，同时他还无私地帮助那些有困难的人。①

黄欣国所指的，正是那些历朝历代屡禁不止从而流传至今的、被14世纪白话文小说《水浒传》所记录下来的故事，其描述了12世纪早期的北宋皇朝，在被"蛮狄戎夷"侵占之前的最后"辉煌"岁月。

西方人借由两种英文节译本——赛珍珠（Pearl Buck）的《四海之内皆兄弟》（*All Men Are Brothers*）和杰克逊（J. H. Jackson）的《水边》（*The Water Margin*）——所知道的《水浒传》，是中国流传最广的古典小说之一。这部用元明时期（1224—1644）白话文写作的小说，叙述了……12世纪一百零八个强悍豪爽、敢作敢为的好汉怎样在各种不同的情况下，依次到水泊梁山避难，并聚义造反的英雄业绩。他们毅然攻掠权贵和富豪，劫其不义之财，并抗拒由贪暴的大臣所统帅的官军。然而，尽管他们蔑视权贵，其内心深处，特别是其头领宋江的内心深处，却依然渴望着有朝一日能效力皇上以显忠诚。他们最终获得皇上的招安，并被编入官军，参加了一系列打击

---

① Andrew Huang, "Tech Trend: Shanzhai", *Bunnie: Studios*（*Bunnie's Blog*）(Feb. 26, 2009), http://www.bunniestudios.com/blog/? p = 284.（该文指出"黑客"一词的中文翻译"骇客"的大意为"制造麻烦的人"。）

外族入侵者和国内其他谋反者的战役，大获全胜。可是最后一次战役却损失惨重，有超过一半的梁山好汉在这场战役中丧生，残存者则重又云散，而小说也以宋江死于奸臣之手的悲剧告终。①

梁山一百零八个好汉有男有女，他们多数骁勇善战，很多又嗜酒如命，有着包括暴徒、杀人犯、武林高手、游侠以及刺配犯人等多重身份。这些代表了独特的忠诚与正义、混乱与欺骗的人物，正是如今的"中式"教育中的基本大众文化结构的一部分。故事中大部分英雄人物都出身贫寒，缺乏正规教育，且都沉溺于对武术、饮酒以及打斗等的追求中。同时，他们也终生信奉一种统一的（或可能的）山寨道德规则。小说中体现的这一山寨文化环境，本身就是一个研究道德困境的宝库。大部分主角都是违法后不得不逃匿的普通人。有些是游侠，还有正直的底层官员和军官，他们刚正不阿，仅因得罪各自的腐败上级，而不得不落草以逃避惩罚。他们所处的"江湖"正是"政治空间的镜像"②。

小说中塑造的反派，大部分都是贪婪且傲慢的政府官员及其随从，这种形象与儒家文化所预想的"贤能"理想完全不同，人们期待的"贤能"理应是一个模子刻出来的、稔熟儒家典故的道德典范。小说中所描绘的处于山寨文化中的反体制角色们，大部分野蛮且怪异，通常还歧视妇女、放纵自我且多

---

① John C. Wang, *Chin Sheng-Tan*, William R. Schultz ed., 1972, p. 53. 有关最早的宋江故事现存印本（这些故事大多都缺乏对其他中国文学作品的引用说明）的英译本，see "Proclaiming Harmony", pp. 51-58（William Hennessey trans., 1982）。（本段译文引自王靖宇：《金圣叹的生平及其文学批评》，谈蓓芳译，上海古籍出版社 2004 年版。——译者注）

② Weijie Song, "Nation-State, Individual Identity, and Historical Memory: Conflicts Between Han and Non-Han Peoples in Jin Yong's Novels", in *The Jin Yong Phenomenon: Chinese Martial Arts Fiction and Modern Chinese Literary History*, p. 121, 134.

数人极不成熟。他们只有在通过打斗（以决定谁的格斗技巧在山寨中最高，因而也最值得尊重）建立了某种关系后，才能与对方相处。

更不用说，中国官方一直在努力打压该书，《水浒传》在明朝晚期至清朝期间一直被官府封禁，但禁止该书印行的做法最终被证明是失败的。19世纪一位台湾官员曾如此评论：

> 当地剧团出演与贪腐官员及造反（内容）相关的剧目。他们弃伦理与原则于不顾，争强好胜，在舞台上边跳边打。围绕着同一主题至少还有着上百个变体剧目。但对此，愚昧的大众只会一致愤怒地表达他们对这些内容的认可。这正在教会人们如何造反……当地官员还应密切关注图书市场，许多出版商正在出售山贼淫秽小说和故事，我们应当烧掉这类书籍。①

小说中的简评指出，官府大员的专横霸道及伪善行为，正是底层民众所津津乐道的谈资之一。在书的第一章中，名为高俅（影射其球技的双关语）的蹴鞠高手，基于其运动天赋和"鞍前马后"的社交能力获得了皇帝的青睐，坐上太尉的位子。在这之后，梁山泊的第一个首领晁盖，一个在黑白两道都有门路的村保正，试图在官府和强盗群体之间维持良好的关系。但他最终带领群盗上演了一出"智取生辰纲"的好戏，夺取了运送上京献给太师的生日礼物。

---

① David Ownby, *Brotherhoods and Secret Societies in Early and Mid-Qing China: The Formation of A Tradition*, 1996, p. 21.（引用了台湾一位名为陈焕章的当地官员的话。）

深埋于水浒传故事之中的是在道德上有些模糊的"强盗即英雄"的山寨伦理。而自 2000 年算起，该伦理在过去十年间，至少是两部大受欢迎的同名系列连续剧（相关游戏亦同）的主题，而这两部连续剧在中国境内、台湾地区及香港，还有海外华人世界都曾播出过。中国年轻一代的父母及祖父母们一般都对该小说的纸质版十分熟悉，而年轻人则不然。而如今电视剧的热播，使得他们也有机会能接触该伦理概念。山寨模因①存活于当代中国"草根文化"之中这一事实，对许多中国人选择在当代中国的灰色经济中谋生所代表的意义来说很重要，其也对中国"官方"知识产权保护系统有着深远影响。② 更不用说，对政府或官方圈子而言，"山寨"一词在当代中国流行文化中被用于指代许多非法活动的事实，让他们感到极端不舒服。这意味着中国的传统山寨"反文化"，可能会因为"对老百姓来说，中国的官方传统'体制文化'在过去的几个世纪中并没有多大变化"这样一个流行的观点而卷土重来。③

---

① 模因（meme）是指文化资讯传承时的单位，与遗传因子概念中的基因相类似，由理查德·道金斯（Richard Dawkins）在《自私的基因》一书中所创造。——译者注

② 被后世儒家学者反复引用的古代儒家权威文本《礼记》，强调了"尊卑有序"的观念，即"所以示后世有尊卑长幼之序也"。中国有句俗话叫"上有政策，下有对策"，它反映了在面对官样虚伪时的大众反应。新加坡政府与苏州市政府就中国和新加坡苏州工业园区的建设问题产生争议，苏州市政府最终获胜时也引用了这句俗语。若想深入了解这一最近的"文化冲突"，see Hong Hai & Lee Chay Hoon, "Educating Singaporeans on Cultural Intelligence: Enhancing the Competitive Edge", *Educ. Res. Ass'n of Sing.* (2011), http://www. eras. org. sg/Cultural% 20 Intelligence. pdf。

③ 已有学者对当代中国的"文化/反文化"作出过区分。See e. g., Geremie R. Barme, *In The Red: On Contemporary Chinese Culture* (2000). 该书作者的讨论与本文并无太大关联。

二、21 世纪的中国知识产权与官方行业政策：矛盾、不确定性与模糊性

在中国，从工业产品到盗版"哈利·波特"小说，几乎所有东西都无法逃脱被猖獗仿制的命运。对于此现象存在着解释，此理由是否充分有待考证，但其的确常常出现。该理由认为，20 世纪 60 年代与 70 年代的"文化大革命"后，自该运动所造成的创伤中重生的中国，要建立起强有力的知识产权保护体系，发展"现代"经济，仅有 30 多年时间是不够的。从这一现代化的历史进程看，"创新文化"还远未取代"模仿文化"。这一常见理由以史实为据指出，日本、韩国等（还有更早之前的美国）现有市场经济得到高度发展的国家，过去都曾经历过"发展中国家"时期，在此时期中，它们都为了"迎头赶上"而实施较弱的知识产权保护（特别是当权利所有人为外国人时）。[①] 根据此观点，当包括中国在内的新兴经济体最终达到一定程度物质繁荣后，知识产权保护就会自然且不可避免地得到加强。这一观点最近被蒋志培（中国最有影响力的最高人民法院前知识产权法官）所重申：

> 蒋志培同意中国的知识产权侵权问题十分严重，但他也认为人们不能单独地看待这一问题。"侵犯知识产权犯罪在一些特定领域和区域，特别是从总数上来看是十分严重和猖獗的"，他说，"然而，那些通过各种计算而得出中国是世界上主要的

---

① Anne Stevenson-Yang & Ken DeWoskin, "China Destroys the IP Paradigm", 168 *Far E. Econ. Rev.* 9, 12（2005）.

知识产权侵权国之一的结论的调查，并没有将中国人口总数计算在内。如果算上人口总数，中国知识产权侵权率会比包括美国在内的许多其他国家要低得多"。他驳斥了那些认为"仿冒和盗版不是由发展引发的问题"的说法，"（知识产权侵权）主要应当归因于中国传统文化、经济体制、法律环境甚至中国老百姓的爱国主义情绪。这些概念正在使当下的问题变得更加复杂"。

他解释道："中国的（知识产权侵权）问题……纯粹是贫穷问题。在当地民众变得富裕，以及本土需求出现并鼓励政府采取行动保护知识产权之前，盗版在日本和韩国等其他亚洲国家也曾十分猖獗。当中国老百姓变得更富裕了，在不远的将来，情况会得到改善。"①

另一种类似的辩解，普遍来自于资源紧张的发展中国家。这种辩解以法制、司法机关、公众意识及法治发展在当地还有待提高为由。这一"次发达国家"的情况，② 世界贸易组织体

---

① "Inside Man: An Interview with Zhipei Jiang", *World Intell*. Prop. Rev. 16, 17-18 （2011）, http: //content. yudu. com/A1s30d/WIPRMay-Jun2011/resources/index. htm? referrerUrl = http% 3A% 2F% 2Fwww. worldipreview. com% 2FWIPRBi-monthlies. asp; see e. g., Laurie Burkitt, "Retailers Rush In as Chinese Lose their Taste for Fakes", *Wall St. J.*, Feb. 14, 2012, at B1（作者指出：尽管如此，仿冒仍是个问题。中国官方去年查封的仿冒产品的总值为 53.3 亿元人民币……根据美国政府的数据，中国同时也是美国政府所查封的仿冒与盗版产品的主要来源地，占了被查封的 1.247 亿美元产品总值中的 62%)。

② 《与贸易有关的知识产权协定》（TRIPS 协定），1994 年 4 月 15 日通过，《马拉喀什建立世界贸易组织协定》，附件 1C，1869 U. N. T. S. 299 （1994）。TRIPS 协定第 41 条第 5 款规定："协议本部分之规定被认为并不产生下列义务：为知识产权执法，而代之以不同于一般法律的执行的司法制度，本部分也不影响成员执行其一般法律的能力。本部分的任何规定均不产生知识产权执法与一般法的执行之间涉及财力物力分配的义务。"

系通过免除在 TRIPS 协定的第三部分（知识产权执法）规定的总义务的做法，明确表达了对此的考量。例如，就发展中的中国法制，曾进行过深入探讨的裴文睿（Randall Peerenboom）教授，观察到包括中国在内的发展中国家，在现代化进程中所面临的普遍挑战：

> 发展中国家常会被建议采纳"国际上最好的经验"。而这些经验往往在法治的"工具箱"中，或如联合国《关于司法机关独立的基本原则》以及国际选举制度基金会的 18 条"司法尊严原则"等国际性文件中得到体现。尽管如此，东欧国家却被要求必须要满足多达 8 万多页极其详细且技术化的要求后，才能加入欧盟！很不幸的是，低收入国家和中等收入国家并不能简单复制西方自由民主国家的法律系统。告诫发展中国家去采纳"国际上最好的经验"，就像是指引拿着球棍的 10 岁小孩，去高尔夫俱乐部打球，并告诉他，如果想赢得大师赛他应当去看泰格·伍兹①打球的视频一样。②

---

① 泰格·伍兹（Tiger Woods，又称老虎伍兹），美国著名的高尔夫球手。——译者注

② Randall Peerenboom, "The Future of Law in a Multipolar World: Toward a Global New Deal" (May 19, 2011), http: //papers. ssrn. com/sol3/papers. cfm? abstract_ id = 1846263; see e. g. , Peter K. Yu, "Intellectual Property, Economic Development, and the China Puzzle",in *Intellectual Property*, *Trade*, *and Development*: *Strategies to Optimize Economic Development in a Trips-Plus Era*, Daniel Gervais ed. , 2007, p. 173; see also Peter K. Yu, "The Middle Kingdom and The Intellectual Property World" (2011), http: //ssrn. com/abstract = 1934887. 有关国际选举制度基金会的"司法尊严原则", see Violaine Autheman, "Global Best Practices: Judicial Integrity Standards and Consensus Principles", *Int'l Found. For Electoral Sys.* (Apr. 1, 2004), http: //www. ifes. org/Content/Publications/White-Papers/2004/Global-Best-Practices-Judicial-Integrity-Standards-and-Consensus-Principles. aspx。

　　第三种解释，更直接关注中国作为关键利益相关者在国际贸易体系中所扮演的角色，而事实上，中国对其贸易伙伴所承担的义务，甚至已经超过了 WTO 对其成员身份所设置的义务。来自中国贸易伙伴的单边性政府压力，能否进一步有效地改善其知识产权保护系统，打击猖狂盗版及仿冒行为，还是说该压力会对生产带来反效果？① 有关这种"胡萝卜加大棒"的效力，中国台湾地区就是有力的例证：2011 年美国贸易代表的"特别 301 报告"对台湾地区保护知识产权的巨大转变给予了特别的肯定，将其移除出年度"观察名单"（被美国 1974 年《贸易法案》"特别 301 条款"用于标明严重侵犯美国知识产权的国家和地区）。而在这之前，中国台湾地区是该名单上的常客。②

　　随着中国的贸易顺差在过去十年间骤升，及中国进入世界银行各国人均国民生产总值列表的"中上等阶层"行列后，其他国家对中国的重商主义贸易政策的批评变得越来越尖锐。③ 与此相关的是，第四种对猖獗侵犯知识产权现象的解释认为，"中国式复制"现象有着政治上的解释，有了此解释，我们甚至可以不再需要上述文化解释以及"经济发展程度"

----

　　① 　中国台湾地区与中国大陆相比，传统相同，但土地面积更小。通过将中国台湾地区在 20 世纪 90 年代中期的情况作为正面样本进行分析，孙远钊教授（Andy Sun）就曾恰当地建议，应以小心、持续且带有敬意的方式，对知识产权保护和执法较弱的地区施加"外部压力"。See Andy Y. Sun, "From Pirate King to Jungle King: Transformation of Taiwan's Intellectual Property Protection", *Fordham Intell. Prop. Media & Ent. L. J.* 67 (1998). 中国台湾地区刚被世界银行列为"高收入"地区。See World Bank, http://data. worldbank. org/about/country-classifications.

　　② 　See "2011 Special 301 Rep. ", Off. U. S. Trade Representative (Apr. 2011), http://www. ustr. gov/webfm_ send/2845.

　　③ 　See World Bank, http://data. worldbank. org/country/china (last visited Mar. 30, 2012).

解释。[1]

> 中国在保护（知识产权）方面的失败与其发展
> 程度和文化态度没有太大关系，这应直接归因于政府
> 对经济的所有和控制。这一做法会逐渐破坏财产
> 权——特别是无形财产权……盗版不仅是执法不力的
> 结果，它也与中国经济结构中预设的激励因素有关。
> 国家在历史上一直控制着经济价值，在此形式经济
> 中，保护知识产权与国家的利益无关，因而也就与国
> 有企业、国家扶持企业或国家偏爱的企业的利益不相
> 关。在中国，只有最小的公司渴求知识产权，但当这
> 些公司做大后，却也难保自己可以长久拥有此类
> 权利。[2]

"迎头赶上"、"转型期"以及"国家控制的经济"等各
种对中国低水平知识产权保护及公然复制等现象的解释，都相
当值得关注。但笔者从外国人的角度观察，这些解释都不完
整。就第一种说法而言，如果其他处于类似情况下的国家
（例如，其他"金砖"国家——巴西、俄罗斯及印度）也在同
一发展阶段出现相同"仿冒"现象的话，会更有说服力一些。

---

① Anne Stevenson-Yang & Ken DeWoskin，"China Destroys the IP Paradigm"，
p. 12.（该文断定中国的"知识产权问题"的架构性原因，是"由中国经济政策
的独特性，以及国际性的信息技术革命而造成的"。）

② Id. p. 10，18.

但从这些国家来看，中国是个特例。① 第二种说法假设"文化态度"可从中国官僚化的"国家所有和控制"行为中脱离出来。这一说法，也同时夸大了中国国家领导人对"复制行为"进行实际控制，或假定控制的能力，因为"复制行为"发生在上亿中国人的日常商业生活中。在本文第四部分笔者将会更详细说明，中国现任国家领导人的"国家所有和控制"行为，

---

① 最近由《连线》杂志（*Wired Magazine*）的记者罗伯特·卡普斯（Robert Capps），对本文提到的 *The Stealth of Nations：The Global Rise of The Informal Economy* 一书的作者罗伯特·纽沃夫进行了采访，后者提出了这一观点。纽沃夫以"复制文化"为题，花了整整一章来写中国广东省的山寨市场。

连线杂志：你谈到了很多在小报摊、路边摊以及其他小型非正式市场上出售的商品，那么这些货的来源是哪里？

纽沃夫：这些货物大部分来自中国。中国已经成为地球的生产引擎这一点早已不是秘密。在很多方面，他们比我们还要"资本主义"。如果有人想生产什么，即使他并没有获得任何授权，中国的工厂都能接单。而且与中国打交道也很容易。只用几个小时，你就可以通过当地的中国领事馆获得旅行签证，而这点美国人可做不到。因此，例如，非洲的倒爷们就可以到中国来，向中国公司订货并运回非洲贩卖。

Robert Capps，"Why Black Market Entrepreneurs Matter to the World Economy"，*Wired Magazine*（Dec. 16, 2011），http：//www. wired. com/magazine/tag/slumdog。纽沃夫将这些经济称为"D 系统"：

纽沃夫：有一个法语词 débrouillard，人们用它来形容一个人很自力更生且很聪明。这个词在非洲以及加勒比地区等前殖民地地区发生了一定变异，它被用来指代那些被称为"l'économie de la débrouillardise"（自力更生经济或 DIY 经济）的街头经济。我决定采用这一术语，并把他简称为"D 系统"，这样可以尽量减少在提及传统上的非正式经济或黑市，甚至地下经济等说法所指向的目标时，所带来的贬义效果。基本上我使用这一术语来表达所有逃避政府监控的经济活动。因此，所有未登记、脱离管制、未缴税但并不完全是犯罪的活动都在范围内，而与走私枪械和毒品及贩卖人口相关的行为则在此之外。

Id. ; see also Mark Findlay & Nafis Hanif，"International Conventions and the Failure to a Transnational Approach to Controlling Asian Crime Business"，（Sydney L. Sch. Legal Stud. Res. Paper No. 11/75, Oct. 2011），http：//papers. ssrn. com/sol3/papers. cfm? abstract_ id = 1950031. See generally Gordon Mathews，*Ghetto at The Center of The World*（该研究对从中国香港贫民聚集的"重庆大厦"中，购买中国山寨产品的南亚以及非洲的贸易商进行了分析）；有学者采用"警察捉小偷"的方法来研究中国的仿冒品问题，这一方法更为传统但稍失严谨，see Moisés Naím, *Illicit：How Smugglers, Traffickers, and Copycats are Hijacking the Global Economy*，2006。

实际上是严格遵循着有数百年历史的、发源于中世纪古代儒家学说的"宋明理学"的中国官方一贯的官僚态度。

如果仔细考量中国在过去两个世纪中的飞速发展，可以发现中国很像一个"时光胶囊"：其既有在 21 世纪迅速崛起北京、上海等大城市，聚集各方能人志士及经验丰富的政经领袖；而当深入内地之后，人们会感觉自己好像经历了一场"时空旅行"，仿佛回到了农耕经济时代，其与当地的文化和历史、未完全发展的社会系统和"地方强人"式的法律系统有着紧密联系。而中国农村及其治理方式在一个世纪甚至更长的时间内，并没有因为战争及革命得到多大改变。"旧中国"的农业人口与"新中国"的工业人口的边界也并不太平，因土地开发而爆发的"大规模抗议"纠纷屡屡见报。①

有关"灰色经济"的一个观点认为，它们处于发展中国家的有效控制之外；另一种观点指出，地方政府私下鼓励当地企业走出去，并默默容忍他们随心所欲地"复制"任何它们想要的东西，只要它们保持低调且"不制造麻烦"②。这两种立场并非完全对立。例如，近期的有关中国经济发展的商业研究认为，由于中国的中央和地方之间存在着一定的张力：地方和中央的政策考量以及优先选择不总是对等的，再考虑到以多样化的地域特点、广袤的土地以及拥挤的人口为表征的巨大国家规模，中国的政治经济的某些特征就会指向"结构性不确定"。而这并非中国经济体制失败的产物，而是有意识的发展策略（也可以说是一种政治协商的产物），其导致同样的政策

① See e. g. , "China's Wen says Farmers' Rights Flouted by Land Grabs", *Reuters* (Feb. 5, 2012), http://in.reuters.com/article/2012/02/05/china-land-wenidIND-EE81403P20120205.

② Robert Neuwirth, *The Stealth of Nations: The Global Rise of The Informal Economy*, pp. 93-94.

在国家层面与地方层面会得到不同的解读。① 对国家来说，关注点可能在"国家创新政策"，而同时区域、省及地方层面的关注点则可能在于"改编"（或全面盗用）他人创造的科技。从这个角度来看，地方政府官员自然就不会太注意国家层面的寻求技术独立与技术升级的政策，而更倾向于允许当地人以任何方式快速致富。

> 欲理解参与者的经济行为，对中国的制度性考量就不仅要着眼于各类官方机构、组织及程序，还需要考虑结构不确定性（structured uncertainty）的范围……我们将结构不确定性界定为体制的一部分，尽管这一体制的部分，一直在试图阻止其自身的"制度化"。具体而言，其并没有试图确保一些行为模式形成惯例或常态。相反，其试图就某个特定主题而言，有多重的行为可被他人遵循，而并无任何参与者能够事先知晓其中何种行为是适当的。换句话说，结构不确定性可被界定为就有关政策的目标及方法表达"同意保留分歧"的一种方式，或者一个会导致内部不可预测性，并进而导致执法中的固有模糊状态。这样一种固有模糊就导致了对同一政策的不同解读及执行各异的容忍。因此，结构不确定性就是这样一种制度性环境，其包容了多种多样的行为，但又不合法化、正当化某特定路线或特定行为方式。②

---

① Dan Breznitz & Michael Murphree, *Run of The Red Queen: Government, Innovation, Globalization and Economic Growth in China*, 2011.

② Id. p. 12. 他们使用的研究方法，与最近一项对中国大陆非政府组织的战略行为的研究所采用的方法相似。See generally Rachel E. Stern & Kevin J. O'Brien, "Politics at the Boundary: Mixed Signals and the Chinese State" (June 11, 2011), http://polisci.berkeley.edu/people/faculty/OBrienK/MC2012.pdf.

上述分析建议人们在考虑有关中国的模仿及创新现象时，不仅仅要"自上而下"，还要"自下而上"进行考量。对于像以前的产业调研（以及"特别301报告"）所尝试的那样，从"自下而上"而非"自上而下"的角度，来考虑所研究之国家（很偶然，中国并不在其内）中的盗版现象的做法，社会学家约翰·克罗斯（John Cross，前述社会科学研究委员会关于盗版的报告的受访者之一）曾如此解释其优点：

业界有关此问题的研究……都是基于（业界）利益考量的应用型研究。真正的学问是利用我们对世界的知识去理解基础原理。其中的最好的方式就是采取一种违反直觉的方法，或至少应当从与现存大量研究所采角度不同的角度，去着手进行研究。本研究正是以此为宗旨，通过各种不同方式而进行的。首先，我们从盗版者而非产业立场着手开展研究。这一做法还未被社会所广泛接受。至少从我的观察来看，这类研究要么过于任意，要么仅限于批判那些坐在产业决策人位置上的贪婪恶魔（好莱坞是这方面的翘楚，且从中赚了不少钱）。我们决定采用此方式，是因为其之前并未受到重视，且它使得我们能将政策形成过程作为社会进程来考量，而在社会进程中，国家及产业都非全能。相反，我们特别证明，社会有足够能力接受一种对正式行为规范的抵抗，这种抵抗并不需要采取有组织的社会运动方式，而是以人们为生存而奋斗的日常行为之形态出现。这正是对我来说，为何去挑战产业集团所试图妖魔化"有组织犯罪"的行为的特别重要的原因之一。在产业集团的宣传中，"有组织犯罪"这一参与方无所不能，且满怀恶意。我并不是说这里面不涉及有组织犯罪，我只是说这既不是问题的根本原因也不是其中最有意思的方面。因此，与其将盗版看作一场"好人"对"坏人"的战争（这也是产业试图推进这场争论的方式，在其中他们明显地声称自己是"好人"方，但并不太成功)，我认为不如把它看作一种主要发生在家庭经济以及非正式社会动力学中，而非发生在马路游行中的抗争性政治表达……①

克罗斯强调了那些"反盗版运动"行话所带来的修辞学效果：

有人不断地尝试为这些盗版者寻找更为糟糕的类比，将他们与有组织犯罪、恐怖主义联系到一起。作为学者，我们究竟应该在何种程度上不加置疑地使用这些比喻？当然，我们不应这么做，我也不认为我们曾犯过此错误。这些类比是定义该议题的部分，而且其被一个群体用于指责其他群体，接着转而被当作组织性的工具来使用的方式，本身就是不错的研究议题。②

中国有过三千年光辉灿烂且物质极大丰富的文明，不过正

---

① Ramon Lobato & Julian Thomas, "Transnational Piracy Research in Practice: A Roundtable Interview with Joe Karaganis, John Cross, Olga Sezneva and Ravi Sundaram", p. 10. 克罗斯除了是前述社会科学研究委员会关于盗版的报告的受访者之一外，还是 *Informal Politics: Street Vendors and The State in Mexico City* (1998) 一书的作者。

② Id. p. 6.

如常说的那样，知识产权保护的概念在那段漫长岁月里，并非中国文化的一部分。面对此事实，考虑到中国固有官方价值体系的持续性、广袤的地理空间及庞大人口，中国的现代化（包括构建现代且高效的知识产权保护体系）将会需要很长时间。①

> 有朝一日中国被迫改造，革命程序定要推翻一千年来之所作所为。在西欧和日本，以商业上的条理治国可以从组织的中层发动，商人可作有效的贡献，中国则需要将商业条理与组织加于成百上千的官僚或以亿万计的农民头上。而社会的习惯又一向不注重民法，内中私人财产权有了君子不言利的习惯，又用自我抑制、对人谦让的教条阻塞正当的争辩，结果只有使真伪不分，上下颠倒。有了这些复杂的因素，来日革命要将这一切清算，必定会旷日持久，也会悲痛惨切。②

杨思安（Stevenson-Yang）与杜志豪（DeWoskin）暗示，无论给中国多少时间，作为一个政治及文化实体的中国，会否"转轨"至知识产权强保护道路，从各个方面来说都仍是未知数。而知识产权强保护道路，已经被拥有亚洲价值观的发达国家及地区（包括日本、韩国、新加坡，现在更包括中国台湾

---

① See William P. Alford, *To Steal A Book Is An Elegant Offense*: *Intellectual Property Law In Chinese Civilization*; William P. Alford, "How Theory Does—and Does Not—Matter: American Approaches to Intellectual Property Law in East Asia", 13 *Ucla Pac. Basin L. J.* 8, 16 (1994).

② Ray Huang, *China*: *A Macro History*, rev. ed., 1997, pp. 223-224.（本段译文引自黄仁宇:《中国大历史》，生活·读书·新知三联书店 2007 年版，第 206—261 页。——译者注）

地区）所认可。① 他们的观点是，这将是两败俱伤的局面，期待的"转轨"不会出现，西方发达国家只能接受"北京共识"的大获成功。② 在这个问题上，中方所坚持的"中国例外论"值得研究。邓小平时代的中国就指出其坚持"有中国特色的社会主义市场经济"。③ 胡锦涛在2011年10月的演讲中，将"有中国特色的社会主义市场经济"这一概念扩展至中国领导人现在讲的"中国特色社会主义文化"之中。④ 中国的独特性现在已经不仅是经济独特的问题，也是"文化"独特的问题。

　　坚持中国特色社会主义文化发展道路，必须继承和发扬中华优秀文化传统，大力弘扬中华文化，建设中华民族共有精神家园。中华文化源远流长、博大精深，积淀着中华民族的深厚精神追求，是中华民族生

---

① See Anne Stevenson-Yang & DeWoskin，"China Destroys the IP Paradigm"，p. 18.

② 这一状况被近期的研究形容为"两败俱伤的局面"。See Richard P. Suttmeier & Xiangkui Yao，"China's IP Transition：Rethinking Intellectual Property Rights in a Rising China"，*Nat'l Bureau of Asian Research Special Report* No. 29，22（2011）. ["中国作为国际经济中的重要参与者，究竟是会导致游戏中某种程度的'共赢'局面的出现，还是会导致如杨思安和杜志豪所指出的那样，所有人'全输'的局面，抑或导致有着明显赢家和输家的零和游戏（zero-sum game）的产生?"] 有关"北京共识"，see Joshua Cooper Ramo，"The Beijing Consensus"，*Foreign Pol'y Ctr.*（Mar. 2004），http：//fpc. org. uk/fsblob/244. pdf；Yasheng Huang，"Rethinking the Beijing Consensus"，11 *Nat'l Bureau of Asian Research*，*Asia Pol'y* 1（2011），http：//www. nbr. org/publications/element. aspx？id=481。

③ See e. g.，Joseph Fan，Randall Morck and Bernard Yeung，"Capitalizing China—Translating Market Socialism with Chinese Characteristics into Sustained Prosperity" 1 n. 1（forthcoming 2012）（Dec. 19，2011 draft），http：//www. nber. org/chapters/c12067. pdf？new_ window=1.（在使用"中国特色社会主义市场经济"，或更简洁的"市场社会主义"或"社会主义市场经济"来形容20世纪80年代后的中国经济体系的方面，我们遵循中国政府和中国共产党的做法。）

④ 胡锦涛：《坚定不移走中国特色社会主义文化发展道路，努力建设社会主义文化强国》，载《求是》2012年第1期。（该文根据胡锦涛于2011年10月18日在中国共产党十七届六中全会第二次全体会议上的部分讲话内容所撰。）

生不息、团结奋进的不竭动力，是发展中国特色社会主义文化的深厚基础。①

    根据新观点，中国的现代经济及社会发展是独特的、"非西方"的且将永远维持不变。② 不论中国所坚持的理论基础是马克思列宁主义、毛泽东思想，是来自"国家资本主义"的前社会主义概念，还是中国语言、历史及文化所固有的内容，对中国大陆来说，没有任何迹象显示其准备从"中国特色"模式，向并未如中国大陆这般拥有自我坚持之"特色"的日本、韩国甚至中国台湾地区的模式转变。③ 根据此观点，中国不仅与"西方"存在根本性不同，也与其他任何国家都存在根本性不同。中国的现代化可以做到，让 21 世纪的上海浦东新区，从表面上看就像 20 世纪中期美国曼哈顿这样的程度，但因为现在全球化游戏规则的设定对中国不利，现代"中国文化"必须在此进程中坚定不移地抵抗及避免"西方思潮"

---

① 同前。

② 这一论断常出现在有关中国文化遗产的"独特性"的语境之中。See e. g., Wu Kuang-ming, "Let Chinese Thinking Be Chinese, not Western: Sine Qua Non to Globalization", 9 *Dao J. Comp. Phil.* 193, 193 (2010), http://philpapers. org/rec/KUALCT-2. 在该文的摘要中，吴光明教授指出，全球化代表着以全球多元文化去加强当地的文化，因前者取决于后者。全球性以及本土性是相互依赖的，而且"普世性"应当由"相互性"所取代，因为"存在"本身也是交互存在的。中国式思考因此必须是中国的而非西式的，正如西式思考应当是西式的而不该是"普世的"一样；中国应当帮助西方做自己，正如西方应当帮助中国做自己一般。正如（假设）涂夫人用中式的语序去讲英语，因而"汉学家"们就以中国句子的逻辑去思考一样。说英语的人通过分析她说的话之语法来认识英语的特点；中国思考者则通过分析西方"汉学家"们的语法来认识中国的特色。通过"相互性"语法分析达到相互增强各自的文化，发生于三个不同阶段。这就是跨文化的全球化。欲了解更多当代"反反马克思主义者"（anti-anti-Marxist）对"文化陷阱"的分析（如本文及吴教授的文章）的批判，see John D. Haskell, "Against Culture: Indeterminacy, Structural Inequality, and the 'Opaque-Box of Culture' in Law", (Unpublished Research Paper No. 10/2011, School of Oriental and African Studies School of Law) (2011), http://ssrn. com/abstract = 1896279。

③ See generally Andy Y. Sun, "From Pirate King to Jungle King: Transformation of Taiwan's Intellectual Property Protection".

（特别是所谓的"西方自由民主思潮"）的影响。[①]

中国该如何面对创新所带来的挑战，对"谁是庄家，什么规则"这一问题来说是极为重要的。这是由……方滨兴……被称为中国网络审查"防火长城"之父……他解释道："假设两个人参加了武术比赛。如果一个人完全模仿另一个人的动作，那这个人怎么可能战胜对方？这就是为何中国在科技领域难以战胜西方国家的根本原因……在这种相互对峙中，弱的一方若想战胜强者，只有采用与对方不同的战术才行。"[②]

如果进一步展开这个论证，我们会发现，起码在商业管理文献中（而非法律学者群体之间），近来"山寨仿冒"发展模式不仅没有受到批判，相反还被高度赞扬；而这一情况不仅出现在中国，在美国也有迹可循。

产业集群的概念由哈佛大学的麦克·波特（Michael Porter）所推崇，他认为企业参与者们及他们的供应产业群的集中会形成竞争优势。集群的行动目

[①] 将"西方"看作"世界观察者"的主体，将"其余"以"种族划分"，并当作客体看待，对这种观点的激进且给人启发的评论，see Naoki Sakai, "Theory and Asian Humanity: On the Question of Humanitas and Anthropos", 13 *Postcolonial Stud.* 441 (2010)。酒井直树（Naoki Sakai）在文中指出："西方"被构造成二元体，一边是经验主义，另一边则是形而上学，横跨确定与模糊二界；它源于18世纪"主体"一词的新义。亚洲的身份有赖于承认，与亚洲不同的是，看起来西方不需要别人去承认其身份。换句话说，西方声称（这一声称要打个问号），它有能力自行发起自我承认。而且，在这方面，西方认为自己是普遍存在且自然产生的；它既无所不在又独一无二；它代表着世界的普世主义，而且是该世界的杰出领导者。Id. p. 450.

[②] Richard P. Suttmeier & Xiangkui Yao, "China's IP Transition: Rethinking Intellectual Property Rights in a Rising China", p. 22.

标，就是通过为新想法的孵化提供有益的基本设施、知识以及人才流通来全力支持创新。包括硅谷、波士顿 128 公路地区、英国的剑桥以及以色列的"荷兹利亚在海面上"（Herzliya-on-the-Sea）在内的项目，都是很好的例子。模仿集群也由许多相近产业竞争者组成；但是，与创新集群所不同的是，模仿集群不是围绕着一流高校形成，而是围绕着技术院校及应用研究中心而形成，其中的大部分都根据产业归类。例如，中国深圳的手机产业以及北京京郊平谷东高村的弦乐器产业。（广泛散布于中国和越南及其他国家的制造假冒商品的集群不在本书讨论范围之内，尽管它们也同样促进模仿。）①

如同申卡尔（Shenkar）所推测的那样，难道不应该鼓励那些在与中国相类似的国家中的科技追随者们，"像孩子模仿他们的父母一般"继续向其他地方的科技领航者们学习，而放弃那种仅靠自身杀出一条血路的做法吗？② 有学者对此表达赞同，他们认为，一些中国作者（包括两位来自英国剑桥大

---

① Oded Shenkar, *Copycats: How Smart Companies Use Imitation to Gain A Strategic Edge*, 2010, p. 57. 作者认为"包括品牌推广及法律救济等对模仿的传统抵御方式，已经被渐渐削弱"。Id. p. 63; see also Laikwan Pang, *Creativity and Its Discontents: China's Creative Industries and Intellectual Property Rights*, 2012（在此处特别相关的是第八章与仿冒产品的符号论有关的讨论）。

② 根据申卡尔的说法："生物学家很清楚模仿的好处……人类新生婴儿被学者们贴上了'模仿机器'的标签，因为他们是如此倾向于模仿……当儿童长大后，模仿变得更为复杂，终其一生他们都持续地在模仿，观察他人以寻得自我表现以及在各种社交场合该如何表现之道。一点也不必惊讶，也正如经济学家们现在所承认的那样，人类特别有可能去模仿那些看来会产出积极效益的活动。"Oded Shenkar, *Copycats: How Smart Companies Use Imitation to Gain A Strategic Edge*, pp. 28-29. 欲了解官僚对中国成年人"低幼化"的影响，参见本文第四及第五部分的内容。

学制造研究所的研究员）已经扩张了山寨模因的概念，用来描绘中国"山寨"创新的新特色。

> 中国政府一直在寻求本土创新以提升中国制造能力及价值创造和学习能力。由于中国本土手机产业在近两年得到了飞速发展，山寨制造体系被认为是中国制造商达到该目标的新的有效替代途径。在山寨现象的背后，有一个强大的全球化专业及合作的网络，它确保了下游的中国中小规模手机公司，可以快速回应或引领顾客需求。这一新形式的另类创新系统，正在将普通消费者所消费不起的奢侈品转变为平民消费品。因为它数量巨大及牵连甚广，无论如何，政府政策有必要去利用此能量并引导自身发展方向。①

上述对"山寨"一词的使用是否恰当仍有争议。因为根据定义，山寨是指脱离中国政府管控的活动。官方接受山寨行为本身就是自相矛盾的。

有作者甚至建议，中国最好的创新政策，应当是将自己定义为与外国（特别是"西方"）主导的"全球创新文化"相对立的山寨"反文化"，并将自己在经济发展中的立足点，确

---

① Sheng Zhu & Yongjiang Shi, "Shanzhai Manufacturing—an Alternative Innovation Phenomenon in China：Its Value Chain and Implications for Chinese Science and Technology Policies", 1 *J. Chinese Sci. & Tech. Pol'y* 29, 29（2010），http：//www.emeraldinsight.com/journals.htm? articleid = 1846302&show = abstract（该研究的作者们称，比起中央政府的官员，地方官员更倾向于支持山寨创新）。Id. p. 35（与中央政府相比，地方政府的思想甚至更为开放。因为山寨事实上带来相关产业的兴旺，在这些产业不违法的前提下，地方政府会倾向于保护它们）。上述引文在除了使用了山寨这一术语外，该研究的主题则并非中国的官方或非官方的创新政策，其认为中国官方的"本土创新"政策与中国的草根山寨文化并无关联。

定在自相矛盾的"第三世界弱者的堡垒"之上。①

> "山寨"的字面意义为山上的寨子、山上的堡
> 垒、强盗的营地,是在动荡时代中,或面对外族入侵
> 时,所出现的非法的、以团体形式谋求自保之产物。
> 其在中国历史的非西方语言及文化语境中,具有与犯
> 罪和逆反以及那些与兄弟情谊和英雄主义有关的重大
> 社会、历史及政治含义。在大中华地区,这一术语现
> 在常常被用于形容一种新崛起的生产模式,特别是被
> 用于形容位于中国南方的手机产业。其原本靠模仿和
> 仿冒起家,但如今,该产业依靠创新产品、本地化设
> 计及非常规的商业实践,效果令人惊讶。可以说,其
> 发展已超越了传统生产的规则和惯例。山寨这一概念
> 及实践,被认为是"第三世界弱者的堡垒",其借力
> 于对提高经济水平和国家主权的复杂或冲突的情感和
> 需求,吸引了公众的想象力,进而象征了发展中的,
> 代表着风趣,有时甚至是古怪的戏仿潮流,其几乎存
> 在于每个文化领域中,并发出回响,牵动着围绕中国
> 之崛起的精英主义与国家主义之神经。②

有一种观点认为,作为世界第二大经济体和外汇储备世界
第一的中国,无论在经济上取得了多大成就,它还是必须给外
界以经济上很"弱"的印象。这一观点与中国政府长期所持

---

① Josephine Ho, "Shan-Zhai: Economic/Cultural Production Through the Cracks of Globalization", http://www.scribd.com/doc/62132407/Josephine-Ho-Shan-zai (last visited June 4, 2012).

② Id.

的"韬光养晦"外交策略相吻合。① 但若要说政府的官方政策应鼓励或认可这类"犯罪"——据我所知这也是何春蕤（Josephine Ho）教授所提出的观点——则有些牵强。② 从中国权力顶层"自上而下"来看，中国中央政府负责知识产权事务的官员在公开声明中，对山寨现象一贯持谴责态度。

中国国家知识产权局局长田力普曾于2009年4月21日在国家新闻办公室召开的新闻发布会上指出，很受欢迎的山寨或仿冒文化并非创新的实例。他进一步指出，许多山寨产品实际上侵害了他人的知识产权，因此应当被视为盗版而非创新。田力普说："一个国家如果光靠侵权盗版生存和发展，是没有前途的。为什么中国要制定国家知识产权战略，就是要逐步从根本上解决这个问题。"他指出，只有从社会文化上、人民的观念上作出转变，才能逐步消减盗版现象。③

然而，人们或许可以接受另外一种由朱盛（音译）和石永江对"山寨现象"进行的解读。他们在谈到官方认可的

---

① See e. g. , Peter Yu, "Sinic Trade Agreements", 44 *U. C. Davis L. Rev.* 953, 994 n. 188（2011）.

② 在一些腐败的地方官员的支持下，坚持进行与国家政策相违背的工业化规模的盗版及仿冒活动，从另一个方面讲，与下面这本书所描述的现状相吻合。Dan Breznitz & Michael Murphree, *Run of The Red Queen*: *Government*, *Innovation*, *Globalization*, *and Economic Growth in China.*

③ See Wang Xing, "Shanzhai Culture Now in the Crosshairs". 田力普局长于2011年12月在伦敦召开的中英知识产权研讨会上说：自英国开始，西方国家为建立现代知识产权制度花费了数百年时间，目前中国实行这个制度不到30年，我们还需要多年的努力，当然肯定不会是几百年。Tian Lipu, Commissioner of SIPO, "Speech at the UK-China IP Symposium"（Dec. 8, 2011）, http: //english. sipo. gov. cn/news/official/201112/t20111208_ 635482. html.

"本土创新"政策时，使用了"草根创新"这一术语以示区别。山寨或者说"草根创新"实际上发生在政府管控之外。进一步说，山寨或"草根创新"并不必然会侵犯知识产权。

这些问题的一部分（包括结构性的问题），已经由本文作者以叙述而非分析的形式，在另文论述过。上述文章并非为专业学术圈而撰写，而是为满足可能对中国文化不太熟悉的法律专业的广大读者（包括美国的执业律师及法官成员）的需求而撰写。[①] 而本文则意在更为深入地分析以下问题：为建立一个现代的法律保护与执法的系统，来为包括本国人在内的作者、发明家及企业家的贡献及付出的努力提供保障，中央领导人作出了真诚的显著努力。而山寨及公众对其的认可、否定、批判或拒绝等"通过自制进行的文化表达"的各种模式，是否会破坏上述官方努力，能否"自下而上"地在中国存活下来？如果答案是肯定的，其具体方式又该是什么？但因无法压制山寨现象而令其长期存在所带来的历史教训告诉我们，剧烈的"自上而下"的社会转型，遭殃的是广大老百姓，从中国过去的历史来看，这远非制胜之策（文化准则的转化与拦河筑坝是完全不同的）。在中国社会里远离政治权力中心的社会经济地位较低的阶层中，山寨一词所能带来的联想，包括"从下而上、发生在各地区和街道上、尽可能地赚钱、通常以幽默及戏仿方式发表温和抗议声明、在政府的管控范围之外"等重要组成部分。以"众所周知的李先生"为例：

> 小李正在存钱以买一辆奇瑞 QQ 汽车，这款车被
> 称为通用公司经济型汽车雪佛兰的山寨版，他还打算

---

① See generally William Hennessey, "Protecting Intellectual Property in China (Thirty Years and More)：A Personal Reflection", 46 *Hous. L. Rev.* 1257 (2009).

定制一个奔驰标志安装在前面。

"这就是一辆平民版奔驰",小李边说边笑,"有了这辆车我可以变成一个真正的'大老板'了,就好像我妈跟村民成天吹嘘的那样!"

作为一个只有高中学历的年轻打工仔,能够在深圳谋到一份销售工作的小李已经算是混得很不错的了,但是他离能够开着奔驰到处转的受欢迎的"成功商人"形象,还是有着无法超越的距离。QQ汽车用普罗大众的现实生活幽默了一把,给人们的日常生活增添了色彩。正是山寨文化中的草根阶级幽默,吸引了许多像小李这样的消费者——他们工作很努力,生活水平也正在提高,并且对未来有着乐观积极的态度。①

本文所采用的综合"自上而下"和"自下而上"的研究方法,无疑将会以中国流行文化为出发点进行论证,试图对中国"官方"文化中的法律、政治及经济的独特特征作出解释。② 本方法还尝试将当下重新出现的中国文化态度(包含民众与官方态度)与过去的中国文化态度相联系,并主张,虽然山寨文化模因在大众文化中的特殊地位,已经完成了从远古

---

① Makiko Taniguchi & Eddie Wu, "Copycat Design as an Open Platform for Innovation", *Patterns*, http://patterns. ideo. com/issue/shanzhai (last visited June 9, 2012). 作者感谢白建明(Benjamin Bai)提供了山寨一词在此语境中的最佳翻译:"我也是一个成功的大老板啦!"

② 有一些学者对现代历史决定论的各个方面进行了批判性重估,see e. g., Yu Ying-shih, "Clio's New Cultural Turn and the Rediscovery of Tradition in Asia", 6 *Dao J. Comp. Phil.* 39, 50 (2007), http://www. springerlink. com/content/l30v4210lu 047j5k/? MUD = MP ("对文化的研究,绝非是寻找法律的经验科学,而应该是寻找意义的解释性科学……")。我们也可以说,认为山寨这一术语也应当涵盖中国官方的"本土创新"政策之观点,是错误的。

中国"传统"大众文化向中国"现代"大众文化的突然转变，但从"自下而上"的流行文化的角度来看，山寨事实上是一个"文化空间"，而这正与其在传统中国中曾有的意义相近，即山寨在中国意味着"反文化"，游离、超越并对政府的官方控制作出反应。① 本方法主张，事实上许多经济参与者完全在中国政府管控之外运行，而其他那些人脉更广的经济参与者之所以能成功，原因就在于有些地方政府疏于管理或者有所遗漏，甚至可能以默许或纵容来认可这种行为。本文认为，前者属于山寨，而后者不是。一位来自中国的观察者如此解释道：

> 　　飞扬说，彪马（Puma）在中国是最常被仿冒的服饰品牌，而且很多高品质的仿冒品（他们称之为 A 货）好到连原设计者也无法辨别真伪。他告诉我，事实上这些 A 货常常是由与品牌签有生产合同的同一代工厂所制造：他们白天制造正品，晚上和周末则制造仿冒品。
>
> 　　……
>
> 　　飞扬接着说，一些地方政府应对盗版生产商的态度较为消极（除了时不时西方品牌公司会对中国政府施压以促其采取严厉手段）……即使如此，与其他生意相比，盗版商还是比较容易做到规避风险。他

---

① "反文化"这一术语最早出现在已去世的西奥多·罗斯扎克（Theodore Roszak）的著作中。See e. g., Theodore Roszak, *The Making of a Counter Culture*: *Reflections on the Technocratic Society and Its Youthful Opposition*, 1969; see also Theodore Roszak, *From Satori to Silicon Valley*: *San Francisco and the American Counterculture*, 1986. 该术语未见于 1970 年版的《牛津英语词典》，但可见于 2001 年版的《新牛津美语大词典》。*New Oxford American Dictionary* 391 (2001)（"反对或不同于主流社会准则的一种生活方式及态度"）; see also "Counterculture", *New World Encyclopedia*, http://www.newworldencyclopedia.org/entry/Counterculture（last visited Apr. 13, 2012）。

举例说，不论是工厂还是样品陈列室，在节假日开工
都很常见。为什么？因为那时公务员放假。他说：
"政府在节假日和周末休息，那就是我们做生意的时
间。"而且飞扬的老板似乎与警察有着一定默契。一
般在警察突击检查前不久，他就会关店。即便由于不
小心被警察逮到，执法人员来时老板从来都不在，就
像是他事先预知了警方的行动一般。①

这一现象反映了山寨"反文化"，但若是说其反映了中国
官方文化中存在着腐败则不然。重要的是，山寨"反文化"
（在中国可用更为容易接受的"亚文化"这一说法代替）事实
上在很多方面（以类似欢乐屋的方式）明显反映了中国的官
方文化，有时也间接地指向中文中的"权势"或"合法当局"
(The Powers That Be)。② 在以下章节中，本文将详细探讨中国
正式官方文化（不论是传统儒家文化，还是"现代"共产主
义官方文化）和其折射出的镜像（山寨"反文化"）中的行为
方式之间的动态（但非辩证的）关系。

但在讨论该问题前，我们亟须消除人们有关"山寨这一
术语必然带有不辨是非的不法状态"的误解。尽管"在法律
之外"，山寨"反文化"中的不法分子仍依照他们自己的内部

---

① Robert Neuwirth, *The Stealth of Nations*: *The Global Rise of the Informal
Economy*, pp. 93-94. （引用了一位以"飞扬"为笔名的中国观察者的话，其描述
了尼日利亚商人在大沙头市场购买仿冒彪马产品的情况。）

② See Jiang Fei, "Game Between 'Quan' and 'Shi': Communication Strategy
for Shanzhai Subculture in China Cyber Space", http://www.scribd.com/doc/
15919031/Fei-Jiang-Chinese-Shanzhai-Culture-Studies （last visited June 9, 2012）。姜
飞现为中国社会科学院（CASS）新闻与传播研究所研究员、新闻与传播研究所传
播学研究室主任、世界传媒研究中心主任。（译者更新了姜飞的职位信息。——译
者注）

伦理准则、相互承认的规则而生活。① 山寨也提倡自由、娱乐性、不敬、自发性，并依靠一套另类社会准则来运行。这一主题与以英语为母语的读者所熟悉的封建农耕文化中的大众情感相去并不甚远。②

　　在以英语为母语的国家的早期时代，罪犯们通常都尽可能降低自己被公开惩罚的可能性。讽刺的是，在崇尚大规模监禁的今天，公众是从违法分子实施犯罪行为的"表演"中，而非自对违法分子的处罚中获得乐趣的。因此，到头来我们发现，自己在为年轻且精力充沛的明星们欢呼雀跃，而他们往往在荧屏上扮演杀手、流氓、间谍、吸血鬼、匪帮分子及海盗。总体来说，他们扮演的角色所从事的会让我们觉得惊险刺激的各种活动，却往往是违法的。

---

① See John Christopher Hamm, *Paper Swordsmen: Jin Yong and the Modern Chinese Martial Arts Novel*, 2005, pp. 11-12. 山寨的最终源头是中国大众文化中的"侠"的传统，其可追溯至战国时期（公元前 403 年—前 221 年），并构成了今日中国武侠小说、电影、电视剧及视频游戏等广受欢迎的作品类型之文化基础。Id. p. 11. 游侠们都是"利他的且独立的个体……他们是当地豪强，脱离了既有政权的控制范围，有时甚至在直接违抗既有政权的情况下行使自己的权力实现个体正义，并保护那些寻求他们帮助的人"。Id. pp. 11-12.

② 佩纳尔弗（Penalver）与凯泰雅（Katyal）的一项近期研究，对知识产权中的"财产罪犯"（Property Outlaws）的高尚的一面进行了探讨。See Eduardo Moises Penalver & Sonia K. Katyal, "Property Outlaws", 155 *U. Pa. L. Rev.* 1095 (2007); Eduardo Moises Penalver & Sonia K. Katyal, *Property Outlaws*, 2010. 霍布斯鲍姆（Hobsbawm）就东西方文学作品中的"法外英雄"进行过详细的论述。See Eric Hobsbawm, *Bandits*, Weidenfeld & Nicolson 4th ed., 2000, 1969. 纽沃夫引用了安布罗斯·比尔斯（Ambrose Bierce）有关盗版的定义："盗版（是一种）脱离了华而不实包装的贸易，一如上帝所创造它时的模样。"Robert Neuwirth, *The Stealth of Nations: The Global Rise of The Informal Economy*, p. 88. 哈姆（Hamm）称金庸小说所展现的重振传统之创意为"霍布斯鲍姆式发明"（Hobsbawmian invention）。John Christopher Hamm, "The Labyrinth of Identity: Jin Yong's Song of the Swordsman", in *The Jin Yong Phenomenon: Chinese Martial Arts Fiction and Modern Chinese Literary History*, 2007, p. 97.

虽然违法分子的故事的魅力，不仅在于其描绘了违法分子的生存景象，违法分子的心理很可能也具有同等重要性。我们所想象的违法分子是完全自由的个体。作品允许亡命天涯的违法分子从头开始去设计一套社会法则……虽然大众所知晓的违法罪犯很多，但法外英雄（反抗暴政的造反者）始终是最受欢迎的一类，罗宾汉是经典的例子，而电影《阿凡达》（*Avatar*）中的杰克·萨利（Jake Sully）则是其近期的化身。这些理想化的、愿意自我牺牲的违法者，由于坚持自我所认定的正义，而发现自身与国家机器发生了直接冲突。①

舍伍德森林②就是传统中国山寨的写照。罗宾汉的"绿林好汉"的耀眼光环，使得诺丁汉郡郡长及其法国诺曼人主子都相形失色。而对中国体制外的"梁山好汉"而言，他们的陪衬则是被僵化死板的封建有害的社会准则所奴役的腐败的帝国官员，而元朝、明朝及清朝统治下的大部分这类官员，都以儒家文化（或更为恰当地说，以"宋明理学"）为主导。

---

① See Greg Lastowka, "Property Outlaws, Rebel Mythologies and Social Bandits", 20 *Cornell J. L. & Pub. Pol'y* 377, 379-80 (2010). 该文作者如此评价财产罪犯：佩纳尔弗与凯泰雅提供了一份有关值得赞扬的非法化行为的系统报告，并希望通过其来"（至少在一定程度上）恢复故意性财产罪犯的形象"。更明确地说，作者看起来对为那些侵犯财产权的人在法律上创设更大的余地很有兴趣。他们同时也试图提高法学家及政策制定者对违法者所带来的社会利益的总体评价。Id. p. 377. 他们也可能（但非必然地）参与到政治行动或公民抗命中去，see id. p. 385。关于近期美国有关这一模因的表达，see Stan Redding & Frank W. Abagnale, *Catch Me If You Can: The True Story of A Real Fake*, 2000; see also Catch Me If You Can (Dreamworks 2002); "Catch Me If You Can: A New Musical", http://www.catchmethemusical.com (last visited Mar 19, 2012)。

② 舍伍德森林是民间传说中的侠盗罗宾汉的舞台。——译者注

三、体制（官方）文化与山寨"反文化"

1977年，伴随着"文化大革命"的结束，中国宣布著名的"四个现代化"（工业现代化、农业现代化、国防现代化、科学技术现代化）政策，"公开声明的目标……是在2000年以前，将中国转变为一个相对现代化的国家"①。有一种错误的观点认为，在"文化大革命"之前发生的一切与现代化无关，也就是说，在那之前发生的可以说是"西方化"，但不是"现代化"。而近期的中国历史研究则给出了不同看法。例如，历史学家黄仁宇（Ray Huang）在有关整个中国文明的概论中指出，1800年是分水岭，是中国文明的过去与其未来发展变化之间的"瞻前顾后的基点"。②

> 中国的乾隆皇帝曾自称"十全老人"，死去不过一年，他的亲信和珅已被拘押而由御旨令他自裁，从他家中没收的财产以亿万计。白莲教的反叛已一发不可收拾。在湖北、山西以及四川他们获得广泛的支持……皇帝下诏禁止鸦片进口，不许白银输出已在一年之前奉旨施行。这一连串发展，引导着一个新世纪的来临，对中国来讲，这是一个失败和极端困难的世纪。从上一章所叙的光荣和成功的事迹来看，读者不免要发问：何以中国由盛而衰竟有如此之神速？③

---

① Immanuel C. Y. Hsu, *China Without Mao: The Search for a New Order*, 1982, p. 92. 徐中约如此解释道："自力更生及近二十年（1958—1976）的拒绝外国科技之做法，将中国拖入了贫困且不发达的深渊，而其他国家在此时已通过科技创新非常迅速地冲到了前面。"Id. p. 118.

② See Ray Huang, *China: A Macro History*, p. 192.

③ See id.（本段译文引自黄仁宇:《中国大历史》，生活·读书·新知三联书店2007年版，第254页——译者注）; Ho-Feng Hong, *Protest with Chinese Characteristics*, 2011, p. 9（提及了中国的"大历史"发展）。

黄仁宇引用亚当·斯密（Adam Smith）在《国富论》
（*Wealth of Nations*）第一卷第八章中的一段著名的关于 18 世纪
的中国之看法：

> 中国历来就是世界上一个顶富裕，也是一个最肥
> 沃，有着最优雅的文明，以及最勤奋而人口最众多的
> 国家。可是看来她长久以来已在停滞状态。马可·波
> 罗在五百多年前游历该国，盛称其耕种、勤劳与人口
> 广众的情形，和今日旅行该国者所说几乎一模一样。
> 可能远在当日之前，这个国家法律与组织系统容许她
> 聚集财富的最高程度业已到达。①

是否 18 世纪的中国在当时就已经定格在了"永恒的过去"，
唯有当统治中国长达 64 年的乾隆皇帝于 1799 年去世后，中国才
突然被遍体鳞伤地甩向"喧嚣的现在"？黄仁宇给出了如下结论
来总结自己对那个时代结束的看法："在西方与中国针锋相对前
夕，清朝已未战先衰。"② 根据黄仁宇对中国于 19 世纪及 20 世
纪早期时所经历的各种"国耻"事件之看法，殖民势力实际
上并非是中国遭受灾难的主要原因；中国所遭受的羞辱只不过
是中国内在的悲剧历史轨迹逐渐累积的自然结果。③

近来，孔诰烽（Ho-Feng Hong）指出，要读懂现代中国，
就要对一段更为冗长的历史发展有更为深刻的理解。④ 包括他在
内的许多社会历史学家们，对 15 世纪后期到 16 世纪这段被称为

---

① See Ray Huang, *China: A Macro History*, p. 194（quoting Adam Smith, *Wealth of Nations*, 1776, p. 174）。（本段译文引自黄仁宇：《中国大历史》，生活·读书·新知三联书店 2007 年版，第 257 页。——译者注）

② Id. p. 193. See also Knight Biggerstaff, "Ho-shen," in 1 *Eminent Chinese of The Ch'ing Period*, 1943, p. 288.（该文讨论了乾隆政权的末期，1799 年时清政府的腐败程度。）

③ See Ray Huang, *China: A Macro History*.

④ See Ho-Feng Hong, *Protest with Chinese Characteristics*, 2011, pp. 3-4.

"早期中国现代性"的时期①（也正是在这段时期内，山寨模因第一次得以流行）的关注不断增加。根据孔诰烽的说法，中国的"新史学"认为，中国的现代性通过"国家中央集权化"及"大规模市场之崛起"来实现，且以政治及经济合理化为特征。其假定中国的现代性并非始于19世纪与西方列强发生冲突时，而是正如先前假设的那样，自发地始于更早的16世纪左右。②

究竟是什么培育了中国的现代山寨"反文化"？本文的观点是，至少从大众观念的角度来看，现代中国的官方文化对帝国时代的官方文化的继承性日益明显。的确，有很清晰的迹象表明，中国当代的正式官方文化，事实上正在和其无法切断的儒学根基在一些很值得注意的方面重新建立联系。如仔细地回顾会发现，中国在16世纪到18世纪以城市为中心的大众文化和物质文化之兴旺繁荣，与今日之游客在现代化的北京、上海或香港的以家庭为中心的社区所见到的景象，没有什么不同。③

本文第二个主张认为，中国当代的山寨仿冒"反文化"回应正式官方文化的方式，与帝制时期的流行小说及秘密团体中的山寨"反文化"，回应其信奉理学的官方对手的方式，在路数

---

① See Ray Huang, *China：A Macro History*, p. 194 p. 4.

② 在文中，孔诰烽质疑了如下主张，即"亚洲国家的中央集权与市场的单向性发展，作为现代性的象征，始于遭受西方帝国主义压迫的20世纪初，复制早期西方发展的进程是对亚洲停滞的过去的彻底分裂"。See id. p. 12. "早期现代性的平行且独立发展，首先是世界经济一体化之结果。随着美洲的发现，以及随后的白银流通狂潮和因此导致的跨文明商业财富扩张之后，世界经济一体化随之出现."Id. p. 12. See also Eric Hayot, *The Historical Mandarin：Sympathy, Modernity, and Chinese Pain*, 2009, p. 89. 韩瑞（Eric Hayot）解释道：纵观整个18世纪，中国对白银的需求统治了清朝与外界的贸易，这在很大程度上是清朝经济的再货币化进程之后果。作为结果，银条不断流入中国。据安德烈·冈德·弗兰克（Andre Gunter Frank）统计，在1600年到1800年间，中国共购买了世界几乎一半产量的白银，其中大部分由欧洲人从其在新世界发现的矿中采出并运来，这在欧洲引起了对重商主义的焦虑。Id.

③ 孔诰烽将中国的早期现代性的顶峰，设定在了18世纪早期到中期这段时间内。See Ho-Feng Hong, *Protest with Chinese Characteristics*, 2011, p. 20.

上惊人相似。接下来的讨论会研究，近来的关于保持中国文化独特性的官方声明，在面对国外势力与中华帝国的遗产的冲击时，该如何设法在众多文化剧变（"文化大革命"的剧变只是最近期的事件之一）中生存。下文简短地评论了从 1600 年到封建帝国制度完全崩塌的 1911 年间，中国的"正式官方社会"的价值体系。儒家"价值"在中国大陆官方层面的重生，以及山寨"反文化"的复兴绝非偶然。它们事实上有着紧密联系。

四、从儒家的"效法文化"到理学的"模仿文化"：宇宙的主宰（而非创造者）

若要明白山寨的反体制的"反文化"的前世今生，多了解其所衬托的体制"文化"会很有帮助。李约瑟（Joseph Needham）指出："中国自古以来就是一个'大一统国家'，而儒家已信奉这一规则超过两千年。"① 本文这一部分内容主要研究，当代中国社会对一个看起来不受外部影响的、自给自足的"中国文化"进行的借鉴，在何种程度上是孔子思想及其继承者的产物。为何对中国来说，两千五百多年前的古老哲学至今仍是一个值得争论的问题？ 在"文化大革命"期间，儒家学说和代表着山寨"反文化"的"梁山好汉"们都受到了猛烈批判。②

---

① Joseph Needham, 7（2）*Science And Civilization in China*, Cambridge, 2004, p. 1, 15. 李约瑟所使用的"儒家学派"这一术语十分有意思，因为孔子自己就曾说过"君子……群而不党"。Confucius, *Confucian Analects* 15：21.

② 有关"文化大革命"期间对《水浒传》的批判，see e. g., "Documents of the Cultural Revolution Criticizing *Shuihu zhuan*", http：//www. eywedu. com/shuihu/48/index. htm（June 9, 2012）（in Chinese）。几乎所有的运动都蕴含着当代政治隐喻。有关 1974 年"批孔"运动，see Parris Chang, "The Anti-Lin Piao and Confucius Campaign：Its Meaning and Purposes", 14 *Asian Survey* 871（1974）。有关 1975 年批判《水浒传》的运动（将周恩来和邓小平攻击为"走资派"），see e. g., "Documents of the Cultural Revolution Criticizing *Shuihu zhuan*" and Jia Qiyan et al., *Turbulent Decade：A History of The Cultural Revolution*, 1996, pp. 473-474。

孔子因其顽固地崇尚历史及权威而受到攻击；一百零八位好汉受到批判，并非因为他们造反，而是因为他们没有选择坚持到底且战至最后一兵一卒，却选择了被官府招安并为封建皇权而战。①

一方面，一些当代的中国学者，对儒家传统与现代中国之间的连续性表示彻底怀疑，他们认为儒学与现代性根本无法相容。② 而有学者则坚持认为，以现代伦理形态出现的儒学，是

---

① 有关"文化大革命"后期批判孔子（以及周恩来总理）的彩色海报，see "Criticize Lin Biao and Confucious", *Chiese Posters*, http://chiese-posters. net/themes/criticize-lin-biao-confucius. php（last visited June 9, 2012）。与之类似，同一时期将水浒英雄描绘为"走资派"的绘画，see e. g. , "Criticize Shuithizhuan Campaign", *Chinese Posters*, http://chineseposters. net/themes/shuihu-campaign. php（last visited June 9, 2012）。

② See generally Zhao Dunhua, *Dialogue of Philosophies*, *Religions and Civilizations in the Era of Globalization*, 2007. 有关刘清平教授与郭齐勇教授之间进行的内容丰富的讨论（英语版本），see e. g. , Liu Quingping, "Confucianism and Corruption: An Analysis of Shun's Two Actions in the Mencius", 6 *Dao* 1（2007）；Guo Qiyong, "Is Confucian Ethics a 'Consanguinism'?", 6 *Dao* 21（2007）。刘清平教授主张，儒家意识形态中的"个人关系打败司法公正"的观念正在阻碍中国法治进程，这个观点近来在中国儒学界掀起了一场争论。See Mark Elvin, "The Inner World of the Nineteenth Century", in *Changing Stories in the Chinese World*, 1997, p. 11, pp. 32-33. 伊懋可（Mark Elvin）于1997年如此解释道：从西方视角来看待传统中国，其缺乏与法律、正义以及法理有关的社会及知识维度。除了案件涉及特权者的情况外，法庭对证据的权衡及检验都不太上心。定罪需要认罪，而且除了受特权身份保护的例子外，被告人以及证人没有受到公正对待。如果说有资格的辩护律师代表讼诉当事人上庭辩护是法律职业的表征，那么可以说，作为一种职业的法律当时并不存在。那些在法庭外提供建议的人在社会上评价很低。实践中，绝大部分"法律"及"法律"判例的内容，对那些并非官员的平民来说是难以理解的。皇帝的臣民在法律面前并非人人平等，亲属关系中的年长者与年轻者之间尤其如此。这一系统的目标不是"公正"（justice）（在传统中文里并无这一术语之恰当翻译），而是社会纪律及社会结构的稳定性。事实上管理西方军队、学校或者教堂的规则也有这一目标。在中国，那些冲在前面追求公正的人们被称为游侠，受"公义"之心所驱动……从定义上可以说，他们是一群处于社会既定规范体系外的，感情用事却十分英勇的人。Id.

作为"中国人"所代表之意义的核心部分。① 他们认为，如果对以山寨为衬托的中国"官方"文化的独特思维方式没有一定程度的理解，就不可能读懂当代中国如山寨这样的大众"反文化"传统，特别是"活的传统"应当是延续的，但这并不意味着它们必须是一成不变的和非动态的。

> 当传统习惯和风俗在当下被复制时，它们并非是其过去形态的原样复制品。它们常常会与其他外来传统互动、融合，形成新的混合传统，而它们也经常会为回应情况的变化及来自其他传统的压力，被迫进行改变。②

在此很有必要解释儒学与宋明理学之间的区别。在关于中国的主要历史传统的讨论中，外国学者常在没有进一步检验或解释的前提下，任意使用"儒家"与"理学"两个词。③ 两个最近分别发生于纽约和北京的事件，可以很好地说明中国古代

---

① 有关中国（也包括韩国和日本）的儒学与现代化之间的多元相互作用的讨论，see Lai Chen, *Tradition and Modernity*: *A Humanist View*, Edmund Ryden trans., 2009, p. 238 [作者就彼德·伯格（Peter Berger）对作为"帝制中国的意识形态理论"而存在的理学，及作为"管理普罗大众行为的准则，即一系列儒学所提出的、已渗入普罗大众日常生活的道德准则"而存在的理学所作之区分，进行了细致地讨论]。

② Id. p. 199（citations omitted）. See Yu Ying-shih, "Clio's New Cultural Turn and Rediscovery of Tradition in Asia", 6 *Dao* 39, 45（2007）.

③ 此处使用的"儒学"一词，指的是孔子及其弟子的正统国家思想体系，其于公元前2世纪前期被正式采用，直至公元14世纪左右，一直是行政部门考量公务员的根据。"理学"则指的是该思想体系向一种在面对外敌入侵时，实现社会控制以及文化传承的工具的改造，其始于公元9世纪的哲学家韩愈，并于接下来的四个世纪内得到了不断深化。在14世纪到20世纪前期，其一直作为行政部门考量公务员的根据而存在。两者都应当与当代的"新儒家学说"相区分，后者尝试融合儒学与当代中国文化。See Lai Chen, *Tradition and Modernity*: *A Humanist View*.

与现代的官方意识形态。这两个事件都以对外行的美国观察者来说通俗易懂的风格，生动且轻松地说明了在现代中国，"儒学式"的中国政治哲学所扮演的角色，与"理学式"的中国文化哲学所扮演的角色之间的不同。

第一个例子，在 2011 年 11 月 21 日的《纽约时报》社论对页版（Op-Ed）[①] 中，清华大学当代国际关系研究院院长阎学通发表了一篇名为《中国如何才能打败美国》的文章，其指出：

> 在政治大国的战略竞争中，道义具有关键作用，有时甚至可决定胜负。这个结论是我研读了管子、孔子、荀子、孟子等中国古代政治思想家的著作之后的心得。他们著书立说于距今两千多年前的先秦时期，当时的中国尚未形成大一统的帝国，诸侯国为争夺领土彼此激烈厮杀。这大概是中国产生思想的最好时期。各学派争夺思想主导地位和政治影响力。他们形成一个重要共识，即国际影响力的关键在于政治实力；而政治实力的重要来源是讲道义的领导。在条件许可的情况下，尽量遵循道义规范的统治者，往往能维持长期稳定的领导地位。[②]

[①] 社论对页版面（opposite the editorial page，通常简称 Op-Ed）是一种源自欧美报纸出版业的新闻出版用语，意指由编辑部以外的人所撰写、刊登在报纸或杂志上的评述性质文章。虽然 Op-Ed 常被误会是"编辑意见"（opinion-editorial）的缩写，但实际上的意思完全相反，与报纸或杂志等出版物的社论页中的大多数由编辑部成员以不署名的方式发表的文章不同，新闻对页版面登载的文章，通常是由编辑部以外的作者或名人以署名方式所撰写的时事评析。（摘自维基百科——译者注）

[②] Yan Xuetong, Op-Ed, "How China Can Defeat America", *N. Y. Times*, Nov. 21, 2011, at A29. 该文原以中文写就，后被翻译再发表于《纽约时报》，此处引用的是中文版原文。——译者注

这篇文章主张大国应当通过"符合道义的领导力"在国际上追求"软实力"。①

这正是中国政府当下为推行德治及根除腐败所付出的巨大努力的一部分。中国政府的雇员现在都要接受"职业道德"培训，以消除"地方领导犯错有权免罪"这一错误观点所带来的影响。② 近期有文章指出，中国国家公务员局最近发布了文件，号召所有国家公务员在第十二个五年计划内（2011—2015）去完成至少六个小时的"职业道德"培训。③ 更值得注意的是，这个计划称，道德培训主要是针对直接与公众打交道的"草根阶层"公务员。④

在第二个同样引人注目，却是有关理学的例子中，一座与马丁·路德·金纪念像大小差不多的7.9米高的孔子纪念像，于2011年1月14日在天安门广场的国家博物馆前揭幕。⑤ 这座铜像又于2011年4月22日晚被迅速移走。⑥ 究竟是什么使孔子在中国政治权力中央，仅得到了88天的短暂曝光与名望复兴？曾成功地创立了中国现代汉语拼音系统（这是使用键

---

① See e. g. , Frank Ching, "Scandal Erodes China's Soft Power", *Yale Global Online* （May 4, 2012）, http：//yaleglobal. yale. edu/content/scandal-erodes-chinas-soft-power.

② Liu Yue, "National Civil Servants in Rotation Professional Ethics Including the Official Ethics", *Ancient Caijing*, Nov. 2, 2011,, http：//politics. caijing. com. cn/2011-11-02/111370745. html；"Lessons in 'Virtue' Mandated for Chinese Civil Servants" （Nov. 2, 2011）, http：//politics. caijing. com. cn/2011-11-02/111370745. html.

③ Liu Yue, "National Civil Servants in Rotation Professional Ethics Including the Official Ethics".

④ Id.

⑤ "Rectification of Statues：Confucius as Soft Power, But the Message Gets Confused at Home", *The Economist*, Jan. 20, 2011, http：//www. economist. com/node/17969895.

⑥ Andrew Jacobs, "Confucius Statue Vanishes Near Tiananmen Square", *N. Y. Times*, Apr. 22, 2011, http：//www. nytimes. com/2011/04/23/world/asia/23confucius. html.

盘向电脑文字处理系统输入中国表意字的根据),① 已经105岁的周有光,看到这一令人吃惊的新闻事件后很生气。

> 当话题转向那座于今年上半年先被放置于天安门广场附近,后来又被移走的孔子像时,周有光谈兴骤高。

> "他们为何不造马克思或毛主席的像?因为马克思和毛主席的影响力在减弱,所以他们造了孔夫子的像。为什么又把它搬走了?这展示了有关中国文化的观念斗争。毛主席曾百分之一百地反对孔夫子,但现在孔夫子的影响力比马克思大多了。"他说。②

这座纪念像的建造,在本质上是符合中世纪的中国理学的遗产传统的。从那个时代起,最为有名的理学家们都直接强调普及公众教育,目的是向社会大众灌输儒家价值,并将其作为社会控制工具。③ 这似乎与上述摘录的北京新闻存在着一定程度的呼应。

过度简单化传统儒学与中世纪理学之间的区别会存在很大隐患。两个道德规范系统的核心都同样基于"三纲"——君

---

① Louisa Lim, "At 105, Chinese Linguist Now a Government Critic", *NPR* (Oct. 19, 2011), http://www.npr.org/2011/10/19/141503738/at-105-celebrated-chinese-linguist-nowa-dissident.

② Id.

③ 官方的理学正统,被称为"对理的研究"。关于为何理学家(与儒学家相对)的意识形态在中国会被纯粹地作为社会控制的工具,而非被用于发展"符合道义的领导力"的精彩解读,see 2 Gong Shuduo, "Characteristics of Lixue in Qing Dynasty", in *Frontiers of Philosophy in China*, 2007, pp. 1- 24(底线就是所谓的"真实理学",如诚心地实践自己所倡导的东西,就是向皇帝表达忠诚)。理学在中国有时也被称为道学,字面意思是"对道的研究"。根据不同的上下文,其有时也会被用于形容"拥有虚假道德的人"。

与臣、父与子以及夫与妻，以及"五常"——仁、义、礼、智、信。由于人类社会是自然的一部分，因而人类社会内部的和谐相处及人类社会与自然世界的和谐相处是无法区分的。[①] 三纲这三对关系，每一对都是等级分明的，每对中前者在等级上比后者要高。从古至今，儒学思想乃至理学思想中都没有社会公平这一说。[②] 这一传统的儒家世界观在近期的一些中国政府官员的声明中获得了共鸣，这令人感到惊讶。例如，2006年11月的新闻报道对曾担任全国人大常委会委员的徐显明发表的演讲作出评论，该报道称，徐显明说：

> 作为"第四代人权"的"和谐权"，将成为和谐社会建设的基础和基石性要素。和谐内含着人身与人心的和谐、人与人的和谐、人与自然的和谐三重要素。在此意义上，和谐社会中人们对人权的诉求就具有了与前三代人权迥然不同的视野与境界。

> 徐分析到，自由权本位的人权忽略了人与人事实上的不平等，不平等的人权使人权体系难以和谐；生存权本位的人权压制了资本与劳动力结合的积极性，

---

① 在传统中国山水画中，自然风光从来不会完全表现为我们称之为"荒野"的形式；画中总是会表现有一个小的，有时甚至是极小的人类住所，比如茅屋、庙或者渔人的画像。

② 狄百瑞（William DeBary）指出：在经典儒家学说里，孟子作为孔圣人的卓越代言人，强调了政治中"民"的根本重要性，但其认为"民"主要是应得仁政的人，且只有在统治者由于人民保留了"革命之权利"而对其负责的极端情况下才是如此。孟子也对为"民"请命的教化统治阶级，与在比例上更为巨大、缺乏积极参与统治（除了局势动乱及民众反叛的情况下）所需之教化和培训的劳动人民，作出了区分。在作出这一区分时，孟子并没有放弃其任人唯才、人人平等的那些原则，而去支持一种社会或政治的精英统治论调，他只是反映了他那个时代已经很稳固的领导者与平民之间的一种功能性区别，而这一区别甚至连信奉无阶级差别社会的现代毛泽东主义者都难以有效推翻。See W. M. Theodore DeBary, "The Trouble With Confucianism", *Tanner Lecture on Human Values*, 1988, p. 133, 178, http：//www. tannerlectures. utah. edu/lectures/documents/debary89. pdf.

社会从创造型转向福利型，一个社会活力不是增加而
是减弱的社会仍是不和谐的；发展权本位的人权的过
度主张则会引发人权体系的紊乱，从而带来社会的不
和谐。[①]

从历史持续性的角度来考虑，尊崇"历史"的"儒学思
想"从古至今都对中国的文学创作的态度产生着强烈影响。
从最早的文本来看，儒家的"世俗的人文主义"（secular hu-
manism）强调效法和跟随中国历史上的"圣贤"（完美人类模
范）的重要性。已经去世的普林斯顿大学中国哲学教授牟复
礼（Frederick Mote，20世纪中国政治思想家萧公权著作的译
者）为"对西方的儒家式挑战"作了一个合乎逻辑的结论：
在中国的文化价值的儒家宇宙中，从来没有什么是（或曾经
是）真正"被创造的"或"新的"。牟复礼解释道：

> 对于外来者而言，他最难以发现的一个基本点就
> 是，除非我们将"创造"一词与广义的"起源"混
> 为一谈，否则可以说，在所有民族中，不论是古代的
> 还是现代的，原始的还是开化的，中国人是唯一的没
> 有创世神话的人。这意味着中国人认为世界和人类不
> 是被创造出来的，而这正是一个本然自生的宇宙的特
> 征，这个宇宙没有造物主、上帝、终极因以及绝对超

---

① Xu Xianming et. al., "'Harmony Rights' as Human Rights?", *China Digital Times* (Nov. 26, 2006), http://chinadigitaltimes.net/2006/11/harmony-rights-as-human-rights-xuxianming-et-al/.

越的意志。①

西方的宇宙起源学有其"创造者"及"创世神话";相较
而言,中国则有自己身为凡人的"大师",被称为"圣贤"的
孔子就是其中的模范。但对孔子的尊崇,也仅仅及于他能够效
仿那些被永奉为后世模范之先贤(最出名的就是孔子本身),
并以他们的角度观物这一事实而已。②

这样一种"儒学思想"也强烈地影响了学绅精英们对文
学与艺术创作的理解。"熟练掌握"的核心价值优先于"创造

---

① Frederick W. Mote,"The Cosmological Gulf Between China and the West",in
Transition and Permanence:*Chinese History and Culture*,1972,p. 7. 虽然牟复礼并没
有特别说明,但他的观察应当被解读为,究竟是儒家意识形态中的哪一派,被设
置为"中国人"的世界观。他的研究并不是对中国人民的历代各式信仰体系(包
括天庭、龙王以及原始先祖)进行的现代社会学意义上的观察。有关中国儒家
"官方"信仰体系是如何与其民间信仰、先人崇拜的习惯以及"教会复兴派的信
仰"(包括佛教与道教)相互作用(如果有的话)的讨论,see generally Marcel
Granet,*The Religion of The Chinese People*,1977."造物者"以及"造化"这些术语
在道家文本中出现过,但在儒家文本中则没有。See 11 *Great Dictionary of Chinese-
Japanese*,p. 11613,11616. 牟复礼的论点近来被美国宾夕法尼亚大学哲学系的金
鹏程(Paul Goldin)所挑战。See Paul R. Goldin,"The Myth that China Has No Crea-
tion Myth",56 *Monument Serica* 1 (2008). 金鹏程质疑了牟复礼的说法,他主张古
代中国的创世神话至少与古代希腊的创世神话一样健全,但他是基于道家文本而
非儒家文本得出的这个结论。金鹏程并没有提及可能与希腊神话截然不同的圣经
创世说。牟复礼的立场被研究儒家有关中国式占卜的经典著作《易经》的学者重
申过。See e. g.,Alfred Huang,*The Complete I Ching*,2010,p. 224 ("古代中国没
有人形化的神;古代中国人服从于天意并使自己听从于命运。他们相信以与天意
相和谐的状态生活和行动是人类的天性和责任")。

② See W. M. Theodore DeBary,"The Trouble With Confucianism",p. 133. 狄百
瑞对有关中国文化的建立者(而非创造者),即传说中的帝王"尧"的儒家神话
进行了讨论。"请注意……在展现这一英雄般的完美化身时,所给定的前提及自然
的假设是:它的背景是一个完全的人类世界,家族的法则伴随着其族长已然存在,
并处于核心。这里没有什么创世神话,没有起源。甚至作为创立神话来说,《尧
典》既没有表现征服也没有表现斗争;没有需要征服的敌人和对手,也没有敌对
势力需要去应对。这位圣君独自站立,除了自我设定的约束外,没人向他挑战,
他也不受任何限制。除了该如何去寻找另外一位具有谦卑德行的完美之人以托付
国家外,没有什么争议,没有什么疑问。"Id. p. 138.

50

性"，这点在中国官僚"学术精英"的最为珍贵的艺术传统——中国书法的视觉艺术之上反映得最为明显。

中国书法有着三千年悠久历史。在那个时期，书法家力求一个字的同样一笔及核心轮廓的完美。每个字的特性，都被大师级的书法家以无法模仿的结构，和随后塑成的特有的式样或者"图案"所确定。作为这段悠长历史的结果，有关这一艺术的特定方法和原则，以及对书法所有方面之评判标准累积起来，形成了丰富的视觉及书写的遗产。每一个书法家在形成自己的"个人风格"前，都必须吸收并掌握这一传统然后再超越它。的确，"去创设属于自己的"，但同时又是继受于古代大师之技巧的风格，早已是贯穿几个世纪以来判断卓越性的标准。对于学生及 20 世纪的观众来说，对这种艺术的背景以及历史有一定了解，将会使你的鉴赏力不流于表面。①

由上可知，上述的创作缺乏对来源的说明（由此也会导致谱系信息的缺失）。而且，在一个儒家文化环境里，如果缺乏对过去伟大作品的掌握，这样的创作将会是无意义且不被承认的。此外，对古代大师的作品进行的"复制"与"伪造"间的区别，仅仅是"想不想做到"而非"能不能做到"的问题。②

在中国，书法早在公元 2 世纪开始就已经被当作艺术来欣赏了。欣赏激发了鉴赏家及收藏家对书法作

---

① Shen C. Y. Fu, *Traces of the Brush: Studies in Chinese Calligraphy*, 1980, xi.
② See e. g., Peter C. Sutton, *Fakes and Forgeries: The Art of Deception*, 2007. （作者注意到了在对欧洲艺术品的复制行为中，"能欺骗到人"的意图是必要的。）

品的需求。到了公元 4 世纪和公元 5 世纪时，可以模仿并复制书法作品的高超技艺已出现。因此，早在现代科技被发明之前，中国就已经开始以忠实原作并原样复制为目的，以手工的形式来制作复制品。然而，我们还是应当对"复制"与"伪造"作出区分。也就是说，"伪造"是指以欺骗且让人误以为是原作为目的而制作的原样复制。①

我们今日所熟知的中国传统高雅文化，实际上是一种始自唐代的发展产物。在经过了分裂时期后，中国在唐朝得到统一，并得以将中华帝国的文化影响扩散到西至新疆，南至广东和云南地区。但从人种上说，唐朝这一中国历史上的第二伟大的帝国并非由纯粹的中原的汉族人构成，事实上，它由带有北方游牧民族血统的李姓皇族所统治。纵观整个唐代及其后的朝代，直至今天，来自草原的"少数民族文化"通过他们的"异域音乐"（以及乐器）、"异域"表演艺术、"异域"服装和"异域"信仰（特别是早期出现的印度佛教及随后出现的波斯摩尼教）丰富了中国文化。唐代是中国历史上民族最为多样化的时代，而在回顾历史时，以陶瓷、诗词歌赋、舞蹈、服装、娱乐、运动及宫殿文化著称的唐代，也被看作是中国历史上的伟大"黄

---

① Fu, "Reproduction and Forgery in Chinese Calligraphy", in *Traces of the Brush: Studies in Chinese Calligraphy*, p. 3. 曾任美国国立佛利尔美术馆中国艺术部主任的傅申（Shen C. Y. Fu）教授，描述了模仿者所采用的主要技术：临（描）、摹（通过描实现复写）、仿（模仿）、造（创造），还有刻帖（对石碑或木刻表面的古人墨迹的复制方法）。更值得注意的是，根据傅申教授的说法，"造"是"仿"的下位概念，"采用大师的风格，但目的不是去复制而是去创造新作品，就是一次创作"。Id. p. 4. 有关一位中国最伟大的当代画家（以及古代作品的仿画者）的简短描述，see Michael Sullivan, *Modern Chinese Artists: A Biographical Dictionary*, 2006, p. 215（张大千传记）。

金时代"。①

　　但是唐代的世界大同主义本身却是狭隘的。"异域影响"从未真正渗入到"中国文化"的核心组成元素——汉字书写风格及中国书法中。原因在于，作为对"异域"影响的回应，理学得以兴起，并成功占据了该位置。后唐时期见证了中国的第一次"复古"运动的发生。在整个 9 世纪，随着唐朝领导者对中国社会的有效控制渐渐减弱，其在政治上也越来越多地被那些同样带来外国服饰、音乐、戏剧的"异域"影响所挑战，在官僚阶级及精英学者之间开始了"反异域"文化的行动，其明确目标，就是保卫在神话中位于黄河河谷的古代"中国"的中华汉文化核心，使其免受所有"异域"的影响。②在这一过程中，"统一的挑战"就是将汉文化的影响版图重新扩张至边界冲突频发地区，延伸至居住于其中的游牧民族及原住民，以及防止再有任何"异域"文化影响到这个国家。随着"统一的挑战"而来的政治、社会及意识形态影响具有重大且持久的历史意义。对唐宋时期的理学家们来说，古典时代的著作就成为唯一被承认的中文写作模板。

　　为了理解官方"中国文化"在帝制时代所代表的意义，有必要对 9 世纪的韩愈（768—824）进行研究。他身兼官学二职且是在理学运动的前期中最早出现的，（也有可能正因此）也是最有影响力的人物。③ 对于韩愈来说，唯一接受的写作形式就是"古文"，这一术语指的是被汉朝以前的伟大作者们

---

① 有关英文写就的唐代文化及唐代官场的最好研究，包括以下专著：Edward H. Schafer，*The Golden Peaches of Samarkand：A Study of T'ang Exotics*，1985；Howard J. Wechsler，*Offerings of Silk and Jade：Ritual and Symbol in the Legitimation of the T'ang Dynasty*，1985。
② 汉人神话中的"黄帝"墓就位于陕西省古都西安的北面，约一小时车程的黄河边的黄帝陵内。
③ 韩愈的权威传记的英文版，see generally Charles Hartman，*Han Yu and the T'ang Search for Unity*，1986。

（如孔子）所使用的写作语言。正如蔡涵墨（Charles Hartman）
所观察到的，韩愈理想中的中国政体有可能是"多种族"式的，
但不能也永远不应是"多文化"式的。① 只有"符合古代"的
作品才是"正宗"的。② 就此来说，清楚地理解"正宗"这一
独特理学概念非常关键。蔡涵墨认为：

> 韩愈的文化标准，实际上是由他坚守儒家道德禁令
> 所自然产生的社会目标。学问因此就变成了一种为了当
> 下，在所有现存的古代轨迹中，将那些与作为道德命令
> 形式存在的与古代观点最为相符的文本与段落分离出来
> 的努力。与这一看法相符合的作品就是"正"，不符合
> 的就是"伪"。在此意义上，所谓的"真实性"与其在
> 现代社会中的意思并没有多大关系，在此，该词实际上
> 反映了古代作品在多大程度上展现了"古道"。③

"古为今用"这种理学式的古代生活规则无助于在个体创
造或文化进步中寻找价值，这一点毋庸置疑。④ 从逻辑上及本

---

① Charles Hartman, *Han Yu and the T'ang Search for Unit*, p. 131. 对人种、种
族划分以及"汉"文化这些概念间的相互关系的开创性探讨，see Thomas
S. Mullaney et al., *Critical Han Studies: The History, Representation and Identity of
China's Majority*, 2012。

② Charles Hartman, *Han Yu and the T'ang Search for Unit*, p. 175.

③ Id.

④ 对"创造"一词的富有启发性和代表性的"新儒家"解读，参见哈佛大
学哲学教授杜维明的作品，以及牟复礼教授早期的观察。See Tu Weiming, "An
'Anthropocosmic' Perspective on Creativity", in *Dialogue of Philosophies, Religions and
Civilizations in the Era of Globalization*, Zhao Duanhua ed., 2007, p. 143, 147（"儒
家学者对人类所有的创造物，特别是那些与"天"的生命孕育功能相和谐的创造
物，都抱持一种积极的态度"）。是否承认任何个体的（与众不同的）创造力之所
有权，"所有"之概念能否在那样一种文化环境下茁壮成长，这些都是值得严重
怀疑的。现代作家袁则难于《凡夫俗子》一书的《陌生人与旅人》一文中指出，
中国儿童的艺术创造力，很可能被坚持认为存在一个"固定答案"的中国家长们
所破坏。有关这一段的有趣简评，see Mark Elvin, *Changing Stories in the Chinese
World*, 1977, p. 207, 232。

性上说，任何形式的富有想象力的文学作品对于理学家来说都特别让人不安。①

"大众文化"（白话小说的崛起是最好的例子）既是对官方文化的脱离，也可于现代找到踪迹。其与理学正统根源一样，均起源于晚唐到晚宋期间。不过，中国学者中的精英们从未承认过我们现在称之为"中国大众文化"的东西。②

　　尽管文言文在中国日常会话中早已被废弃不用，但迟至本世纪初，"文学"一词却几乎无一例外地是指用标准文言文写就的诗文，而主要用白话文写作的小说和戏剧则一直被排斥于纯文学领域之外。对小说和戏剧的这种轻视现象虽然并非中国所独有，但此倾向在中国能够一直持续到如此晚近，则相当特别。对此也许可以作两种解释：第一，按照中国以往两千年在历史上占主导地位的儒家思想，文学的基本功能在于修养道德品质和完善社会行为。在这两个方面，小

────────────

① Charles Hartman, *Han Yu and the T'ang Search for Unit*, p. 21. 唐宋两朝（9世纪—13世纪）中的主要理学家们，草率地拒绝了想象文学作品，他们认为其仅是一种大众娱乐形式。他们同时也不变地坚持"文史不分"。不考虑中国山寨有想象力的"反文化"，直至1911年以前是作为选拔官僚依据的理学正统，也只是传统中国文化的部分解释而已。

② 有关基于《易经》中两种不同的卦序的一个初步研究，see William O. Hennessey, "Classical Sources and Vernacular Resources in Xuanhe Yishi: The Presence of Priority and he Priority of Presence", in 6 *Chinese Literature: Essays, Articles, Reviews*, 1984, p. 33, 43（该研究明确区别了"象数派"和"义理派"的解释方法：前者指自中国传统说书人与方言作者实践而来，面向通俗大众的想象性"虚构"所采用的修辞手法和目标。后者指以经典中文写就，由主要理学文化保守主义人士阐述的"为群众而写的历史"）。See also Bent Nielsen, *A Companion to Yi Jing Numerology and Cosmology: Chinese Studies of Images and Numbers From Han* (202 *BCE*-220 *CE*) *to Song* (960-1279 *CE*), 2003, xvii（"传统上说，在中国，对《易经》的研究并不被归为'义理'派或者是'象术'派。有关'义理'的研究均基于《易经》的文本进行，而有关'象术'的研究则以与占卜算卦相关的象和数为出发点……"）。

说与戏剧不但被认为疏于正面道德价值，而且还可能产生负面影响。第二，传统的科举考试以儒家经典和标准诗文作品选拔人才，而它们都是以文言文写就。既然科举考试提供了虽非唯一但却稳当的功名之路，学习并掌握文言文就成为古代中国几乎所有文人的要务，文言文因而也就成为享有崇高地位的语言。那些花费多年时间掌握文言文的文人们，自然而然地倾向于轻视其他任何以非文言文写就的文学形式，而且把这样的作品设定在对有文化的人来说既不正统也不正当的位置之上。①

蔡涵墨将理学家们为保护中国文化的"精华"所制定的计划总结为三层：当代政见的统一、"圣贤"形象的过去与未来之统一、当代写作风格与古代大师写作风格的统一。② 在形成理学哲学的过程中，韩愈及其继承者们以好学的态度，有意从本土道家学说及"异域"佛教经典中借用大量概念，但其从来没有承认过这种借用。③，如同蔡涵墨所提出的那样，如果理学著作认为佛教中的某个概念值得采用，那么肯定是因为从一开始人们就"发现"该概念本质上就是"中国的"（而非"佛教的"）。④ 理学的这种悄悄地借用"异域"哲学概念但却不承认（当这样做满足了他们的目的时）的实践，成为了后

---

① John C. Y. Wang, *Chin Sheng-T'an*, 1972, p. 13.（本段译文引自王靖宇：《金圣叹的生平及其文学批评》，谈蓓芳译，上海古籍出版社 2004 年版，第 1—2 页。——译者注）

② See generally Charles Hartman, *Han Yu and the T'ang Search for Unit.*

③ Id.

④ Id.

期理学家们的标志性做法。①

  不管是什么力量为"经典"儒学向中世纪理学"转换"提供助力，并对其进行阐述，其都发生于以上三个层面中，且于宋代，即理学流派日渐成熟的9—14世纪期间，得到了强化（以及制度化）。这一"理学计划"，服务于实用的、事实上是存在主义的目的。从9世纪开始直至14世纪中期，中国的中心地带接连被中亚游牧民族所侵占。随着中国北部被早期的女真族和蒙古族等有着不同文化的游牧部落统治后，对"理学计划"来说，至关重要的是，如何抵御随之而来的"蛮狄戎夷"对汉文明持续的挑战。② 理学文化具有静默、修身、间

---

① Benjamin A. Elman, *A Cultural History of Civil Examinations in Late Imperial China*, 2000, p. 504.（作者注意到了中世纪理学经典对来自佛教及道教的概念的随意且不注出处的借用，但考虑到他们的智力背景，这种行为可能是"无心的"。）这种"无心的"文化习惯，看起来已经深深植根于主流的、以山寨"反文化"作为注脚的"仿冒文化"中。See "China Central Television News Suspected to Have Stolen Fighter Jet Scenes from Top Gun", *Ministry of Tofu*, http: //www. ministryoftofu. com/ 2011/01/cctv-news-suspected-stolen-scenes-top-gun-fighter-jet-news/（last visited June 10, 2012）. 王德威（David Der-wei Wang）恰当地使用了格雷戈里·贝特森（Gregory Bateson）的术语，将这种事实与虚构的融合称为"中国文学现代性的独特双重约束"。David Der-Wei Wang, *The Monster That is History: History, Violence and Fictional Writing in Twentieth Century China*, 2004, p. 3（"就我们在现代所见证的一切而言，我们未曾见过这样一个时刻，官方的历史如此受到意识形态、制度性的假想的控制，以至于其接近一种虚构对话，这种对话常常与传统小说相连。就完整的事实而言，小说在很大程度上受借用传统历史的功能以反映过去和未来的欲望的抑制"）。王德威的观点，被中国小说家慕容雪村所呼应："生活在中国，就像坐在一个巨大的戏院里，随时可以看到荒唐的故事、离奇的情节，超过所有的文学作品"。Murong Xuecun, "Caging a Monster", *China Digital Times*（Nov. 19, 2011）, http: //chinadigitaltimes. net/2011/11/murongxuecun-caging-a-monster.

② 在5世纪至20世纪间，中原地区接连被"非中华"民族群体所占领并统治的复杂历史，以及在中世纪中国谁应当被看作"汉人"或"中国人"，而谁又是"蛮狄戎夷"，对这些问题之巧妙解答，see Mark Elliott, "Hushuo: The Northern Other and the Naming of the Han Chinese", in Thomas S. Mullaney et al. , *Critical Han Studies: The History, Representation, and Identity of China's Majority*, pp. 173- 190。理学家朱熹（1130—1200）最为出名的就是他给宋朝的建议："修政事，攘夷狄。" See e. g. , Fang Shuzhi, "What is Feudalism?", http: //www. hljswzw. gov. cn/ yj/Read News. asp? News =372（中文）。

接、沉默等特征，其不会直接挑战异域"蛮狄戎夷"的控制或与其直接对峙。对"蛮狄戎夷"占领时期的理学哲学的"传达者们"来说，对汉文化（如他们所定义的那样）的"特性"的保持变成了目的本身。由新的"书院"所推进的"中国文化"的公共教育，曾是理学思想延续及控制计划的最重要的组成部分。

当汉人终于赶跑了蒙古人，收复中心地带，重整山河并于14世纪中期建立了汉人掌权的明朝后，理学哲学的"普遍性"人文主义价值，在此时则被转变为绝对的官方（以及帝王的）正统。

理学对意识形态控制的主要贡献首先并不是制度性的；而是其对于目的之哲学思考，以及滥用帝王权力的可能。对于理学政治思想家来说，国家就是对百姓的教育及意识形态一致性施加强大影响的唯一决定性机构。理学思考者能看到国家寻求意识形态控制和顺从，与寻求个体道德修养的终极目标之间的紧张关系。然而，他们认为，从理学的角度来看，优秀的中国知识分子应当去弱化而非加强这种紧张关系，并应当在两者之间实现和谐。然而，国家（特别是自明朝以后）往往选择去利用这种对和谐的强调，并不断地尝试去动员包括学校、宗族组织，甚至行会在内的所有社会机构，以加强意识形态的统一，这对帝国的稳定来说可能是必需的。作为结果，帝王的意识形态就通过这些渠道，以一种非刻意的方式不断地传达给平民。而这一发展，是早期理学思想家们阐述自己的想法时所不能预见的。因此，理学对教化中国人个体的方法悖论，也应当归咎于其"在受到适当的引导下，民众应当相信统治者是最为有效道德影响的来源"的这一前提。更不消说，这一发展影响了中国教育长达数百年时间。①

明代的开国皇帝朱元璋曾是农民，他成功地将"中国文化"带回了中心地带。"传统中国统治者的严酷及专制的治国方式，有时被公认为是受宋明理学影响。其实，其更多的是王朝规则的结构性要求及法家思想的产物，而非传统儒家思想的结果。"②

为了专制统治的需要，"从儒学到理学"的转换得到巩固，此时经典儒家思想中的"五伦"被理学思想融合，形成了大众社会中的唯一规则：不论是君于臣、父于子、夫于妻还是其他，人们都必须服从上级。正如黄仁宇所言：

> 可是以道德施政总离不开独断专制。如果皇帝以道德无亏作门面，其登临宝座必至为不易。反过来说，如果要与它作对，则更是极端的危险。此中种种强调道德是一种绝对的晶质，既不能分割，也无法讨价还价，将它以人世间最高的官职搬托出来，则天无

---

① Thomas H. C. Lee, *Government Education and Examinations in Sung China*, 1985, p. 26; Benjamin A. Elman, *A Cultural History of Civil Examinations in Late Imperial China*, p. 506（将经典的明清八股文考试称为"文化与政治的双重试金石"）。

② Michael C. Davis, "The Political Economy and Culture of Human Rights in East Asia" 418（Working Paper Series Oct. 20, 2010），http：//ssrn. com/abstract = 1946751（该文解读了张伟仁 1995 年发表的"The Individual and the Authorities in Traditional Chinese Legal Thought"一文）。那样一种气质，在由满族统治的清朝（1644—1911）仍持续不断且毫不减弱。在描述 1911 年清朝"最后一个"皇帝的下台过程中，黄仁宇注意到理学治国之策中，政治规则与家庭规则融合的重要性："帝制必须取消……况且皇权之极端与社会组织之无法妥协互相倚重。"Ray Huang, *China：A Macro History*, p. 253.

二日亦不能容许其他人效尤。①

所有这些趋势都对帝制中国的"模仿文化"有着重大影响。首先，当时中国平民被政府官员明确地当作子民来对待（当时政府官员被称为"父母官"，而平民则被称为是"愚民"）。例如，乾隆皇帝就说了以下这段话回应抗议：

州县乃民之父母，以子民而讦其父母。朕岂听其一面之词，开挟制把持之恶习。譬如祖虽甚爱其孙，必不使其恃恩而抗其父。②

始于明代的将理学官方意识形态淬化为坚定的正统、家长式统治及官方威权主义，和臣对君、幼对长以及未受教化之大众对读书明理之士的绝对服从之过程，在整个清代仍不见颓势，直至 20 世纪初期，"西方"意识形态入侵后，其地位才

① Ray Huang, *China: A Macro History*, p. 104. （本段译文引自黄仁宇：《中国大历史》，生活·读书·新知三联书店 2007 年版，第 122 页。——译者注）从本质上说，统治者因其治权而为圣，而非因其圣而予治。"在一个理想的中华之邦里，社会地位以及道德价值都应当明确公示，而统治者则是确定标准的最高权威。"Mark Elvin, *Changing Stories in the Chinese World*, 1997, p. 30. 伊懋可将此称为"牢牢吸引了已经进入儒家模式的中国人道德准则的狂热、在给予其效力上的群体同意之重要性以及国家的责任是定义并在臣民中引入受到外部支持的良心之假设。"See id. p. 11, 30.

② Ho-Feng Hong, *Protest with Chinese Characteristics: Demonstrations, Riots, and Petitions in the Mid-Qing Dynasty*, 2011, p. 76. "Confucianism and Political Dissent in China", *The ChinaHotline* (July 27, 2011), http://thechinahotline.wordpress.com/2011/07/27/confucianism-and-political-dissentin-china.

开始受到挑战。① 黄仁宇将明朝称为"一个内向和非竞争性的国家"②。在描述明朝时，他写道：

> 明朝官僚主义程度之坚强与缺乏弹性，举世无比。其依借社会价值作行政工具的程度也较前加深：男人强于女人，年老的优于少壮，读书明理之士高于目不识丁的无知细民，就像自然法规一样不待解释，也是昊天明命。以上三个条件既与经济无关，又不受地区间的阻隔，又可以促进全国之团结，通行南北无阻。只是倚靠着文化上的凝聚力，也使明朝主静而不主动。各处少变化，这种形态阻碍了任何方向的进展。及至朝代之末，事实上的利益冲突无从用实际的言语道出，有些权力上的斗争，原来因技术问题而产生，也要假装为道德问题。③

其次，随着对文化凝聚力的重新强调，作为生存方式存在的模仿也获得新生。到 15 世纪时，前述唐代人物韩愈所发起

---

① Benjamin A. Elman, *A Cultural History of Civil Examinations in Late Imperial China*, pp. 64-65. 其解释道：正如在现代欧洲的早期一样，当秩序与服从上的压力，保证了死记硬背（如问答教学法）在教育活动中处于根本地位时，晚期帝国朝廷的教育家就会奖励那些信奉正统，以及对该正统进行死记硬背式接受的人，不论其归属于内部还是外部。重复或背诵作为一种学习习惯，是通过教学，将记忆作为一种教学工具来开发，以产生统一性的关键。教授传统的读写能力，确保了在官僚机构范围内，以及在政治意识形态和道德真理的更高层面上，汉人的重要性要高于武士们。对蒙古族以及满族所统治的朝代而言，只要他们的军事力量不为这些政治及推动社会变化的力量所威胁，即使不情愿，他们也会给予汉人知识界以意识形态空间，以换取他们对征服者的妥协。Id. p. 65；see also id. pp. 66-125, p. 437.

② Ray Huang, *China: A Macro History*, p. 149.

③ Id. p. 154（本段译文引自黄仁宇：《中国大历史》，生活·读书·新知三联书店 2007 年版，第 204—205 页——译者注）。例如，朱元璋曾传示子孙，明军"永不征伐"的国家多达 15 个，包括日本、朝鲜、越南以及南海各小国。Id. p. 151.

的复古运动也被重提，尽管这一次，其采取了不同的、相比之下没那么实质性且贬值了的"仿冒"形式。王靖宇如此描述明代复古运动的创始人李梦阳（1473—1530）所提出的"拟古理论"：

> 明代早期（14、15世纪）的文学界经历过一场强有力的文学运动，即历史上所谓的复古运动。恰如其名称所示，在这场运动中，复古主义的提倡者们宣称并试图在创作中显示：学习诗文创作的最佳途径是拟古，即以古典作品为效仿的对象。
>
> 像其他人类活动一样，由于文学受传统束缚而不可能是一种纯粹的创新，所以复古主义者们的拟古理论不仅无可非议而且听起来还相当有道理。事实上，这也正是复古运动的倡导者与影响最大的主将李梦阳用以为其拟古理论辩护的基础："文必有法式，然后中谐音度。如方圆之于规矩，古人用之，非自作之，实天生之也。今人法式古人，非法式古人也，实物之自则也。"由此李梦阳把拟古与法式"物之自则"视若等同，从而方能给拟古创作以某种尊严高尚的外观。
>
> 但无论他的理论听起来多么有理和冠冕堂皇，在对其理论的实践中，李梦阳及其追随者们却几乎没有创作出堪称不朽的文学作品。法式"物之自则"实际上成了对古代作家文体风格毫无原则的照搬。
>
> 当这种情形发展到一定阶段时，具有独立思想和精神、敢于拒绝追随当时的这一风气的人们会起而强

烈反对也就不足为奇了。①

作为一位"具有独立思想和精神"且反对复古运动的"公安派"领袖，袁宏道（1568—1610）强烈地抨击了明代复古运动所导致的"缺乏独创性的复制"：

> 近代文人，始为复古之说以胜之。夫复古是巳，然至以剿袭为复古……有才者诎于法，而不敢自伸其才，无才者拾一二浮泛之语，帮凑成诗。智者牵于习，而愚者乐其易，一唱亿和。②

讽刺的是，袁宏道作为文化精英，也公开盛赞并承认《水浒传》等白话文学作品中的山寨"反文化"给中国文明带来的动态价值。事实上，这种言行在当时也很独特。在他的一首诗中，袁宏道写道：

> 少年工谐谑，颇溺《滑稽传》。
> 后来读《水浒》，文字益奇变。
> "六经"非至文，马迁失组练。③

一个世纪以后，考取了秀才却会试屡屡碰壁的奇才金圣叹（约1608—1661），将《水浒传》修改成我们现在常见的样子，

---

① John C. Y. Wang, *Chin Sheng-T'an*, pp. 14-15（本段译文引自王靖宇：《金圣叹的生平及其文学批评》，谈蓓芳译，上海古籍出版社2004年版，第2—3页——译者注）；此处引用了《答周子书》，收录于《空同集》（刻本年代不详，藏于斯坦福大学胡佛图书馆），第六十二卷，第13a—b页。

② John C. Y. Wang, *Chin Sheng-T'an*, p. 18（本段译文引自王靖宇：《金圣叹的生平及其文学批评》，谈蓓芳译，上海古籍出版社2004年版，第7页；此处引用了《袁中郎文钞》，第7页，收录于《袁中郎全集》）。

③ Id. p. 20（本段译文引自王靖宇：《金圣叹的生平及其文学批评》，谈蓓芳译，上海古籍出版社2004年，第9页；此处引用了《袁中郎诗集》，第21页）。

他还像其同辈理学家们评点儒家经典一样对《水浒传》作了评点，并将其抬到"第五才子书"这样的崇高地位。①

但在明清时期，极少有文人知识分子愿意冒着职业风险，去承认大众文学及大众文化的山寨世界。在明清时期的纯文学领域，以及在通向政治权力、财富及社会地位的科举考试中，写作愈是引经据典，就愈会受到学术权威的认可。②从明代末期开始，一直到16世纪至20世纪初期这段时间内，"三纲"这一理学意识形态被发展为用来衡量成功与否的简单的"官方"道德规范法则：服从上级的权威，并模仿老师和领导的习惯和行为模式。很明显，在袁宏道等站在更为"基于实际"的立场对此提出批评的人眼里，拥护明代理学复古流派的人的实际作品不过是"复制粘贴"前人作品的垃圾而已。在官方社会中，剽窃并不常伴以失败的惩罚；相反，其还常常被给予成功的奖励。③这就像是有一种具有渗透性的无形压力，其

① 金圣叹所列的前四本"才子书"，均选自中国丰富的且充满想象力的抒情诗歌文学。许多明清时代的白话小说的作者，都是学富五车却没能通过科举考试的人。这类作品通常都以不具名方式或以笔名写就。

② 除了沿袭及效法的文化外，本杰明·艾尔曼（Benjamin A. Elman）还描述了科举考试中存在的应试者不同形式的作弊、腐败及不规范的行为。Benjamin A. Elman, *A Cultural History of Civil Examinations in Late Imperial China*, pp. 195-202. 与对待抄袭之仁慈态度产生鲜明对比的是，"诈伪制书"等冒用国家机关伪造法律文件的行为，被认为是"十恶"之一，根据明清时期的刑事法律要处以"凌迟"这一极刑。Mark McNicholas, "Poverty Tales and Statutory Politics in Mid-Qing Fraud Cases", in *Writing and Law in Late Imperial China: Crime, Conflict and Judgement*, Robert E. Hegel & Catherine Carlitz eds., 2007, p. 143, pp. 145-146.

③ 在明清时期，儒家学者之间常指控对方无耻抄袭，但难以有充分的事实根据。不同的学者都研讨了同样的古代文本，因此其独立创作的学术作品偶尔会因极度相似，而招致"毫无创意的模仿之抄袭"的指控，而事实上可能并不存在抄袭的行为。有关20世纪最为著名的中国学者胡适对清代杰出的哲学家戴震（1724—1777）涉嫌抄袭的虚假指控的精彩评价，see Hu Shih, "A Note on Ch'uan Tsu-wang, Chao I-ch'ing, and Tai Chen: A Study of Independent Convergence in Research As Illustrated in Their Works on The Shui-Ching-Chu", in *Eminent Chinese of the Ch'ing Period*, Arthur Hummel ed., 1943, p. 970。

偏爱模仿并抵制新观点及个体创造力，并贯穿于整个明清时期的以理学为正统的中国大地。在大众文化中，山寨以及江湖的虚拟世界，至少为无法逃离的人们提供了逃避现实的道路。

因此，随着 1905 年基于"仿古"的科举制度被废除，以及 1911 年最后一个帝制政府垮台，精通达尔文与马克思等 19 世纪西方思想家的作品的中国新一代公共知识分子，将中国在现代化进程中所碰到的问题，彻底归咎于作为语言的传统中文，以及以模仿、抄袭及不注明来源为特点的理学正统。正如安德鲁·琼斯（Andrew Jones）所解释的那样：

> 人们普遍认为，一个无法挽救的落后文化遗产，和一个不仅不发展而且在进化上受到阻碍的文明，是中国在帝国主义列强手下受到羞辱，及在第一次世界大战以后形成的世界新格局中未能获取财富与权力的直接原因。1917 年由北京大学发起的新文化运动，是通过彻底切断与中国过去的关系以移除该传统文化之桎梏的尝试。而这一计划中最为重要的，就是卸掉传统语言及与其所关联的大部分文化所带来的负担，以设立建立在创设新的国家语言基础上的、更为充分

透明的现代代表制度。①

新文化运动的标志性作品，就是鲁迅 1918 年的短篇小说《狂人日记》，正如安德鲁·琼斯所评价的，其"自此被作为中国文学现代性的先驱而被颂扬"②。琼斯还指出：

> 人们常说，《狂人日记》以一种聪明的框架设置（framing device），引人注目地自行割断了与过去的联系。由典型的迂回累赘的文言文构成的前言告诉我们，我们将要读的日记的来源，以及叙述者的遭遇和记录此遭遇时所处的情形。接下来就是一段非常直接的、第一人称的白话文本，详细描述了一个男人怀疑他周围的人正在偷偷密谋杀死并吃掉他的被害妄想，

---

① Andrew F. Jones, *Developmental Fairy Tales*: *Evolutionary Thinking and Modern Chinese Culture*, 2011, pp. 105-106; see also David L. Eng, Teemu Ruskola & Shuang Shen, "Introduction: China and the Human", 29 *Social Text* 109, 1 (2012), http://papers. ssrn. com/sol3/papers. cfm? abstract_ id = 1997463. 该文三位作者指出：1911 年清朝的覆亡，见证了一系列政治、社会以及军事上的危机的加速，而此时中国文化与人类文化的关系，进入了以两者的持续不稳定性为特征的历史上的另一个重要时代。鸦片战争到中日战争、日本对中国台湾地区和朝鲜的殖民、义和团运动、日俄战争以及最终的帝制国家的覆亡等无尽的危机，都体现在中国伟大文学家、现代主义者鲁迅的作品中。鲁迅笔下的那些剥了皮的尸体、死去的婴儿以及吃人的血淋淋的形象，栩栩如生地展现了正在走向自我毁灭中的中国个体，乃至整个国家的问题。Id. pp. 14-15. 作者们注意到，根据戴锦华的说法：针对中国儒家历史的反封建主义与针对外国侵略者的反帝国主义，这两个中国现代性中的首要主旨，很不幸是相互冲突的，这对人类的问题而言意义重大。为了构建现代中国，对"封建"中国文化的批判（依照欧洲历史来看，这一描述也存在许多问题）要求其拒绝儒家人文主义。但这样的现代中国，也就反过来建立在一个充满矛盾的"西化"渴求上。另一方面，新共和国的反帝国主义也暗示了对西方现代性的批判。换句话说，中国的现代化需要完成"否定西方以及自己的历史"这么一个不可能完成的任务。Id. p. 15（quoting Naoki Sakai, "Theory and Asian Humanity: On the Question of Humanitas and Anthropos", p. 443）（"亚洲通过否定西方以及自身的历史来使自身现代化。对世界上其他地方来说，哪里没有对西方的抵抗或者否定，哪里就不可能有现代性的希望"）。

② Andrew F. Jones, *Developmental Fairy Tales*: *Evolutionary Thinking and Modern Chinese Culture*, p. 106. 前述安守廉教授的一本著作的标题《窃书不算偷》，就取材自鲁迅的另一篇短篇小说《孔乙己》。

其实际上以讽喻的方式斥责了"人吃人"的儒家文化与社会。

他人很少会注意到的是,小说里的"癫狂"被用来代表反向教学过程,其代表了对儒家经典的抛弃。①

整个 20 世纪里,自鲁迅的时代开始,儒家(或更为正确地说是理学)对待社会秩序、(从社会的角度来说)可接受的行为以及政治思想("按照领导说的去做,因为我们知道什么对你来说是好的"的代名词)的态度,都被证明是中国文化历史中的隐性基因,其潜伏了几个世纪之久,却在近期重新出现。就被理学家们所挪用的(或更为准确地说是误用的)中国文化"公众形象"而言,其拒绝承认山寨是"中国人"三个字所代表的意义所必不可少的部分。20 世纪前期的新文化运动为根除理学"模仿文化"的根基及其分支而作出的努力,被一个接一个的政治运动接替,以致在半个世纪之后,处于"文化大革命"末期的 1974 年,这个国家

①　Id. 琼斯在此引用了鲁迅的《狂人日记》中的一段最为出名的关于"偏执狂"的段落:"凡事总需研究,才会明白。古来时常吃人,我也还记得,可是不甚清楚。我翻开历史一查,这历史没有年代,歪歪斜斜的每页上都写着'仁义道德'几个字。我横竖睡不着,仔细看了半夜,才从字缝里看出字来,满本都写着两个字是'吃人'!" Id. pp. 106-107(quoting Lu Xun, *Diary of a Madman and Other Stories*, 1990, p. 32)。琼斯将鲁迅的"叙述双重性"作为一种第一流的框架设置来赞扬。理学在中国有时与道学是同义词,有时可被译作"虚假的道德"。对理学作家来说,对其合理性的挑战都不是针对他们个人,而是对"中国文化"的普遍攻击,是一种基本策略。艾尔曼将理学称为"道学"。Benjamin A. Elman, *A Cultural History of Civil Examinations in Late Imperial China.*

同时经历了"批孔"和"评《水浒》，批宋江"两个运动。①
那些声称新文化运动拥抱达尔文主义及马克思主义的行为，是
用"西化"有效地替代"现代化"的说法并非空穴来风。

在21世纪，当今网络当道的中国，已能够将"人文主
义"儒家价值的精华部分，仅作为中国文化遗产中的一个丰
富部分保存下来。因此，理学作为官方政治意识形态的复兴尝
试是否会被阻挠或挫败，则是一个与山寨的再现及持续的重要
性高度相关的问题，而位于北京中心的孔子像突然被拆除，肯
定是一个积极的信号。山寨属于中国文化，但并非来自儒家。
不论其支持者多么大声地宣称"中国文化就是儒家思想"以
及"儒家思想就是中国文化"，作为社会事实存在的现代山寨
现象就是对那些主张的反证。

五、现代山寨的日常生活："对模仿文化"的戏仿与"草根创新"

近来在外国人间流传甚广的观点认为，在普通中国大众之
间的中国山寨"反文化"仅与大规模的仿冒及盗版有关。这
种观点完全站不住脚。事实上，这些活动也有可能是普遍存在
的地方政府官员、一些国家官员与其关系户之间腐败及脱罪问
题，以及对那些"有关系的人"的选择性执法所带来的结果。
这些人给山寨带来了恶名。山寨的行为并不必然与法律相抵

---

① 对"儒家"这一术语的使用是后来才出现的。随着1905年中国科举制度
被废除，19世纪晚期以康有为（1858—1927）为首的中国知识分子"发明"了
"孔教"一词。See Benjamin A. Elman, *A Cultural History of Civil Examinations in Late
Imperial China*, pp. 585-625，及其所引注的作品；see also id. p. 594［讨论了康有
为的"文化补偿论"，即"单方面断言（儒家思想的）不朽的道德优越性，以作
为对儒学在历史上所遭受之挫败的回报"］。

触，它不过是游离于政府的有效管控外而已。① 小规模的仿冒、盗版及抄袭是山寨的一部分，但山寨主要是指利用"模糊地带"，躲避而非破坏规则的"仿制"、戏仿、玩世不恭的抗议及"草根创新"。②

对于任何人类文化来说，强制不能带来创意与革新。传统理学的"模仿文化"，虽然受到了难以置信的否定，但近来有迹象显示，其仍残留在今日之中国，并以最近孔子铜像的移除事件为象征。与此同时，中国山寨已经敞开了一扇大门，对那些极富创造力且敢于进入的人们表示欢迎。在山寨的大门里面，一派不受控制的繁忙景色，但可以想见，一切也是和平、自发、充满幽默且玩世不恭的。这一大群人或许仍有些不太成熟，但其已经在奔向成年的路上。这也意味着，中国的老百姓再也不是谁的子民了。③

---

① 正如姜飞教授所解释的那样：很难给它简单地贴上"复制"或者"盗版"的标签，它的出现是社会容忍及思想开放的结果；它的存在与"打开门来改革主流文化"的压力一致；它的未来之路，与迈向更为文明及开放的社会这一趋势极为相关。因此对我们来说，处理这一现象的最好办法就是"随它去"、"看看再说"、"保护它并帮助它找到自己的正确之路"。Jiang Fei, "Game Between 'Quan' and 'Shi': Communication Strategy for 'Shanzhai' Subculture in China Cyber Space", p. 13.

② See Rachel E. Stern & Kevin J. O'Brien, *Politics at the Boundary: Mixed Signals and the Chinese State*.

③ 姜飞强调了互联网对中国普通百姓能有效地尝试参与当代中国社会生活的重要性："我们可以看到，山寨文化现象的兴起，在某种程度上，是一个中国网民的成人礼。"Jiang Fei, "Game Between 'Quan' and 'Shi': Communication Strategy for 'Shanzhai' Subculture in China Cyber Space", p. 9.

专题剖析

对中国的音乐与电影
盗版现象的未来展望[*]

蒲睿恪[**]　文

何天翔[***]　译

简目

一、前言

二、历史视野下的中国盗版

三、通过法律对抗盗版

（一）1978 年后中国《著作权法》的发展

---

[*] Eric Priest，"The Future of Music and Film Piracy in China"，21 *Berkeley Tech. L. J.* 795 (2006). 本文的翻译与出版已获得作者授权。

[**] 蒲睿恪，美国俄勒冈大学法学院副教授，哈佛大学法学院博克曼互联网和社会研究中心前研究员。哈佛大学法学硕士（LL. M. 2005），芝加哥肯特法律学院法律博士（J. D. 2002）。作者希望对费舍尔教授（William Fisher III）所给予的指导，以及其提出的可以将我们带回到版权法的最初承诺之替代补偿体系，给这篇文章带来的灵感表示感谢。作者也向安守廉教授（William Alford）所给予本项目的支持、鼓励以及建议表示感谢。作者特别对本人自博克曼互联网和社会研究中心所获得的慷慨的经济支持表示感激，其使得作者有能力在中国完成构成本研究之基础的田野调查。作者同样想向下列人士表示感谢（无特别顺序），没有他们的帮助这篇文章不可能得以完成：John Palfrey、Chao Yanhua、Sun Yunying、Yun Xuan、He Wen、Wei Guihong、Tian Xiao An、Wang Jun、Dai Ping、He Miao、Amy Xu、Jim and Ilka Priest、作者的父母，以及作者的岳父母——陆虹和陈振汉。这篇文章献给作者的妻子陈蔚，她的爱、支持与帮助以及她的幽默感，使得写作过程倍感轻松。

[***] 何天翔，香港城市大学法律学院助理教授，荷兰马斯特里赫特大学知识产权法学博士、中国人民大学刑法学博士，主要研究方向为知识产权法、欧盟刑法。

一、前言

无论是在物理空间里还是在网络空间中，盗版问题都是世界各国娱乐产业的最大威胁。无论如何，就盗版问题而言，中国一直都是世界各国的焦点，而中国在协助我们思考如何解决国际性盗版问题中也扮演着关键的角色。任何有关国际盗版问题的现实解决方案，都难免要涉及有关解决中国问题的建议。

如果有人怀疑中国的知识产权保护对美国产业的重要性，他仅需要去看看 2005 年 2 月 7 日出版的《商业周刊》。在该期封面上，关于"愈演愈烈的国际盗版与仿冒商品的迅速蔓延"的专题中，曾两次提及"中国"二字。① 该文指责中国是世界上最主要的知识产权侵权者，并指出在预估值高达 5120 亿美元的世界仿冒市场中，"中国几乎占了所有仿冒商品的三分之二"，这些商品包括电影 DVD、音乐 CD、处方药、百威啤酒、名牌手袋、摩托车及电梯等。② 代表着美国版权所有者利益的

---

① Frederik Balfour, "Counterfeiting's Rise", *Bus. Wk.*, Feb. 7, 2005, p. 54. 该期的封面写道："假货！国际仿冒的生态已经失控，瞄准了从电脑芯片到救命药品的所有一切。情况如此糟糕，甚至连中国都可能需要采取措施进行打击了。"封面所采用的图片，是两辆几乎相同的摩托车，下面配的文字是："两辆本田 CG125 摩托车，其中一辆是产自中国的仿冒品。"

② Frederik Balfour, "Counterfeiting's Rise", p. 56.

国际知识产权联盟（IIPA）由于对中国知识产权执法力度严重不满，于2004年10月致信美国贸易谈判代表，控诉"中国不能再为自己无法将盗版率降到90%以下进行辩解了，这个比例几乎是世界最高的"①。

报道中指出的中国版权盗版程度让人担忧。根据版权产业的统计，中国出售的所有音乐CD、电影DVD以及软件的盗版率超过90%。②最近的统计显示，由于中国的盗版所替代的CD、DVD、VCD以及软件的可能销售量，美国每年遭受的损失在18.5亿美元到25.4亿美元间。③许多盗版及仿冒商品还回流到西方市场。在美国边境截获的仿冒商品中约有75%来自中国。④经统计，美国的仿冒商品的市场总值达到2868亿美元，考虑到这一事实，75%这个数字十分惊人。⑤

尽管从历史上说，对中国版权执法不力表达不满的，多是

① Int'l Intellectual Prop. Alliance（IIPA），*2004 Special 301 Report*：*People's Republic of China* 31-32（2004）.

② Letter from Thomas M. T. Niles, President, U. S. Council for Int'l Bus. and Clarence T. Kwan, Chairman, China Subcomm. , U. S. Council for Int'l Bus. , to Gloria Blue, Executive Sec'y, Trade Policy Staff Comm. , Office of the U. S. Trade Representative（Sept. 10, 2003）（"盗版的光碟产品，如CD、VCD、DVD以及仿冒商品，一直是中国的主要问题。而光碟产品以及商业软件的盗版率远远超过了90%"）；see also IIPA, *2004 Special 301 Report*：*People's Republic of China*, p. 33。

③ See "A Growing Problem with Links to Organized Crime and Terrorism：Hearing on Int'l Copyright Piracy Before the Subcomm. on Courts, the Internet, and Intellectual Prop. of the H. Comm. on the Judiciary", 108th Cong. 12（2003）（statement of Rep. Howard L. Berman, member, Subcomm. on Courts, the Internet, and Intellectual Prop. ）（其将"美国版权产业在中国所遭受的实体商品盗版损失"的数字确定为18.5亿美元）；see also IIPA, *2004 Special 301 Report*：*People's Republic of China*, p. 33（其将"由于盗版造成的电影、唱片和音乐，以及商业和娱乐应用软件的贸易损失"确定为约25.4亿美元）。

④ Jonathan Ansfield, "Lessons of Pirate Row；Beijing's Aggressive Defense of Its Cherished Olympic Logo Shows It Can Stop Counterfeiters, if It Wants to", *Newsweek Int'l*, Jan. 10, 2005, p. 45.

⑤ City of New York Office of the Comptroller, *Bootleg Billions*：*The Impact of the Counterfeit Goods Trade on New York City*, 2004, p. 4.

来自外国的版权所有者，但是，事实上中国娱乐产业因猖獗盗版所遭受的损失是最大的。例如，根据 IIPA 的报告，在 2003年，中国本地的音乐公司因盗版所受的损失高达 2.86 亿美元。① 自 1998 年起，中国每年因版权盗版（包括软件和书籍）所遭受的总体损失在 20 亿美元左右，甚至更高。② 盗版绝对是导致中国的音乐以及电影产业的销售收入相对较低的因素之一。尽管中国有着世界最多的人口，在 2003 年，就实体音乐产品销量（CD、磁带等）来说，中国仅占世界市场的 0.6%，而美国以及英国两者加起来就占全世界销量的近 50%。③ 2005年，中国总体票房收入达到 2.48 亿美元，根据中国电影产业的标准，这样的表现已经十分不错了，但该总值仅是同年美国总体票房收入的近 3%。④ 除了盗版外，还有许多因素共同导致了中国的电影和音乐产业的收入低迷。⑤ 然而，根据美国及中国的版权产业报道，其因盗版问题所遭受的损失很有可能被

① IIPA, *2004 Special 301 Report*: *People's Republic of China*, p. 35.

② See id. p. 33.（该报告发现，预估损失在 2000 年下滑到刚刚过 10 亿美元，但在 2001 年升至接近 20 亿美元，并自那时起一直在该区间徘徊或略有提升。）

③ Press Release, IFPI, "Global Music Sales Fall by 7.6% in 2003—Some Positive Signs in 2004"（Apr. 7, 2004），http://www.ifpi.org/site-content/statistics/worldsales.html（该文认定 2003 年世界零售音乐销量总值为 320 亿美元，且指出美国和英国的音乐市场合起来占世界总市场的 47%）；see also IFPI, *The Recording Industry Commercial Piracy Report 2004*, p. 8（2005）（在 2003 年，中国的合法音乐市场总值在 1.98 亿美元左右，仅占世界销售总值的 0.6%）。

④ Box Office Mojo, Yearly Box Office, http://www.boxofficemojo.com/yearly/（last visited Apr. 12, 2006）.（2005 年美国的总体票房收入为近 90 亿美元。）

⑤ See Jeroen De Kloet, "Rock in a Hard Place", in *Media in China*: *Consumption*, *Content and Crisis*, Stephanie Hemelryk Donald et al. eds., 2002, pp. 96-97（该文讨论了中国的音乐消费比例总体较低的原因及音乐市场的架构，认为后者主要仍由国家控制，这也造成了音乐产业的问题）；see also Yingchi Chu, "The Consumption of Cinema in Contemporary China", in *Media in China*: *Consumption*, *Content and Crisis*, Stephanie Hemelryk Donald et al. eds., 2002, pp. 48-50（该文认为造成中国电影产业问题的主要原因在于其架构）。

过度夸大。[①] 尽管如此，对中国的版权所有人乃至全世界来说，中国的盗版问题仍十分严重。[②]

上述数字对中国音乐和电影产业来说已经不甚乐观，事实上，情况还将会变得更糟。上述估算的损失仅关注了实体产品盗版问题，而没有考虑到，中国互联网用户能免费获得版权作品的无数网站，以及不计其数的点对点文件分享网络所造成的损失。[③] 随着中国的经济迅速腾飞，以及国家对科技发展的重视，现在的中国以有世界排名第二的网民数量而自豪。[④] 这一数字以每年 27% 的速度在增长，而到 2006 年 1 月更是达到了

---

① IIPA 的成员组织基于"替换销售方法"来预估盗版所造成的损失。IIPA, *2004 Special 301 Report: People's Republic of China*, p. 33 n. 2. 对中国的音乐以及电影的盗版 CD 和 DVD 来说，IIPA 的成员组织基本上将所有盗版复制件的销售都看作"销售替代"。也就是说，若不是因为盗版，盗版商所销售的每一个盗版复制件都本应是合法复制件。See id. app. B（讨论了 IIPA 估算损失时使用的方法）。IIPA 声称，因为"不可能去估算每一种盗版形式的损失，我们认为我们所估计的 2003 年的统计数字，事实上低估了由于盗版所造成的损失……"Id. app. B, p. 1. 当然，认为盗版商所销售的所有 CD、磁带、DVD 或者 VCD 都是按合法产品的零售价（高于盗版产品的价格几倍以上）销售的这一观点，值得质疑。因此，事实上被替代的销售数额，很可能比产业所统计的数字要低得多。但无论如何，正如莱西格（Lawrence Lessig）所指出的，即使对这些产业来说，仅存在很小或者零事实经济损失，这仍然无法为盗版提供正当化理由。Lawrence Lessig, *Free Culture: How Big Media Uses Technology and the Law to Lock Down Culture and Control Creativity*, 2004, p. 64.

② See generally Peter K. Yu, "From Pirates to Partners: Protecting Intellectual Property in China in the Twenty-First Century", 50 *Am. U. L. Rev.* 131 (2000). （该文描述了中美之间就知识产权保护长期存在的紧张局面。）

③ IIPA, *2004 Special 301 Report: People's Republic of China*, app. B, p. 1. （该报告描述了估算由于盗版造成的损失所使用的方法，其中并未有任何迹象表明，网络下载或文件分享为该方法的估量因素之一。）

④ "Netizens Number over 90 million in China", *People's Daily Online*, Dec. 23, 2004, http://english.people.com.cn/200502/27/eng20050227_174879.html（last visited Apr. 12, 2006）.

约 1.1 亿。^① 2004 年，"MP3"和"BT"（BitTorrent 一词的简写）分别占了中国最大的网络搜索引擎——百度的搜索热词的第一名和第五名，^② 而搜索音乐下载的流量则占百度整体搜索流量的 20%。^③ IIPA 认为，上百万的中国用户在通过点对点网络或 FTP 服务器在网络上传播版权作品。^④ 这一现象特别集中地体现在大学校园里。在大学中，贫穷学生和较易获得的高速互联网服务组成了高效组合。根据北京某法学院一个刚刚毕业的学生称，在她所在的学校，学生们都使用大学托管的服务器来储存并与同班同学分享收藏的音乐和电影。她说，在大四那一年，因为花了太多时间来观看从服务器上下载的电影，所以占用了太多的学习时间。^⑤

---

① See Jiang Yaping, "Investing in China's Internet Industry: Opportunities and Competition", *People's Daily Online*, Feb. 27, 2005, http://english.people.com.cn/200502/27/eng20050227174879.html（last visited Apr. 12, 2006）（该文指出互联网用户数量的增长率为每年 27%）; see also China Internet Network Information Ctr. (CNNIC), *17th Statistical Survey Report on the Internet Development in China* 4（Jan. 2006）。

② "2004 Top Chinese Search Results", *Sinosplice*, Jan. 5, 2005, http://www.sinosplice.com/weblog/archives/2005/01/05/2004s-top-chinese-search-results（last visited Apr. 12, 2006）（该研究的原始结果以中文发表于 http://www.baidu.com/2004/index.html#is）。BitTorrent 是一个点对点的文件传输工具。BitTorrent 采用基于开源软件许可的免费技术，使得在网络上下载大容量文件变得更为容易高效，因而其已经成为网民在网上分享电影及电视剧的不二选择。See BitTorrent, *Wikipedia: The Free Encyclopedia*, http://en.wikipedia.org/w/index.php?title=BitTorrent&oldid=44973529（last visited Mar. 22, 2006）。

③ Sherman So, "More IP Suits Await Baidu after NASDAQ", *The Standard*, Aug. 3, 2005, http://www.thestandard.com.hk/stdn/std/Business/GH03AeO8.html（last visited Apr. 14, 2006）。

④ See IIPA, *2004 Special 301 Report: People's Republic of China*, p.37.

⑤ 本文所使用的部分信息，许多取自笔者于 2004 年 12 月至 2005 年 1 月在上海和北京所进行的大量采访。所有被采访者都与中国的娱乐产业或版权保护有关。被采访者包括政府官员、知识产权律师、负责知识产权案件的上诉法院法官、法学教授、音乐制作人、电视制作人、出版商、代理商、专业作曲家以及音乐产业的管理人员等。由于讨论的一些信息比较敏感，一些被采访者要求隐去他们的名字。为确保所有被采访者的匿名性，我决定在引用或者意译被采访者的回复时，不使用任何真实名字。虽然参与者的名字经过了处理，但作者对所有采访都已存档。

中国现在正处于知识产权保护发展的两个重要时代之间：一边忙于打击所谓的"20 世纪盗版"（对 DVD、VCD 以及 CD 的未授权复制和销售，此处亦称"传统盗版"），一边又发现自己已经遭受到来自迅猛增长的"21 世纪盗版"[①]（网络文件分享或者"网络盗版"，就被"盗走"的货物价值而言，其也存在替代实体盗版的可能）的猛烈冲击。对中国政府来说，盗版仅是无数社会和经济问题中的一个，必须考虑"何者为优先"的问题。[②] 因此，事实上能用来打击盗版的资源极其有限；而这又会让西方的知识产权权利人感到失望，有时这甚至代表了对他们所享有权利的否定。中国政府在这一十字路口上面临着许多关键问题：其是否应该将执法资源的大部分，分配给目前来说问题很大的传统盗版领域，而等到未来问题加深时，再去解决网络盗版问题？还是说，中国政府应当认识到，网络盗版在未来肯定会成为更大的问题，并马上着手去思考解决之道？究竟在多大程度上，中国应该对互联网成为传播盗版

[①] 此处使用的"盗版"术语，仅仅是未授权复制行为的简略表达方式，必须要认识到，该术语带有可能不适用于所有情况的负面暗示。See e. g., Lawrence Lessig, *Free Culture: How Big Media Uses Technology and the Law to Lock Down Culture and Control Creativity*, pp. 62-79. 例如，莱西格就观察到，只有某些大规模网络文件共享行为才涉及侵权，而且"即使对那些严格按照事实判断属于版权侵权的部分来说，版权所有人实际遭受的损害，也远比想象的要复杂得多"。Id. p. 67. 他警告道："请以比通常考量更为小心一些的态度，来考量文件共享行为可使何种分享成为可能，又能造成何种损害。"Id.

[②] 虽然知识产权的保护已经渐渐成为重要问题，但其与中国政府所面对的其他更严重的挑战相比，则较为失色。这些挑战包括潜在的毁灭性艾滋病的流行、一些专家所估计的高达 23% 的失业率、迅速扩大的城乡收入和教育水平的差距以及过度污染所带来的严重环境损害和公共健康问题。See e. g., Ministry of Health, People's Republic of China, Joint United Nations Programme on Hiv/Aids and World Health Organization, 2005 Update on The Hiv/Aids Epidemic and Response in China (2005); Joseph Kahn, "China's Elite Learn to Flaunt It While the New Landless Weep", *N. Y. Times*, Dec. 25, 2004, at A1; Charles Wolf, Jr., "China's Rising Unemployment Challenge", *Asian Wall St. J.*, July 7, 2004, http://www.rand.org/commentary/070704AWSJ.html; Jim Yardley, "Rivers Run Black, and Chinese Die of Cancer", *N. Y. Times*, Sept. 12, 2004, p. 1.

新媒介的可能性保持警惕？互联网在多大程度上为我们提供了打击盗版的新机遇？中国是否有义务确保自身达到西方发达国家所达到的版权保护水平，或者说中国事实上已经处于21世纪娱乐商业模式的最前沿？[①]

本文关注了在中国保护视听作品的未来之路，并将为中国的版权盗版问题提供文化及历史的语境分析。中国政府为了打击网络盗版，并维持本地音乐和电影的蓬勃发展，可能会采用三种政策。本文将依据该语境分析，对这三种选择进行切合实际的评估。为此，本文的第二部分将对盗版在中国的兴起进行历史及文化考察，之后将对自20世纪初直至1970年代晚期中国版权法律的早期发展作出评价。本文的第三部分讨论了中国现有的版权保护法律框架，并考量了中国版权法律法规的目标。第四部分展望了中国在打击盗版斗争中的未来方向，并对解决未来盗版问题的三个法律及政策方向进行评析：（1）选择强力打击盗版；（2）选择维持目前做法；（3）为了能够在网上合法分享音乐及电影，选择采用以税收为支撑、基于网络的替代补偿体系，该创新性解决方案将会解决中国的网络盗版问题。其中，第三个选项可以在中国消费者的目的（以一个更低的价格获得更多的娱乐）、版权所有者的目的（合理的补偿）以及中国政府的目的（文化的丰富以及减少网络和实体盗版）三方之间实现最佳平衡。

---

① 《今日美国》的科技专栏作家认为，中国的环境已经开始为未来全球性音乐产业照亮了一条光明之路。Kevin Maney, "If Pirating Grows, It May Not Be the End of Music World", *USA Today*, May 3, 2005, at B3, http://www.usatoday.com/tech/columnist/kevinmaney/2005-05-03-music-piracy-chinax.htm. 中国的艺术家们"必须从本质上将CD看成是推广工具，而非最终产品"。Id. 他引用了主要依靠演唱会票房、赞助协议以及在商业电视节目上露脸作为收入来源的流行摇滚乐队为例子。Id. 他们的理论是，"如果人们通过盗版CD听了并喜欢上了乐队的歌曲，至少他们会比以前更愿意去听演唱会，并购买该乐队成员所喜欢的东西。这很可能就是全球音乐产业的未来"。Id. 该作者作出了如下结论："虽然这对音乐以及音乐家来说听起来十分可怕，但结果可能并不会如此。"Id.

二、历史视野下的中国盗版

在中国，知识产权的概念或者派生的版权盗版概念从未自发地在本土出现。这些概念直至 19 世纪晚期才被引入。在当时，用安守廉的话来说，西方列强是通过"枪口的威胁"来实现这一引入的。[①] 中国的知识产权文化的历史性缺乏，可部分归咎于强调农业并轻视商业的经济体系。中国曾经是一个大多数人目不识丁的农耕社会，[②] "……对文化消费以及智力创造的需求相对较低"[③]。这并不是说中国缺乏丰富的文学及先进的科技和文化；正相反，从历史上看，至少在整个 20 世纪，中国都曾是拥有世界上最先进文化及科技的文明之一。[④] 但在当时，文学作品的创作及消费都仅局限于知识精英阶层，[⑤] 因而可以说，当时并不存在这样一种需求，去推动人们发展与创意作品有关的廉价的大众生产技术和营销体系。[⑥] 因此，未授权的复制行为也并未发展到需要自发建立知识产权制度来进行规制的规模。或许更为重要的是，儒家思想这一详尽的道德法则，渗入中国的社会及政治生活长达两千年之久，而其与构成

---

① William P. Alford, *To Steal a Book Is an Elegant Offense*：*Intellectual Property Law in Chinese Civilization*, 1995, pp. 12-13, p. 30.

② Sanqiang Qu, *Copyright in China*, 2002, p. 4, 9（自公元前 500 年起，几乎每个朝代都信奉强调农业并轻视商业的政策）；see also Susan Naquin & Evelyn S. Rawski, *Chinese Society in the Eighteenth Century*, 1987, pp. 97-98。

③ Sanqiang Qu, *Copyright in China*, p. 5.

④ See William P. Alford, *To Steal a Book Is an Elegant Offense*：*Intellectual Property Law in Chinese Civilization*, p. 19.

⑤ Sanqiang Qu, *Copyright in China*, p. 9.

⑥ See William P. Alford, *To Steal a Book Is an Elegant Offense*：*Intellectual Property Law in Chinese Civilization*, p. 19.

版权基础的经济及精神权利的价值，在许多方面是背道而驰的。[①]

由于中国没有关于版权的本土概念存在，因此，直至西方列强于 19 世纪晚期将这一概念引入中国前，当时中国并不认为未授权的复制行为是违法的。[②] 在鸦片战争之前，中国的外国投资不多，早期西方出口到中国的主要货物多为没有品牌的大宗物资，而非技术创新产品或创意作品。因而，当时在华的外国列强并未关注中国缺乏知识产权保护这一事实。[③] 然而，到了 19 世纪晚期，一些中国的制造商开始模仿外国品牌，其目的主要是为了规避仅向本地商品征收的税款，以及利用外国进口货渐长的人气和享受当地官员常给予外国货商的优待。[④] 到了 20 世纪，随着印刷技术的改进及识字率的提升，书籍盗版

---

① 在儒家思想观念中，法律是维护社会秩序并保护国家利益的工具，且其并不包含个体可用以对抗他人或国家的西方式个人权利。See Daniel C. K. Chow, *The Legal System of the People's Republic of China*, 2003, pp. 46-47. 由于艺术作品曾被认为是所有中国人的共同遗产的一部分，基于知识财产而来的权利概念在中国无疑是难以想象的。See id. p. 46, 411. 儒家思想在向过去寻求道德指引方面和文化稳定方面着墨甚重，因此帝制时期中国的艺术都强调创造力的来源及连续性。See William P. Alford, *To Steal a Book Is an Elegant Offense: Intellectual Property Law in Chinese Civilization*, pp. 25-26. 在一个奖励引经据典多于新颖性的社会中，西方式的版权概念看似完全没有必要且很突兀。事实上，正如许多学者所写的那样，"关于创造以及发明成果可以成为个人财产权利的这一观点，不仅对他们的思维模式来说是异域的，而且从本质上说，其超出了他们对这个世界的想象范围"。John R. Allison & Lianlian Lin, "The Evolution of Chinese Attitudes toward Property Rights in Invention and Discovery", 20 U. Pa. J. Int'l Econ. L. 735, 744 (1999). 进一步说，使用经济激励去刺激创意表达这一西方对知识财产的观念的核心教义，在帝制中国也可能会受到鄙夷。轻视创意作品中的经济利益的原因是：参与创意表达是一种道德陶冶以及升华的练习，从理想上来说，其不应被商业所污染，而引导人们逃避其自身的道德提升以换取经济收入也为儒家所不耻。See William P. Alford, *To Steal a Book Is an Elegant Offense: Intellectual Property Law in Chinese Civilization*, pp. 27-29.

② William P. Alford, *To Steal a Book Is an Elegant Offense: Intellectual Property Law in Chinese Civilization*, p. 34.

③ Id. pp. 33-34.

④ Id. p. 33.

对外国及中国作者来说就成了严重的问题。① 于是，尽管并不具备有利于实现高效版权执法的历史、文化和法律条件，致力于通过正式法律或国家政策来设立版权规则，抑制中国泛滥的盗版行为的新纪元，还是揭开了序幕。②

当中国共产党于 1949 年成立中华人民共和国时，其继承了"大病初愈"且急需技术及知识产出的国土。因此，中国政府在当时迅速发布了一系列有关出版及作者报酬政策的声明，意图通过保护权利来刺激创作并安抚知识分子。③ 这些声明明确了许多尊重作者及出版者权利的一般原则，并聚焦于保护作者获得报酬权之上。④ 尽管如此，当时的图书盗版仍然十分猖獗，甚至连国有出版社或书店都参与其中。⑤ 当他人在未经许可的情况下复制其作品时，作者往往只有有限的救济可供

———————————

① Id. pp. 42-43.

② William P. Alford, *To Steal a Book is an Elegant Offense: Intellectual Property Law in Chinese Civilization*, pp. 30-55. 中国的第一个关于知识产权保护的官方文件，出现在 20 世纪早期，当时清朝政府就该主题与日本、英国以及美国签订了一系列双边协议。See id. pp. 36-38; Sanqiang Qu, *Copyright in China*, p. 21. 1910 年，在版权制度开始在西方出现的两个世纪后，中国颁布了第一部著作权法。Bryan Bachner, "Intellectual Property Law", in *Introduction to Chinese Law*, Chenguang Wang & Xianchu Zhang eds., 1997, p. 439, 440. 在清朝于 1911 年灭亡到中华人民共和国于 1949 年成立的近 40 年时间里，我们见证了盗版的迅猛发展，以及国家作出的通过设立现代版权法律以阻止该趋势的进一步努力。最值得注意的是，1928 年，孙中山先生领导的南京国民政府颁布的著作权法，很大部分借鉴了德国以及日本的相关法律。但是由于中国当时充斥着持续不断的政治及社会剧变，以及"这些法律……假定了一个法律架构，并且实际上假定了一个法律意识，而这些在当时的中国都并不存在。因此，这些法律很有可能在当时也不会盛行"，1910 年以及 1928 年所颁布的法律最终都被证明未起作用。William P. Alford, *To Steal a Book Is an Elegant Offense: Intellectual Property Law in Chinese Civilization*, p. 53.

③ See William P. Alford, *To Steal a Book Is an Elegant Offense: Intellectual Property Law in Chinese Civilization*, pp. 59-60; see also Bryan Bachner, "Intellectual Property Law", pp. 441-442.

④ See Sanqiang Qu, *Copyright in China*, p. 64.

⑤ See Bryan Bachner, "Intellectual Property Law", p. 442; see also William P. Alford, *To Steal A Book Is An Elegant offense: Intellectual Property Law in Chinese Civilization*, p. 61.

选择。随后，在政治及社会发生剧变的十年期间（1966—1976），由于推行代表反智主义的压迫政策，以及否定整个法律体系（包括之前所有的作者权利政策和规范在内），导致知识环境恶化和创造性作品产出严重萎缩。① 在当时，所有的版权作品都被看作国家财产。新的作品以及既存作品如被认为值得出版，就可以被无限制地免费出版；作者丧失了在作品中所有的经济及精神权利，其仅有获得基本工资的权利。② 那段时期对于知识产权的漠视，在一段当时常被引用的流行语中一览无遗："钢铁工人在本职工作中铸成的钢锭上有必要署上他的名字吗？如果没有必要，为什么一个知识分子就该享有在劳动成果上署名的特权呢？"③

新一代领导人邓小平及领导班子中的其他成员，认识到中国需要在经济上和文化上实现现代化，走向世界，④ 知识产权法对吸引外国投资者并重建中国在过去十年中丧失殆尽的技术和文化基础来说，是不可或缺的。⑤ 然而，当时的中国甚至缺乏有效运作的法律系统，更别提知识产权制度。⑥ 因此，在盗版猖獗、知识产权法律缺乏，以及有着对知识产权准则的发展持冷漠态度的历史文化的情况下，中国的领导层开始了艰苦卓绝的努力，试图再次重塑中国。而这一任务可以说远未完成。虽然中国经济正经历着前所未有的增长，然而其仍然面对着巨大的社会、制度和经济等方面的挑战。就知识产权方面而言，正如在本文第三部分即将讨论的那样，中国自身法律的发展取

---

① See Bryan Bachner, "Intellectual Property Law", p. 443.

② See id.

③ Id. （该文引用了"文革"时期的一段流行语。）

④ William P. Alford, *To Steal a Book Is an Elegant Offense：Intellectual Property Law in Chinese Civilization*, pp. 65-66.

⑤ Id.

⑥ Id.

得了显著进步，但这些进步大部分仍然是形式上而非实质上的，而且这些进步往往是由来自国际社会而非本国内部之压力所促成。事实上，随着经济及科技条件的不断改善，中国民众对盗版产品的胃口也被提到了前所未有的高度。因此，在中国迈出其知识产权法律现代化进程第一步的 30 年之后，中国不仅行走在网络盗版流行症的钢索上，而且现在已经是世界上①最大的盗版问题栖息地。

三、通过法律对抗盗版

在查找建立高效反盗版制度的困难会继续存在的原因，以及分析中国现有的为解决互联网时代音乐和电影盗版问题所能有的选择之前，对包括近期为规范网络文件共享所作出的努力在内的中国现代反盗版法律框架进行了解是大有裨益的。因此，本文的这一部分将介绍对中国政府对抗盗版之努力来说颇为关键的，有关版权及刑事问题法律法规的主要元素。其一，笔者将讨论自 1978 年起版权法律的发展轨迹及其主要规定；其二，笔者将解释与版权侵权相关的刑法规定与处罚；其三，笔者将介绍通过行政程序（或者）通过法院提出版权主张的双轨制体系。最后，为了给评估本文第四部分将讨论之政策导向是否合乎社会规范提供标准，笔者将对中国的版权法律所意欲推进的政策进行简要考量。

（一）1978 年后中国《著作权法》的发展

在 20 世纪 70 年代晚期，中国开始制定知识产权战略，以推动新通过的改革开放经济政策。为了尽快摆脱"文化大革

---

① See "60 Minutes Ⅱ: The World's Greatest Fakes"（CBS television broadcast Jan. 28, 2004.），transcript available at http://www.cbsnews.com/stories/2004/01/26/60II1/main595875.shtml. ［引用了周子瞰教授（Daniel C. K. Chow）的话："在世界的历史长河里，我们从未见过具有此等规模与重要性的问题。现在正在中国发生的仿冒行为，远比我们在其他地方所见到的要多得多。"］

命"带来的法律及文化真空,并促进外国技术的进口及国际投资,中国在 1979 年签署了《中美贸易关系协定》。① 中国同意确保美国公民的包括版权在内的知识产权会受到保护。② 中国于次年加入世界知识产权组织（WIPO）。③ 1982 年颁布并于 2004 年修订的《中华人民共和国宪法》中,并没有明确提到知识产权。不过,其规定公民就其所有的私人财产以及"进行科学研究、文学艺术创作和其他文化活动的自由"享有"不受侵犯"的权利。④ 另外,还规定国家"对于从事教育、科学、技术、文学、艺术和其他文化事业的公民的有益于人民的创造性工作,给以鼓励和帮助"⑤。

当中国与美国签订 1979 年贸易协定时,中国的版权盗版问题十分普遍。⑥ 由于没有版权法律,出版商们没有后顾之忧,

---

① Agreement on Trade Relations, U. S. -P. R. C. , Jul. 7, 1979, 31 U. S. T. 4651。

② See Sanqiang Qu, *Copyright in China*, pp. 42-43.

③ WIPO, Treaties Database Contracting Parties, http: //www. wipo. int/treaties/en/ShowResults. jsp? search what = C&country-id = 38C （last visited Mar. 10, 2006）. （表明中国于 1980 年 6 月 3 日加入了《建立世界知识产权组织公约》）。

④ 《中华人民共和国宪法》（1982）第 13 条。

⑤ 《中华人民共和国宪法》（1982）第 47 条。笔者提及这些宪法性"权利"是为指出,虽然知识产权并未被中国《宪法》明确认可为基本权利,但从一开始,《宪法》的规定中就反映出了一种显而易见的知识产权意识。不过,至少从目前来说,中国的《宪法》一般被看作宣言,而非法院可以适用的判决之规则来源,因而是否能在法庭上援引这些宪法性"权利"仍有疑问。See Chenguang Wang, "Introduction: An Emerging Legal System", in *Introduction to Chinese Law*, Chenguang Wang & Xianchu Zhang eds. , 1997, p. 1, 18; see also Albert Chen, *An Introduction to the Legal System of The People's Republic of China*, 1998, pp. 40-41. 尽管如此,有迹象表明一种对宪法性"权利"更为积极主动的看法,正逐渐在中国形成。See e. g. , "First Case Involving Right to Equality", *Beijing Rev.* , Feb. 28, 2002, pp. 21-22.

⑥ Peter K. Yu, "The Copyright Divide", 25 *Cardozo L. Rev.* 331, 357-58 （2003）（描述了中国在 1970 年代末时,未授权复制计算机软件的泛滥之势）。尽管余家明教授（Peter K. Yu）的文章主要是描述缺乏版权法律会对软件开发者造成的影响,但当时版权制度的完全缺位,会以同样的方式对所有创意作品的制作人造成影响。

可以公然地售卖原创作品复制件。① 由于意识到现有的法律资源不足以对抗复制者的行为，一些作者干脆选择不发表作品。② 基于发展自身相关产业之考量，以及来自外国政府有关保护其本国国民作品的压力，中国政府在 1980 年代中期起草了一系列规定，为版权保护奠定了基础。③ 这些规定不仅包括一些与版权有关的试行条例，还包括《民法通则》。④ 前者代表中国制定以保护权利为核心的版权法的第一次尝试；⑤ 后者将版权视为新形态的财产权，并明确置于民法范畴之内⑥。随后，在经历了长达十年的围绕着"在一个社会主义国家中知识产权的存在是否适当"这一话题进行的激烈的内部争论后，全国人民代表大会于 1990 年颁布了中华人民共和国的第一部《著作权法》。⑦

1. 1990 年《著作权法》

一位中国高层官员指出，1990 年《著作权法》文本所反映出的明显矛盾是中华人民共和国历史上最为复杂且难以妥协的，它贯穿整个起草过程始终。⑧ 其一边承认个体经济及精神权利⑨，

---

① See Peter K. Yu, "The Copyright Divide", p. 357. （该文指出在这段时期，软件的编程人员常常会担心其作品会被迅速盗版。）

② See id. （一些软件研发者认为，与其将自身作品置于市场中受特定盗版行为摆布，还不如选择不发表。）

③ See William P. Alford, *To Steal a Book Is an Elegant Offense: Intellectual Property Law in Chinese Civilization*, pp. 76-79.

④ 《民法通则》（1987）。

⑤ Bryan Bachner, "Intellectual Property Law", p. 444.

⑥ 《民法通则》规定公民、法人享有著作权（版权），依法有署名、发表、出版、获得报酬等权利。且公民、法人的著作权（版权）、专利权、商标专用权、发现权、发明权和其他科技成果权受到剽窃、篡改、假冒等侵害的，有权要求停止侵害，消除影响，赔偿损失。See Bryan Bachner, "Intellectual Property Law", p. 444. （引用《民法通则》第 94 条和第 118 条的规定。）

⑦ 《著作权法》（1990）；see also William P. Alford, *To Steal a Book Is an Elegant Offense: Intellectual Property Law in Chinese Civilization*, pp. 77-78。

⑧ See William P. Alford, *To Steal a Book Is an Elegant Offense: Intellectual Property Law in Chinese Civilization*, p. 77.

⑨ 《著作权法》（1990）第 10—11 条。

一边又重申了在社会主义著作权体制下，国家所扮演的主要角色。① 1990 年的《著作权法》为包括广播电台、电视台在内的"政府行为人"对版权作品的使用提供了宽泛的版权例外保护；在这方面，其明显滞后于国际标准。② 此外，其也拒绝为某些作品提供保护。③ 不过，1990 年《著作权法》为在法律上承认作者就其创作所有之权利奠定了正式基础，也明确规定版权侵权行为可诉，并为其提供了配套民事救济措施。该法也同时释放出信号，表明中国希望向国际社会表明，在中国，版权保护得到了认真对待。

尽管正式法律方面有所改进，当时的中国政府仍缺乏执法的能力和意愿，而猖獗的盗版行为仍持续不断。在当时，由于美国创意产业不断向其政府控诉，自身由于中国盗版者的行为而遭受实质性损失，美国也不停地向中国政府施压，以加强中国的版权保护。④ 彼时美国以启动贸易战及经济制裁相威胁，随后中国也威胁采取报复性措施，最终两国于 1992 年签订了《中美关于保护知识产权的谅解备忘录》（MOU）。⑤ 依照该备忘录，中国随后签署《伯尔尼公约》⑥，通过《保护录音制品

---

① 《著作权法》（1990）第 22 条第 7 款（"在下列情况下使用作品，可以不经著作权人许可，不向其支付报酬……国家机关为执行公务在合理范围内使用已经发表的作品"）；第 43 条（"广播电台、电视台非营业性播放已经出版的录音制品，可以不经著作权人、表演者、录音制作者许可，不向其支付报酬"）。

② 《著作权法》（1990）第 43 条。

③ 《著作权法》（1990）第 4 条。（"著作权人行使著作权，不得违反宪法和法律，不得损害公共利益。"）

④ See Peter K. Yu，"From Pirates to Partners：Protecting Intellectual Property in China in the Twenty-First Century"，pp. 132-134.

⑤ See id. p. 142.

⑥ Memorandum of Understanding on the Protection of Intellectual Property，U. S. - P. R. C.，Jan. 17，1992，34 I. L. M. 676，art. 3（1）. 备忘录第 3 条指出，中国政府会签署《伯尔尼公约》。Id. 于 1886 年生效的《伯尔尼公约》，要求其成员国承认其他成员国的作者所创作的作品的版权，或者首次出版于成员国之作品的版权。Berne Convention for the Protection of Literary and Artistic Works，art. 3，Sept. 6，1886，S. Treaty Doc. No. 99-27，1161 U. N. T. S. 3.

制作者防止未经许可复制其录音制品公约》，① 并修订 1990 年
的《著作权法》。②

尽管有了以上进展，美国的版权人仍不断向政府控诉，强
调自身因为中国盗版问题而遭受的损失。不久后，美国与中国
又一次交流，直至 1995 年，双方通过另一个关于保护知识产
权的协议，暂时解决了争议中的问题。这次中国制定了详尽的
"行动计划"，以改进执法的基本设施为核心。③ 尽管如此，仅
在一年之后，当美国因中国执法之低效所产生挫败感达到峰值
时，同样的循环再次发生，双方之间关于贸易制裁的威胁与反
威胁，直到另一个有关知识产权保护的协议在最后时刻出现
后，才得以消停。这次中国重申了自身义务，并就保护知识产
权作出承诺。④ 双方的所有这些姿态与承诺，都未能根除中国
的盗版问题。经统计，美国版权人因中国盗版所造成的经济损
失在 1997 年创下新高。尽管在 1997 年后，有关损失的估值稍
有下降，来自版权所有人的控诉仍层出不穷，他们普遍认为，
盗版产品的销量比合法的版权商品的销量要高得多。⑤

---

① Memorandum of Understanding on the Protection of Intellectual Property, U. S. -
P. R. C., Jan. 17, 1992, 34 I. L. M. 676, art. 3 (4). 该公约要求各成员国保护具
有其他缔约国国民身份的录音制品的制作人权利，在未经制作人同意时，禁止制
作其复制品；如果任何类似的制作或者进口是以向公众传播为目的，则禁止该类
复制品的进口，并防止该复制物散布于众。Geneva Convention for the Protection of
Producers of Phonograms against Unauthorized Duplication of their Phonograms, art. 2,
Oct. 29, 1971, 25 U. S. T. 309.
② See Memorandum of Understanding on the Protection of Intellectual Property,
U. S. -P. R. C., Jan. 17, 1992, 34 I. L. M. 676, art. 3 (4); see also Peter K. Yu,
"From Pirates to Partners: Protecting Intellectual Property in China in the Twenty-First
Century", pp. 142-143.
③ See Peter K. Yu, "From Pirates to Partners: Protecting Intellectual Property in
China in the Twenty-First Century", pp. 144-146.
④ Id. pp. 148-150.
⑤ See IIPA, *2000 Special 301 Report: People's Republic of China* 27 (2000);
IIPA, *2004 Special 301 Report: People's Republic of China*, p. 33.

2. 2001 年《著作权法》修正案

到了 1990 年代末，由于中国的经济发展十分迅猛，1990 年《著作权法》的高度概括性，使其日渐无力就新科技带来的问题为社会提供指引。① 此外，中国也于 1990 年代末决定加入世界贸易组织（WTO）。而要成为 WTO 一员，中国就必须签订《与贸易有关的知识产权协定》（TRIPS 协定），② 而该协定为成员国的知识产权法律设定了最低标准。③ 中国就必然要考虑大幅修订 1990 年《著作权法》以符合国际标准。为此，全国人民代表大会于 2001 年通过了重要修正案，对《著作权法》进行修订。

2001 年《著作权法》的目标就是将中国带入与 TRIPS 协定相一致的轨道，并对新技术带来的挑战作出回应。④ 学者的评论普遍认为，就其大部分的规定来说，该法在遵守国际标准方面是成功的。⑤ 其中许多主要改变及强化部分，都昭示着 1990 年《著作权法》所持之社会主义和以国家为中心的理念，正在朝私权理念转移。⑥ 因此，2001 年《著作权法》在很大程度

---

① See Xiaoqing Feng & Frank Xianfeng Huang, "International Standards and Local Elements: New Developments of Copyright Law in China", 49 *J. Copyright Soc'y U. S.* 917, 920 (2002).

② Agreement on Trade-Related Aspects of Intellectual Property Rights, Apr. 15, 1994, Marrakesh Agreement Establishing the World Trade Organization, Annex IC, Legal Instruments, Results of the Uruguay Round, 1869 U. N. T. S. 299, 33 I. L. M. 1197 (1994), http://www. uspto. gov/web/offices/com/doc/uruguay/finalact. html.

③ See World Trade Organization, *Overview: the TRIPS Agreement*, http://www. wto. org/english/tratop-e/trips-e/intel2_ e. htm (last visited Mar. 2, 2006).

④ See Xiaoqing Feng & Frank Xianfeng Huang, "International Standards and Local Elements: New Developments of Copyright Law in China", p. 920.

⑤ See e. g., id. p. 946 ("《著作权法》的修订，使得中国版权制度从实质上与 WTO 或者 TRIPS 协定相一致……"); Daniel C. K. Chow, *The Legal System of The People's Republic of China*, pp. 417-418 ("中国现行的知识产权法律制度…在所有实质性方面都与 TRIPS 协定和其他主要国际协定相符").

⑥ See Sanqiang Qu, *Copyright in China*, p. 359.

上扩充了作者财产权。比较而言，1990 年的版本仅规定了使用权和获得报酬权这两类概括性财产权，[①] 新法则创设了 13 种包括复制权、发行权、出租权、展览权、表演权、放映权、广播权、摄制权及信息网络传播权等在内的财产性权利。[②] 另外，对于 1990 年《著作权法》所给予国家机关、广播电台、电视台的宽泛合理使用特权，由于其争议颇大且饱受诟病，新法减少了相关规定。[③]

　　新增的"以有线或者无线方式向公众提供作品的信息网络传播权"，是 2001 年《著作权法》中最重要的改动之一。[④] 就该法特别创设这一权利而言，其已超出国际标准要求。即使是 TRIPS 协定，也并未明确将版权作品的网络传播囊括在内。[⑤] 从 2001 年《著作权法》的规定来看，其也借鉴了《世界知识产权组织版权条约》（WCT），[⑥] 以期在数字科技时代加强版权保护。[⑦] 尽管在笔者执笔时中国还未签署 WCT，但 WCT 的确很大程度上影响了上述规定以及中国其他与互联网

---

　　① 《著作权法》（1990）第 10 条第 5 款。

　　② 《著作权法》（2001）第 10 条。总的来说，该法共列举了 16 种权利。

　　③ 《著作权法》（2001）第 22 条第 3 款（规定了报纸、期刊、广播电台、电视台等媒体现在只能在"为报道时事新闻，不可避免地再现或者引用已经发表的作品"这一情况下，才可免费使用版权素材）；第 22 条第 7 款（规定了国家机关只有在"为执行公务在合理范围内"才可以不经许可或者不付报酬地使用已发表的作品）。然而，另一关于该法正自崇尚国家和集体权益向崇尚作者财产权利转移的重要例子就是，1990 年版本中所允许的对版权作品的"法定免费使用"的规定，已经被广播电台和电视台（其中大部分都是国有的）若要使用著作权人的作品，必须要向其支付法定额度的强制许可费用的新要求所取代。参见《著作权法》（1990）第 43 条。

　　④ 参见《著作权法》（2001）第 10 条第 12 款。

　　⑤ See Xiaoqing Feng & Frank Xianfeng Huang, "International Standards and Local Elements: New Developments of Copyright Law in China", p. 936.

　　⑥ WIPO Copyright Treaty, Dec. 20, 1996, 36 I. L. M. 65, http://www. wipo. int/documents/en/diplconf/distrib/94dc. htm（last visited Mar. 24, 2006).

　　⑦ WCT 第 8 条规定，"文学和艺术作品的作者应享有专有权，以授权将其作品以有线或无线方式向公众传播……"

相关的版权法律法规。① 在 2001 年《著作权法》颁布前，有学者认为新法应当鼓励新信息科技的发展，并通过允许网络上的信息自由传播，来维护构成中国版权法律基础的"公共利益"政策。② 然而，网络相关版权案件数量的不断攀升表明，该法的明确性仍有待提高。此外，秉持着"中国本地版权法律应与 WCT 的规定相符"的信念，立法机构认为，新著作权法应明确确认在信息网络中传播创意作品权。③

（二）刑事处罚

即使有人认为版权侵权的刑事处罚在有效威慑盗版方面存在严重不足，其仍是中国版权执法制度的关键性一环。④ 1990年代早期，正是由于刑事制裁缺位，中国版权法律才出现了软弱无力之局面。⑤ 由于中国向国际社会作出承诺，刑事制裁将会对中国知识产权侵权行为产生实质性威慑，1997 年《刑法》的总体修正才最终纳入知识产权犯罪。⑥ 该部分刑法条文对复制版权作品行为和销售违法复制件行为作出区分，并对复制行为进行着重强调。那些以营利为目的实施未授权的复制行为，且违法所得数额较大的人，将被处以 3 年以下有期徒刑，并处或单处罚金；而那些实施上述复制行为，且违法所得数额

---

① Xue Hong & Zheng Chengsi, *Chinese Intellectual Property Law in the Twenty-First Century*, 2002, p. 15. （作者讨论了 WCT 对 2001 年《著作权法》的巨大影响。）

② See Peter Feng, *Intellectual Property in China*, 2003, p. 157.

③ See Xue Hong & Zheng Chengsi, *Chinese Intellectual Property Law in the Twenty-First Century*, pp. 14-15. 2005 年 5 月，国家版权局和信息产业部通过颁布《互联网著作权行政保护办法》，进一步加强了网络版权的保护。对于怠于移除经著作权人通知的涉嫌侵权的内容的互联网服务提供商，依据该办法，有关部门将对其处以罚款。

④ 参见本文第四部分第一节的内容。

⑤ Sanqiang Qu, *Copyright in China*, pp. 305-306.

⑥ See Peter Feng, *Intellectual Property in China*, p. 55.

"巨大"的人，将被处 3 年以上 7 年以下有期徒刑，并处罚金。① 另一方面，那些销售明知是未授权作品复制件的人，违法所得必须数额巨大，才可能受到包括罚金及 3 年以下有期徒刑的刑事制裁。② 上述规定中的"较大"及"巨大"等模糊术语的定义，最高人民法院将通过不定期发布的法律解释来确定。③

中国最高人民法院于 2004 年 12 月发布刑法司法解释，降低版权侵权的刑事责任门槛。④ 在这以前，刑事门槛是获利 10 万元人民币（约 12,000 美元）或者销售总额达 20 万元人民币（约 24，000 美元）。⑤ 在《2004 年司法解释》后，违法所得数额达到 3 万元人民币（约 3600 美元）以上，或者非法经营数额为 5 万元人民币（约 6000 美元）就构成违法所得数额

---

① 《刑法》（1997）第 217 条规定："以营利为目的，有下列侵犯著作权情形之一，违法所得数额较大或者有其他严重情节的，处 3 年以下有期徒刑或者拘役，并处或者单处罚金；违法所得数额巨大或者有其他特别严重情节的，处三年以上七年以下有期徒刑，并处罚金：（一）未经著作权人许可，复制发行其文字作品、音乐、电影、电视、录像作品、计算机软件及其他作品的；（二）出版他人享有专有出版权的图书的；（三）未经录音录像制作者许可，复制发行其制作的录音录像的；（四）制作、出售假冒他人署名的美术作品的。"（原文转述有误，经译者修改。——译者注）

② 《刑法》（1997）第 218 条。（"以营利为目的，销售明知是本法第二百一十七条规定的侵权复制品，违法所得数额巨大的，处三年以下有期徒刑或者拘役，并处或者单处罚金。"）

③ 最高人民法院和最高人民检察院有权发布法律官方"解释"，其带有次级法令或补充性法律的效力。《全国人民代表大会常务委员会关于加强法律解释工作的决议》（1981）授予最高人民法院和最高人民检察院对审判工作中出现的特定法律问题进行解释的普遍权力；see also Daniel C. K. Chow, *The Legal System of the People's Republic of China*, pp. 174-177（讨论了许多最高人民法院发布的解释在事实上的法律性质）。

④ 《关于办理侵犯知识产权刑事案件具体应用法律若干问题的解释》（2004）。（以下简称《2004 年司法解释》）

⑤ See "China Lowers Conviction Criteria of IPR Violations", *People's Daily Online*, Dec. 22, 2004, http：//english. people. com. cn/200412/22/eng20041222＿168201. html.

"较大"，因而可被判处 3 年以下有期徒刑，并处或单处罚金。① 违法所得数额在 15 万元人民币以上的，或者非法经营数额在 25 万元人民币以上的则构成违法所得数额"巨大"，可被判处 3 年以上 7 年以下有期徒刑，并处罚金。②

然而，最为重大的改动就是明确引入针对网络盗版的严厉处罚。根据《2004 年司法解释》，"未经著作权人许可，复制发行其文字作品、音乐、电影、电视、录像作品、计算机软件及其他作品，复制品数量合计在 1000 张（份）以上的"，行为人将被判处 3 年以下有期徒刑，并处或者单处罚金。③ 通过"信息网络"的复制与发行行为，也将被视为属于对有版权作品的"复制发行"，④ 而政府也明确指出，网络文件共享行为也在《2004 年司法解释》的范围内。⑤ 如果复制发行的复制品超过 5000 张（份）以上，则处罚力度将被提升至 3 年以上 7 年以下有期徒刑，并处罚金。⑥ 虽然 1997 年《刑法》强调，只有以营利为目的的复制与发行行为才应承担刑事责任，但《2004 年司法解释》在处理网络文件共享案件时是否要求有营利动机，则仍有解释空间。⑦

（三）执法选择：行政措施还是司法程序

在中国，受到侵害的版权所有人可诉诸行政执法措施或司

---

① 《2004 年司法解释》第 5 条。

② 同前。原文描述有误，经译者稍做改动。——译者注

③ 同前。

④ 《2004 年司法解释》第 11 条。

⑤ See "IPR Violators Now Major Criminals", *China Daily*, Dec. 22, 2004, http://www.china.org.cn/english/2004/Dec/l15570.htm.（该司法解释也适用于网络盗版。）

⑥ 《2004 年司法解释》第 5 条。

⑦ 同前。将《2004 年司法解释》第 5 条解读为，对实施《刑法》第 217 条所列侵犯著作权行为的人，要求其必须有营利的动机是有道理的，但对包括"发行"至少 1000 份或者 5000 份非法复制件在内的"其他严重情节"或者"其他特别严重后果"的行为是否适用，则并不一定。

法程序，或者两者皆采。这一双轨制执法体系始于20世纪80年代，当时中国司法体系正在进行一系列巨大变革，全新的法律权利种类不断出现，中国的法院被潮水般的待决案件淹没。① 其也是改革前社会主义政府机构的遗留物，总体思路是通过国家机关来保护社会利益，而非通过法院来保护个体权利。② 这一双轨制也饱受批评，因为其混淆了行政以及司法功能，削弱了司法独立性，在行政管理部门之间造成重叠与冲突。③ 即便如此，该执法体系已经被确定，而行政权力甚至还呈现扩张之势。④

国家版权局是对版权争议有管辖权的主要（但非唯一）的行政主体。⑤ 因此，寻求通过行政措施来行使其权利的版权所有人，往往需要向国家版权局提交侵权证据。而国家版权局则有权自发或根据版权所有人的要求，对各类版权主张进行调查。⑥ 控诉人还可以转而向其他有权机构寻求救济。例如，作为主要警务机构的公安局，就有权对经查实达到入罪标准的侵权行为采取突击检查行动。⑦ 公安局有其他执法机构没有的权力，其可强行进入侵权场所并拘留或逮捕嫌疑人。⑧ 一般来

---

① See Peter Feng, *Intellectual Property in China*, p. 17.

② See Daniel C. K. Chow, "Counterfeiting in the People's Republic of China", 78 *Wash. U. L. Q.* 1, 25 (2000).

③ Peter Feng, *Intellectual Property in China*, p. 16; see also Sanqiang Qu, *Copyright in China*, pp. 400-402 （讲述了行政与司法功能双轨制的历史背景，至少从部分来说，这是因为过分强调版权侵权行为的刑事责任而非侵权责任而造成的，其也指出了行政责任位于刑事责任与侵权责任之间）。

④ See Peter Feng, *Intellectual Property in China*, p. 16.

⑤ Id. p. 18.

⑥ Id. p. 19.

⑦ See Daniel C. K. Chow, "Counterfeiting in the People's Republic of China", p. 23. 尽管周教授的文章主要关注商标仿冒的执法机制，但版权执法也会带来同样的问题。

⑧ See Daniel C. K. Chow, "Counterfeiting in the People's Republic of China", p. 23.

说，有关部门会突击检查侵权人的住所，并没收侵权物品和其他证据。[1] 当执法行动结束时，有关部门会就侵权所涉实体法律问题作出裁决。[2]

对行政决定不满的当事人可向法院提起行政诉讼，或跳过所有行政措施直接向法院提起民事诉讼。如果在某行政行动进行过程中，该机关所获取的证据足以表明该侵权行为已达入罪标准，该机关可以将案件转移至公安机关，后者可以在判定刑事责任成立的情况下，将案件移转至人民检察院提起公诉。[3] 考虑到诉讼程序往往十分缓慢，会给被告一定时间继续侵权活动或逃逸，2001 年《著作权法》新增一条规定，特别授予法院采取诉前临时措施的权力。[4] 此规定有助于减少通过民事诉讼维权的主要不足，因为在这之前，只有行政机关有能力在侵权者有时间反应前，通过采取突击行动对其进行及时打击。

版权所有人会选择通过行政措施还是民事诉讼来维权，很大程度上取决于版权所有人在程序某特定阶段之目标。例如，仅仅寻求制止侵权行为的公司很可能会选择行政路径，因为行政机关能以法院所无法实现的速度和效率采取行动，而这往往也是更为经济的选择。[5] 然而，行政机关一般来说无权进行民事损害赔偿判定，因此寻求该种救济的公司就必须向法院提起诉讼。[6] 不过，在首次进入中国市场的情况下，一些国际公司

---

[1] Id. p. 23.

[2] See id. p. 24.

[3] See Daniel C. K. Chow，"Counterfeiting in the People's Republic of China"，p. 23. 人民检察院是"模仿苏联的检察机构"，"执行批准公安机关的逮捕请求并对犯罪分子提起公诉的任务"。Daniel C. K. Chow，*The Legal System of the People's Republic of China*，p. 215.

[4] 参见《著作权法》（2001）第 49 条。TRIPS 协定要求其成员国的本国法必须规定特定情况下的初步禁令，这一规定满足了此要求。参见 TIRPS 协定第 50 条第 6 款。

[5] 2005 年 1 月 14 日的采访（作者已存档）。

[6] Peter Feng，*Intellectual Property in China*，p. 23.

并不太关心是否能获得金钱损害赔偿，其更倾向于通过行政机关来获得救济，这是因为执法行动很有可能被媒体报道，这等于为公司免费进行推广宣传。[1]

（四）中国著作权制度的指导性理论

在考量中国政府为在网络时代施行版权制度会采用的各种政策导向之前，简要探索中国版权法律的目标是很有意义的。要阐明中国版权的核心理论[2]具有相当的挑战性，因为当代中国的著作权法至少同时糅合了四种极为不同的版权理论：（1）强调私人财产权利的西方版权法律；（2）强调自然“精神”权利的西方版权法律；（3）社会主义版权法律，认为版权并非自然权利，而是由国家创设并授予的权利，因此其不断降低私权的重要性并强调创新是为改进社会；[3]（4）中国的历史性倾向，认为国家的审查权力是出版管理的核心特征。这些不同影响的混合体现是 2001 年《著作权法》第 1 条。该条指出，颁布著作权法的目的是：

---

① 2005 年 1 月 14 日的采访（作者已存档）。

② 无可否认，即使是在西方，确认知识产权的核心理论也不可能，正如在司法意见以及学术著作中，也曾出现过各种不同的关于知识产权的正当化理由。费舍尔教授（William Fisher）曾指出过四种主要理论：（1）功利主义，其拥护者主张知识产权应当“在促进发明及艺术作品的创作之独占权利的力量一边，以及在部分抵消这类权利限制公民大面积享用这些创作之趋势的一边之间，取得最佳平衡”；（2）劳动论，起源于洛克式的概念，认为自然产权来自于将劳动与共有的原材料之结合；（3）人格论，认为创作物与其创作者之间，存在着不可避免的联系，因此法律应当为创意作品提供保护，使其免遭有着破坏该种联系之威胁的政策或诉讼之损害（这一概念对精神权利概念影响甚深，后者在许多民法法系国家的版权法典中居于显著位置）；（4）社会规划理论，主张“从总体上来说，产权（特别是知识产权）可以也应被塑造成有助于实现公平且有吸引力的文化之模样”。William Fisher, "Theories of Intellectual Property", in *New Essays in the Legal and Political Theory of Property*, Stephen Munzer ed., 2001, p. 36, pp. 36-75. 尽管这些理论中没有一个是被普遍接受的，但关于知识产权的来源之长期争论，其将会有助于达成在不同的情况下的暂时一致，可被用于塑造政策并提供指引，以及推进与知识产权体系的目的和功能有关的讨论。

③ See Sanqiang Qu, *Copyright in China*, pp. 53-54.

为保护文学、艺术和科学作品作者的著作权，以及与著作权有关的权益，鼓励有益于社会主义精神文明、物质文明建设的作品的创作和传播，促进社会主义文化和科学事业的发展与繁荣。①

虽然中国版权法律发展背后的真实动机，往往是更为实际的工具主义的考量，② 借由 2001 年《著作权法》的第 1 条以及上文所勾画出的历史背景，我们也可大致描绘出中国以当下为目的的版权指导性理论。由于受到了社会主义理论的部分影响，中国版权指导性理论很大程度上与版权的功利主义理论共鸣，③ 而后者是在美国占主导地位的理论，其主张对作者权利之保护应当为作者创作提供足够经济激励，但版权法也应以社

---

① 《著作权法》（2001）第 1 条。

② 例如，在中国建立版权法律的强大动机，就是自拥有丰富版权资源的外国人处吸引投资，或安抚他们。See Peter Feng, *Intellectual Property in China*, pp. 4-5. 中国因自身加入 WTO 之欲求，而催生出对中国版权法律的总括性修订。为了与 TRIPS 协定中所包含的国际标准相符。私权在该法中的扩张，远超政府在先前各代版权法律中所愿意授予的程度。See Sanqiang Qu, *Copyright in China*, p. 343. 除了鼓励当地经济增长外，中国政府官员还频繁地引述国际意见和吸引外资这一理由，作为改善知识产权保护的主要正当化依据。See e. g., "IPR Infringers Face Lengthy Jail Terms and Hefty Fines", *China Daily*, Jan. 14, 2005, http: // www. china. org. cn/english/international/1 17896. htm（"从中国的角度来看，有效保护知识产权，不仅是其作为世界贸易组织成员的义务的一部分，也不仅是为了引入更多外国资本，更是这个国家对稳定的科技发展及长期经济繁荣之追求的先决条件"）; "Nation Enhancing IPR Protection: FM", Jan. 12, 2005, http: // www. china. org. cn/english/2005/Jan/117541. htm（"外交部发言人孔泉说，为了符合国际要求，以及为中国的经济发展提供好处，中国正在加强对知识产权的保护……"）; "2, 505 Suspects Arrested for Producing, Selling Fake Products", *Xinhua News Agency*, Mar. 9, 2005, http: // service. china. org. cn/link/wcm/ShowText? infoid = 122245（"'对知识产权侵权装作视而不见是一种短视的行为'，副总理吴仪在去年的某会议中说，'这种做法不仅会严重损害市场经济秩序并阻碍中国经济发展，还会损害中国的威望和形象，并影响到中国未来的对外开放'"）。

③ See William Fisher, *Theories of Intellectual Property*, p. 169.

会利益为目标，因而就需要对这些权利进行限制，以提高公众对创作物的获取能力。因此，公众获取创意作品的权利就在中国的知识产权理论中扮演了十分重要的角色，该权利也对创作者就其作品所享有的财产权利进行限制。伴随着对中国版权的总体性功利目标的思考，本文下一部分将就在全速进入数字时代过程中，中国应对盗版问题所可能采取的三种政策导向进行评价。

四、前方之路

尽管在过去的 30 年间，中国的版权法律与执法基础设施得到了稳固发展，中国的盗版问题仍十分猖獗。随着正式版权法律架构大部分到位，在网络文件共享时代，中国将会如何朝向让人满意的政策迈进？该政策又该如何满足并平衡创作者、内容产业以及社会之需求？下文首先将对中国政府可能会采取的两条最明显的路径进行检验：（1）致力于打造长期战略，以大力打击实体和网络空间的版权侵权行为；（2）保持当前的路线，即逐步且有体系地发展并完善自身知识产权执法制度。然而，正式法律标准及现实之间的明显不一致将会持续存在。在本部分第三节，笔者将会以中国的音乐及电影作品的网络分享为中心点，提出替代补偿体系的建议。笔者认为，该解决方案将会是上述三种政策导向中的最佳选择。

（一）大力打击盗版

评论者说：

> 无论如何，（在北京的）购买者们已无法买到一种仿冒品，即带有 2008 年夏季北京奥林匹克运动会之标志的 T 恤、帽子和包。一个 25 岁的老练商贩称，她曾一箱箱地卖过带有北京奥林匹克标志的衬衫。但去年年初，市政官员突击检查了她的摊位，查封了该

类货物并对她处以几百美元的罚款。他们还警告说，
如果再抓到她贩卖与奥林匹克有关的仿冒品的话，将
会永久关闭她的摊位……中国所受到的要严肃对待
（知识产权的保护）的压力正在上升……然而问题仍
然存在：北京会选择执行新规定吗？[①]

这种观点在西方世界大量存在：如果中国政府可以严肃认
真地开始承担起其作为知识产权执法者的角色，即使其只是选
择性执行规定，也完全可以有效地解决盗版问题。

上引文字之作者认为，中国政府有义务或倾向于以保护其
自身利益时对等的紧迫性，去保护个体（以版权所有人为例，
其中许多个体还是外国人）利益。其未能考虑到问题的规模，
忽视了盗版网络运营具有国际性，而且许多盗版产品是进口的
这一事实，也没有看到对执法造成障碍的各种其他复杂问题。
西方的强硬派分子认为这些都是借口，在有些情况下，他们可
能是对的。因为中国政府可以从不作为中获得好处，并利用关
于问题的规模及复杂性的相关理由来为本国的版权执法效率低
下开脱。但是如同上述观点所表达的，对该问题过分简单化和
进行夸张描述，将会掩盖真正的执法障碍，且会忽视许多中国
官员对打击盗版的真诚愿望。这样的观点也会引发对中国政府
"应当做什么或者能做什么"不切实际的期待。

然而，中央政府也受到来自国际（大多来自美国，但也
并非全部）及本土的巨大压力，要求政府更认真执行其全面
而详尽的现有法律，并对盗版进行打击。公开来讲，中国的官
员都接受这一观点，即可信赖的知识产权制度对吸引外国投资

---

① Jonathan Ansfield, "Lessons of Pirate Row; Beijing's Aggressive Defense of Its
Cherished Olympic Logo Shows It Can Stop Counterfeiters, if It Wants to", p. 45.

及发展可靠的经济来说是必要的。① 考虑到中国曾口头表达过朝着这一方向迈进的愿望，② 在可预见的将来，对盗版进行有效打击的可能性会有多大？对在中国就实体盗版和网络盗版进行成功打击的策略来说，存在着许多难以克服的障碍。本文以下部分将会考量这些障碍，以及思考这些障碍使得寻求这种策略在短期内无法实现的原因。

1. 打击实体盗版

若要成功地对中国实体盗版进行长期打击，不同的政府机构及私人之间就必须存在有效协调，也必须确保版权法律和相关的刑事法律得到高效执行。然而，若要实现对实体盗版富有成效的长期打击，一些对于有效的版权执法来说主要的问题必须得到解决。然而，这些既存的障碍十分复杂，其中包括文化、经济及政治因素。接下来的讨论，将以在中国实现统一高效的版权执法之前，需要进行改革的七个领域为中心：地方保护主义、经济利益冲突及官员腐败；机构竞争及管辖权的重叠；刑事处罚和提起公诉威慑力的不足；缺乏解决知识产权问题的司法能力；国家中心主义；欠发达的经济状况；尊重知识产权的文化缺位。这一节仅简要地概述既存的各类制度性及法律障碍，已有学者就其中的内容进行过更为细致地讨论，在此

---

① See e. g., "2, 505 Suspects Arrested for Producing, Selling Fake Products".

② See e. g., "Chinese Courts Concludes 8, 832 IPR Violation Cases in 2004", *Xinhua News Agency*, Feb. 4, 2005, http: //english. people. com. cn/200502/04/eng20050204_ 172916. html（"2004 年 12 月，最高人民法院和最高人民检察院联合发布了适用于知识产权侵权的刑法司法解释，其目的在于加强对知识产权侵权行为的打击"）；Mathew Forney, "Faking It; Beijing's Inability to Curb Rampant Intellectual-Property Theft Is Infuriating Its Trading Partners", *Time Asia*, June 6, 2005, http: //www. time. com/time/asia/magazine/printout/0, 13675, 501050613-1069142, 00. html（该文讨论了中国副总理吴仪于 2004 年作出的关于打击知识产权滥用的承诺，以及随后政府所作的努力）。

不再赘述。①

（1）地方保护主义、经济利益冲突以及官员腐败

若要在中国对盗版进行有效打击，地方保护主义有可能是最大障碍。中国各地的农村、乡镇、城市作为非法产品的生产者、分销者及消费者，在中国的盗版贸易中扮演了不可忽视的角色。② 虽然中央政府颁布相关法律与法规，但地方政府才是执行这些法律和法规的主体。直至今日，许多地方官员在践行打击盗版的承诺方面存在严重问题。③ 地方官员的利益不总是与中央政府的利益相一致；地方领导常常不太情愿去取缔非法交易，因为那些交易往往极大地推动了他们各自区域的经济活动。而在某些情况下，地方领导在非法交易中甚至还有直接利益。④ 在一些领域内，盗版在当地商业中所占的比重很大，它为当地居民提供了工作和收入，也为当地政府提供了税收和其他形式的收入，可以说是盗版在推动着整个地方经

① See Andrew Mertha, *The Politics of Piracy*: *Intellectual Property in Contemporary China*, 2005; Daniel C. K. Chow, "Counterfeiting in the People's Republic of China". 周教授在其关于中国仿冒行为的文章中讨论了地方保护主义、官僚斗争以及刑事制裁与起诉的不足等问题。本文中许多信息都源自他在 20 世纪 90 年代末，作为跨国公司的内部法律顾问，试图在中国拓展业务中所获个人经验。其职责包括保护公司的知识产权，这让他"有机会参与对经营盗版、仿冒及走私货物的地下工厂、市场以及仓库的调查及突击检查"，从而"对那些寻求颁布有效的法律，以保护合法企业及财产所有者利益的中国法律改革者所面临的许多执法挑战有了认知"。See Daniel C. K. Chow, *The Legal System of the People's Republic of China*, pp. v-vi. 虽然作者主要解决商标侵权的问题，总的来说，那些妨碍商标法的有效执行的障碍，与那些阻碍版权执法的障碍是相同的。See id. p. 439.

② See Daniel C. K. Chow, *The Legal System of the People's Republic of China*, p. 441.

③ Id. p. 439.

④ Id. pp. 439-440.

济发展。① 由于政府同时扮演着以国有企业形式出现的企业家和监管机构两个角色,中国的这一社会主义传统使该问题变得更为严重。② 例如,当地政府从国有市场和批发中心的货摊和商铺中获得了可观的租金收入,而往往有大量盗版和仿冒产品在这些商圈内流动。③

尽管美国的官员都选择向中央政府控诉他们关于知识产权所遭受的损失,但中央对地方官员的影响也有限。④ 由于职责所在,当地官员要在同一行政单位内向其上级单位报告,地方政府则掌控着官员的任免、工资、住房以及其他津贴等。⑤ "如果要在违背上级单位指令,与违背本地市长指令之间进行选择的话,由于上级单位山高皇帝远,而本地领导却可以对自己采取解聘、调至'清水衙门'工作或扣工资等措施,许多当地执法官员都最终选择去保护地方利益。"⑥

地方的执法官员有时会以收受贿赂作为履行其职责的前提。这类要求可能会是手机或金钱等"费用"和物件,价值从 100 美元到几万美元不等。诸如此类的要求会大大增加版权所有人的成本。而且,在所涉公司有禁止支付该类费用的内部政策或担心违反其本国关于禁止对政府官员进行贿赂的法律的

---

① See Frederik Balfour, "Counterfeiting's Rise", p. 62; see also Daniel C. K. Chow, *The Legal System of the People's Republic of China*, p. 440 (在中国东部海岸浙江省义乌市,"可以一点都不夸张地说,整个当地经济……是建立于仿冒以及盗版商品的贸易上的,而且禁止这一非法贸易就相当于禁止整个当地经济")。

② See Daniel C. K. Chow, "Counterfeiting in the People's Republic of China", p. 27.

③ Id. pp. 27-28. (估计一些当地机构可每年自该类企业中获得多达 150 万美元。)

④ See Daniel C. K. Chow, *The Legal System of the People's Republic of China*, p. 439.

⑤ Daniel C. K. Chow, "Counterfeiting in the People's Republic of China", p. 29.

⑥ Id. pp. 29-30.

情况下，这类要求还会对权利的实施造成障碍。[1]

中央政府很明白加强版权执法会对中国的经济发展带来长期实惠，[2] 但仅凭其政治意愿并不能清除既存系统性问题和上述障碍。中央与地方政府之间的政治关系可能会十分敏感和复杂。如果北京意欲就某攸关地方经济的问题向地方政府作出明确要求，其必须要付出极大的政治资本。"就中国当下而言，由于中央政府资源有限，而困难问题又太多，任何由中央政府作出的打压地方保护主义的决定，都会同时牵涉到重大的政治及社会成本。"[3] 除非中央政府愿意且能够支付足够政治资本，来确保地方官员也同样对打击盗版作出承诺，否则盗版的急剧减少不太可能。

（2）机构竞争以及管辖权的重叠

与知识产权执法相关的法律、法规和各类规定所构成的网络，往往复杂且相互冲突。在特定案件中，该网络的存在可能会导致机构间管辖权重叠。[4] 因而，有时人们会碰到与地方保护主义相反的问题：当两个或两个以上的官方机构都对某案件有管辖权时，他们就执法权力产生竞争。例如，国家版权局有

---

[1]　Daniel C. K. Chow, "Counterfeiting in the People's Republic of China", pp. 30-31.

[2]　Daniel C. K. Chow, *The Legal System of the People's Republic of China*, p. 439; see also Bruce Odessey, "Swiftly Expanding U. S. -China Economic Relations Stir Debate", *Wash. File*, Mar. 2, 2005, http://usinfo. state. gov/eap/Archive/2005/Mar/03-588739. html. 奥德赛（Odessey）称，一位不具名的美国贸易官员指出，中国中央政府领导层意识到也理解保护知识产权的重要性，而这"并非因为他们正在试图保护美国电影产业或者美国公司……他们认识到，为了使中国成为现代成熟的经济体，他们必须要对知识产权提供强有力的保护。因此，他们是基于纯粹利己的中国式原因来理解这一重要性的"。

[3]　Daniel C. K. Chow, *The Legal System of the People's Republic of China*, p. 442.

[4]　See Andrew Mertha, *The Politics of Piracy: Intellectual Property in Contemporary China*, pp. 145-152; see also Mark A. Groombridge, "The Political Economy of Intellectual Property Rights in the People's Republic of China", in *Intellectual Property Rights in Emerging Markets*, Clarissa Long ed. , 2000, p. 27.

权处理和调查"在全国范围内产生影响"的所有版权侵权案件。① 然而，文化部下属的文化市场司也以流行文化产品必须与道德标准相符合之理由，对杂志、CD 及 DVD 等文化产品有管辖权。② 再结合考量违法物品可能侵犯了不止一种知识产权这一问题，因此，带有电影制作公司之标识的盗版 DVD，可能会同时侵犯版权及商标等法律，也可能使所牵涉之机构成倍增加。

政府各级机构在处理知识产权侵权案件时，可以通过罚款和没收来增加人员配备、预算和收入，从中获得丰厚的利益，因而相互之间的竞争的确存在。③ 机构竞争所造成的主要难题就是机构之间的合作匮乏。④

（3）刑事处罚和提起公诉威慑力的不足

在实践中，刑事处罚的力度常常不足以对盗版者造成威慑，⑤ 而且在初始阶段也很难去收集足够的证据来提起刑事检控。⑥ 除了上述刑罚所存在的不足之外，由于没有高效的执法体系，刑事制裁也未能显著地改善盗版境况。1998 年，即中国对《刑法》进行修正并加入了关于版权侵权的刑罚的一年后，版权盗版所造成的预估损失数字稍有下降，自 28 亿美元降到了 26 亿美元。⑦ 这一现象可能归因于新刑法的出台，但是由于持续性执法缺失，持久的下降趋势一直未能成为现实。

---

① Peter Feng, *Intellectual Property in China*, p. 18.

② Daniel C. K. Chow, "Counterfeiting in the People's Republic of China", p. 32.

③ Id. p. 31.

④ See Mark A. Groombridge, "The Political Economy of Intellectual Property Rights in the People's Republic of China", p. 27.

⑤ See e. g., Sanqiang Qu, *Copyright in China*, p. 308. （其主张 1997 年《刑法》中所作改变与 1994 年《关于惩治侵犯著作权的犯罪的决定》相比，前者在事实上反而有所倒退。）

⑥ See Peter Feng, *Intellectual Property in China*, p. 55; see also Daniel C. K. Chow, "Counterfeiting in the People's Republic of China", pp. 33-34.

⑦ See IIPA, *2000 Special 301 Report: People's Republic of China*, p. 27.

除了刑事制裁的不足外，事实上由于侵犯版权而被提起刑事检控的案件数量极低，版权所有人也就此对中国的盗版数量居高不下进行了责难。刑事追诉率不高的原因与政府不太情愿对案件提起刑事起诉有关。此外，自被告住所收集理想侵权证据的困难度，也使得一般案件很难达到刑事证据的标准要求。一般来说，以往销售的直接物证（例如，账簿或者销售单据）是必需的，这样才足以证明被告在明知的情况下，贩卖侵权产品的程度已达到入罪门槛。[1] 据说盗版产品的经销商和销售者常常随身携带不足以达到入罪门槛的证据。因此，当被调查或被逮捕后，尽管他们可能会受到行政罚款且货物可能会被没收，但却能逃避刑事追诉。

近来，中国政府称，中国因侵犯知识产权而受刑事追诉的案件数量有所增加。[2] 根据政府报告，在 2000 年到 2004 年间，执法人员共逮捕 2462 人次，法院共审理 1710 宗关于知识产权侵权的刑事追诉案件，判罚 1948 名侵权人。[3] 但如若将这些数字与盗版问题的大小相比较的话，其看起来如此微不足道。《2004 年司法解释》所设定的较低的入罪门槛，是否会显著减少版权侵权行为，现在对此下结论还为时过早。

美国版权所有人仍心存疑虑，抱怨其"在收集与利用刑法对抗盗版行为有关的信息方面持续遇到困难"，且他们常发现，盗版者因盗版行为所受惩罚，事实上"往往是根据其他法律

---

① Daniel C. K. Chow, "Counterfeiting in the People's Republic of China", pp. 33-35.

② See e. g. , Alexa Olesen, "419 Held in New Fakes Crackdown", *The Standard*, Apr. 8, 2005, http://www. thestandard. com. hk/stdn/std/China/GD08Ad02. html.

③ See "IPR Violators Now Major Criminals". 这一数字包括除版权外的侵犯所有形态知识产权的侵权人，即侵犯专利权、商标权及商业秘密。在这些由于侵犯版权被追诉并定罪的人中，许多人可能只是无足轻重的街边小贩，或者只接受了最低程度的刑罚。

（如色情或'违法经营'）而确定，而非基于版权侵权而确定"。① 当IIPA有能力"挖掘出"关于以刑法中版权规定为由提起的刑事追诉的数据后，IIPA认为，2002年北京"仅有19起刑事案件被提起公诉并定罪（据报道称，判处的刑罚自6个月至6年不等）"，而在2003年，"北京和上海共有30起案件被提起公诉"，其中"仅有3起……是基于刑法中的'盗版'规定而被提起的"②。

向中国法院提起诉讼之威胁未能有效威慑盗版者。胜诉的版权侵权案件所获得的损害赔偿，在人民币8万元到20万元之间，这远不足以震慑大部分商业盗版者。③ 中国律师称，"在中国，侵犯版权法律的成本与其所带来的商业机会相比，是微不足道的"④。

（4）缺乏解决知识产权问题的司法能力

评论者注意到，在某些案件中，那些看似地方保护主义的细节，实际上可能不过是法官所受专业培训不足而已。⑤ 中国较大城市有专门的知识产权庭，因而律师、检察官及法官对知识产权问题的把握程度也在显著地增加。⑥ 然而，中国的司法机构，特别是农村的司法机构，从历史上一直受到缺乏经过专

---

① IIPA, *2004 Special 301 Report*: *People's Republic of China*, pp. 41-42.

② Id.

③ See Sherman So, "More IP Suits Await Baidu after NASDAQ".

④ Id. （引用了在杭州执业的律师叶志坚的话，其曾代表一家电影公司起诉百度，指控百度通过电影下载服务将电影《十面埋伏》置于网上供人观看，该做法侵犯了该电影的版权。）

⑤ Mark A. Groombridge, "The Political Economy of Intellectual Property Rights in the People's Republic of China", p. 26.

⑥ See John R. Allison & Lianlian Lin, "The Evolution of Chinese Attitudes toward Property Rights in Invention and Discovery", p. 788; see also Peter Yu, "From Pirates to Partners (Episode Two): Protecting Intellectual Property in Post-WTO China", 55 *Am. U. L. Rev.* (forthcoming 2006).

业法律培训的司法人员的困扰。① 虽有证据表明，包括乡村法官在内，司法人员的资历及培训都在普遍改善，② 但判决能力的提升往往仅在更为普遍的家庭纠纷或者合同法等方面，而这并不当然转化为法官处理复杂知识产权案件的能力。这一问题对盗版刑事案件来说特别重要，因为该类案件的一审法院往往是侵权者住所地的县级法院。由于许多盗版者都将其生意置于乡间场所，盗版刑事案件就必须由那些对知识产权法缺乏理解或经验的地方法官来决断。考虑到这个国家的国土面积，急需此领域之综合培训的法官数量之大，以及知识产权培训正与其他更为紧迫的司法改革需求相竞争这一事实，为中国法官提供知识产权相关培训的努力，仍将需要一定时日。

中国正在进行必要而广泛的司法改革，而知识产权司法改革仅代表了其中的一个小子集。事实上，中国自 20 世纪 70 年代中期"完全粉碎"其法院系统的浩劫中走出来后，其司法系统就一直处于不间断的改革状态。③ 更为广义的改革主要集中于增加司法独立性，对法院体系进行现代化改造，提升效

---

① See Stanley B. Lubman, "Dispute Resolution in China after Deng Xiaoping: 'Mao and Mediation' Revisited", 11 *Colum. J. Asian L.* 229, 311-12 (1997); Peter K. Yu, "From Pirates to Partners: Protecting Intellectual Property in China in the Twenty-First Century", p. 214 （大部分中国的法官都缺乏经验和处理知识产权案件的专业知识）; Sanqiang Qu, *Copyright in China*, pp. 390-391。

② See Randall Peerenboom, "The X-Files: Past and Present Portrayals of China's Alien 'Legal System'", 2 *Wash. U. Global Stud. L. Rev.* 37, 78 (2003). （该文主张，那些聚焦于许多中国法官都是没有接受过正规法律培训的退役军官的事实，从而对中国法官作出的评论，都往往未能考虑到近来中国在司法培训与标准树立方面的进步。）

③ See Keyuan Zou, "Judicial Reform in China: Recent Developments and Future Prospects", 36 *Int'l Law.* 1039, 1045 (2002); see also Chunying Xin, "What Kind of Judicial Power Does China Need?", 1 *Int'l J. Const. L.* 58, 59 (2003) （"中国的司法改革的深度与广度，没有任何国家可比拟"）。

率,① 减少腐败②,以及提高法官总体质量与对其进行培训。当下的司法改革,对中国法治的发展也有深远影响,其被许多人认为是个体权利文化以及尊崇法律之文化的先决条件,而这种文化对成功的知识产权制度来说是必需的。③

(5)国家中心主义

有审查制度的国家对电影制作控制严格,这为电影盗版者提供了温床。国家对每年可被合法进口的外国电影数量进行限制,并试图确保只有那些经批准的电影可以通过正式电影销售渠道为他人欣赏,这种做法极大地推动了对未经批准和未经审查(但更富娱乐性的)盗版电影的市场需求。④ 有评论者认为,"除非极大地放宽审查标准,否则就此来看,很难发展出更为繁荣且健康(合法)的市场。"⑤

(6)欠发达的经济状况

除非整体经济状况得到改善,否则中国的版权执法将无法得到改进。正如一位年轻的北京知识产权律师所言:"大多数外国人认为,知识产权侵权肯定与中国文化或哲学有关,但实际上是经济问题。人们想购买盗版 VCD 或者 DVD,是因为它们便宜。现在既然我收入提高了,我就会去购买正版。"⑥ 虽

---

① See Keyuan Zou, "Judicial Reform in China: Recent Developments and Future Prospects", pp. 1045-1046.

② Id. p. 1042.

③ See e. g., Yahong Li, "The Wolf Has Come: Are China's Intellectual Property Industries Prepared for the WTO?", 20 *UCLA Pac. Basin L. J.* 77, 111 (2002). ("法治的总体状况,会影响知识产权系统的发展。例如,知识产权法律的执行不力,往往与深深植根于缺乏司法独立性这一问题中的司法系统的低效及地方保护主义相关。")

④ Laikwan Pang, "The Global-National Position of Hong Kong Cinema in China", in *Media in China: Consumption, Content and Crisis*, Stephanie Hemelryk Donald et al. eds., 2002, p. 55, 59.

⑤ Id. p. 59.

⑥ 2005 年 1 月 24 日的采访(作者已存档)。

然将盗版问题仅仅归结为价格问题的做法过于简单，但无疑正版产品高昂的价格是盗版存在的重要因素。每月所得仅为 100 美元的一般工人，[①] 会选择支付 1 美元来购买盗版 DVD，而不会为正版 DVD 支付 10—15 美元的通常价格。同样地，正版音乐 CD 的花费通常为 20 元人民币，该价格也是其盗版复制品的 4—5 倍之多。

正如该年轻律师的评论所反映的，逐渐增加的中国中产阶级及上层阶级的经济实力，已经能够承受得起合法产品的价格。而且在合法产品在外观与质量上展现出显著优势，且制作人不断降低合法产品与盗版产品间的价差的情况下，他们可能会愿意选择正版。然而，即使音乐 CD 的合法市场在 2004 年获得了近 40% 的增长（这一增长可能大部分是由于前述人口发展趋势所致），盗版率仍然未能有显著下降。[②] 除非中国经济能达到使正版产品的价格与一般人的预算相符的程度，否则盗版率看起来将很难会有改变。

对娱乐产业来说，不幸的是，即便是对富有的中国消费者来说，经济的改善并不足以使其戒掉对廉价盗版产品的依赖。事实上，电影公司及唱片公司已经开始大幅度降低产品价格与盗版竞争，华纳兄弟公司就于 2005 年 3 月作出决定，将其在中国的正版 DVD 价格降到 22 元至 28 元人民币之间。[③] 然而，由于正规经营的音乐和电影公司必须回收其产品开发成本，其在价格上就永远不可能与盗版产品相抗衡。近年来，盗版产品的

① See World Bank, *China At A Glance* (2005), http：//www.worldbank. org. cn/English/Content/chn-aag02. pdf. （中国 2004 年的国民总收入估计为 1290 美元。）

② See IFPI, *The Recording Industry Commercial Piracy Report 2004*, p. 8；IIPA, *2004 Special 301 Report*：*People's Republic of China*, p. 33.

③ See "Warner Bros. to Sell Bargain DVDs in China", *Agence France Presse*, Mar. 11, 2005, http：//www. channelnewsasia. com/stories/afp-asiapacificjbusiness/ view/136851/1/. html.

质量也得到相当改善，消费者都常常难以区分其与正品。这也使得音乐和电影公司失去了更多竞争优势。① 因此，法新社在中国展开调查，以征求消费者对华纳公司降价行为的意见。"接受调查的中国人对该方案是否能够成功表达了疑虑。'盗版 DVD 的质量已经足够好了'，名为郝武（音译）的北京市民说道，'有多少人会愿意为基本上可以忽略的改进支付两倍价钱?'"②

（7）尊重知识产权的文化缺位

中国必须要设法对官员、法官、律师、企业以及普通市民进行有关知识产权的教育培训，以宣传其对文化、社会及经济的意义和重要性。这样做有助于在中国培养知识产权文化，从而使企业能够理解创新的价值，且在尊重他人就其创造所享有之权利的同时，也能够保护其自身的创造。而法官和官员则会更为理解知识产权相关问题及知识产权的社会价值。就普罗大众而言，教育的目标是培育对他人作品所有权的先天意识，对公众进行教化，并说明比起购买盗版产品而言，购买合法产品的行为有其内在价值。

中国在知识产权教育方面已经取得了很大进步。强调知识产权对社会及经济的重要性的新闻在中国的媒体上随处可见。许多法官和官员都参加了与知识产权有关的培训项目，③ 许多当地企业现在也开始向其雇员提供该类培训。④ 现在问题所

---

① See Kevin Maney, "If Pirating Grows, It May Not Be the End of Music World". 作者写道：在北京离天安门几个街区远的繁华街角的一家合法音乐商店中，我买了一张 CD。该 CD 用热塑包装，也有全部的封面封底及照片歌词内页，只花费了约 4 美元。然而，尽管有那样的零售环境及包装，该 CD 仍极有可能是盗版产品。这些盗版产品质量如此之高，几乎没几个人可以看出来。

② See "Warner Bros. to Sell Bargain DVDs in China".

③ See e. g., "Beijing's IPR Workload Soars", *China Daily*, Apr. 18, 2003, http：//www. china. org. cn/english/government/62632. htm.

④ See e. g., "IPR Strategy to Define Government's Role", *China Daily*, Jun. 14, 2004, http：//www. china. org. cn/english/government/98148. htm.

在，既非中国政府是否愿意去为公众提供版权教育，也非中国企业是否能够认识到知识产权价值。问题的核心是这些为版权教育所付出之努力，能获得多少现实效果。一般公众是否认识到知识产权的价值这一问题，仍有待观察。

2. 打击网络盗版

即使中国政府完成了前述多项改革，就网络文件分享的盗版问题来说，中国基本上刚刚起步。事实上，如果我们预测，在中国通过施行纵深的改革，以有效地预防实体盗版之时，大部分实体盗版也将会被网络下载及相关科技淘汰，这也丝毫不夸张。互联网存在着将所有拥有宽带网络及文件共享软件的人变为盗版者的威胁。包括中国的 6500 万（数字仍在增长中）网民在内，都将成为潜在盗版者。① 根据中国版权法专家的说法："如果不及时制止（网络版权）违法行为，我们在过去几年中为打击在市场上的盗版产品所付出的努力将会付之东流。"②

正如实体盗版的情况一样，对网络文件共享行为进行打击，必须从行政与民事措施及刑事追诉两个方面进行。在其他国家，民事措施在打击文件分享者方面成效甚微。尽管许多年来，对文件分享服务商及个体文件分享者的法律威胁和诉讼层

---

① CNNIC, *17th Statistical Survey Report on the Internet Development in China*, p. 4.

② "Halting Online Copyright Violations", *China Daily*, Apr. 4, 2005, http://www.chinadaily.com.cn/english/doc/2005-04/04/content_430627.htm. （该文引用了郑成思的说法。）

出不穷，① 但文件分享在世界范围内势头依然强劲。② 在 2005 年 6 月，美国最高法院在 MGM Studios Inc. v. Grokster Ltd. 案中判定，那些"以鼓励他人将之（技术）用于侵犯版权为目的"而提供技术的人，将会为第三方的侵权行为承担责任。③ 版权所有者们在法律上付出的努力，终于换来了前所未有的激励。然而，点对点网络的国际性特征，将可能减弱 Grokster 案判决在美国所带来的积极效应。西方世界为打击文件共享在法律上所付出的努力，也不太可能对中国在线盗版的迅速增长造成多大冲击。数百万中国人在网上分享数字媒体内容，通过网络可以获取到海量来自中国境内、香港、台湾地区的未授权电影和歌曲，且通过主要搜索引擎也往往可以搜到这些内容。④ 即使关闭KaZaa或 Grokster 等主要的全球点对点网络，就目前而言，中国的网络盗版社区要存活下去也不会有太大问题。

版权所有者们并没有悠闲地等待着 Grokster 案判决的效应慢慢流向中国；相反，他们也在当地持续展开攻势。例如，环球唱片公司在近期就宣布与新成立的中国网络公司源泉公司的

---

① See Peter K. Yu，"The Copyright Divide"，pp. 374-402.（该文记载了美国音乐及电影产业，通过起诉点对点服务提供商和个体文件分享者，从而阻止在点对点网络中分享音乐和电影文件所作之努力。）

② 2004 年的上半年，全世界约有 800 万人同时在线上通过 BitTorrent、Kazaa 以及 eDonkey 等主流点对点服务分享文件。John Borland，"Survey：Movie-Swapping Up；Kazaa Usage Down"，*Cnet Asia News*，July 14，2004，http：//www. zdnetasia. com/news/intemet/0，39044246，39186711，00. htm.

③ 125 S. Ct. 2764，2780（2005）.

④ See IIPA，*2004 Special 301 Report：People's Republic of China*，p. 37 ["不算通过大学生同立的 FTP 服务器……及其他点对点服务器（例如，基于中国台湾地区的 Kuro）分享音乐文件，据美国唱片工业协会与国际唱片业协会（IFPI）估计，在中国，至少有上百万音乐文件被置于超过 1000 个活跃的盗版音乐网站上供他人下载和收听（通过音频数据流）"]；Allen T. Cheng，"China NetEase Suspends Music Search to Fight Pirates"，*Bloomberg. com*，Aug. 17，2005，http：//www. bloomberg. com/apps/news? pid = 10000080&sid = am3OKlpeHZp4&refer-asia（"在中国共有超过 7000 个音乐网站而几乎所有这些网站都未获得音乐出版商的许可，随意提供免费音乐下载……"）.

合作意向，这一合作预示了网络时代新一代反盗版策略的诞生。① 源泉公司将会监控上千个中国网站，搜寻其中是否存在环球唱片公司所有的歌曲的未授权复制件，也有权以环球公司的名义起诉侵权者。② 然而，源泉公司的最终目的是希冀通过强迫那些提供非法内容的平台"转正"，进而向其成员提供经过其许可的合法内容，来促进合法的在线音乐市场成长。③

中国的版权所有人凭借自身力量打击网络盗版的经验正日益增加，他们也已开始将目光瞄准在搜索引擎上：搜索引擎作为帮助侵权者应当承担一定的责任。其不仅是中国网络盗版文化的核心，而且相较个体侵权者而言，搜索引擎能支付昂贵侵权费用，在确认侵权者方面也更容易。④ 尽管网络搜索巨头们可能会发现，其在中国被拖入诉讼的威胁远没有那么让人担忧，但这些公司有义务去保护外国投资者，且也需要去维持自身国际声誉。⑤ 侵权诉讼所附随的侵权责任，可能会影响到这些公司在外国投资者眼中的价值。⑥ 因此，在 2005 年 7 月宣称会争取在美国进行首次公开募股（IPO）后不久，中国网络搜索巨头百度就屈服于音乐产业所施加的压力，并同意移除超过3000 件未授权侵权文件链接，并声称将要对其他 5000 个与涉嫌

---

① See "Interview: R2G", *Pacific Epoch* , May 19, 2005, http: //www. pacificepoch. com/pecontent/29438_ 0_ 3_ 0M/. （该文采访了源泉公司的首席运营官李岱。）

② Id.

③ Id.

④ See "Sony, Warner, EMI Sue Baidu Over Free Music Downloads", *Bloomberg. com*, Sept. 16, 2005, http: //www. bloomberg. com/apps/news? pid = 10000080 &refer = asia&sid = a2DIpMuvP_ 6M. （该文指出了百度及其他最好的中国搜索引擎都已在美国公开上市，并讨论了版权中帮助侵权的指控对百度在美国股票市场所造成的负面影响。）

⑤ See id.

⑥ See Sherman So, "More IP Suits Await Baidu after NASDAQ".

侵权的相关链接展开调查。① 即使是在原告和侵权行为地都在中国的情况下，公司在美国公开上市，也使得美国法院可能对案件有管辖权及适用美国法律。这也进一步为与百度相似的公司提供了监督其网站并清除任何有嫌疑的链接的动力。②

尽管这些进展表明版权所有人在打击盗版方面取得了一些进步，但这种私人努力仍不足以遏制中国的网络盗版浪潮。③在西方国家，文件共享网络及科技已经能够以相对轻松的方式，越过法律及技术对其设定的障碍。此外，源泉公司等方案并未为解决数字盗版的主要问题提供帮助，如"人力网络"〔熟人之间通过刻录碟（CD-R）或 MP3 播放器传输及分享文件的网络〕，以及基于封闭访问式的大学服务器 FTP 文件共享。④ 同样，源泉公司是否能够有效解决点对点网络问题也有

① Mure Dickie, "Baidu Deletes Links to Pirated Music", *Ft. com*, July 18, 2005, available at 2005 WLNR 11244409. 然而, 在本文写作时, 由于对音乐文件的搜索占了百度总流量的22%, 百度仍在提供与侵权内容相连之链接且极其不愿采取行动移除。See also Faye Wong & Rachael Chen, "Top Five Winners in China's IT Industry This Year", *Interfax China*, Dec. 23, 2005, http://www.interfax.cn/show-feature.asp? aid = 8658&slug = RANK. 在百度案后, 另一个也在美国公开上市的很受欢迎的中国搜索引擎网易宣布, "出于对版权的考虑与尊重", 其将停止已投入甚多的音乐搜索服务。Allen T. Cheng, "China NetEase Suspends Music Search to Fight Pirates". (该文引用了网易创始人之一丁磊的话。)

② See Sherman So, "More IP Suits Await Baidu after NASDAQ"; see also Graeme B. Dinwoodie, "Conflicts and International Copyright Litigation: The Role of International Legal Norms", in *Intellectual Property in the Conflict of Laws*, Jurgen Basedow et al. eds., 2005, p. 195 (该文深入讨论了美国法院在处理知识产权案件中采用的将美国法推向世界之方法，并指出:"请容许我引用保罗·托尔曼斯（Paul Torremans）的话, 美国法院还未能脱离躲子弹的窘境, 并进入从容应对的状态, 它还在寻找子弹到底自哪而来的路上")。

③ See "China Attempts to Sink MP3 Pirates", *Newsfactor. Net*, July 20, 2005, http://www.newsfactor.com/story.xhtml? storyid = 11000002G5J8. ("大部分的分析人士都认为, 百度关于删除提供盗版音乐的网站之链接的决定是一种贴膏药似的疗法, 而非解决方案。")

④ See Xiao Wei Chen, "Exclusive Interview with Jun Wu, R2G's President and CEO", *Digital Media in Asia Blog*, Dec. 19, 2005, http://blogs. law. harvard. edu/dmablog/2005/12/19#a31. ["(大学生的盗版行为）不是我们的首要待办事项。一旦公共网络中的总体盗版率下降到特定程度, 我们也会开始处理这些事项。"]

待观察。①

　　源泉以及类似公司及技术，代表了权利人为减少盗版而采取的私力救济方式。然而，如果缺少了更为主动且有效的政府介入，仅凭这种个体行为不太可能对网络盗版造成多大打击。最终，如果中国下决心打击网络盗版行为，他们必须要找到一种方式，去做政府不曾做到或不愿意去做的事，即对大批在网上共享电影、音乐及其他文件的一般市民，进行高压且高效打击。控制实体盗版会消耗大量资源，这也会稀释为打击网络盗版所作的努力，因此这样一种方法在中国能否成功仍是未知数。

　　互联网除了能被用于文件共享，对版权保护作品进行未授权传播外，还可被用于推广和销售实体盗版产品。在一个著名的案例中，美国公民兰道夫·格斯里（Randolph Guthrie III）由于通过个人网站向美国顾客销售侵权 DVD，于 2005 年 4 月被上海某法院判处有期徒刑两年零六个月。② 九个月前，在一次由电视台实况转播的突击检查中，格斯里被中国执法人员逮捕，因为他将自己位于上海的公寓改造成货仓，并在两年内销售近 20 万张盗版 DVD。③ 因为网络只不过提供了另外一种媒介，使人们能参与销售盗版复制件这种常见侵权行为，所以利用网络来销售实体盗版产品并未带来新的法律问题。然而，格

　　① 源泉公司计划于 2006 年前期引进一种点对点过滤技术，可是在本文写作时仍未有更多细节被披露。See id.

　　② See David Litterick, "U. S. Internet Pirates are Jailed in China", *Telegraph*, Apr. 21, 2005, http://www. telegraph. co. uk/money/main. jhtml? xml =/money/2005/04/21/cnchina21. xml&menuld = 242&sSheet =/money/2005/04/2 1/ixcity. html; "American Nationals Given Jail Terms for Selling Pirated DVDs", *People's Daily Online*, Apr. 20, 2005, http://english. people. com. cn/200504/20/eng20050420 _ 181820. html; see also Peter Wonacott & Sarah McBride, "To Catch Film Pirate, U. S., China Follow Spy Flick to Shanghai", *Wall St. J.*, Mar. 7, 2005, at A1.

　　③ Peter Wonacott & Sarah McBride, "To Catch Film Pirate, U. S., China Follow Spy Flick to Shanghai".

斯里案放大了中国在知识产权执法方面所遭遇到的与出口盗版产品有关的问题。网络增加了盗版者接触海外客户的能力，为盗版者创造了进一步的机会及激励，也带来更为复杂的执法挑战。

3. 中国的版权理论与打击盗版

对于中国来说，基于工具主义的考量，通过政策对电影及音乐盗版行为进行有力打击是很有吸引力的。这样的政策可以加强中国作为主要经济参与国的国际信誉，并有助于推动地方文化及娱乐产业的蓬勃发展，使其达到就当代中国而言从未有过的高度。此外，这也可消除大量涉及有组织犯罪和官员腐败的非法活动，并潜在地提升对法治的总体重视度。

对电影和音乐盗版进行有力打击，从上文所提及的中国版权理论角度看，也很有吸引力。猖獗的商业化实体盗版明显对中国音乐和电影产业造成损害。不仅是产业本身受害，本地音乐和电影的质量及多样性也同样受损。[①] 相对质量低下的文化产品会对社会造成损害，并导致促进"物质先进社会"的目标无法实现。国际版权所有者也同样渴望有力打击盗版。即使许多中国消费者会继续逃避为合法产品支付高价，从而导致中国销量的增加可能会在很多年内都远低于 IIPA 预估的损失值，其也能增加他们在中国的销售收入。

然而，对盗版有力打击同样也会带来风险。中国的版权法律吸收了版权功利主义理论，其假设版权法应当在为创作者提供激励方面和公众广泛分享欣赏这些创作的利益方面之间达到健康的平衡。强力打击实体盗版、网络盗版或对两者同时进行打击的政策，如果最终结果是赋予版权所有人超过激励其创作

---

① 如上所述，盗版并不是中国音乐和电影产业灾难的唯一源头，但数量巨大的盗版会极大地损害中国音乐和电影产业在人才投资以及培养方面的能力。

所需的控制力，就不是理想的解决方案。

打击网络盗版是否能够使中国社会及娱乐产业产出净效益？这个问题目前也同样没有明确答案。莱西格就曾认为许多文件共享行为与侵犯版权并没有关系，而许多侵权文件共享行为从经济上考量也是无害的。① 事实上，还有证据能表明，在西方国家，文件共享能提升音乐产品销量，而非对其造成损害。② 文件共享及互联网无疑为创意内容的推广和广泛获取带来前所未有的机会。由于大量盗版的存在，中国的唱片产业发展出更为弹性化的商业模式，对零售收入的依赖也更低。在互联网驱动下，陈旧的以产品为导向的音乐商业模式正在向以服务为导向的商业模式转换。中国因而也就自然处于这一转换的最前沿。③ 值得注意的是，如果如源泉公司等新兴公司及在线或移动内容零售商，都能将注意力集中在商业模式创新上的话，即利用中国的现有情况，以合作代替斗争，在发展以互联网为中心的下一代娱乐商业模式过程中，中国极有可能会处于领先地位。④ 可惜的是，目前看来，大部分的精力都用于将 20 世纪娱乐

---

① See Lawrence Lessig, *Free Culture：How Big Media Uses Technology and the Law to Lock Down Culture and Control Creativity*, pp. 66-79; see also Felix Oberholzer & Koleman Strumpf, *The Effect of File Sharing on Record Sales：An Empirical Analysis*, 2004, pp. 3-4 ("当下载大量出现时，许多下载者很可能是那些即使在无法共享文件的情况下也不会购买唱片的个人")。

② See Felix Oberholzer & Koleman Strumpf, *The Effect of File Sharing on Record Sales：An Empirical Analysis*, 2004, p. 3（该研究发现，"文件共享仅对唱片销量造成有限的影响……"）; but see Stan J. Liebowitz, *File-Sharing：Creative Destruction or Just Plain Destruction?*, 2004, p. 3 ["（本研究）认为产业并不是在喊'狼来了'，现有的将近期销售锐减归因于文件共享的证据，看起来是可信的"]。

③ See David Kusek & Gerd Leonhard, *The Future of Music：Manifesto for The Digital Music Revolution*, 2005, p. 13. ("音乐的数字发行会将统治音乐产业长达一个世纪的'产品需要付费'的心态逐渐降到最低，而最终科技可能会为所涉多方创设出某些更深层次的授权形态。")

④ 在本文四（三）的相关内容中，笔者将会概述与中国现在的法律、社会及娱乐市场的实际情况相符并提供补充的解决方案。

产业的商业模式移植到网络，并凭借网络来巩固该商业模式上了。

4. 对中国打击音乐与电影盗版的展望

在可预见的未来，对音乐和电影的盗版进行持续有效的全国性打击不太可能出现。在最乐观的情况下，本文第四部分第一小节中讨论过的基本态度及制度之必要改变，如果不需数十年，最少也要花费数年时间才能实现。例如，自1990年《著作权法》颁布以来，合法作品的市场份额只有小幅度增加。同样，有力且广泛打击网络文件分享的行动也未能成功。因为那种打击，将会是一项规模很大且在技术上存在困难的工作，而目前这并非政府的优先考量事项。即使政府开始着手，也有很多人对这种做法的有效性提出质疑。例如，政府各部门间为封堵色情网站所作出的共同努力也仅取得局部胜利,[①] 而与屏蔽色情网站相比，屏蔽点对点及其他发布网络中的文件共享则要求更高，从技术上说也更为复杂。

中国的官员及律师有足够的理由认为，期待中国在少于20年时间内，能达到与知识产权法已经发展了几个世纪的西方国家的版权执法水平，是不现实的。[②] 尽管对中国政府来

---

① See generally Opennet Initiative，"Internet Filtering in China in 2004-2005：A Country Study"，2005，http：//www. opennetinitiative. net/studies/china/ONIChinaCountryStudy. pdf.

② See e. g.，"IPR Infringers Face Lengthy Jail Terms and Hefty Fines"（"如果你考虑到，自这个国家引入关于商标、专利以及版权的法律起，时间仅仅过了20年左右，中国政府和司法部门的执法人员其实干得还不算太坏"）；"Nation Places IPR as Key Priority"，*China Daily*，Mar. 21，2005，http：//www. china. org. cn/english/BAT/123345. htm （"很多国家都存在知识产权侵权，甚至包括那些有着上百年知识产权历史的发达国家。由于中国引入知识产权仅有20年的历史，其还需要很长一段时间来改进自己的知识产权体系"）。See also Information Office of the State Council（P. R. C.），"New Progress in China's Protection of Intellectual Property Rights"，2005，http：//english. gov. cn/official/2005-07/28/content _ 18131. htm.（"对一个有着13亿人口、经济相对落后以及科学技术处于较低水平的发展中大国来说，完整的知识产权保护体系不可能在一夜之间建立。在这一点上说，中国仍有很长的路要走，且当谈及知识产权保护时，中国仍面临艰巨任务"。）

说，版权保护问题的重要性日益凸显，但与其他许多直接与社会稳定相关的问题相比，如成千上万失业工人、悬殊的贫富差距与初现发展势头的艾滋病危机，版权保护问题的重要性就没那么高了。近来，国家版权局副局长阎晓宏公开承认通过政府打击来有效预防盗版不现实："如果仅依赖政府打击及司法处罚的话，中国是赢不了反盗版这场仗的……即使中国政府承诺要扑灭盗版并为此加大力度，知识产权侵权仍十分猖獗。"①

随着时间流逝，中国政府在版权执法方面并没有取得显著进展，可以预见其受到来自本国及外国产业集团关于打击盗版的压力，事实上将会变得越来越小。正如我们将会在本文第四部分中看到的，一些认为继续向版权执法投资将不会有太多回报的内容制造商，已经在寻找反映中国市场现实且不依赖版权执法的替代商业模式。其他内容制造商则已经将盗版造成的损失算入他们在中国现行商业模式的"成本"中②，或者仅以不让问题恶化为目标进行选择性维权。③ 还有一些则干脆完全撤出中国市场。

5. 寻找中间地带

对中国来说，在未来的一段较长时间内都难以预见版权会在全国范围内得到有效执行。但如果版权人和中国政府都认为持续打击盗版是最好的办法，那么更为理智的做法就是，采取

---

① "China Expresses Doubts about Ability to Curb IPR Violations", *Agence France Presse*, Feb. 24, 2005, http://www.channelnewsasia.com/stories/afp_asiapacific/view/134156/1/.html.

② 在 20 世纪 90 年代末，一家基于美国的主要面对亚洲市场的独立唱片品牌公司总裁告诉我，在中国香港等市场中，其已经将盗版的损失计算入常规生意成本中。

③ See Frederik Balfour, "Counterfeiting's Rise", p. 60.〔"（一些）公司仅仅通过突击检查盗版工厂及存货仓库，或者对产品的外观进行微调，以使仿冒者难以跟上变动步伐等做法，来试图让（盗版者及仿冒者）的日子尽可能没那么好过。"〕

以特定地理位置为目标，而非全国性的执法战略。外国人很容易会将中国看作社会、经济及政治的单一庞大组织。但实际上，在中国的大城市与小城市和农村之间，以及更为富饶的东部地区与不发达的西部地区之间，存在着巨大的（且还在扩大中的）经济、文化及教育鸿沟。这些不同都在影响着中国盗版问题。根据来自北京和上海版权产业中专业人士的说法，在一些东部大城市里，盗版问题虽然没有得到极大的改善，其境况却已经有了明显改进。当被问及"改善"所代表的意义时，娱乐产业的资深人士说，5 年前，商店里买不到正版音乐唱片，而今天人们至少能买到一些正版唱片。根据这些版权产业专业人士的说法，这与许多小城市及乡村地区的接近 100%的盗版率产生了鲜明对比。① 来自国际性音乐产业的数据也支持这一证据：在 2003 年—2004 年间，中国的合法音乐市场急剧增长，不过由于某些地区仍存在着巨大的盗版问题，总体盗版率仍维持在 90% 以上。②

如果外国和中国的版权所有人能够暂时放弃以全中国为目标，转而说服中央政府集中围绕一些最大及最发达城市创设"零盗版区域"的话，他们将很有可能会看到许多实际收益。与中国版权产业关系密切的西方媒体人士发表其私人意见称，"如果好莱坞能够将注意力仅仅集中于上海及北京，他们就能够收回成本"③。尽管我们很难知道这是否是事实，但这种策略的确有其道理。首先，中央政府可以将有限资源，以高强度且持续的方式集中在更小的明确区域中。其次，执法工作的主力应当置于离中央不远的地方，这会更为直接地控制他们，并减低地方保护主义及腐败对执法所可能带来的影响。再次，对

---

① 2005 年 1 月 20 日的采访（作者已存档）。

② See IFPI, *The Recording Industry Commercial Piracy Report 2004*, p. 9.

③ 2005 年 1 月 4 日的采访（作者已存档）。

合法产品的需求将在最大的潜在市场中得到茁壮成长。虽然该方案会减弱处于此指定区域之外的盗版者之压力，但在乡村，其平均收入水平更低，正版产品的潜在市场要更小，因此实际上被替代的正版产品的销售额也就相应更少。最后，此方案会增加侵权案件数量，特别是刑事案件数量，即大城市中的有着知识产权经验的法官要处理的案件数量会大大提高。

这个方案的主要缺点就是农村地区会在某种程度上更为自由，并可为盗版者所利用。他们也会有更多机会将注意力集中于货物出口，并最终将此问题转嫁至海外。尽管这一担忧的确存在，但瑕不掩瑜。首先，尽管我们没有渠道可以收集到真实可信的盗版销售数据，但是降低上海与北京市场对盗版产品的供给与需求，无疑将会严重打击盗版者的生意，也有助于将其数量控制在合理范围内。第二，由于在全国范围内打击盗版的重要性被降低，所节约出来的行政资源可被再用于打击盗版商品的进口和出口渠道上。第三，在中国的许多地方，现时的执法力度已经过于孱弱。因此很难说，此计划还能更明显地加剧该类地区的盗版问题。

本节的目的并非阐明该方案的细节，或大力提倡该方案。本文的目的是要强调在目前情况下，在全国范围内有力打击盗版的目标是不切实际的。任何以严格执行版权法为目标的尝试，都应当慎重且有全局观，更应当将中国作为经济上和地理上的多元化大国来看待，并将这一事实铭记在心。正如中国俗话所说，"不能一口吃出个胖子"。

（二）保持现有路线

考虑到有力打击盗版在不久的将来仍难以实现，中国的电影和音乐产业究竟前景如何？中国是否应当只保持现有路线？换句话说，在中国不断地鼓励版权所有人采取私人措施对抗侵权者的当下，以及在法律文本与现实间的巨大的鸿沟已经持续存在达数年乃至数十年的情况下，如果中国仍坚持追寻一系列有关知识产权保护的、经过慎重考虑的长期的法律和制度性改革的话，我们将会看到什么样的前景呢？本节将探讨中国发展有效的版权执行体制的当前路径，以及现实的缓慢改革对版权所有者及娱乐业的商业模式可能造成的影响。其后，笔者将思考中国的当下战略是否与构成中国版权基础的政策相符，并对中国保持现有航向不变的前景进行考量。

1. 降低盗版水平的长征

在中国乃至世界，许多人期待，随着中国加入 WTO，并按 TRIPS 协定的要求签订协议修改知识产权法后，中国的盗版水平会降低。然而，这些对盗版行为的影响很复杂。一方面，中国加入 WTO 后，其版权法律发生了巨大改变，大多数国际看客对此交口称赞。随着经济状况的改善，愿意且有能力购买合法产品的买家数量激增。2004 年，合法音乐唱片市场的增长速度大大超过盗版唱片市场。[1] 在该时期内，音乐唱片预估盗版率稍有下降。[2] 因与版权相关的理由，当事人被逮捕扣押的案件数量在稳固提升，对盗版者的刑事检控亦同。[3] 此外，最高人民法院也大幅降低了版权侵权案件中刑事责任的门槛。

另一方面，专家预言，中国加入 WTO 至少在短期内会使

---

① IFPI, *The Recording Industry Commercial Piracy Report 2004*，p. 8.（报告称，合法销量增幅为 40%，而盗版销量增幅是 20%。）

② IFPI 的估算指出，2004 年中国的总体盗版率下降了 1%。See id.（该报告将中国 2004 年的音乐销售的盗版率定为 90%）；IFPI, *Commercial Piracy Report 2003*，http：//www. ifpi. org/site-content/antipiracy/piracy2003-priority-territories. html（将中国 2003 年的音乐销售的盗版率定为 91%）。

③ See e. g.,"Beijing's IPR Workload Soars".（"北京的不同层级的法院在上一年共处理了 978 件知识产权案件，这比 2001 年提升了 28%，且是 1998 年这一数字的 2.5 倍。"）

盗版问题更严重，而一些迹象也支持了这种说法。[①] 经济状况的改善不仅会增加对合法商品的需求，也会推动对盗版音像制品的需求。[②] 专家们同时预测，为符合 WTO 协议，随着中国逐渐放宽其出口限制，出口盗版商品也会激增。[③] 就电影产业而言，盗版率及由于盗版所造成的预估损失自 2001 年起均有提升。[④]

然而，随着政府官员开始认真思考知识产权对国家发展的重要性，以及本地企业开始逐渐意识到其所拥有的知识产权的价值后，总体趋势看起来将以极为渐进的改善为特征。只要打击盗版的法律及技术战略能带来效果，[⑤] 有着最为雄厚财力的外国和本土传统媒体公司，都非常有可能继续向盗版宣战。然而，尽管版权保护在不断取得进展，基于本文第四部分第一节中所概述的理由，若想在中国发展有效的且可信赖的版权制度，至少需要很多年时间。

2. 对版权保护的依赖的降低趋势

与此同时，许多在中国做生意的外国及本土娱乐公司将会看到在打击盗版上投资收益甚微，且商业策略会持续地赶超法律，因为前者更能随着现实情况进行调整。例如，游戏研发公司电子艺界在中国广受欢迎的零售视频游戏的盗版严重。在坚持不懈地寻求过无数次法律保护及其他威慑手段后，该公司几乎公开地把中国零售市场拱手让给了盗版者，并转而集中力量

[①] See Daniel C. K. Chow, *The Legal System of the People's Republic of China*, p. 450.

[②] See IFPI, *The Recording Industry Commercial Piracy Report 2004*, p. 8. （该报告估计 2004 年中国的盗版音乐市场增长幅度会达 20% 。）

[③] See Daniel C. K. Chow, *The Legal System of the People's Republic of China*, p. 450.

[④] See IIPA, *2004 Special 301 Report: People's Republic of China*, p. 33.

[⑤] 对此的最佳例证是如源泉知识产权代理公司等解决方案的出现，在本质上试图通过将"旧媒体"商业模式移植到网络上来打击在线盗版。

研发较难受盗版损害的订阅制网络游戏。① 华纳兄弟公司有竞争力的 DVD 定价及正版产品才有的价值附加特色，反映了旨在帮助公司直接与盗版者竞争的商业策略。此外，华纳兄弟公司也正在开发其他创收渠道，包括与中国电影院合作来提高其观影效果，以吸引更多中国人在电影院中购买而非购买盗版DVD。② 现在在一些中国娱乐公司的商业计划中，盗版已被看作不可避免且预期的损失。与其试图去控制盗版，还不如利用盗版的免费宣传潜能，并通过对在广告中或者在产品包装上使用某歌曲或者角色的请求收取许可费等其他方式来创收。③ 有人主张，在中国或者在未来的世界任何一个角落，艺术家们将会先借用盗版（或者合法发布的免费音乐）提升曝光率，然后利用通过该曝光所获得的名气，自商业赞助、现场表演及许可等源头获取收入。④

与之类此，版权所有者们将很可能以其处理实体盗版的方式来应对网络文件共享。如果中国的版权所有者确信与网络盗版做斗争是无望的，他们很有可能会开发较难受到盗版侵害的网络商业模式，或者利用文件共享的推广潜能。

---

① 电子艺界副总裁巴特勒（Lars U. Buttler）在亚洲商业会议中的亚洲互动媒体商业的新机会和挑战小组讨论上的发言，哈佛商学院，2005 年 2 月 19 日。

② 全球反盗版行动副总裁、华纳兄弟娱乐公司技术运营执行副总裁安东尼·利斯（Darcy Antonellis）在亚洲商业会议中的亚洲互动媒体商业的新机会和挑战小组讨论上的发言，哈佛商学院，2005 年 2 月 19 日。

③ See Kevin Maney, "If Pirating Grows, It May Not Be the End of Music World". 我听说在中国大陆非常流行的一个名为"蓝猫"的卡通角色背后，是一家中国台湾地区的动画公司。对该公司所有之动画的盗版汇编作品在市场上随处可见这一事实，其并未采取手段去积极阻止。相反，该公司将盗版看作免费推广，并通过许可交易，以及对播放抽取版税来寻求收益。当然，这一创收方法仍然可能要依赖商标法和其他某种方式来执行知识产权。许可交易从本质上说，就推定了知识产权所有人有防止他人对一首歌曲、某个角色或者人物的未授权使用之能力。

④ Id.（"最终，唱片音乐将不再赚钱……中国的流行艺人……寻找到除通过销售唱片外的其他赚钱之道，其中大部分都是来自赞助。"）

3. 当前路线以及中国版权理论

围绕在中国版权法律执行周围的各种困难，会损害版权法律的中心原则，并削弱他人进行创造的激励作用。[1] 最为明显的例子是中国每年发布的唱片及电影的数量相对较少，这至少应部分归因于版权保护不力。[2] 这会降低新艺术家及电影的出现可能，并减少中国消费者所能获得的本地作品总量及品种。

尽管如此，为填补版权保护不力所遗留的真空，而被开发出来以解决盗版问题的私力解决方案，会存在削弱版权根本目标，并损害消费者利益的潜在可能。新兴的中国式娱乐商业战略，即通过在线音乐及视频商店对以网络或手机下载的加密产品进行销售或者出租，[3] 企业给予艺术家及电影制片人赞助和代言，以及对网络文件共享的私力监督等，有可能会使得新一代"守门人"群体有能力对人们如何享受，何时享受及由谁享受娱乐施加有力控制，这一威胁不可忽视。许多这些依赖技术性限制的解决方案，以远超出版权法律所规定的方式，给予版权所有人为公共获取内容设置障碍的能力。与之相同，依靠企业代言来弥补盗版损失的商业模式，也可能会通过过度偏爱商业化的没有争议的艺术家及电影，从而扼杀了多样化及表达。

然而，目前中国的环境也增加了公众对创意作品的获取能力。即使在法律执行不力的情况下，目前的大环境也有助于实

---

[1] 参见《著作权法》（2001）第 1 条。

[2] 中国每年新出的音乐和电影之缺乏，部分原因是由于政府过度管制以及音乐和电影产业中的结构性缺陷，但盗版无疑在其中扮演了一个极为重要的角色。See generally Jeroen De Kloet, "Rock in a Hard Place"; Yingchi Chu, "The Consumption of Cinema in Contemporary China".

[3] See e. g. , Aigo Music（爱国者数码音乐网），http：//www. aigomusic. com/（last visited Feb. 28, 2006）。

现版权法所隐含的重要目标。例如，通过盗版可获得的作品，远比通过正常渠道所能获得的作品要丰富，这对中国的现状来说，是不幸中之大幸。由于盗版产品的定价位于一般消费者承受范围内，而且能够游离于政府审查外，中国人能接触到的音乐及电影作品，就比在有效的版权制度下所能接触到的要多得多。政府对外国电影所设的有限配额，会极大地减少中国消费者观看好莱坞电影的机会，但会使公众通过盗版获取的外国电影更为丰富。

中国的环境正在推动着音乐及电影的商业模式和保护措施创新。正如科技博客作者伊藤穰一（Joi Ito）所写的那样："在唱片产业基本上无法运行的中国市场中，艺人及经纪人都将会去推动前沿音乐商业模式，并可能会在事实上比好莱坞更早发现后 DRM/RIAA（数字权利管理以及美国唱片工业协会，Digital Rights Management / Recording Industry Association of America）时代的商业模式。"[1] 中国松散的版权环境，无疑在将天平向盗版者及消费者一方倾斜。但版权所有人为推进新技术和商业模式所付出的努力，将会把钟摆摇向另一个极端，并极大地偏向版权所有人一方，因而这种做法也应受到抵制。下一代的娱乐商业模式最好应当将版权法律的基础原理牢记于心，并在消费者以及版权所有人的利益之间取得合理平衡。

4. 保持当前路线的前景

尽管中国政府时不时作出打击盗版音像产品的承诺，[2] 但现有迹象表明，就打击音乐和电影盗版产品的政策而言，中国

① "Michael Song on Chinese Music Industry", Joi Ito's Web (Sept. 10, 2004), http：//joi. ito. com/archives/2004/09/1 0/michael-songonschinese-music-industry. html.

② See Mathew Forney, "Faking It：Beijing's Inability to Curb Rampant Intellectual-Property Theft Is Infuriating Its Trading Partners".

会保持现有航向不变。^① 也就是说，中国很可能会在继续进行逐步且慎重的体制改革的同时，对侵权者进行临时性打击，以对来自国外及增长中的国内版权所有人之压力作出回应。实践中，版权执法会在很长一段时间内无法达到法律所正式要求的标准。^②

假定中国大陆将保持现有航向，那么究竟要用多长时间，中国大陆才能使版权执行水平达到可以接受的程度？中国台湾地区的经验可以对此提供参考。在这个与中国大陆有着紧密文化及历史联系的地区，高盗版率曾持续数十年时间。在1950年代末直至1990年代初的中国台湾地区，盗版随处可见。这激起了来自西方版权所有人的抗议及各种游说活动，各国也因此相继对中国台湾地区施以"外交"威胁。^③到了1990年代，随着中国台湾地区经济的迅速发展、法制改革的推进以及高精尖电子产业的出现，其本地对高效版权法律法

① See e. g., Craig Simons, "Faking It: The World's Number One Producer of Counterfeit Goods Shows Little Sign of Change—Except When it Comes to Protecting Olympic Symbols", *S. China Morning Post*, Jan. 10, 2005, FF Features, available at 2005 WL 55978653（"许多低级别官员只在必要时才执法，而不是将其看作优先考虑的事项……且在为了表现出对议定书的承诺而进行的临时打击盗版的行动后，他们又会松懈下来"）［引用了英国路伟律师事务所上海代表处合伙人马锦德（Douglas Clark）的话］。Information Office of the State Council（P. R. C.），*New Progress in China's Protection of Intellectual Property Rights*（"一个完整的知识产权保护体系不可能在一夜之间建立。在这一点上说，中国仍有很长的路要走，且当谈及知识产权保护时，中国仍面临着艰巨的任务"）。"IPR Infringers Face Lengthy Jail Terms and Hefty Fines"（该文认为针对大量知识产权侵权问题的短期方案"希望不大"，但对法律体系及执法努力的逐渐改进所导致的侵权行为的减少表示审慎乐观）。

② See Information Office of the State Council（P. R. C.），*New Progress in China's Protection of Intellectual Property Rights*.（认定"中国政府清楚地意识到，在有着13亿人口、相对落后的经济及科学技术处于较低水平的发展中大国来说，完整的知识产权保护体系，不可能在一夜之间建立"。）

③ See William P. Alford, *To Steal a Book Is an Elegant Offense: Intellectual Property Law in Chinese Civilization*, pp. 96-104.

规的支持随之增加，这与当时盗版的显著减少有密切关系。①
十年过去后，台湾地区的音乐盗版率仍超 40%。② 从这一比例
看来，其情况明显要比大陆好很多。台湾地区长期与西方国家
有着更为密切的政治及经济联系。如果连中国台湾地区都要花
数十年时间来降低盗版率，很难想象中国大陆可以在更短的时
间内做到同样的事。尽管在过去十年里，中国大陆知识产权保
护收获颇丰，但与台湾地区相比，其要控制更为广阔的领土以
及有 60 倍的人口，还要面对超级大国在政治、经济及社会制
度的改革中所伴随的各种困难。

许多观察者都确信，只有当中国的公司也日益成为侵权受
害者时，中国才会开始认真思考知识产权保护的问题。也就是
说，一旦中国公司的利益受到威胁，那些公司及中国政府将会
被迫去改进并提高知识产权保护的整体水平。③ 不可否认的
是，地方在知识产权保护中的利益，居于整个中国知识产权体
系成熟化进程的核心。然而，中国的音乐及电影产业长期为盗
版所苦，一直在寻求加强保护的方法，但未能成功降低盗版水
平。对他们来说，这一有见识的判断，能在多大程度上适用还
尚不明确。此外，中国政府也不可能以相同强度来执行所有知
识产权法律，且执法资源也不太可能会被均等地分配给专利、

---

① See id. p. 108.

② IFPI, *The Recording Industry Commercial Piracy Report 2004*, p. 11.

③ See e. g., Bruce Odessey, "Swiftly Expanding U. S. -China Economic Relations Stir Debate". （该文指出当中央政府察觉到盗版危及当地产业时，当地政府还不确信该利益受到了威胁。）

商标及版权领域。①

尽管预测表明，中国的盗版问题在未来许多年内仍将是无法改变之事实，现时的版权法律仍在发挥着作用。在较大的城市中，盗版者已无法公开盗版。我们有理由相信，随着法律和规范的改进，随着中国的政治、行政、司法以及经济前景借由国家总体改革逐渐得到改变，某些特定大城市将最终与在本文

---

① 政府认为，与版权相比，专利对中国的总体经济增长和稳定来说更为必要。对专利以及商标的强调，在 2005 年的国民经济和社会发展计划草案之中尤为明显。《关于 2004 年国民经济和社会发展计划执行情况与 2005 年国民经济和社会发展计划草案的报告》，由第十届全国人民代表大会第三次会议于 2005 年 3 月 5 日通过（以下简称《2005 年经济计划草案》）。该计划明确确认了发展知识产权以保护"关键技术"，继续发展为国家以及私人公司所有的包括生物、集成电路及软件等"对经济发展有重大带动作用的高技术产业"，以及开发在中国品牌下的私有高科技设备。关于文化作品，该计划表明了"继续发展……社会事业以满足人民的精神和文化需求"，以及"大力发展文化、广播影视、新闻出版、体育等事业"。然而，该计划并不认为文化产业对经济的贡献具有关键作用。与之相同，关于国家以及区域知识产权战略的新闻报道，都显示出了对发展知识产权以刺激高科技创新的强调，但往往很少甚至没有提及版权。See e. g. , "Nation Plans IPR Protection Strategy", *China Daily*, June 3, 2004, http：//www. china. org. cn/english/BAT/97173. htm（就即将出台的国家知识产权战略而言，其多次提及"专利"、"研究"或者"技术创新"，但却未提及版权保护或者音乐及电影产业）；"Jiangsu Works Out IPR Scheme", *China Daily*, Aug. 6, 2004, http：//www. china. cn/english/BAT/103159. htm（该文报道了江苏省的知识产权战略，江苏是位于中国东海岸的富饶工业省份；该报道表明，江苏的战略主要聚焦于发展企业和产业的知识产权，提及了专利及"品牌保护"，却未提及版权）。在中国历史上，曾有过实施偏爱专利多于版权以刺激技术发展这一战略的先例。共产党在中华人民共和国成立初期急需新技术，并试图重建为连年战争所累的国家，因而，其将专利法看作"其早期所作的规范知识产权之努力的基石"。William P. Alford, *To Steal a Book Is an Elegant Offense：Intellectual Property Law in Chinese Civilization*, p. 57. 在版权领域中，软件很可能会是中国政府优先考量的目标，因为软件被认为是所有产业中"可以大大刺激经济发展"的产业（《2005 年经济计划草案》）。对于使用版权来刺激实用和科技作品的发展之强调，也有历史先例可循。中国于 1950 年发布的第一个关于作者报酬之声明明确要求，与科学相关的作品，将要比与人文社科相关的作品获得更高的评价。William P. Alford, *To Steal a Book Is an Elegant Offense：Intellectual Property Law in Chinese Civilization.* 中国的电影和音乐产业规模太小，且与中国的总体经济繁荣没有太大关系，因此期待政府为打击音乐和电影盗版花费巨大资源是不切实际的。

上述第四部分中所展望的"零盗版区域"相类似。而且，就法律资源而言，可供版权选择的高效手段也会比以往更多。

（三）在线分享音乐和电影的替代补偿机制

前两种关于解决中国的盗版问题的选择，都建立在将网络看作对在中国发展高效版权制度或反盗版制度的威胁之上的。第三种选项认为，比起通过单纯严格执行版权法律，或者不依靠版权替代性私人商业模式[1]所能达到的程度来说，互联网提供了更有效地打击盗版并实现中国版权法律目标的机会。这一选择就是替代补偿机制，其与费舍尔教授（William Fisher）和那坦内尔（Neil Netanel）[2]的提议相类似。其中，由政府主导的奖励体系将会鼓励创意作品通过网络进行高效合法传播，并确保版权所有者因作品的传播得到合理补偿。[3] 更重要的是，作为政府主导的体系，替代补偿机制满足了消费者和创作者的需求，因而也就通过同时保证创作得到合理补偿，以及消费者能自由获取创意内容，从而实现版权法律的隐含目标。[4]

本部分将首先对替代补偿机制这一概念进行简要叙述，其后将讨论如何针对中国市场开发替代补偿机制，对中国版替代补偿机制的优点及缺点进行探讨，并分析替代补偿机制将会如何推进中国版权法律的目标。最后，考量中国版替代补偿机制

---

① See e. g. , Kevin Maney, "If Pirating Grows, It May Not Be the End of Music World".

② William W. Fisher Ⅲ, *Promises to Keep: Technology, Law and the Future of Entertainment*, 2004, pp. 199-258; Neil W. Netanel, "Impose a Non-commercial Use Levy to Allow Free Peer-to-Peer File Sharing", 17 *Harv. J. L. & Tech.* 1 (2003).

③ See William W. Fisher Ⅲ, *Promises to Keep: Technology, Law and the Future of Entertainment*, p. 202; Neil W. Netanel, "Impose a Non-commercial Use Levy to Allow Free Peer-to-Peer File Sharing", p. 4.

④ See generally William W. Fisher Ⅲ, *Promises to Keep: Technology, Law and the Future of Entertainment*; Neil W. Netanel, "Impose a Non-commercial Use Levy to Allow Free Peer-to-Peer File Sharing".

作为解决中国盗版问题的前景。

1. 对替代补偿机制概念的概述

在替代补偿机制中，版权所有人会向某政府机构（如中国国家版权局）注册其作品数字复制件，由该机构负责系统维护，并追踪利用注册作品的行为。[①] 这些复制件将会被打上指纹或水印，包含有关作品及作者信息的数字代码将会附于其上，以便系统对作品进行追踪并核算。[②] 最终用户群体则可以在没有费用、版权限制、广告及加密的情况下，以非商业性目的，自网络下载及复制这些作品。[③] 文件可通过点对点网络进行传播，或者可以上传至固定服务器以供用户下载和以流媒体方式在线观看。也可以通过对该系统进行调整，来简化系统内创意作品的许可，以推动新衍生作品的创作。[④]

作为合法获取注册作品的回报，使用者将会支付促成文件共享的特定产品和服务的销售税。这些产品和服务包括带多媒体功能的电脑设备、网络连接服务、MP3 播放器、CD 和 DVD 刻录盘以及 CD 和 DVD 刻录机等。[⑤] 而该机构将追踪特定时间内，某特定作品被下载或"享用"的次数，或者基于数据采

---

① See Fisher, *Promises To Keep*: *Technology*, *Law and the Future of Entertainment*, pp. 203-204.

② See id. pp. 223-234.

③ Id. pp. 202-203, 236-237, p. 247; Neil W. Netanel, "Impose a Non-commercial Use Levy to Allow Free Peer-to-Peer File Sharing", p. 37.

④ See William W. Fisher III, *Promises to Keep*: *Technology*, *Law and the Future of Entertainment*, p. 234; Neil W. Netanel, "Impose a Non-commercial Use Levy to Allow Free Peer-to-Peer File Sharing", pp. 38-40.

⑤ See William W. Fisher III, *Promises to Keep*: *Technology*, *Law and the Future of Entertainment*, pp. 216-223; Neil W. Netanel, "Impose a Non-commercial Use Levy to Allow Free Peer-to-Peer File Sharing", pp. 43-44.

样进行估计，并分配相对应额度的税款收入给该作品版权所有人。① 而该替代补偿机制将仅适用于自网络上复制的作品；不会影响那些以 DVD、VCD 或者 CD 等实体媒介形式销售的作品。②

替代补偿机制将会提供前述其他方案所没有的优势。它会以最低廉的价格为消费者提供最为丰富的娱乐品。它能为社会及版权所有人节省监控网络的成本，以及就文件分享提起诉讼的费用，并使得政府及版权所有人能够将更多的资源投入到减少实体盗版上。它可以通过提供急需且有保证的收益给版权所有人，来取代当下通过文件共享所遭受的全部损失；可以给予音乐家及电影制作人更多对其作品传播的直接控制，并可以提供给他们至少与当前盗版作品大量传播所带来的对等程度的曝光率，并拥有因其作品被消费而获得补偿的附加优势。同时它还可以避开数字版权保护加密方案（DRM）等典型以技术措施来限制公共获取作品的措施（以及其他潜在的更为过分的限制获取措施）。而且，也肯定会刺激中国本地计算机及电子产业的进一步发展，而这被看作中国国家经济的关键。

2. 发展带有中国特色的替代补偿机制

已有许多文章对替代补偿机制模式的各种变体进行过透彻分析，且其应当适应中国环境，因此提供关于中国替代补偿机制的具体细节并不在本文的讨论范围之内，亦无此必要。③ 以

---

① William W. Fisher III, *Promises to Keep: Technology, Law and the Future of Entertainment*, p. 224; Neil W. Netanel, "Impose a Non-commercial Use Levy to Allow Free Peer-to-Peer File Sharing", pp. 53-54.

② See William W. Fisher III, *Promises to Keep: Technology, Law and the Future of Entertainment*; Neil W. Netanel, "Impose a Non-commercial Use Levy to Allow Free Peer-to-Peer File Sharing".

③ Id.

下将就适合于中国市场的替代补偿机制提出几点思考：探讨外国作品是否应当纳入中国替代补偿机制的作品管辖范围内；创收及税收问题；上述问题与中国因版权国际协定所承担之义务的潜在冲突。

（1）管辖作品范围

该机制所管辖作品范围究竟包括什么？假设至少在开始阶段，仅有中国才能访问该系统，那么该替代补偿机制是否会仅提供由中国艺术家所创作的音乐和电影呢？考虑到来自中国香港和台湾地区的流行音乐和电影在中国境内所占比例甚大，其是否也会被囊括进去？西方流行电影和艺术家们（如好莱坞电影或者美国嘻哈音乐人）是否也应当在考虑范围内？

由于国家涉足音乐和电影的发行甚深，[1] 收集关于中国境内唱片和电影的总体目录应该不会太难。中国境内的许多娱乐公司与中国台湾地区和香港的公司都保持着紧密联系。由于后者也同样受到盗版影响，他们很可能会愿意参与到替代补偿机制中。由于来自中国香港和台湾地区的作品占中国境内消费者所消费音乐和电影的很大部分，有关机构也很可能对其加入表示欢迎。然而，基于以下议及的中国国际义务，有关机构如若对其参与该机制设定强制要求，很可能不太明智。

中国是否会欢迎或甚至允许其他外国作品加入替代补偿机制这一问题，为我们展现了此议题的复杂性。如果替代补偿机制的目标是为中国音乐和电影产业提供支持，中国可能会不太愿意允许大量好莱坞电影及西方音乐涌入中国市场，因为这会使海外版权人分去大部分收益。此外，中国政府目前就每年准

---

[1]　See Andrew Mertha, *The Politics of Piracy*: *Intellectual Property in Contemporary China*, pp. 145-152.

许进入电影院放映的外国电影的数量仍坚持严格配额制。[①] 虽然该配额的存在部分是基于经济保护的理由，但也为意识形态及文化的原因提供辅助，而政府可能也不愿让替代补偿机制变成运输工具，为中国公民通过电影和音乐更大程度地接触西方价值观提供便利。[②]

西方主要的电影和音乐公司是否想要参与到替代补偿机制中这一问题仍不明确。如果中国不允许，西方的版权所有人可能会认为这明显是为自由贸易设障。然而，外国版权人可能也不会愿意公开抗议。主要的电影工作室及唱片公司都以维护其对内容传播之控制闻名，他们并不喜欢会威胁到该控制的任何体系，包括替代补偿机制在内。[③] 正如来自某著名好莱坞工作室的管理人员私下承认的那样，当中国贯彻替代补偿机制时，他的公司将会拒绝任何正式参与。因为他们担心中国的做法可能会为在美国及其他地方设立和发展相同的机制设立先例。公司应该会小心地评估该制度，只有经过一段时间，替代补偿机制证明了自己是在中国赚钱的最好方式后，其才会重新考虑自己的立场。

（2）收益与税收

中国的替代补偿机制面临的最棘手的问题与收益有关。中国的税收体系以复杂和低效著称，且一直变动频繁。[④] 其也面

---

① IIPA, *2004 Special 301 Report*：*People's Republic of China*，p. 47.（该报告观察到中国有每年仅允许进口 20 部票房分账的外国电影，进入电影院放映的配额政策。）

② See Andrew Mertha, *The Politics of Piracy*：*Intellectual Property in Contemporary China*，p. 151.［该书讨论了中国的文化官员，为确保外国内容（电影、音乐以及电视节目）仅占传播至中国消费者端的内容的一小部分所做的工作。］

③ See David Kusek & Gerd Leonhard, *The Future of Music*：*Manifesto for the Digital Music Revolution*，pp. 36-41，107-137.

④ See generally Trish Fulton et al.，"Tax System and Policy Options"，in *China's Tax Reform Options*，Trish Fulton et al. eds.，1998.

临着与版权执法类似的问题，这些问题包括官员腐败、税收行政系统的资金不足和效率低下，以及本地政府官员和中央政府官员间就目标及实践的分歧等。① 此外，税收系统过于复杂，且与国家的经济发展相比过于滞后。② 个人和企业逃税现象不少，由于事实上大部分的交易以现金进行而难以追踪，这一问题也在日益加剧。③

　　替代补偿机制的机构往往会援引税收法律及政策，而对后者的技术性讨论，已经超出了本文范围。尽管如此，笔者认为，在中国尽管没有向消费者直接征收销售税，销售产品或提供服务的公司都被要求缴纳与销售税具有类似功能的增值税，而企业最终都会将其转移至消费者身上。④ 然而，增值税现在仅按四个固定税率来征收。⑤ 纳税人该按哪一种税率缴纳，是根据其所销售的商品或服务种类，及该销售者是否被认为是"小规模"纳税人（在该情况下，不论其销售的商品或服务为何都只按较低的税率纳税）而定。⑥ 现行的固定税率增值税方案，看起来对增加替代补偿机制税收并无帮助，特别是考虑到为使该种税收生效所必须推行的法律与行政变革。另外，只是因为要将现在的增值税收的一部分转以资助替代补偿机制，就使其在政治上也不可行。因此，看来任何税款资助的替代补偿机制都必须要等待全新的税收改革。或许中国的税收改革支持者可以以替代补偿机制为例，来说明更为有效且灵活的税收制

---

① See generally Trish Fulton et al. , "Tax System and Policy Options", in *China's Tax Reform Options*, Trish Fulton et al. eds. , 1998, pp. 25-26.

② Id. p. 14.

③ See generally Ping Chen, "Chinese Tax Reform: Unsolved Problems", in *China's Tax Reform Options*, Trish Fulton et al. eds. , 1998, p. 57.

④ Peter Kung & Koohn-Ming Ho, "The New Turnover Taxes in Practice", in *China's New Tax Regime*, Chris Hunter ed. , 1994, p. 12, pp. 12-15.

⑤ 参见《中华人民共和国增值税暂行条例》（1994）第2条。

⑥ 《中华人民共和国增值税暂行条例》第11—13条。

度所能带来的潜在好处。

假设现在或将来，中央政府可以就商品及服务征收销售税，那么什么商品或服务应当缴税？替代补偿机制税最为合理的征收对象，应是那些使利用与享受替代补偿机制成为可能的产品和服务。这样一种税当然可能会存在涵盖面过广和涵盖面不足的问题，但这一问题并非替代补偿机制所独有。因此，该税所可以征收的商品种类应包括宽带互联网接入服务（或许也包括拨号服务，可对其征收稍低税率）、具备多媒体功能的计算机、MP3 播放器、便携式 MPEG 视频播放器、立体声音响、其他可以播放数字化电影或音乐的便携式或家庭消费类电子产品以及空白可记录式光盘和 DVD 等媒介。考虑到手机直接下载音乐、铃声及其他内容的受欢迎程度在迅速增长，允许手机利用替代补偿机制不可或缺，因此也就使得移动电话的服务费用，乃至购买电话本身的费用都是替代补偿机制征税的合法目标。

在现实中，中国当下的经济状况，可能会使对绝大部分这些商品征税变得困难。许多消费者在大型电子市场摊位上购买电脑和电子产品。这类小摊贩的逃税问题可能非常严重，而许多这样的零售商无疑会对额外负担表示不满——对如空白 CD 等数量庞大的商品来说，收集并计算一笔极小税金的确让人难以接受。看起来最为可靠的收益源，将会是征自互联网服务或移动电话服务的税金，因其大多使用透明、可信赖且自动化的缴款程序。

替代补偿机制税的税金额度该如何设定？换句话说，通过替代补偿机制实现的音乐和电影充沛供应，对中国社会来说价值几何？费舍尔教授认为这是复杂的理论问题，费舍尔和那坦内尔都指出，对于以美国为背景设定的替代补偿机制来说，为确定该系统之价值，最为合适的方案就是去查明征收的金额设定在何种程度才足够弥补，在点对点的环境下，由于版权所有

137

人无力在网络上维权所遭受之损失。① 在中国，基于现实的考量，这种方案很可能既不必要也不可取。考虑到中国平均收入水平之低、廉价盗版产品的易获取程度之高、借以进行价值评估的重要合法市场在历史上的缺失，以及中国消费者已习惯仅为电影和音乐支付极低费用之事实，在开始时，对这一机制的期望值也不会太高。此外，处于困境中的中国版权所有人，也不会期待该机制会弥补他们因盗版所遭受的所有损失，因此其不会像美国版权所有人一样，担忧利用替代补偿机制会导致收入来源的流失。② 在现实中，当下的盗版问题已经危及所有收入来源。许多中国版权所有人很可能将替代补偿机制所产出的任何收益看作意外之财，只要替代补偿机制的收益是可观的，他们就会倾向于选择替代补偿机制，并维持这一选择。

因此，中国的问题并非是该如何完全补偿版权所有人；至少就开始而言，问题应该是对大部分宽带用户来说，税额设置到何种合理程度，才能在支付完机制管理费用之后，能为电影及音乐产业提供可观补偿。这无疑是判定总计补偿程度的粗略方案。在几年后，其应由与判定系统中既有作品之价值更为直接相关的标准所代替。

当然，只有中国政府、人民及音乐和电影产业有权进行判定，初始数值该设定为多少才不仅对纳税人来说较公平，也合理补偿了版权所有人。但是，下列数字也昭示出未来的可能性。根据中国电信行业的统计，在本文执笔时，中国共有超过6400万条宽带线路。这些账户很可能并不都是可征税之私人

<hr>

① See William W. Fisher III, *Promises to Keep*: *Technology*, *Law and the Future of Entertainment*, pp. 208-210; Neil W. Netanel, "Impose a Non-commercial Use Levy to Allow Free Peer-to-Peer File Sharing", p. 47.

② See William W. Fisher III, *Promises to Keep*: *Technology*, *Law and the Future of Entertainment*, pp. 209-214.（作者就为何通过使用替代补偿机制所可能导致的特定收入源之潜在流失，会让美国版权所有人担忧进行了解释。）

账户，有一些可能是政府或类似的免税账户。然而，接下来的计算将会非常保守地假设，当中国已经准备好了采用替代补偿机制时，现在既存的独立可征税宽带账户数量为6500万个。如果政府要对每个账户征收小额税，假设每月6元或者每年72元人民币的话，这样每年将会产生46亿元人民币的收益。考虑到替代补偿机制所能提供的价值，对大部分宽带用户来说，增加6元的支出应该不会太难接受，因这一税值仅占中国一般每月宽带费用的5%到7%。即使采用费舍尔教授的扣除20%用作行政支出的保守估计，那么仍有接近37.5亿元人民币可供音乐和电影公司分配。相比之下，该数字比2004年的中国合法音乐市场及电影市场的总计价值还要高。① 更重要的是，这些潜在的收益数字仅仅代表着宽带网络接入一种收入来源。其他多种渠道的收入可以极大地推升这一数字。大学网络用户群体无疑是最大的网络盗版者之一，政府也可以通过对大学校区整体的网络访问收取整体费用，把大学也纳入征税对象中。大学则可以通过小幅度提高每期学费来将该费用转嫁给学生。②

---

① IFPI, *The Recording Industry 2005 Commercial Piracy Report* 10（2005）；"China Becomes World's Third Largest Film Maker"，*People's Daily Online*，Apr. 24，2005，http：//english. people. com. cn/200504/24/eng20050424＿182511. html（该文报道了中国2004年的总体票房收入为1.8亿美元）。

② 增加大学生每期学费是一个争议较大的提案，原因就在于，有数百万的中国学生来自穷困家庭，这些学生甚至无法承受学费的轻微上涨。这一问题可通过一些方式解决。首先，校园内的试点替代补偿机制项目，可先向有着较为富裕学生群体的较大城市提供。其后，当其他区域的经济发展提升后，再向该区域提供。当然，这一解决方案只会加剧本文将于第四部分讨论的贫富差距问题。大学也可以自行承担替代补偿机制的成本。除了会因学生的非法文件共享而承担责任的潜在威胁外，大学还有许多其他的理由这么做。See e. g.，Zhipei Jiang，"Legal Liability of Internet Service Providers for Copyright Infringement"，http：//www. chinaiprlaw. com/english/forum/forum7. htm（last visited Apr. 14，2006）（该文讨论了网络服务提供商在中国版权法律下可能承担的间接侵权责任）；另见《互联网著作权行政保护办法》（2005）。不管这样一种主张是否会奏效，无疑这是一场版权所有人会认真考虑要打的仗，也是一场大学宁愿躲避的仗。最后，中国还可以采取一种结合了这些方法的混合措施。

网吧也可成为重要的收益来源。数以百万的计算机通过网
吧连接至互联网，网吧作为主要网络接入点提供约 30% 的中
国网络用户。① 可以考虑对所有的网吧电脑征收非常小额的替
代补偿机制税，该税也可以稍微增加每小时使用费的方式，分
摊到每个顾客身上。该费用可被数量众多的顾客平摊，对个人
用户来说，该费用几乎可以忽略不计。作为回报，他们可以通
过每一台网吧的计算机自由使用替代补偿机制所能提供的所有
作品。为了在竞争中取得优势，网吧可转而考虑在不增加费用
的情况下，为其顾客提供替代补偿机制的服务。网吧也可以仅
在指定的电脑上提供订阅的替代补偿机制的服务和软件，并就
那些电脑的增值服务收取稍高价格。

（3）国际义务

中国已经加入了三个国际知识产权协议，包括《伯尔尼
公约》（1992 年加入）、《录音制品公约》（1993 年加入）以
及 TRIPS 协定（2001 年加入）。在思考由中国政府主导的替代
补偿机制这一问题时，可能会涉及这三个国际公约。有报道指
出，中国也欲加入《世界知识产权组织版权条约》和《世界
知识产权组织表演和录音制品条约》（WPPT）。② 《伯尔尼公
约》第 2 条要求对"文学艺术作品"提供版权保护，其中明
确包括乐曲及电影作品，而且随后的条款给予作者对其作品的
复制、公开表演以及改编进行控制的专有权利。TRIPS 协定通
过引用方式吸收了《伯尔尼公约》的规定。③ 此外，《录音制
品公约》仅允许在"用于教学和科学研究的目的"的情况下

---

① CNNIC, *17th Statistical Survey Report on The Internet Development in China*,
p. 15.

② See WIPO Performances and Phonograms Treaty, Dec. 20, 1996, 36
I. L. M. 76, http：//www. wipo. int！documents/en/diplconf/distrib/95dc. htm.

③ See TRIPS, art. 9.

对录音制品颁发强制许可证。① 然而，替代补偿机制正是强制许可方案，且其所考量的使用范围比《录音制品公约》允许的使用范围更为宽泛。

中国是否能够在不与这些规定发生冲突的前提下推行替代补偿机制？费舍尔教授认为，替代补偿机制很可能会违反TRIPS协定及《伯尔尼公约》的规定，并建议对《伯尔尼公约》进行修改以允许这种机制存在。② 然而，他的著作主要关注的是美国是否能施行替代补偿机制的问题。很少有人会否认，相对中国而言，美国在国际知识产权问题上占据主导地位。为采用这样一种具有争议性的机制而修改《伯尔尼公约》，对中国来说不大可能。然而，中国大概可以通过将版权所有人在替代补偿机制中的注册设定为选择性，来避免违背其在《伯尔尼公约》《录音制品公约》以及其他任何知识产权协议中的义务。那些希望接受一定比例的分配收益的版权所有人，根据替代补偿机制规则，必须向该机制的行政机构注册其作品，并同意许可对其作品的传播和复制行为。那些不愿意授予许可的权利所有人，可以选择不将其作品纳入替代补偿机制。当然，没有哪个协定禁止对版权作品的自愿许可行为。然而，在实践中，由于将作品纳入替代补偿机制会带来潜在的可观收入，③ 按理说，只有少数的中国版权所有人会选择不参与该机制。

（4）技术

替代补偿机制可以像苹果 iTunes 网上音乐商店④一样实现集中管理。在这种情况下，所有经过授权的用户可以进入中央

---

① Geneva Phonograms Convention, art. 6.

② William W. Fisher Ⅲ, *Promises to Keep: Technology, Law and the Future of Entertainment*, pp. 248-249.

③ 如上所述，即使允许外国版权所有人将其作品纳入替代补偿机制，我们也有理由相信，虽然有着潜在收入，至少在一段时间内，许多版权人仍会避免如此行事。参见本文第四部分第三节的相关内容。

④ See iTunes, http://www.itunes.com（last visited Feb. 28, 2006）.

网站，并下载由实施替代补偿机制的行政机构所维护并控制的服务器中存储的文件。此外，替代补偿机制也可以使用分散的点对点系统。中国的替代补偿机制究竟会是"开放式的"，还是"封闭式的"？也就是说，究竟其应当是允许任何人自任何地方进入的机制，还是仅允许授权用户访问的机制？至少从下面三点理由来看，对中国来说，封闭式的体系将会是最好选择。

第一，互联网的全球性特征及开放式架构，使得国际性的文件泄露成为任何替代补偿机制都会面对的重大挑战之一。[①]中国的纳税人将为替代补偿机制提供资金；作为回报，只有中国纳税人应当享受该系统的好处。生活在其他国家的人，包括数百万生活在海外的中国人，不应有进入该机制的权限，并享用由生活在中国的纳税人买单的无限制的音乐和电影。[②] 封闭式的机制设置有利于遏制国际性的文件泄露，而更为重要的是，可以有力地驳斥纳税人认为自己所缴纳的税金可涵盖世界上所有娱乐作品的这一看法。

第二，世界各国人民的电影及音乐品味，可能不会与中国人的品味完全相同。例如，成龙的电影可能仅占中国纳税人所有下载量的相对较小部分，但由于其是国际巨星，在世界的其他地方，其电影的下载量将会比大部分其他中国电影的下载量要高出许多。尽管有人可以反驳说，因为成龙的作品比起其他人的作品来说被利用的次数更多，所以他应得到更多分配收益，但如果基于那些并未纳税的人之喜好来决定收益分配比例，是显失公平的。

---

① See William W. Fisher III, *Promises to Keep*: *Technology*, *Law and the Future of Entertainment*, p. 245.

② 为补充收入，并使中国的媒体内容进入全球的视野，政府可以为来自其他国家的顾客提供有偿会员服务。

第三，如果中国的替代补偿机制是向国际开放的话，这会给予来自其他国家的用户无限制获取免费内容的能力，同时也会侵占中国电影和音乐的所有合法海外市场。这一问题不仅无助于达到最初建立替代补偿机制的目标，也无助于对那些在努力奋斗中的中国音乐和电影产业提供资助，还会极大妨碍那些有着在海外受欢迎的电影作品和艺人的娱乐公司将其作品纳入替代补偿机制之中。

打造封闭式的替代补偿机制系统存在若干方法，其可被设计为仅允许那些来自中国境内的可验证 IP 地址的用户访问；或者，政府可以要求用户申请用户名以及密码，在每次验证连接时会要求其提供，该申请程序经过设计后，应当足以确保申请的用户是中国居民。这些方法也可结合使用。当然，肯定还有其他系统设计方法存在，可以将泄露的程度降至最低。骗过系统的方式自然也可能存在。水平较高的外国用户可能可以骗过系统，使系统认为其是通过来自中国的 IP 地址登录；或者有效的用户名及密码可能被私下分享或发布至网上。但从 iTunes 网店以及 Napster 2.0 等付费服务来看，其展现出通过限制特定地域的交易来避免违反许可协议的显著能力，这说明现有的技术已足以合理确保该系统的完整性。

3. 中国替代补偿机制之优点

本文接下来的部分将详细说明，为何替代补偿机制可能会对中国消费者、中国的唱片及电影产业以及中国政府来说是有吸引力的选择。就下述大部分或全部优点来说，比起其他政策选择，即本文讨论过的大力打击盗版及保持既定航向等选择来说，替代补偿机制更能提供更显著且即时的获益。

（1）通过合法化的文件共享，替代补偿机制可以帮助中国在解决网络盗版方面取得显著进展

虽然当下的盗版问题已极其严重，互联网却可能会使其更

143

为恶化。总之，大量现时的违法活动将会被替代补偿机制合法化。有关机构可以避免将注意力及资源用于大量的网络交易上，转而将资源用于打击实体盗版。

当然，正如一些类型的文件分享仍会被认为是违法的，替代补偿机制不会终结所有的在线侵犯版权行为。例如，替代补偿机制对软件来说并不合适，因为软件间的价差甚大。① 正如文化作品多以主观价值衡量一样，市场都平等地对大多数歌曲进行估值，大部分电影亦同。② 正如工具有着实际应用性及因此而具有更为客观且可辨别的价值一样，软件根据其研发成本及技术水平等级在内的许多因素的不同，在价格上存在几美元到上千美元的差异。根据下载量体现的受欢迎程度来分配版税的替代补偿机制，难以恰当地反映出大部分软件的价值。因此，正如在替代补偿机制之外未授权分享歌曲及电影，未经作者同意将版权保护文本发布到网上，或者其他任何在线侵犯版权的形式一样，未授权分享软件的行为都仍是非法行为。尽管如此，替代补偿机制仍将会极大地减少网上版权监管的总体数量。

替代补偿机制的最重要优点就是，其可能会对实体盗版造成影响。随着宽带网络的渗透程度逐渐提升，以及替代补偿机制开始取代预先录制式媒介成为以个人使用为目的利用音乐和电影的主要来源，替代补偿机制必将会大大缩减统治着实体媒介的盗版者的市场份额。盗版者所能提供给消费者的价值，不

---

① See Neil W. Netanel, "Impose a Non-commercial Use Levy to Allow Free Peer-to-Peer File Sharing", pp. 41-42. （与艺术表达作品不同，软件具有客观的、工具性的且因此可被测量的价值。）

② 例如，一首小甜甜布兰妮（Britney Spears）的歌曲与一首 19 分钟的贝多芬交响曲在 iTunes 网店上的售价都是 99 美分，且大多以 DVD 形式销售的电影和以其他形式出售的电影，都在大致相同的价格区间内，而不论其种类或电影制作成本。

可能与消费者通过替代补偿机制所能获得的价值相提并论，由此盗版者的市场将必定缩小。以这种方式缓慢地扼杀盗版市场，将会比其他打击盗版的策略要更胜一筹。与那些主张增加版权执法力度的策略不同，缩小盗版产品市场会减轻而非增加国家行政机关及司法机关的负担。这样的话，版权所有人也能将之前不得不用于追寻并起诉盗版者的收益进行再投资，或者节省下来。这种做法也可绕过现有的地方保护主义、官员和法官腐败以及行政低效等执法障碍，而且可以避免由于严格执行版权法律，成千上万的依靠制造、传播及销售盗版产品生存的人被突然收押或者失业所可能造成的社会及经济的混乱。

（2）替代补偿机制可以帮助中国本地音乐和电影产业蓬勃发展

随着替代补偿机制的到位，中国的艺人、电影制作人、唱片公司以及电影工作室，可保证其所有作品可通过相对免受盗版威胁之系统得到合理补偿。为了获得收益分配之份额而与他人的音乐和电影作品竞争，将会为个人艺术家、唱片公司及电影公司提供激励，以鼓励他们去持续创造质量不断提高的新内容。政府则应该定期增税，以反映替代补偿机制的价值增加。税收的增加反过来会鼓励新的独立艺术家出现，并允许唱片公司及电影工作室去投资新项目，增加其艺人或电影种类，使其可以承受更多因为创新而导致的风险。由于可获得的作品数量不断增长，更多消费者及创作者会被吸引，参加到欣欣向荣的创意表达的在线市场中，这一良性循环将会继续。

此外，替代补偿机制经过调整，也可通过简化衍生作品的创作来鼓励更多新内容的发展。费舍尔教授与那坦内尔教授所设想的替代补偿机制承认 21 世纪的创意表达的现实：将现存的作品内容用作新作品的组成部分，这对创作过程来说是极其重要的。① 数字采样及混搭不过是其中几个例子。替代补偿机制经过构建，将允许通过简单、自动化的许可，使现有作品能被用于新的衍生作品中。② 这将增强社会整体文化财富，进一步增加替代补偿机制可用作品总量，为人们使用该系统提供更多激励。然而，这可能会与中国版权法律中的精神权利规定相冲突，如赋予作者控制对其作品之改动能力的修改权、保护作品完整权以及署名权。③ 假设发展出合格的数字水印技术，通过确保每个作品上的印记或水印中所编入的数字信息，都包含有原作（以及衍生作品）的所有作者的正确权属资料，系统就可保留版权信息。关于允许这样一种衍生使用的存在是否会侵犯修改权或保护作品完整权，则是更为复杂的问题，这与根据中国的版权理论，是否可放弃或在某种程度上修改此类权利有关。④

在降低营业间接成本方面，采用替代补偿机制也会对内容生产者有帮助。公司及个体艺术家可以减少或免除通过光盘介质对内容进行的压膜、包装及发行支出。

（3）替代补偿机制可以降低消费者所支付的费用

替代补偿机制可以以比大部分视听作品消费者当前所支付的（甚至包括为盗版产品所支付的）低得多的价钱，为中国消费者提供访问前所未有的音乐和电影娱乐宝藏的机会。

---

① See William W. Fisher III, *Promises to Keep*: *Technology*, *Law and the Future of Entertainment*, pp. 234-236；Cf. Neil W. Netanel, "Impose a Non-commercial Use Levy to Allow Free Peer-to-Peer File Sharing", p. 38.

② See William W. Fisher III, *Promises to Keep*: *Technology*, *Law and the Future of Entertainment*, p. 205，236.

③ 参见《著作权法》（2001）第10条。

④ 在这一点上，中国的版权法律和理论并不明确。看起来明确的是，只要作者给予许可，图书出版方可以修订并更改某位作者的作品。See Peter Feng, *Intellectual Property in China*, p. 118.（音像作品的作者也可授予更改该类作品之许可。）

与每个消费者每月消费一些盗版音乐 CD 的成本相比，替代补偿机制可以提供海量无限制的、没有数字版权管理及广告的音乐和电影。

（4）替代补偿机制可以刺激中国计算机、家用电子设备及互联网产业的增长

替代补偿机制通过互联网实现的音乐和电影娱乐产业的巨大增长，应当可以为刺激消费者购买为享受该类内容而必备之高科技产品提供帮助。这一驱动会刺激包括宽带互联网接入、计算机、MP3 播放器及家庭影院设备等许多主要的电子产品及服务的需求，并推动中国本地民用电子产业的发展。随着更多人有动力在家创作，并通过替代补偿机制发布作品，看起来种类丰富的外围产品销售也会被带动，其中包括电缆、无线网络（WiFi）发送器和接收器、家用音视频录制设备和软件等。该机制也可推动全新的产品和服务产业的发展，这些产品和服务能使替代补偿机制的体验更为实用、令人愉快以及便利。

（5）替代补偿机制可以有助于提升中国对知识产权法律的尊崇感

知识产权准则在中国社会中难以获得支持的原因可能是，自 20 世纪 80 年代以来，中国经济得到了令人瞩目的增长，尽管中国知识产权记录欠佳，其增长势头仍未因此而有减慢之趋势。许多在中国的人可能会发觉，就有效的知识产权保护所能带来的理论利益来说，中国社会确实未曾感受过"创作者能基于其作品而获得合理补偿"之系统带来的实际效益。因此，个体对购买或下载盗版作品所感知的好处（廉价），就超过了社会所感知的伤害（产品质量的低下及缺乏本土制作作品）。

随着替代补偿机制的到位，购买合法音乐和电影的中国市民数量将会比以往任何时候都多。纳税人将会有强烈的动机去使用替代补偿机制，并将其作为个人及家庭娱乐的主要来源。

替代补偿机制的用户会直接体验到本土生产的影音作品质量和品种的提升，并将文化产业的繁荣与基于合法使用带来的补偿关联起来。要在国家内实现以更大的社会和政治上的热情来对待知识产权保护，上述体验或许能提供一条捷径。

4. 潜在的问题

本文已经讨论了在中国实现替代补偿机制的潜在缺陷，即通过税收增加收益的难题、国际性文件泄露及与中国国际协议义务间的潜在冲突。其他可能的问题则包括在艺术传播及消费中政府干预的增加、对私人商业模式的创新阻碍、官僚寻租及加剧中国贫富差距扩大。

（1）政府干预

对借由税收支撑的替代补偿机制来说，政府介入筹资和艺术传播将会造成极大的问题。这一问题绝非中国独有，其存在于任何此类机制中。事实上，费舍尔教授将"政府官员可借此满足其艺术偏见"的机会，视为"替代补偿机制的主要危险之一"①。然而，考虑到中国漫长的国家审查史，以及现今关于审查或封禁违禁作品的政策，我们有理由特别关注中国的情况。

在某种意义上，政府参与替代补偿机制，在中国所可能遇到的麻烦会比在美国要少得多。因为在美国历史上，政府很少直接参与创意产业运营。从这层意义上看，就政府控制而言，替代补偿机制并不会使中国消费者现在所处境况更糟。现在，在包括中国合法音乐和电影市场在内的艺术出版及传播中，国家文化和宣传机构介入甚深。② 比起将当下现实世界的娱乐产业模式移至网络空间来说，运营由政府控制的在线电影和音乐

---

① See William W. Fisher III, *Promises to Keep: Technology, Law and the Future of Entertainment*, p. 234.

② See Andrew Mertha, *The Politics of Piracy: Intellectual Property in Contemporary China*, pp. 145-152.

传播系统不会增加多少困难。这就与通过私营工商业来生产和发布该类作品的西方国家大不相同。在这些国家中，替代补偿机制将会在音乐和电影的传播中引入更多政府参与。

然而，有人会反驳称，如果替代补偿机制可以成功扩大合法作品市场（理论上，所有的这些都经国家批准），并同时减少盗版作品的供给和市场的话，中国消费者的境况将会大幅度恶化。在本文第四部分第二节，笔者曾指出，从消费者的角度来说，版权执法不力现状可带来的幸运副产品，就是在未经政府审查的情况下，极为多样的视听作品借由黑市大量涌入。而替代补偿机制将由与国家宣传和审查体系紧密相连的政府机构（可能是国家版权局）管理。[①] 可以说，成功的替代补偿机制，将会在进一步加深宣传官员对艺术和信息传播的控制的同时，使其获得管理费用，其会因大幅补贴经费而受到鼓舞。因此，替代补偿机制不仅削弱未经审查的非法作品的市场，其还会为版权和宣传官员进一步打击消费者获取该类作品的行动提供资助。

虽然宣传和审查官员的权力及经费的增加值得关注，但其也能通过两个因素得到缓解。

第一，大部分中国本土作品并不会触及审查红线。大多数盗版作品在政府审查官员眼中都是无倾向性的。也就是说，他们既没有政治敏感性也非色情作品，[②] 因此大部分作品将会很容易被替代补偿机制系统所包含。那些被认为是政治敏感的内容，当然会被替代补偿机制拒之门外。但是，如果有该类内容，其也是通过地下渠道传播的，即使采用替代补偿机制，其

---

① See e. g. , Andrew Mertha, *The Politics of Piracy: Intellectual Property in Contemporary China*, p. 151. （作者描述了"文化官僚机构"与中国的版权保护间的紧密关系。）

② Id. p. 144.

依然存在。与之类似，只要外国作品被替代补偿机制排除在外，基于其受欢迎程度，以外国音乐和电影为目标的盗版贸易将毫无疑问地存在，而在外国音乐和电影最终被允许在替代补偿机制中注册前，上述盗版贸易将会确保公众对该音乐和电影的公开接触权。① 看起来，不论是现实还是网络空间中的审查，都总是能创造出繁荣的地下市场，其有着令人渴求的内容，而内容的稀缺性则由官方行为所造成。

第二，正如莫萨（Andrew Mertha）所言，关注审查问题的同样一批官员，往往也对市场考量很敏感，而且他们要比西方国家所想象的要开明得多。② 因为成功的替代补偿机制将会为其组织带来收入和声望，官员对替代补偿机制进行管理以确保其尽可能成功，将会是符合自身利益的做法。对于替代补偿机制来说，对内容的允许程度如果要求太严则无异于自毁长城，而我们有理由相信，参与的官员将会对公众的喜好及需求保持相当的恭敬，并努力变得尽可能包容。

在政府参与网络传播创意作品的过程中，所涉及的隐私及监控问题得到的关注比较少。费舍尔教授指出，如果要在美国建立替代补偿机制，该系统的管理人员必须确保其所收集的关于个人使用喜好的信息不被公开。③ 确保使用数据不公开，对替代补偿机制在中国是否能成功来说可能也很重要，但是政府

---

① 有人可能会认为这样做，会在开始就削弱为推动中国采用替代补偿机制的理由，因为在国家审查政策极大放宽前，某种程度的盗版将总是会存在。然而，笔者并不是说，替代补偿机制可以根除所有形式的视听作品的盗版；而是说，作为版权法律目的的一个实现渠道，替代补偿机制要比本文所讨论过的其他选择更胜一筹。此外，该系统的施行可以随着时间不断发展和改进，外国作品可能起初被排除在外，但在数年之后，任何变动都是有可能的。

② Andrew Mertha, *The Politics of Piracy：Intellectual Property in Contemporary China*, pp. 151-152.

③ See William W. Fisher III, *Promises to Keep：Technology, Law and the Future of Entertainment*, p. 228.

基于意识形态之目的使用该类数据的可能性或许更值得关注。理论上说，替代补偿机制的技术可以允许政府将其用于监控，去追踪个人在电影及音乐上的喜好。虽然从人权的角度思考，这一想法肯定会让人不安，但其现实影响究竟几何？大部分消费者的使用行为很可能并不会触犯红线。在大多数情况下，如果政府认为某特定电影或者音乐有问题，政府的回应很可能会是将其移除出该系统，而不是去对那些恰好下载该电影或音乐的最终用户采取措施。尽管如此，对最终用户进行监督的可能性，将永远存在于这种系统中。

因此，关注的焦点应当集中在替代补偿机制是否会对最终用户的隐私权造成威胁，以至于超过该系统所能带来的好处。答案应该是否定的。与最终用户在购买实体媒介产品时存在的信息泄露危险相比较，虽然替代补偿机制的追踪能力理论上会使用户遭受侵害的可能性更高。但是，与最终用户目前自网络中下载违法内容所冒之风险相比，替代补偿机制的做法其实并不必然会增加其受侵害的可能性。事实上，根据当前版权法律，未经许可将受版权保护的作品下载至个人硬盘的做法，会将个人置于民事责任之下，[①] 而在网上传播超过 1000 件未授权作品复制件的行为，则会将个人置于刑事责任之下，更不用说，通过下载或者传播违禁内容将会触及潜在的意识形态红线。对政府机构来说，去追踪在线活动，乃至没收和逮捕的技术和法律上的正当理由早已存在。用户使用替代补偿机制所可能受到的任何隐私侵害，都不会使其境况比现在更糟。事实上，就这一点来讲，替代补偿机制可能会使用户要比其现在所处之境遇要更好，因为替代补偿机制会合法化整个可被追踪的

---

① See Xue Hong & Zheng Chengsi, *Chinese Intellectual Property Law in the Twenty-First Century*, p. 64.

网络活动范围，而用户群体需要对许多这些网络活动承担民事或刑事责任。

（2）阻碍私人商业模式的创新

本文第四部分第二节讨论了中国的许多版权所有者，会转向新商业模式的可能性。考虑到这些新模式会为其提供关于其作品的合理补偿，并减少盗版侵害，如果采用替代补偿机制，将很可能消除任何对在中国私自开发的网络电影或影视内容传播系统的需求。反过来，替代补偿机制的发展可能会扼杀选择性私人商业模式的创新，而后者由市场竞争驱动，有可能会产出在许多方面比替代补偿机制更优越的系统。因为由私人开发的内容传播技术是在竞争激烈的市场中形成的，相比之下，替代补偿机制的发展会较慢。因此，如果替代补偿机制的技术及用户界面变得过时，且滞后于当代技术的话，就会对自身造成损害。

尽管市场竞争存在缺位，但替代补偿机制的管理人员仍必须持续开发或促进内容传送技术的发展，以保证对中国消费者来说，使用该系统是便利、高度实用、有吸引力且有趣的。为真正达到其自身的目标，并精准地反映社会整体的集体品位，替代补偿机制将必须要足够便利且易于使用，以便电脑技术不高的大部分用户都至少可以利用其基本特性。如果该系统对其他用户来说过于复杂，从而导致单一人群（假设是掌握高级电脑技术的年轻用户）成为该系统的主导用户群体，那么与社会品位，或者说合格用户的品位相比，金钱的分配将会被扭曲。为了避免这一问题，政府可与私人开发商签订合同，由其负责该系统的设计、升级及运行，并对用户友好度、便利程度及有用的功能特点给予高度重视。政府甚至可通过竞标向此进程中注入竞争元素，哪家公司提供的系统最为直观、有吸引力且功能强大，政府就与其签订合同。或者，在使用点对点技术的前提下，政府可以鼓励数个相互竞争的技术间的有机发展。由政府出面邀请中国音乐和电影产业群体参与到发展进程中，并于此后与他们保持持续性对话也很关键。如能设立娱乐产业专家小组来对系统进行周期性检查，并基于用户满意度数据提出特定建议也是可行的。越多的用户加入替代补偿机制，娱乐产业就将获取越多的收益。确保用户友好、可信赖、前沿及令人愉快的系统存在，是娱乐产业的意愿，这一意愿应该会对补偿市场力量的缺位的状况大有裨益。

值得重申的是，由民间领域开发的、常常使用技术性限制措施来补偿版权保护不足的解决方案，不一定会在版权所有人和社会利益之间取得合理的平衡。民间领域的解决方案常常看起来会严重偏向于所有人的权益一边。另外，观察者认为，付费网络音乐和电影传播服务在中国将永远无法取得成功。[①] 反而，他们认为大部分音乐和电影的传播将总是会被盗版者和文件分享者所掌控，并处于合法娱乐产业控制外。在那种商业模式下，艺术家会利用名气，寻求来自企业赞助等其他来源的收益。如果赞助模式的确是中国娱乐产业的未来，那么由于替代补偿机制要比赞助模式在实质上有更大改进，其将不会阻碍开发更为优越的商业模式。替代补偿机制可保证艺术家基于其作品被消费而获得收益，且不会妨碍艺术家按其意愿同样自赞助、许可或者其他该类来源获取收入。然而，其可以确保艺术家不受制于难以寻找的企业赞助方，后者能以不亚于政府审查的方式，对艺术家的创作自由进行有力限制。

（3）官僚寻租以及内部斗争

根据前述关于替代补偿机制的计算示例，大约有 20% 的替代补偿机制年度收入，将被分配给政府机构，而这约等于

---

① See e. g., Kevin Maney, "If Pirating Grows, It May Not Be the End of Music World".

3.46 亿元人民币的行政预算。虽然替代补偿机制的设立以及运营成本肯定不低,但是替代补偿机制仍会将单一的政府机构,置于能接收大量涌入资金的位置,这也就带来了效率及寻租方面的担忧。因此,对替代补偿机制来说,极为迫切的是其构建中应当包括一系列政府检查,或者应当允许由音乐和电影产业专业人士组成的委员会有外部审查并建言的机会。

有利害关系的机构间的内斗,也是相关的问题。为中国版权的执法制造障碍的官僚机构管辖权限的重叠,同样会阻碍替代补偿机制的有效施行。中国以拥有极其复杂的文化官僚机构网络而著称,[①] 其中的许多机构都可以对替代补偿机制的一些方面主张或行使管辖权,这也就潜在地导致了该机制深陷于官僚机构的惰性及效率低下的泥沼中。由于此原因,对中国的最高行政机构(国务院)来说,在初始时最关键的是要指定对替代补偿机制行政管理的所有方面,都拥有唯一管辖权的机构(假设是国家版权局)来行使权力。对于收税来说这一问题也至关重要。尽管关于中国税收系统的冲突以及无效率的彻底讨论并不在本文的范围内,但极为关键的是,要将所有政府层面中能够参与到替代补偿机制税收的官僚单位数量确保在最低值。至少建立由创意产业的领导者和官员所共同投入的高级别工作小组,对这些系统的高效行政管理监督来说,是有必要的。

(4)贫富差距的加剧

尽管事实上中国数以百万计的农村贫困人口的大部分,有着比数字娱乐服务更为急切的需求;然而,意在用对创意作品的前所未有的获取来充实社会的替代补偿机制,将在很多年内

---

① See Andrew Mertha, *The Politics of Piracy: Intellectual Property in Contemporary China*, pp. 145-149.

只是城市精英的奢侈品则也是事实。作为基本入场券的个人电脑以及网络接入账户，对大多数中国人来说已经超出了其经济承受能力（而且就网络接入而言，有些地域还未覆盖）。替代补偿机制将会是区分中国经济阶层的许多生活方式改善事项中的一项而已。从好的方面来看，随着中国经济腾飞，网络接入会深深地渗透入中国的版图及社会中。替代补偿机制在条件成熟的情况下，会为所有背景的人们提供又一个加入网络社群的动机。

（5）余下的问题

替代补偿机制还面临着其他挑战，其中最具威胁的，或许是欺骗系统的潜在可能性。例如，某人无休止地下载自己的歌曲来"伪造选票"，从而获得不正当的分配份额。这一问题及其他问题都并非中国所独有，而费舍尔和那坦内尔也已经对该问题有过长篇论述。[①] 一句话，尽管这一问题及其他问题对该系统提出了质疑，但有足够理由相信，这些问题即使无法一并被解决，也至少可以被降低到可被接受的水平。

5. 替代补偿机制与中国版权理论

尽管在许多方面，替代补偿机制可以是现行版权法律的替代品，但将该系统之潜在原理，与中国版权法律的目标相比又会如何？事实上，比起采取行动打击盗版，本文所预设的替代补偿机制将会更有助于推进中国版权法律的许多目标。正如合法市场的扩张，会使得音乐和电影产业投资新作品的创作一样，对盗版的有力打击行动，应当会有助于修复创作之激励机制，道理亦是如此。然而，中国版权理论包含强大的、深受社会主义理论影响的公共品含义。尽管在西方这一事实常被忽

---

① See William W. Fisher III, *Promises to Keep: Technology, Law, and the Future of Entertainment*, pp. 226-234; Neil W. Netanel, "Impose a Non-commercial Use Levy to Allow Free Peer-to-Peer File Sharing", pp. 55-57.

略，但由于其与"社会主义市场经济"相符合，至少在理论上说，社会主义仍然是中国版权理论的重要特征。即使假设广泛而有力的打击盗版是可行的，其也无法为推进中国版权法律和理论的这一元素提供帮助，也不可能提供替代补偿机制所承诺的带给创意作品的丰富多样性。

替代补偿机制将会在为创作提供经济激励，与在创意产业的发展中为国家提供可被接受的甚至是必要的角色两者之间，达到接近最理想状态的平衡。尽管许多西方国家对任何依靠政府介入多于依靠市场力量的系统都极为警惕，但纵观中国的历史，市场力量从未为创意提供过驱动。中国的不可思议且丰富多彩的艺术传统，是建立于获取的可能之上的。其允许人们通过对旧作品的重复使用，以及将旧作品作为开发新作品的组成部分来使用，从而使旧作历久弥新。这种传统并非建立在以防止非法获取为要务的版权制度上。也正基于此，盗版市场因而得以出现。国家在替代补偿机制中的角色，不需要也不应当过于具有干涉性。然而，国家可以承担这样一个值得赞赏的角色，即在确保尽可能多的市民能够获取极为丰富的创意作品的同时，确保那些作品的创作者因重要贡献而获得及时奖励。这样一个系统，会与中国过去和现在的价值和实践产生共鸣。

6. 替代补偿机制在中国的前景

中国会不会考虑采用替代补偿机制？很可能，它还未准备好在近期走这样一步险棋。互联网还很年轻，而当下对中国音乐和电影产业造成最严重损害的，是实体而非网络盗版。此外，许多观察者仍然对中国的版权执法最终会明显改进，以及市场会如同在大多数发达国家那样开始正常运作抱有希望。然而，如果版权执法在接下来的数年间无法取得显著改进，而宽带普及率又快速提升，从而导致文件分享程度足以逐渐损害从实体盗版中获得的任何利益，产业集团可能会开始寻求至少和

替代补偿机制一样激进的解决方案。如果另一个国家率先采用
了替代补偿机制，而中国能够对该系统的成败作出评估，考虑
到中国的互联网政策很大程度上受其他国家政策的影响，其很
可能也会采用替代补偿机制。①

我们有理由相信，替代补偿机制的想法将会在中国受到欢
迎。在私人采访中，一位上海市法制办公室的高级官员对这一
观点大为赞赏，称之为"处理盗版问题的真正先发制人的方
式，"② 而音乐出版界的高管认为，该系统可能是解决其产业
灾难的可行方案。一位很有影响力的中国版权学者私下称其为
解决盗版问题的极为有效的方案。③ 另一位著名的知识产权学
者薛虹，也于近期提出了类似的系统来解决网络盗版问题。她
将其描述为对中国版权所有人以及最终用户来说都是"双赢"
的主张：

> 如果版权所有人和最终用户能够从各自的角度去
> 看问题，我们就可以打造双赢的局面。例如，我们可
> 以通过允许用户进行版权作品合法拷贝交易之集体管
> 理组织，来设立强制许可系统。每一个通过点对点技
> 术进行作品交易的用户，会被要求支付小额的版税
> （如果用户人数以百万计的话，那么平均下来每个人
> 需要支付的版税将极低）。这一集体管理组织可以开
> 发一个软件，以与点对点系统相结合，其会在用户登

---

① See e. g. , "EU to Help China Build Modern Copyright System", *Xinhua News
Agency*, July 7, 2004, http://www.china.org.cn/english/international/100511.htm.
（"'中国对欧洲是如何适应网络社会所带来之挑战这一问题特别感兴趣，欧洲为
应对非法盗版找到了极佳的办法。'国家版权局版权司副司长刘杰说，'中国需要
采用这样的系统'。"）
② 2005 年 1 月 7 日的采访（作者已存档）。
③ 2005 年 1 月 12 日的采访（作者已存档）。

录时，要求其自动向该集体管理组织注册，并根据他
们对作品进行上传下载的总量（那些获得原作者许
可的作品，以及处于公共领域的作品将被排除在计算
外），支付一定额度的版税。有了这一系统，用户可
以以极低的价格进行作品交易，点对点服务提供商将
免于侵权责任之扰，而所有人的补偿得到了保证。为
何不一石二鸟呢？①

如果更多的学者、官员及娱乐界高管都愿意相信替代补偿
机制是可行的且能改变中国音乐和电影产业的命运，如果版权
执法条件仍停滞不前或者恶化，以及如果私人所有的在线内容
传播系统在这段过渡期内也并未取得多大的成就，中国最终认
真考虑采用替代补偿机制的一天将会到来。

五、结论

笔者在前言中指出，中国正在 20 世纪的实体盗版与 21 世
纪的普遍网络盗版阴霾交汇的十字路口踌躇不前。这一"旧"
与"新"的相交，带来了巨大的挑战及机会，且其也可被看
作中国改革的许多方面，包括知识产权规范发展在内的象征。
中国的盗版将持续被无数的"新"的和"旧"的文化、经济、
社会、科技及政治力量间的矛盾所塑造。中国正在发生的盗版
故事，反映了同时存在于这一"社会主义市场经济"转型期
中的社会主义与自由市场间的碰撞；体现了集体主义、国家中
心主义以及强调义务大于权利的传统政治和文化价值，与在中
国逐渐增加的，有关个人权利、财产权利以及知识产权的意识
之间的互动。在某种程度上，在中国发生的盗版故事，也验证

---

① 薛虹：《知识产权与电子商务》，法律出版社 2002 年版，第 367—368 页。

了这一事实,即旧时代中国的知识产权制度的发展,是伴随殖民主义和治外法权的。而当下中国的知识产权制度则并不太愿意让外国人利用其知识产权在中国市场上获得优势。这一故事也是关于社会的。这个社会一方面在被前所未有的经济发展所推进,消费者面临各式各样的娱乐方式和创新科技之诱惑,而另一方面,一个普通工人却仅依靠 100 美元的月薪过日子。

政府当下在反盗版战争中的路线,即通过慎重的改革、教育及依赖个人自我维权等方式,推行长期计划以改进知识产权保护,是无法解决盗版问题的。退一步讲,如果能解决问题的话,其也无法在很长时间内,有效地缓解版权所有人遇到的问题。事实上,在可靠的版权执法在中国成为现实前,中国娱乐产业很可能会转而寻求不依赖版权法律来产出收益的替代商业模式的帮助。很明显,在可预见的未来,中国政府的另一个关于版权执行的主要政策选择,即真实有效地打击盗版,是不太可能的。太多的政治性、制度性、经济性以及文化性障碍的存在,阻碍着版权执法的有效实现;而中国消费者对廉价音乐和电影的需求过于强烈。事实上,对于中国消费者来说,支持盗版贸易背后有着强有力的激励因素。盗版的价格仅为正版价格的零头,其为中国消费者提供了来自全世界的种类极其丰富的作品。中国的盗版消费者们累积了大量的音乐和电影库藏,而在不到 30 年前,这其中的许多作品还很有可能属于违禁内容。在某种意义上说,盗版产品代表了消费者的自由——盗版作品完全不受政府和企业干涉。这样一来,盗版产品在中国的吸引力,就与点对点内容分享所固有的免受他人干涉之自由对世界各地的其他人之吸引力相类似。

文化因素对盗版的影响深远。抄袭问题在中国较为常见,甚至在学术界中，包括法律学者在内都不能幸免。① 这类例子看起来揭示了一种现象：中国的许多人从理性角度所"知道"的版权保护对作者和社会所能带来的好处，与其深受文化影响的行为之间存在着脱节。版权所有人，特别是外国的版权所有人，必须现实地看待在中国减少盗版的前景。那些将所有的损失都归咎于中国盗版取代了其销量，并祈求重大短期改进的版权所有人，必须要降低其期望值。在民众缺乏对版权规范理解的中国，寻求法律解决方案，如同那些逐渐累积并导致了这一情况发生的多种因素一样，将会微妙而复杂，而且这一过程将会持续很长一段时间。

同时，当美国在给中国施压以改进版权执行时，许多来自本国的一致意见也在逐渐增多。该类观点严重质疑在网络时代，版权在多大程度上是有意义且合适的。② 美国宪法承诺，为了社会的进步而促进创新之目的，作者应当就其作品享有受限制之权利。③ 他们坚持认为，互联网带来了实现美国宪法中所铭刻的这一最初承诺的最佳历史机遇。出乎意料的是，在网

---

① See Tim Johnson, "In China, Faculty Plagiarism a 'National Scandal'", *Mercurynews. com*, Mar. 22, 2006, http：//www. mercurynews. com/mld/mercurynews/news/world/14161154. htm.

② See e. g. , William W. Fisher III, *Promises to Keep：Technology, Law and the Future of Entertainment* (该书提出了为了在网络上分享数字作品的替代补偿机制)；Lawrence Lessig, *The Future of Ideas*, 2001 (该书主张数字时代给公共领域带来了新的生命，因而也使得版权保护期限的剧变成为必然)；Jessica Litman, *Digital Copyright*, 2001 (在数字时代，应该修改版权法，以使其更好地与公众对版权议价之看法相符，因此，以金钱获利之目的复制受保护的作品将会是侵权，而为私人使用进行的复制则不然)。Andrew Kantor, "CyberSpeak—There's Little Right with Today's Copyright Laws", *USATODAY. com*, Nov. 19, 2004, http：//www. usatoday. com/tech/columnist/andrewkantor/2004-11-19-kantorx. htm. 作者指出，版权体系无法被修复，其需要以 21 世纪的想法以及在承认人们可以迅速且简单地对内容进行复制和传播的世界中，从头开始重建。与其借助律师、枪炮以及金钱［歌手沃伦·泽方（Warren Zevon）的版权所有的同名歌曲］与该理念战斗，不如让法律去接受该理念，并将那些作者愿意慷慨给予制作人的权利授予用户。Id.

③ 《美国宪法》第 1 条第 8 款第 8 项。

络可以提供前所未有的接触能力的时代，看起来无止境的版权扩张，通过将障碍延伸至公共接触上，在事实上阻碍而非促进了这一承诺的实现。最终而言，不论是过于广泛的版权保护还是盗版，都会对艺术创新造成威胁。

因此，正如大家所知道的那样，版权法可能未能在公众获取种类极其丰富且价钱合理的作品这一社会利益，与版权人基于创造性劳动获得补偿之间取得最佳平衡。在美国还在为界定版权在网络中的角色努力时，相对之下不太受本地传统媒体游说活动拖累的中国，却能够探索网络在打击实体盗版、发展其本地音乐和电影产业方面的潜能。互联网有可能成为使创作者及消费者更为亲密，同时又将盗版者排除在外的手段。为了开发互联网的这一前景，中国的民间企业及公共部门可能会为下一代传播补偿模式，即为创意作品提供广泛的接触机会和合理补偿、不依赖版权的新模式，作出巨大贡献。社会利益是中国版权法律的核心原则，而建立利用网络技术来激励其音乐和电影产业、促进创意作品丰富库藏的扩大、增进社会大众认同版权人权利的系统，中国社会将会自其中获益良多。虽然中国的音乐和电影产业的规模相对较小，且对中国经济的影响不大，但其在中国的发展进程中无疑扮演了重要角色。正如国家版权局的发言人所观察到的那样："猖獗的盗版损害了人民的创新能力，而一个没有创新能力的国家是一个没有希望的国家。"①

---

① "Officials, Entertainers Stage Events to Fight Piracy", *Xinhua News Agency*, Feb. 25, 2005, http://english.people.com.cn/200502/27/eng20050227_174806.html.（该文引用了王自强的话。）

源自戏仿的血案：美国知识产权以及对中国的民主理想的追求[*]

罗伯特·罗戈尔斯基

肯尼斯·贝森[**] 文

何天翔[***] 译

简目

---

[*] Robert S. Rogoyski & Kenneth Basin，"The Bloody Case That Started From a Parody：American Intellectual Property and the Pursuit of Democratic Ideals in Modern China"，16 *UCLA Ent. L. Rev.* 237（2009）．本文的翻译与出版已获得作者授权。

[**] 罗伯特·罗戈尔斯基，2005 年获得哈佛大学法律博士学位（J. D.），2008 年获得香港大学法律硕士学位（LL. M.）；现任美国加利福尼亚州司法部首席检察官办公室副总检察长。

肯尼斯·贝森，现任索尼影视娱乐股份有限公司索尼电影电视美国商业事务副总裁，哈佛大学法学院讲师。

[***] 何天翔，香港城市大学法律学院助理教授，荷兰马斯特里赫特大学知识产权法学博士、中国人民大学刑法学博士，主要研究方向为知识产权法、欧盟刑法。

"所谓自由，就是去参与，去传播，去互动。自由就是去影响以及反过来被影响的能力。自由就是去改变他人也被人改变的能力。"

——杰克·巴尔金（Jack M. Balkin）[1]

一、前言

2006 年，陈凯歌导演的电影《无极》反响不佳，中国视频博客写手胡戈在网络上发布一段名为《一个馒头引发的血案》（以下简称《馒头》）的视频，戏仿了该电影，由此他在中国一时声名鹊起。胡戈以"一则由一个馒头引发的血案的新闻报道"之形式，重新改编了陈凯歌的史诗巨作，并成功避开由陈凯歌所提起的侵权和诽谤之诉的威胁，由此开启了有关戏仿作品之社会角色的大辩论。[2] 但"恶搞"这种基于网络的有关电影与音乐的戏仿运动刚开始冒头，其就遭到了中国政

---

[1] 该文为巴尔金教授于 2004 年发表于《纽约大学法律评论》的一篇文章，"Digital Speech and Democratic Culture：A Theory of Freedom of Expression for the Information Society"，79 N. Y. U. L. Rev. 1（2004）。——译者注

[2] Wu Ni & Wen Chihua, "Rebel With a Mouse", *China Daily*, July 6, 2006, http://www.chinadaily.com.cn/china/2006-07/06/content _ 634463.htm（last visited Apr. 13, 2008）.

府的否定。根据新规定的要求，任何想要在互联网上发布短视频的人，都需要获得政府同意。① 其他的规定则要求，自原始版本改编而来的音乐都应提交至文化部，不管这些改动是否基于非商业性目的。②

以中国的新规定有碍言论自由为由，发表洋洋洒洒的长篇大论并不难。然而，受到新规定影响的《馒头》，以及许多其他"恶搞"类戏仿作品，并非全然是政治性的，它们不过是利用流行文化现象进行讽刺的作品而已。另外还有一种解释：与美国的版权法不同，中国的著作权法暂时还不承认戏仿是合理使用，而且可以说，中国政府发布新规定的目的是为了执行现有法律而已。尽管长期以来，美国都是坚定鼓励中国进行自由表达的一方，且中国著作权法的发展也深受美国的影响，但讽刺的是，现行的美国对外政策实际上对自由表达的发展起了反作用。

本文将论证：（1）中国的著作权法在保护版权作品的戏仿和其他转换性使用方面存在不足；（2）美国现行知识产权对外政策目标，与美国的民主理想与民主对外政策目标相冲突；（3）美国可以且应致力于推动中国著作权法的特定修正，以确保以民主思想为主导的知识产权政策纲领得以施行。第二部分会对中国著作权法中，戏仿及转换性使用的相关规定进行检验，并结合胡戈根据美国版权法的规定所可能得到的处理，来比较分析其在现行中国法下的处境。第三部分会检验美国有关知识产权的对外政策是如何与在中国发展更广泛的民主理念

① Jane MaCartney, "E Gao Ergo Parody", *Times Online*, Aug. 16, 2006, http://timescorrespondents. typepad. com/sinofile/2006/08/e. gao-ergo-paro. html （last visited Apr. 13, 2008）.

② Wu Jiao, "E'gao: Art Criticism or Evil?", *China Daily*, Jan. 22, 2007, http://www. chinadaily. com. cn/china/2007-01/22/content_ 788600. htm （last visited Apr. 13, 2008）.

这一目标直接冲突的。之后将会对三个议题进行评估：影响中国著作权法发展的主要政治进程；在中国现代著作权制度的起源中扮演中心角色的美国高压政策；美国行动与其"自由"和"民主"论调之间的讽刺性反差。第四部分主张与植根美国知识产权法的民主理想相符的、基于中国《著作权法》的"亲转换性使用"（pro-transformative）立场。第五部分会提出中国版权法律的具体修改建议，为使上述民主理想得以实现，美国应当尽力促成该修订。

二、转换性使用及其在中国法和美国法中的处理

（一）胡戈与短片文化在当代中国

2005 年 12 月，一位名为胡戈的上海独立视频制作人，花了 10 美元观看了广受赞誉的陈凯歌导演的新片《无极》。① 由于他觉得该电影十分平庸，而且又想锻炼自己的视频剪辑技术，针对该电影，胡戈用流行的拼贴手法制作了 20 分钟的名为《馒头》的戏仿作品，并通过网络发给了一些朋友。② 胡戈并没有意识到，他刚刚释放出一个十分强大的"病毒视频"。③ 这样的戏仿作品，通过"将故事本身转化为虚拟的法律侦查类电视节目"的方式，讽刺了陈凯歌的大制作史诗巨片，其下载量迅速上涨为全中国最高的短片之一，而胡戈也成了家喻

---

① Dexter Roberts, "A Chinese Blogger's Tale", *Business Week*, Mar. 2, 2006, http://www.businessweek.com/globalbiz/contentmar2006/gb20060302 _ 026709.htm (last visited Apr. 13, 2008).

② Id.

③ 参见维基百科有关"病毒视频"的解释，http://en.wikipedia.org/wiki-Niral-video（last visited Apr. 15, 2008）。["病毒视频这一术语，用于指代那些通过网络分享，特别是通过电邮、即时通消息（IM messages）、博客以及其他媒体分享网站的分享，获得了广泛人气的视频短片内容。"]

户晓的名字。① 作为回应，陈凯歌在2006年2月表示将会以诽谤和多重著作权侵权为由起诉胡戈。②

"短片文化"③ 通常指由独立网络用户制作和分享视频短片的行为，作品长度由几秒到数分钟不等。④ 胡戈制作的戏仿作品只是短片文化这一世界性现象中的一例。这些短片大概可分为三类。⑤ 第一类完全由家庭制作业余视频片段组成，它们可以是真人表演，也可以是动画，或者是两者的结合。⑥ 第二类包括所有的剪辑组合作品，它们将现存的视频及音频作品中的不同片段，依一个主题黏合。第三类包括自现有电影或公开播放的视频作品中节选而来的所有短片。

占有相当比例的第三类短片，已经引发了大量版权诉讼，而其在多大程度上违反了版权法通常是明确的。但这些短片并非独自存在，他们其实是短片制作与分享的共生社会生态系统的一部分。归属于第一类和第二类中的作品，展示了这种新媒介的创意潜能。一直以来，艺术家、音乐家及其他表达作品的创作者都是在改编前人想法，而"信息时代"的技术使得一般人参与这项活动变得更容易。尽管许多归属于第一类的"自产"短片完全是原创的，但也有许多并非如此。根据定义，第二类中的剪辑组合作品也不是原创。使用廉价录音录像设备及现成的剪辑软件，任何人都有可能创建被百万人观看的戏仿短片、动画短片或者剪辑组合视频，并成为下一个胡戈。然而，在对既有作品进行转换性使用的版权战场上，短片文化

---

① See Dexter Roberts, "A Chinese Blogger's Tale".
② Id.
③ See generally Michael Geist, "The Rise of Clip Culture Online", *BBC News*, http: // news. bbc. co. uk/l/hi/technology/4825140. stm (last visited Apr. 13, 2008).
④ See id.
⑤ Id.
⑥ Id.

并非特例。传统上多被认为是"衍生作品"的对版权作品的转换性使用，同样也是被关注的焦点；这些作品模糊了版权"所有者"与"使用者"的边界。这就通常会使双方有社会价值的创造性劳动之间发生直接冲突。中国的现代化及面向西方文化的开放所带来的许多创意表达形式，提出了许多与版权法及社会政策相关的难题。在音乐领域中，中国艺术家和音乐家在其作品中，常常使用数字及模拟采样的方法来创作新曲。就文学作品来说，外国作者创作的作品在中国也十分流行。例如，罗琳（J. K. Rowling）创作的《哈利·波特》系列的当地改编版。① 这些书籍与完全复制罗琳小说的作品之间存在区别：有些借鉴了中国民间传说，并使用哈利·波特的表现风格为背景，创作出全新的哈利·波特冒险故事②；而另外一些则以青少年实用性图书形式出现，其中引用了不同的哈利·波特作品以说明特定主题。③

（二）《一个馒头引发的血案》在中国著作权法下的处理

在《中华人民共和国著作权法》（以下简称《著作权法》）中，对既存作品的戏仿和其他转换性使用的法律地位并不明确。在大陆法系体制下，中国公布的案件对其他法庭来说没有太多指导性价值；此外，在现有公开判决中，案情与胡戈式戏仿作品相类似的例子也不存在。这说明这些作品前景不甚明朗。最基本的问题就是当下戏仿作品、短片及其他的转换性作品仅以《著作权法》的字面规定为依据。也就是说，法院会严格解读，或以一种效仿国外法理的方式解读相关的规定，其中弹性甚大。

---

① See Tim Wu, "Harry Potter and the International Order of Copyright", *Slate*, June 27, 2003, http://www.slate.com/id/2084960/ (last visited Apr. 14, 2008).

② See id.

③ 参见丁丁：《哈利·波特成长密码》，中国青年出版社2006年版。

根据 2001 年《著作权法》的规定，至少有六种途径来制约像《馒头》这样的转换性作品：第 10 条第 14 款的改编权；第 10 条第 6 款的发行权；第 10 条第 5 款的复制权；第 10 条的第 2 款、第 3 款以及第 4 款分别规定的署名权、修改权以及保护作品完整权等精神权利。① 相关的规定如下：

> 第 10 条：著作权包括下列人身权和财产权：
>
> （2）署名权，即表明作者身份，在作品上署名的权利；
>
> （3）修改权，即修改或者授权他人修改作品的权利；
>
> （4）保护作品完整权，即保护作品不受歪曲、篡改的权利；
>
> （5）复制权，即将作品制作一份或者多份的权利；
>
> （6）发行权，即以出售或者赠与方式向公众提供作品的原件或者复制件的权利；
>
> （14）改编权，即改变作品，创作出具有独创性的新作品的权利……②

一般来说，戏仿作品使用了原始作品中的可识别元素，并以其为平台来讽刺。因此，他人可以根据 2001 年《著作权法》第 10 条第 14 款的规定，将《馒头》这个作品描述为构成"具有独创性的新作品"的"改编"。在这个特定的例子中，基于第 10 条第 6 款的考量，胡戈复制了电影《无极》的

---

① 2001 年《著作权法》第 10 条。
② 同前。

部分内容，并在网上传播的这一事实是无可争辩的。尽管在讨论了第 10 条第 5 款的既有中国判例中，缺少与转换性视频作品中复制的实质性有关的评价，而且相关法条的规定也十分宽泛；但是《馒头》长达 20 分钟，且其中大多数片段均摘自电影《无极》是肯定的。尽管缺乏明确指引，但就《著作权法》来说，长达 20 分钟的复制很可能会是实质性的。① 如果中国将来欲借鉴西方版权制度有关实质性问题的法理，一句简单而且常被重复的格言就足以说明一切："值得复制的东西就值得保护"②，而反过来，侵权的门槛也可能会被设置得很低。

就精神权利来说，《馒头》没有将陈凯歌标注为其所"挪用"的电影片段的作者，因而就违反了 2001 年《著作权法》第 10 条第 2 款的规定。这方面的问题还比较好解决。然而，就其本质而言，《馒头》这样的转换性作品，会直接与版权所有人根据第 10 条第 3 款和第 4 款所享有的修改权和保护作品完整权发生冲突——戏仿作品就是依靠对某个作品进行"扭曲"，来表达自己观点的"改编"作品。

对转换性作品的作者来说，能够证明自己没有侵权的最后希望是《著作权法》第 22 条第 2 款。该条规定如下：

第 22 条：在下列情况下使用作品，可以不经著作权人许可，不向其支付报酬，但应当指明作者姓名、作品名称，并且不得侵犯著作权人依照本法享有的其他权利……

（2）为介绍、评论某一作品或者说明某一问题，

---

① 即使是仅仅复制了原始作品之很小部分的极短短片，在此规定下也同样面临着巨大风险。

② Peterson, J., "University of London Press, Ltd. v. University Tutorial Press, Ltd.", 2 Ch. 601 (1916).

在作品中适当引用他人已经发表的作品。①

在《著作权法》中，这一款规定的真实意思也不明确。关键的词语可能是"适当"，他人可能会辩称，其戏仿作品"评论"了原作品。而在该戏仿作品中，"适当"引用可能需要涵盖整个基础作品，或是其中的实质性部分。然而，这种逻辑推理有两个问题：第一，这种对"适当"的定义方式，会对"引用"一词造成毁灭性后果，我们很难说复制整个作品的行为能被称为"引用"；第二，自该条版权例外所用之措辞（包括翻译版本）来看，我们可以推断出的明显结果是，该条规定的起草者在起草时所考量的是不同的引用媒介，即对报纸、书籍或其他印刷媒体上的内容的文本的引用。从这个角度看，对原作品进行大量使用很明显是违法的。如果中国法院将何为"适当"的看法，限制在与新闻业的实践相类似的引用概念上，届时可能只有引用极少部分内容的做法才会是适当的。此外，特别是考虑到《著作权法》第10条对精神权利的积极保护，允许以评论为目的的"引用"并不表明对该原始内容进行编辑也在许可范围内。正如学者所说的那样，"中国的精神权利已经被本能地提升到神圣而不可侵犯的位置；（法律）……无例外地将精神权利授予作者，其仅受到极少的限制，而且有时会优先于经济权利"②。

如同大部分戏仿作品一样，《馒头》极度依赖其所利用的既存作品来表达自己的观点。虽然《馒头》这一纠纷最终并没有对簿公堂，但如果我们以狭义的角度对第22条第2款进

---

① 2001 年《著作权法》第 22 条。

② He Zhonglin, "Author's Moral Rights in U. K. and China", *Judical Protection of IPR In China*, Jan. 14, 2002, http://www.chinaiprlaw.com/english/forum/forum22.htm (last visited Apr. 13, 2008).

行可能的解读，《馒头》很可能侵犯了他人的版权。以同样的衡量标准，音乐家的采样及转化性文学作品等其他对在先作品的转换性使用，也同样会较易受到版权诉讼威胁，因为从传统上看，它们并没有评论其所利用的作品。如果动用到《著作权法》，那么可能仅有极少数（如果有的话）转换性作品能得以幸免。

（三）《一个馒头引发的血案》在美国著作权法下的处理

虽然《馒头》在中国《著作权法》下可能境遇不佳，但在美国版权制度下，《馒头》的境遇却很可能会有实质性提升。与大多数外国法域相比，美国在保护戏仿作品方面的态度一直都十分明确和正面。美国《版权法》将"以批评、评论、新闻报道、教学（包括用于课堂的多件复制品）、学术或研究为目的"的某些对版权作品的使用，作为"合理使用"来保护。[①] 决定一项使用是否"合理"，需要检验以下四个因素："（1）使用的目的与性质，包括使用是否具有商业性质，或是否为了非营利的教育目的；（2）版权作品的性质；（3）同整个版权作品相比，所使用部分的数量和内容的实质性；（4）这种使用对版权作品的潜在市场或价值所产生的影响。"[②] "以……为目的"这样的语言是宽泛且包容的，而且对"批评"的明确提及，表明戏仿作品也在可被允许的范围内。事实上，美国最高法院已清楚表明，不论他人如何评判该戏仿作品的质量好坏[③]，其都在《版权法》的"合理使用"范围内。例如，法院就曾认定，一个名为"2 Live Crew"的组合于 1989 年对

---

① 17 U. S. C. § 107（2007）.

② Id.

③ Campbell v. Acuff-Rose Music, Inc., 510 U. S. 569, 582（1994）.（"为了保护戏仿作品而提起的合理使用抗辩中的先决问题就是，特定的戏仿性质是否可以为他人所感知。而超出这点的有关该戏仿作品之品位究竟是好是坏的问题，则不会也不应该对合理使用造成影响。"）

罗伊·奥比森（Roy Orbison）等人创作的名为《漂亮女人》（*Oh，Pretty Woman*）的歌曲的讽刺受到美国《版权法》的保护。在作出此判决的同时，法院也表明，戏仿的有效性有赖于"通过歪曲地模仿，对其目标进行易于识别地影射"，这也就为大量复制原作品内容的做法提供了正当化理由。①

根据以上列举的四个因素来看，《馒头》看起来像是合理使用的简单案例。首先，从使用的目的和性质来看，它是批判性的且带有戏仿性质；而且即使胡戈把作品传上互联网，也没有任何期望或能力从中谋取商业利益。因此，第一项因素很可能对胡戈有利。第二，电影作品所具有的高度创意性会对陈凯歌导演有利。第三，虽然胡戈在创作视频的过程中使用了陈凯歌作品中的相当部分，美国最高法院已经明确承认，有效的戏仿就要求进行相对大量的复制。② 此外，被胡戈复制的属于电影《无极》的部分，对原始影片来说所占篇幅不大（不包含音频）。总体来看，这一因素看起来对胡戈有利。第四，戏仿的网络喜剧短片，可能并不会取代或占领陈凯歌长篇史诗巨制的市场。并且戏仿作品对原始作品的名声所造成的任何损害，在美国《版权法》看来，都属于不可辨识的损害。③ 因此，第四个因素也同样偏向胡戈一方。总体来说，均衡合理使用分析中的因素来看，胡戈的作品明显是受美国《版权法》保护的。

三、知识产权：美国政策与美国理想的冲突

（一）美国对外政策：追求自由

虽然奥巴马政府还尚未发展出自己的强力对外政策特征，

---

① Id. p. 588.

② Id. pp. 587-589.

③ Id. pp. 591-592. （"当一个致命的戏仿作品，如一个尖刻的戏剧评论扼杀了外部对原著的需求时，这并不会造成可被《版权法》所辨识的伤害。"）

但外界完全可认为，即使不是在实践中，至少在措辞上，近年来美国对外政策的口号一直是"自由"（freedom）。在乔治·布什政府的意识形态中，自由及传播它的重要性占据了显著位置。在他的第二次就职演说中，布什发表声明称其"对自由的最终胜利有着完全的信心，因为自由是人类永恒的希望，是黑暗中的明灯，是灵魂的期盼"①。《华盛顿邮报》注意到，布什在2004年国情咨文演说中共8次使用了"自由"一词，2005年的演说中共使用该词21次，而2006年则是17次；在同样的演说中，该报算出布什对"独立自主"（liberty）一词的使用次数，2004年是1次，2005年是7次，而2006年则是4次。②

与此修辞技巧相一致的是，布什政府下的美国经济政策的本质特征，就是利用贸易政策来鼓励并奖励那些以政治经济自由为特征的政权。布什总统在2001年4月的有关支持美洲自由贸易区的演讲中称，"开放贸易会有助于增强自由的习惯，从长远来看其会维护民主制度"③。此外，美国政府于2004年1月设立了世纪挑战账户（MCA），这是一个由某政府公司运营的发展基金，其会根据良治、经济自由及民生投资等指标对接受国提供帮助。④ 通过将发展援助与对民事自由、政治权利及法治的尊重等因素相连，MCA一边寻求其投资的效能与可持续性，一边试图鼓励发展中国家去改进他们在上述因素中的

---

① See "There is No Justice Without Freedom", *Washington Post*, Jan. 21, 2005, at A24, http://www.washingtonpost.com/wp-dyn/articles/A23747-2005Jan20.html (last visited Mar. 24, 2009).

② See "Lowered Expectations Reflect Political and Fiscal Realities", *Washington Post*, Feb. 1, 2006, at A01, http://www.washingtonpost.comlwp-dyn/contentlarticle/2006/01/31/AR2006013101620.html.

③ George W. Bush, "Remarks to the Organization of American States" (Apr. 17, 2001), http://www.encyclopedia.com/doc/lG1-75479704.html (last visited Apr. 12, 2008).

④ Millennium Challenge Corporation, "About MCC", MCC.gov, http://www.mcc.gov/about/index.php (last visited Apr. 12, 2008).

排名以获取受援助资格。

就过去而言，美国的外贸政策，特别是针对中国的外贸政策，都一直试图通过使用贸易杠杆，来促进中国的发展。① 直到 2000 年，美国还在逐年审查中国的最惠国贸易地位，并以此作为杠杆，来改进中国对标准的遵守情况。② 在美国通过立法法案结束了这一做法后，至少一位参议员表示，停止逐年审查中国贸易地位，将会实际上有助于美国在中国推动发展所作出的努力。③ 当两国就经济目标与民主和人权问题间达成妥协时，这些妥协通常会被"民主会理所当然地紧随经济稳定与繁荣而来"这样一种信仰合理化。④ 同时，当美国在布什政府主导下，就使用军事和经济资源去输出民主理想的做法采取更

---

① See W. Gary Vause, "Tibet to Tiananmen: Chinese Human Rights and the United States Foreign Policy", 42 *Vand. L. Rev.* 1575, 1576 (1989).

② See Normal Trade Relations for the People's Republic of China Act, Pub. L. No. 106-286, 114 Stat. 880 (2000). （说明了美国停止逐年审查中国的贸易地位这一事实。）

③ See 146 Cong. Rec. S8729 (daily ed. Sept. 19, 2000) (Sen. Harkin 的陈述) ["就中国的例子来说，我坚信给予永久正常贸易关系（PNTR）并不会阻碍我们所付出的努力，事实上我相信，这样反而会为该努力提供帮助。" cited in John H. Goolsby, "Is the Garment Industry Trying to Pull the Wool Over Your Eyes? The Need for Open Communication to Promote Labor Rights in China", 19 *Law & Ineq.* 193, 195 n. 10 (2001)]。然而，值得注意的是，大部分的观察者认为，美国在政策上的变动是基于对经济利益的让步，且这样会阻碍达成有意义的目标。See e. g., Goolsby, p. 195; Jill M. Brannelly, "Note: "The United States' Grant of Permanent Normal Trade Status to China: A Recipe for Tragedy or Transformation?", 25 *Suffolk Transnat'l L. Rev.* 565, 585 (2002).

④ See Charles Li, "Internet Content Control in China", 8 *Int'l J. Comm. L. & Pol'y* 1 (2004); Carol M. Rose, "Privatization-The Road to Democracy?", 50 *St. Louis U. L. J.* 691, 706 (2006) ["随着中国逐渐将以前的国有企业转为私营企业，西方国家仍在持续地呼应苏格兰启蒙哲学家詹姆斯·斯图亚特（James Steuart）在 200 年前曾表达的期望：更为自由的市场会使市民更具有权利意识，并最终会迫使统治者为民主进程打开更多呼吸空间"]; Lan Cao, "The Cat That Catches Mice: China's Challenge to the Dominant Privatization Model", 21 *Brooklyn J. Int'l L.* 97, 101 (1995) (该文指出了中国的经济成功，对有关经济成功与私有化/民主化相辅相成这一预设"提出了重大挑战")。See also George W. Bush, "Remarks to the Organization of American States".

为激进的态度时，来自中国的观察者无疑也认识到了美国这种以自由为导向的对外政策焦点。就这点而言，2003 年入侵伊拉克的最终辩护就是很好的例子:[①] "中国学者们强调了布什信条（Bush Doctrine）与克林顿总统的对外政策的一脉相承性，并把布什信条看作美国的后冷战时期大战略的巅峰与成熟的标志。"[②]

美国通过官方政府声明来对中国施加压力。正如主管民主、人权及劳工的时任助理国务卿克拉纳（Lorne Craner）于 2004 年 2 月所称:

> 我们坚持的基本信念，就是自由比压迫好，独立自主优于专制，法治优于强权管理，以及对人权的尊重胜于对个体的霸凌。正如布什总统在去年 11 月时所说，"我们对民主的承诺正在受到考验。那里的自由存在着不足，且不完善。
>
> 民主的国家更有可能保证和平、遏制侵略、扩大自由市场、促进经济发展、打击国际恐怖主义与犯罪、负责任地统治、维护人权以及基本自由、避免人为的人道主义危机，并改善人类健康……美国政府会继续将人权及民主，置于我们与中国之间关系的核心位置。我们不能袖手旁观，并期待仅靠市场力量及贸

---

① 尽管美国 2003 年入侵伊拉克的行动，最初是以伊拉克存在大规模毁灭性武器为由，并基于稳定中东局势的需要。但随后其重组了该行动，将伊拉克建成自由前哨站。许多观察家认为，这才是布什政府动用战争自始至终的潜在动机。See Orlando Patterson, "God's Gift?", *N. Y. Times*, Dec. 19, 2006, at A33.

② Zhiyuan Cui, "Comparative Visions of Global Public Order (Part I): The Bush Doctrine and Neoconservatism: A Chinese Perspective", 46 *Harv. Int'l L. J.* 403, 404 (2005).

易就可以促成政治自由和法治。①

（二）美国知识产权政策：对金钱的追求

虽然在当代美国意识形态以及对外政策中，"自由"这一概念有着突出地位，然而，另外一个词却可更好地形容美国在知识产权领域的对外政策，即"金钱"。

1. 1980 年代和 1990 年代

美国主导的自上而下的压力，一直是推动现代中国著作权法发展的引导力量。这种推动方式主要着眼于美国的经济及贸易利益，却并没有考虑到保护戏仿作品等此类作品的社会利益。正如莫萨（Andrew Mertha）指出的那样："中国的第一部著作权法律诞生于外国压力下，结果根据中国的著作权法，外国人却享有比中国本国国民更大的法律保护。"② 就美国贸易代表而言，其不仅是一系列明显非外交性的③、旨在保护美国产品进入中国市场却常常致使中美关系其他方面受损的谈判的一部分，也一直是该压力的主要来源。④ 而美国贸易代表的立场则反过来很大程度上受到知识产权贸易组织，特别是版权密集型产业游说活动的影响。⑤ 这些产业在推动美国对华政策

---

① U. S. State Department, "Craner Says China Must Meet International Human Rights Norms", *USINFO*, Feb. 3, 2004, http：//usinfo. org/wf-archive/2004/040203/epf204. html（last visited Oct. 22, 2008）.

② Andrew C. Mertha, *Politics of Piracy：Intellectual Property in Contemporary China*, Cornell University Press, 2007, pp. 118-119.

③ Andrew C. Mertha, *Politics of Piracy：Intellectual Property In Contemporary China*, p. 36.（"事实上，由美国贸易代表主导的贸易谈判，以特别缺乏约束为传统特征：拍桌子、大喊大叫以及谈判言辞犀利全都是整个进程的不可或缺部分。"）

④ Id.（"美国国务院的官员们抱怨，美国贸易代表处表面上为了有限、狭隘、与地方商业相关的目标，肆意践踏他们与美国贸易伙伴之间精心打造的双边关系。许多中国人对此也表示赞成。"）

⑤ Id. pp. 59-60.

时，秉持着单一目标，即改善市场准入并减少盗版以增加其盈利能力。特别是在 1990 年代，美国持续不断地就美国产品在中国的知识产权保护不足，与中国产生争端。其以"一系列经济制裁、贸易战争、不更新最惠国待遇……及反对加入世界贸易组织"来威胁中国。① 这些威胁导致了一系列"中国政府的妥协及（数个）知识产权协议的签订"②。然而，它们也导致了中国全体公民与政府对各式美国对外政策压力的敌意的增加。③

2. 1990 年代之后

尽管并非有意为之，在 1980 年代到 1990 年代之间，就戏仿等涉及表达自由的知识产权原则来说，美国为影响中国知识产权政策所付出的努力，对中国所持立场可能造成的影响，是很不明确甚至是有害的。为了与这一实践相协调，美国近期许多举措，都未能将知识产权规范限制言论自由这一主题引入同中国的对话中。

2005 年 5 月，随着中国成为美国的第三大贸易伙伴，美国国务院称中国的仿冒与盗版形势已"失控"。其再次威胁称，如果中国无法为美国的知识产权提供更全面的保护，美国将向 WTO 提起诉讼。④ 自那时算来，美国事实上已经向中国发起了两次 WTO 争端诉讼，对中国的与版权密集型产业的产品进口及分销有关的限制性政策提出抗议，并宣称中国未能保

① Peter K. Yu, "From Pirates to Partners: Protecting Intellectual Property in China in the Twenty-First Century", 50 *Am. U. L. Rev.* 131, 133 (2000).

② Id.

③ Id. pp. 133-134.

④ U. S. State Department, "China Should Take Tougher Stance Against IPR Piracy, Wayne Says", *USINFO*, May 31, 2005, http: //usinfo. org/wf-archive/ 2005/050531/epf2O7. htm (last visited Mar. 26, 2009).

护美国的知识产权产品免受盗版的侵害。① 与此相同，当中国国家主席胡锦涛于 2006 年 4 月访问白宫时，有关美国知识产权在中国市场上的准入问题，以及有关知识产权保护问题的讨论占据了大部分议程。在白宫南草坪前，布什称赞了中国的"加强知识产权执法……的承诺"②。然而，美国的这些控诉及称赞缺少了有关这些政策对中国的戏仿、自由表达及更为宽泛的民主自由等概念的关注。

3. 当今美国战略的糟糕结果

今日美国对外政策的努力，在很大程度上依靠通过运用《与贸易有关的知识产权协定》（TRIPS 协定）来施压，迄今为止，这种做法在朝向美国的经济目标迈进方面已取得了一些明显进展。虽然美国人将中国称为知识产权盗版的"西部大荒野"，但是中国的《著作权法》却明确承诺，会对版权作品给予有力保护。此外，历经多年奋斗，中国最终取得了 WTO 成员之资格。WTO 的这一许诺，已足以推动中国去施行被期待已久的有关版权、商标、专利和商业秘密保护的改革。这一系列改革，将会引领中国进入符合 TRIPS 协定的轨道，并大幅度地促使中国法律与大多数其他发达国家的法律相协调。③ 至少从理论上（如果不是从实际上）来说，美国既有的政策成功地催生出了为版权作品提供基本保护的中国法律制度，同时

---

① Brooks Bolek, "U. S. Asks WTO for China Piracy Panel", *Hollywoodreporter. Com*, Oct. 12, 2007, http: //www. hollywoodreporter. com/hr/content-displaybusiness/ news/e3i696e0b26ea44411fe4ca15093fac931c（last visited Apr. 13, 2008）.

② Office of the Press Secretary, "President Bush and President Hu of People's Republic of China Participate in Arrival Ceremony", *U. S. White House*, Apr. 20, 2006, http: //georgewbush-whitehouse. archives. gov/news/ releases/2006/04/20060420. html （last visited Mar. 26, 2009）.

③ See Marisa Anne Pagnattaro, " 'The Google Challenge': Enforcement of Non-compete and Trade Secret Agreements for Employees Working in China ", 44 *Am. Bus. L. J.* 603, 616（2007）.

也有助于保护美国主要版权密集型产业的经济利益。然而，在寻求这些经济效益的同时，美国也帮助中国巩固了其长期以来利用法律来管制表达以限制民主参与的做法。

回顾旧中国对未经许可的复制行为进行控制的努力，并非基于保护艺术的理论基础。更准确地说，其是作为实现自上而下控制的方法而存在的。对复制的限制就催生出国家对日历及年鉴等关键素材的垄断。长期以来，中国皇帝都主张自己是人与自然间的纽带，上述限制又为这种主张提供支持。① 也正是同样的法律，保护了那些经常私下参与印刷活动的高级政府官员。② 除了保留这些垄断特权外，出版前审查也使中国的封建皇室有机会来审查"异端"素材并对这类出版物进行封锁。③ 然而明显的是，这一体系很少会为正常作品的个体创作者的利益而启动。④ 总而言之，"限制擅自复制图书的理念，最初并非来自'该类作品内容是作者的财产'之信仰，而是起因于皇室为出版者们提供激励，使其不去出版'异端'出版物的愿望"⑤。而当之后的西方体制以与对抗个人和国家的私人财产权利有关的信念，为这一基本原理提供补充时，这一概念却未能在中国独立发展起来。

中国这种将版权修改作为意识控制之工具的做法主宰了整个 20 世纪。在中华民国时期，为了获得版权保护，书籍、报纸及其他创意性作品必须通过内政部或者中央宣传部的检查，

---

① William P. Alford, "Don't Stop Thinking About... Yesterday: Why There Was No Indigenous Counterpart to Intellectual Property Law in Imperial China", 7 *J. Chinese L.* 3, 12 (1993).

② Id.

③ Id. p. 13.

④ Id. p. 14.

⑤ Id. p. 18.

以确保它们不会涉及"国民党的原则或事务"①。即使是那些对获得版权保护没有兴趣的作者,如果在没有获得许可的情况下出版该类作品,也要受到严厉处罚。② 虽然设立了意识形态控制系统,但是国民政府实际上并未为保护作者及艺术家的权利作出多少贡献。③ 而其后的中华人民共和国政府在版权改革方面的进一步努力,同样也被政府的利益追求所削弱,政府出于维护其自身意识形态正统方面的考量,要比保护艺术家权益的欲望更为强烈。正如安守廉所指出的:"虽然中国政府以一种积极的态度,在为进一步推动民众遵守知识产权法而努力,但其已经被另一种同步努力所压倒,即更为全力以赴,以重塑国家对思想流动的高度直接控制。"④

鉴于中国本土解决知识产权问题的方案有着维护自身意识形态的强烈需求,戏仿作品这种天生带有强大颠覆性潜能的艺术形式,历来不受本土法律青睐和保护也就不足为奇了。然而,在20世纪80年代初的改革开放时期,中国睁开了双眼,在世界上为其全面改革的探索寻找灵感。正是在这一时期,美国首次有机会在中国把促进自由与民主理想的知识产权推上议程,而这一机会却被白白浪费了。美国将焦点集中于设立西方式的版权制度,以保护美国流行音乐唱片及类似产品在中国市场上的销量。这就可能催生出一个对戏仿及讽刺(也是根据第一修正案得到了宪法性保护的表达形式)等事物之保护有所缺失的"现代"版权制度。此外,中国政府也感到,为了保护西方式版

---

① William P. Alford, *To Steal a Book Is an Elegant Offense*: *Intellectual Property Law in Chinese Civilization*, p. 51.

② Id.

③ Id. p. 52. ("尽管有着这一系列为实现其法律'现代化'而作出的百般努力,但从中外观察者的描述看来,在国民党政府统治期间,中国的实践并没有得到多少改变。")

④ Id. p. 92.

权制度，不得不采用如要求平台网站必须获得运营许可，以及要求上传短片及改编音乐必须获得政府许可等政策。①

在中国政府对"恶搞"进行回应的情况下，版权保护的过度扩张对言论自由造成的损害十分明显。从美国人的角度来看，要求戏仿作品的创作需要获得政府批准这一做法所带来的冷却效应，并不需要多少理论阐释。然而，该种限制可能会严重威胁充满自由表达的文化空间。中国公民在应对这种危机方面，缺乏历史基础或经验；也正因为如此，有关这类政策的公开反对声音也一直较为有限。

因此，看来美国完全基于经济目标而不顾其他的知识产权的一元化对外政策，为在历届中国相关制度中长期保留反表达、反民主的不良特征作出了贡献。美国不仅错过了通过其知识产权政策促进所谓的"自由"与"民主"的大好机会，还为中国的控制机制这一传统强项增加了助力。

四、允许转换性使用之政策的好处

（一）亲转换性使用政策与民主理想之间的关系

法条文本与冷却效应是十分重要的，它们使得文本和理论领域与我们的日常生活相关联。可是，他人可能会被诱导，从而以质疑的眼光看待中国的"恶搞"现象或者美国的 YouTube 短片，并提出以下问题：我们是否真的需要与政治无关的戏仿短片？我们是否真的需要从那些为回应《巧克力雨》（*Chocolate Rain*）② 的视频解说中获得乐趣？从恰当的角度来看，答案应当毫无疑问是

---

① See Jane MaCartney，"E'gao Ergo Parody"；Wu Jiao，"E'gao：Art Criticism or Evil？"。

② See YouTube. com：Tay Zonday，*Chocolate Rain* Music Video（Tay Zonday 2007），http：//www. youtube. com/watch？v = EwTZ2xpQwpA（last visited Oct. 22，2008）。

肯定的。总体来说，短片文化以及其所体现的公共参与，将我们的日常生活的一切转化为民主，这些正是使我们的民主得以实现的文化表达及政治表达。

文化使得我们定义"自我"的概念成为可能，也是我们与他人所有互动之基础。[①] 正如杰克·巴尔金教授所解释的，从广义上来说，民主"远不只是一套解决争议的程序，而是社会生活的一项特征以及社会组织的一种形式"。[②] 因此，民主文化以自由表达和民主参与为特征，其不仅存在于民主治理的正式组织结构中，也存在于日常随处可见的文化创意与表达之中：[③]

> 民主文化之所以有价值，就在于它给予了普通人公平的机会，使其得以参与到那种塑造他们自身，并成为他们自身一部分的意义建构过程的创造与发展中；民主文化之所以有价值，就因为其给予了普通人机会，使其得以在反过来孕育了他们的文化力的进步和发展中发言……当人们充满创意，当他们以旧的事物为基础创作出新的事物时，当他们产出自身的文化时，他们就行使并表现了自身的自由，他们就是自由的人。[④]

尽管长期以来，文化生产都不缺乏人们的参与，但数字技术特别是互联网时代的到来，使得民主生活的这个方面变得更重要。[⑤] 广播与电视等大众媒体技术，宣告了"少数有能力获取

---

① Jack M. Balkin, "Digital Speech and Democratic Culture: A Theory of Freedom of Expression for the Information Society", 79 *N. Y. U. L. Rev.* 1, 32-35 (2004).

② Id. p. 32.

③ See id. pp. 32-35.

④ Id. p. 33.

⑤ Id. p. 35.

基础设施的发言者可以在瞬间将消息发送至百万人"的时代的到来。互联网则进一步打破了大众传播与大众参与的屏障，使任何拥有电脑的人，都有能力尝试去吸引全世界的注意。越来越多本来就有能力获取大众媒体的发言者转向互联网；可最为重要的是，互联网建立了互动的空间。在这一空间里，有关专长及专业地位的传统概念，要让位于消息本身所引发的共振。

例如，在 2008 年美国总统初选竞争中，唱片艺人威尔（will. i. am）在互联网上发布了一段名为《是的，我们可以》（*Yes We Can*）的视频。① 该短片从本质上而言，是"杂糅"的音乐视频，其从民主党总统候选人奥巴马的演讲中抽取文本录音，并为其谱曲。尽管作为美国流行音乐组合黑眼豆豆（The Black Eyed Peas）的成员之一，威尔已是知名唱片艺人，因而他有能力接触更多大众媒体的传统渠道，该短片却为他提供了独特的有利形式，使其可以直接接触到一大批听众。该短片的反响非常巨大。上千万人观看了原始短片，传统媒体也很快地捕捉到这一热点，其最终成为第一个获得艾美奖的网络短片。② 接着很快出现了一连串相呼应的短片，其中包括许多政治评论短片，它们采用原始影片的信息③及所有的戏仿形式制

---

① YouTube. com：will. i. am, *Yes We Can* Music Video（will. i. am and Mike Jurkovac 2008），http：//www. youtube. com/watch? v = jjXyqcx-mYY（last visited Oct. 16, 2008）.

② "will. i. am's 'Yes We Can' Song Video Awarded Emmy（R）for New Approaches in Daytime Entertainment"，*Reuters*，June 16, 2008，http：//www. reuters. com/article/pressRelease/idUS146320 + 16-Jun-2008 + MW20080616（last visited Oct. 16, 2008）.

③ See e. g.，YouTube. com：*john. he. is* Music Video,（The Public Service Administration 2008），http：//www. youtube. com/watch? v = 3gwqEneBKUs（last visited Oct. 16, 2008）. ［其将原始的影片转换成攻击民主党总统候选人约翰·麦凯恩（John McCain）的短片。］

作而成。① 总体来说，对于获取与参与的总和力量而言，这一现象仅仅是其中的一例而已。这种参与性的大众交换跨越了地理边界，只有最强烈、最有趣及最有才的声音才能够一炮而红。

虽然在互联网诞生前，人类历史所经过的漫长岁月已经证明了我们可以在没有《馒头》《是的，我们可以》以及同类短片文化的情况下生存，但互联网时代已为公众参与文化的塑造开辟了新纪元，而这一公众参与文化的塑造，正是民主文化的组成部分，因而也是民主社会生活的日常实践。关键是，这些影响了我们的日常印象和互动，也告知我们就公民参与作出的选择。因此，它们在民主治理中担任着重要角色。当与合适的法律制度相结合后，民主社会就可以在授权个体参与到周遭文化中去的同时，实现对专业内容创作者的经济利益与激励之保护。这样的话，社会的核心价值、法律制度及公共实践就可以联合一致对民主产生巩固效果。

但是，"防火墙"可以阻挡或者过滤互联网这一传播信息的"管道"，而那些可以传播不同的公共意见的大众媒体，也可能受制于政府。实际上，对解决个体、企业及政府间的争议来说，不合格的法律制度可能会变成沉重的羁绊，不但仅服务于企业经济利益与稳固的政府政治利益，还会将个体降低为文化以及政治产品的被动消费者。

正是在这种方式下，美国对中国的知识产权政策也就不仅脱离了其再三重复的"传播自由"的对外政治政策目标，还可能阻碍该目标的实现。美国对版权保护性措施的这种有缺陷

---

① See e. g. , YouTube. com：*Three Little Words*：*I Like Turtles* Video（Barely Political 2008），http：//www. youtube. com/watch？v = XA2Z9fVRohk（last visited Oct. 16, 2008）. 虽然看起来与威尔的音乐视频想表达的信息并无关系，这个短片可被归为嘲弄原始影片的"严肃性"的正式戏仿作品。

的坚持意味着，那些重要的版权保护例外（如有着强大民主影响的转换性使用）被忽略了，并最终被完全遗忘。远离参与的每一步，以及被法律制度排除的每种表达方式，都代表了与公共参与的理想及最终的民主治理的偏离。然而，历史向我们证明了政治压力的确可以产出有力的结果。如果美国在其知识产权影响上单纯一点的话，对中国施压以敦促其改革自身的法律体系，就有可能会导致有社会积极意义之变化的出现。

到目前为止，美国就知识产权问题对中国的态度，一直建立在将本国知识产权企业的商品出口至中国的兴趣上。然而，如果他们真心诚意地对推动发展中国家的言论自由与民主化有兴趣，美国与其西方盟友就必须致力于出口"价值"而不应当仅仅限于商品，并且应当采用一种在实用及思想上保持一致性的方式而为之。保护戏仿行为在美国所依据的主要是合理使用原则，而该原则被认为是宪法第一修正案检验《版权法》的关键。只有通过该原则，才能在知识产权的竞技场中辨认出言论自由这一至关重要的美国价值。① 改变美国的策略，在中国的《著作权法》中强调有力保护戏仿和转换性使用，代表着朝向推动中国的自由表达迈进的有意义的一步。例如，那坦内尔（Neil Netanel）就曾建言称，在威权体制中发展民主，在新生的民主体系中巩固民主，以及在较为成熟的民主国家中增进民主，版权法是能起作用的。② 那坦内尔主张，成熟的民主国家应当为戏仿行为留有可靠的空间："通过允许……对文化符号进行的那些高度衍生但又颠覆性的重述［如对米老鼠进行的反文化戏仿，或者在美国一些内陆城市发生的有关'黑人版巴特·辛普森'（Black Bart Simpson）运动衫的非法

① See Campbell v. Acuff-Rose Music, Inc., 510 U. S. 569, 583 (1994).

② See generally Neil Netanel, "Asserting Copyright's Democratic Principles in the Global Arena", 51 *Vand. L. Rev.* 217 (1998).

制售现象], 版权法会推进表达多样性的目标, 并且至少在某种程度上, 为放松先进民主国家媒体集团对公共讨论的控制提供帮助。"① 这一论点, 在发展中国家的适用同样显著, 如中国已经采用版权措施, 来突破国家在此领域的垄断。

争议中的这类作品(一般是戏仿、短片文化及转换性改编)在协助中国发展民主文化方面有着巨大潜能。从某个层面说, 这一发展可以采用社会批评与评论的形式。纵使陈凯歌可能因《馒头》对《无极》造成的"歪曲"感到不满, 然而"使作者生气的东西也正是作者最不可能去写的东西, 也因此常常就是版权法允许的东西"②。中国《著作权法》对戏仿的完全排除, 就有可能堵塞公众参与渠道, 而这一渠道已经对激发新兴大众, 特别是中国年轻人的意识觉醒提供帮助。四川省成都市社会科学院的社会观察者罗明指出: "创作戏仿视频(对中国青少年来说)是证明自我并创设亚文化的声明, 是对现实表达反抗的有效方式。"③ 正如北京大学学生王雄军(音译)告诉《中国日报》的记者的那样, "它是人们解构热点问题的一种媒介。它是有趣的精神追求"。④ 转换性表达渠道允许普通的中国公民去挪用并民主化各自心中的文化标杆。这也就鼓励了文化参与, 其对"公平且富有吸引力的社会"的发展至关重要。⑤

这种大众意识觉醒, 有着扩张并超出单纯文化事项限制, 以及转化为迅速发展的政治意识觉醒甚至政治实践主义的潜

---

① Id. p. 278.

② Tim Wu, "Harry Potter and the International Order of Copyright".

③ See Wu Ni & Wen Chihua, "Rebel With a Mouse".

④ See Wu Jiao, "E'gao: Art Criticism or Evil?".

⑤ See William W. Fisher, "Theories of Intellectual Property", in *New Essays in the Legal and Political Theory of Property*, Cambridge University Press, 2001, pp. 35-36. (该文讨论了符号民主在知识产权的社会规划理论中的重要性。)

力。夏学銮将"恶搞"定义为"以讽刺性幽默、狂欢、草根自发性、反权威以及大众参与为特征的亚文化"①。反权威之元素就注定了在现代中国扩展民主与言论自由观念中,"恶搞"所扮演的重要角色。北京大学教授陈旭光告诉《中国日报》的记者说:"对于那些拒绝权威观念并渴望去表达自己的感觉与想法的年轻人来说,电影是遥不可及的,但网络则容易获取得多。这可以被看作新媒体对传统电影的颠覆。"② 顺着陈旭光的思路,下一个逻辑步骤将是:恶搞不仅可以作为对传统媒体的颠覆而存在,还可以作为对整体传统观念的颠覆而存在。另一位中国年轻人对这一问题的观点更直接:"是胡戈激发了我的灵感,让我意识到我们不需要跟着权威走。"24 岁的深圳本地人袁名海(网名无名之海)是另一部名为《当大师遇上馒头》的戏仿作品的制作者。他对《中国日报》的记者说:"我们可以通过戏仿来表达我们自己的观点。"③

然而,问题依然悬而未决:如果说转换性使用对符号性表达和民主理想来说如此有益,为何许多西方国家都无法为其提供本文所推崇的强有力保护呢?虽然事实上许多发达民主国家的确未能为转换性使用提供足够保护,但这一比较对于中国来说并非如此恰当。正如那坦内尔分析的,中国的不同政治与发展状况需要一套不同的知识产权规范。④

对美国民主理想的全面追求,代表着我们应支持所有有利于民主发展与自由表达的合理工具。今日,美国对外政策的这一面已无意识地让位于短期经济利益,然而,将美国的长期民主目标与短期经济目标看作势不两立也不可取。

---

① See Wu Jiao, "E'gao: Art Criticism or Evil?".
② See Wu Ni & Wen Chihua, "Rebel With a Mouse".
③ Id.
④ See generally Neil Netanél, "Asserting Copyright's Democratic Principles in the Global Arena", pp. 274-278.

（二） 美国经济议程的优势

撇开输出民主这种崇高信念不谈，在中美贸易关系，以及对在中国的知识产权进行的持久重要保护这方面而言，作为以合作为基础的更广泛的手段中的一部分，这种施加压力的方式也应是极有吸引力的。美国与中国之间就知识产权问题的贸易谈判，常采取"胡萝卜加大棒"方式。这种方式常以下步骤为特征：首先，美国会提起贸易制裁威胁，然后中国还之以等量威胁。经过一段时间的交涉，双方在最后一分钟敲定短期补救措施，而该措施并没有对中国文化规范或者与知识产权有关的执法措施带来持续性效果。许多学者批评了这种谈判的方式，认为其作用不大，甚至可能会带来反效果。[1] 正如余家明（Peter Yu）曾指出的那样，"与过去发生相互作用"的儒家传统与美式的转换性戏仿间的总体兼容性，就为美国提供了机会，通过"使中国人意识到知识产权的好处"和"减少中国人民对戏仿作品的知识产权的怀疑"之方式，去"推动可持续性的知识产权制度"。[2] 实际上，将对戏仿作品的保护这种版权保护例外打包，作为总体上合作共建以推动中国知识产权改革为目的的方法中的一部分，美国可能会在达到其渴求的知识产权保护水平方面获得长足进展。

（三） 自由表达在中国的成功

当恶搞及短片文化在中国风靡，有力地展示了戏仿的亲民主潜能时，近来的中国实践也证明了，在不会严重危及美国（或者其他）版权所有者的根本利益的前提下，其他的转换性使用，在进一步促进中国的民主和参与性文化表达中所可能扮

---

① See e. g. , Peter K. Yu, "From Pirates to Partners: Protecting Intellectual Property in China in the Twenty-First Century".

② Id. pp. 222-225.

演的角色的重要性。

想一想有关哈利·波特改编作品的问题，比如《哈利·波特与暴走龙》。尽管这些作品具有高度的转换性，它们并非真正的戏仿作品，因为其并未嘲讽或评论其来源素材。更准确地说，它们更像是"粉丝小说"①，即虽然利用哈利·波特世界里的角色，但却采用新的故事情节，且通常还引入来自于当地民间传说与历史的新元素。② 借由这些转换性作品，当地的作者可以做一些原作者无法做的事情：他们可以对那些与当地文化不适应的国际符号（如哈利·波特）进行利用，并将其加工为对全体居民来说更重要且相关的东西。③ 在不替换原作市场的前提下，这种强有力的表达形式结合了国际知名符号与独特文化标记，从而表达了对中国消费者而言极其重要的信息。

类似的争论也存在于音乐领域。美国饶舌歌手德瑞博士（Dr. Dre）创作了名为《下一集》（*The Next Episode*）的热门歌曲，该作品事实上发布于 1999 年，收录在名为《2001》的专辑中。几年后，中国饶舌歌手段思思从《下一集》中采样一大部分背景音乐，并作为背景音轨用于自己所创作的中文饶舌歌曲中。《下一集》这首歌几乎全部以密集且高度地方性的美国俚语写就，讲述了德瑞博士和其他人嗑药、聚会或者在南加州"纵情享受"的生活。除了代表了逃避现实的幻想外，即使中国的听众能够读懂歌词的意思，这首歌与中国听众也并没有太大关系。另一方面，段思思所创作的低成本歌曲传播面

---

① See Fan Fiction, Wikipedia, http：//en. wikipedia. org/wiki/Fanfiction（last visited Apr. 15，2008）. ["粉丝小说（也被称为 Fan Fiction, fanfic, FF 或 fic）是一个有着广泛定义的术语，该类小说作品中的有关人物或者情节设定，由原著的崇拜者而非由原作者所撰写。该术语通常适用于那些未受原著之作者、创作人以及出版商委托及授权的作品，以及那些（也不总是）未正式出版的作品。"]

② See Tim Wu, "Harry Potter and the International Order of Copyright".

③ Id.

并不广。她所创作的是提出了英雄主义、冲突的悲剧以及孤独等主题的中文歌曲，与《下一集》相比，其显得更为抽象。尽管德瑞博士是在美国获得巨大成功的唱片艺术家，段思思对其歌曲的转换向中国听众展现了一段德瑞博士本身永远不可能创作的信息。同时，有观点认为，她的歌曲对德瑞博士造成了某种形式的伤害，这种论断是难以成立的——没人会真的认为段思思的版本会代替《下一集》在美国市场的地位；对大部分中国消费者来说，中式饶舌与美国"黑帮"饶舌是完全不同的流派。普通人随意一听就能弄清，段思思的作品并非德瑞博士本人的作品，这也就消除了将某艺术家误认为另一艺术家的任何可能性；此外，有人认为，德瑞博士有可能向外国饶舌歌手许可其音乐作品，以创作属于不同音乐类型的完全不同的歌曲，这种说法也是很牵强的。

即使是在中国现行限制性法律框架下进行考量，中国的经验已经向我们证明，已经有非常多的中国个体正在利用现代科技，去创作展示自由表达力量和鼓励民主文化参与的转换性作品。从法律上合法化该种行为，会在未来强化并鼓励这一趋势的发展。

五、对更为有效的转换性使用政策的建议

如果我们假设，美国将战略性地将其对中国知识产权政策的关注点，从纯经济领域转向经济与民主的结合，其应当采取的第一步措施就是促成对中国《著作权法》的再次修订，使该法可以更好地代表美国更广泛的对外政策利益与民主理想。为此，我们建议美国的游说力量，应当朝向鼓励中国知识产权法向与国际自由表达标准相一致的方向发展。事实上，在中国推动对转换性使用进行理想的保护是可能的，并且这种保护比美国本土现有的保护水平更高，同时也可为正在经历巨大经济及文化变革的中国而量身定做。这可通过修改《著作权法》

第 22 条的方式来实现，即创建额外的例外版权保护制度以保护转换性使用：

> 第 22 条：在下列情况下使用作品，可以不经著作权人许可，不向其支付报酬，但应当指明作者姓名、作品名称，并且不得侵犯著作权人依照本法享有的其他权利……
>
> （13）与本质上独特、具有高度转换性之作品有关的制作、传播或者表演，比如戏仿作品或者未经授权的续集，且其已照此标识或易于识别的话。

这样的一种修订会为高度转换性作品提供明确清楚的保护。不过，为了进一步实现版权目的，其对创作转换性作品的人设置了高门槛。要求该新作品必须在"本质上是独特的"以及具有"高度转换性"，目的就是为确保在新作品的创作过程中，包含有实质性努力、创意或两者兼备的投入。这些要求就通过不保护那些在本质上是原作市场的完全替代品的小幅改动衍生品，来保护原作者再创作的意愿。因此，简单的仿制品及其"近亲"，仍会受到版权侵权指控的制约。此外，这种类型的改动也会保护创作者的声誉利益。"已照此标识或易于识别"这句话，也补充了中国《著作权法》第 22 条已有的关于归属之要求。[①] 要么要求该作品足够不同，以致他人不会将其与原作者作品混淆，要么要求该转换性作品的创作者必须提醒公众，该作品是未经授权的衍生作品，这样可以防止转换性作品的作者冒充原始作者的事情发生。这反过来就限制了就有关新作品的出处发生公共混淆的可能性。

---

① 2001 年《著作权法》第 22 条。

　　如果配备了这样一个盾牌的话，《馒头》、针对中国读者群体的中式改版的《哈利·波特》、转换性的中式饶舌歌曲，以及它们对自由表达、民主文化及政治觉悟的潜在影响，就有可能避免因版权法律而消失。《馒头》明显是带有转换性的，因为其对在先作品提出批评；这一因素与其类型、情节背景，还有整体的戏剧性特征相结合，就使得《馒头》与《无极》产生了泾渭分明的区别，因此其可能不需要被打上任何标签。而另一方面，对《哈利·波特》的中式改编，可能就比较难以达到我们提议的修正方案的要求；对于这样的作品来说，其融入哈利·波特世界的意图很明显，除非带有明显的戏仿性质，否则它就可能必须要标注为"未授权"才行。如果新的《哈利·波特》复制了既有的哈利·波特小说的故事情节的一部分，那么它就无法通过测试；相反，仅仅借用了哈利·波特的世界观，并包含了整个新故事情节的转换性哈利·波特小说，就可以被认为是符合修改后的第 22 条的要求。对于高度转换性音乐本身来说，要明确识别出其中的采样来源有些困难，但制作人可以遵循既有的实践，在唱片外包装上、下载到该音乐的官方网站上或者其他类似的来源上标注该法律信息。

　　前文仅仅是可能的改革途径。相对来说，中国的《著作权法》还比较年轻，且与西方国家相比，中国政府倾向于采取更为经验主义的观点来看待立法。① 中国政府也采用了宽泛的立法用语，为其后的修改和废止立法提供了空间。而且，就美国知识产权法过去的经验来看，至少中国会愿意去听取世界的意见。如果美国政府能将"胡萝卜加大棒"的解决之道收起来，就协调的、有远见的知识产权政策来说，进行有意义的

---

　　① See Sebastian Heilmann, "Policy Experimentation in China's Economic Rise", 43 *Studies In Comparative Economic Development* 2 （2008）, http://www. springerlink. com/content/4514xlq717298tj7/ （last visited Oct. 27, 2008）.

且合作性的接触还有时间。

六、结论

尽管西方世界就知识产权问题向中国施压已有近一个世纪，中国的《著作权法》一直都未能给戏仿作品和其他对版权作品的转换性使用提供有意义的保护。由于美国未能在政策纲领中加入对转换性使用的强调，其在很大程度上为换取短期的经济利益而背叛了自身的民主价值。

然而，由于转换性使用在意识形态与商业两者间关系中处于独特位置，它就提供了一个理想的渠道。借由该渠道，美国就可能引入新策略，来为美国与中国等国家获得有意义的社会利益与经济利益提供帮助。总体来说，将转换性使用作为对言论自由及民主理想的普遍保护之代表进行推广，为我们呈现了一个非侵略性的平台。借由这一平台，美国可以在中国及其他发展中国家推广民主价值。美国国务院于 2005 年呼吁中国打击盗版，并不是举着保护美国利益的大旗，而是在为保护中国商业利益及为其正在进行的产业转型提供支持。[1] 作为美国与中国就知识产权问题的讨论的一项关键议题，对转换性使用进行保护，会使得美国可以以与自由表达中的意识形态和人道主义利益相一致的方式，同步地去追求其经济利益，同时也可以避免 WTO 中的那些事与愿违的冲突。

---

[1] See U. S. State Department, "China Should Take Tougher Stance Against IPR Piracy, Wayne Says".

商标的道歉正义：有关信誉损害的中国商标法理论 [*]

阮轩桃[**] 文

彭耀进[***] 译

简目

一、简介

二、有关商标信誉的三部法律

（一）《商标法》及最高人民法院

（二）《反不正当竞争法》及最高人民法院

（三）《民法通则》及最高人民法院

三、有关商标信誉的司法判决

（一）天津狗不理包子饮食（集团）公司诉黑龙江省哈尔滨市天龙阁饭店、高渊侵犯商标专用权纠纷案

[*] Nguyen Xuan-Thao, "Trademark Apologetic Justice: China's Trademark Jurisprudence on Reputational Harm", *U. Pa. J. Bus. L.* 15 (2012): 131-168. 本文的翻译与出版已获得作者授权。

[**] 阮轩桃，美国南方卫理公会大学戴德曼（Dedman）法学院教授，现任美国印第安纳大学麦肯尼（Robert H. Mckinney）法学院杰拉德·贝普科讲座教授（Gerald Bepko Chair）。感谢戴德曼法学院 2011 级的 Pei-Chih "Peggy" Ho 和 2012 级的 Sara Alyn Horner 的大力支持。作者于 2012 年 1 月在华盛顿大学法学院就本文的内容做过演讲。尤其感谢 Erik Darwin Hille 和 Khai-Leif Nguyen-Hille 的爱、耐心与支持。

[***] 彭耀进，荷兰马斯特里赫特大学法学院博士研究生，研究方向为知识产权法、科技法等。

"声誉就像一张脸，是其所有者或创造者的标志，其他人只能将其作为面具使用。"①

——勒恩德·汉德（Learned Hand）法官

"商标所有人名声的好坏本应由其自己掌控。"②

一、简介

在中国深圳，法院是否会判令苹果公司为其擅自使用"iPad"商标的行为而道歉?③ 在中国，苹果公司的产品因涉

---

① Yale Elec. Corp. v. Robertson, 26 F. 2d 972, 974 (2d Cir. 1928). 随后的法院在审判中多次反复引用了勒恩德·汉德法官的论述, see e. g., Commc'ns Satellite Corp. v. Comcet, Inc., 429 F. 2d 1245, 1250 (3d Cir. 1970); Holiday Inns of Am., Inc. v. B & B Corp., 409 F. 2d 614, 616 (1st Cir. 1969); Polaroid Corp. v. Polaraid, Inc., 319 F. 2d 830, 835 (4th Cir. 1963); Fleischmann Distilling Corp. v. Maier Brewing Co., 314 F. 2d 149, 159 n. 14A (9th Cir. 1963); Safeway Stores, Inc. v. Safeway Props., Inc., 307 F. 2d 495, 498 (2d Cir. 1962); Ambassador E., Inc. v. Orsatti, Inc., 257 F. 2d 79, 82 (3d Cir. 1958).

② Prof'l Golfers Ass'n of Am. v. Bankers Life & Cas. Co., 514 F. 2d 665, 671 (5th Cir. 1975).

③ See generally Liau Yun Qing, "Report: iPads Taken off Shelves in China over Trademark Dispute", ZDNet Asia (Feb. 14, 2012), http://www.zdnetasia.com/reports-ipads-taken-off-shelves-in-china-over-trademark-dispute-62303847.htm (该文讨论了苹果公司与一家中国公司之间的商标之争); Francis Bea, "Apple Trademark Battle Threatens to Halt iPad Sales in China", Digital Trends (Feb. 7, 2012), http://www.digitaltrends.com/international/apple-trademark-battle-threatens-to-halt-ipad-sales-in-china/ (same).

嫌侵犯"iPad"商标，是否会面临被大规模没收的命运？①

长期以来，未经许可占用他人名称和信誉的行为都被视为一种伤害。② 商标法也绝不会容忍非法使用商标或名称背后所体现的信誉，以致误导或迷惑公众的行为。③ 受损害的人或企业，得以寻求禁令救济④和损害赔偿⑤。这两种救济形式分别源于财产权理论⑥

---

① See Francis Bea, "Chinese Officials Raid Retailers, Confiscate iPads Following Trademark Ruling Against Apple", *Digital Trends* (Feb. 13, 2012), http://news. yahoo. com/chinese-officials-raid-retailers-confiscate-ipads-following-trademark-213014316. html. (该文讨论了由于法院判定苹果公司的商标侵权，从而导致苹果产品被行政扣押的事实。)

② Taussig v. Wellington Fund, Inc., 313 F. 2d 472, 478 (3d Cir. 1963), "对他人名称和信誉的占用"是一种损害，即使借用者并没有玷污该商标，或通过使用该商标来抢走其生意；声誉就像一张脸，是其所有者或创造者的标志，其他人只能将其作为面具使用。因此人们已经逐渐认识到，除非借用者的使用与所有人的使用完全不同，并保证不使二者产生任何混同，否则这种使用就是非法的。(quoting *Yale Elec. Corp.*, 26 F. 2d at 974)

③ Ga. Pac. Consumer Prods., Ltd. P'ship v. Von Drehle Corp., 618 F. 3d 441, 455 (4th Cir. 2010), 原告 G-P "向陪审团提供了足够的证据证明，在入厕者中产生混淆的可能性，将会在劳动者、贷款人、投资者或者其他团体中对 G-P 的声誉造成不利的影响"，并且认为"如果没有对'G-P 的品牌'下自动贩售机中的毛巾质量进行管控，那么 G-P 将遭受损害 G-P 商标信誉的风险"。See generally 15 U. S. C. § 1125 (a) (2012), 该案规定了有关使用可能造成消费者对产品的来源产生混淆的文字或符号的民事责任。

④ Cytosport, Inc. v. Vital Pharm., Inc., 348 F. App'x 288, 289 (9th Cir. 2009), 一旦发现原告可能胜诉，且如果没有初步禁令，原告有可能遭受无法挽回的损失，地区法院则会颁布禁令救济；Opticians Ass'n of Am. v. lndep. Opticians of Am., 920 F. 2d 187, 196 (3d Cir. 1990), 在该案中，法官认为，为在商标案件中颁布初步禁令之目的，当事人对其商标缺乏管控将会引发"其名誉受损的可能性"，从而遭受无法弥补的损害；U. S. Polo Ass'n, Inc. v. PRL USA Holdings, Inc., 800 F. Supp. 2d 515, 542 (S. D. N. Y. 2011), 法官授予了永久性禁令，禁止侵权公司在男士香水上使用"U. S. POLO ASSN"名称及双骑士标志。

⑤ See Ramada Inns v. Gadsden Motel Co., 804 F. 2d 1562, 1565 (11th Cir. 1986), 肯定了下级法院的裁决，以损失的许可费来确定原告的实际损失，该损失是由被告擅自使用原告的商标所造成的。

⑥ Friend v. H. A. Friend & Co., 416 F. 2d 526, 533 (9th Cir. 1969), 该案中提到商标权"具有普通法中财产权的性质"，并且肯定了地区法院对"Banner"商标使用的禁令；Champions Golf Club, Inc. v. Sunrise Land Corp., 846 F. Supp. 742, 757 (W. D. Ark. 1994), 法官认为原告"在该案中有权获得禁令救济以保护其宝贵的财产权，并且终止或防止对其权利造成无法弥补的损失"。

和侵权损害赔偿责任规则①。即使原告成功取得禁令救济和损害赔偿，这些救济仍未真正解决商标信誉受到损害的问题，因为其并未考虑到被告的误导行为也给公众造成伤害。② 那么，除禁令救济和损害赔偿之外，还有什么适当的救济措施，又有什么救济措施能够同时且适当地考虑到公众和原告所遭受的损害？答案就在有关商标信誉和道歉正义的中国法理论中。③ 该论断具有相当的讽刺意味，因为一直以来对中国的大部分关注

---

① 联邦商标和反不正当竞争法或《兰哈姆法》，已经对普通法侵权行为侵犯商标专有权的情形作出规定。See e. g. , Two Pesos, Inc. v. Taco Cabana, Inc. , 505 U. S. 763, 785 (1992)，在商标诉讼中，损害的一般证明和衡量是由侵权诉讼损害赔偿的法律所规定的；Broan Mfg. Co. v. Assoc. Distrib. , Inc. , 923 F. 2d 1232, 1235 (6th Cir. 1991)，根据一般侵权原则……"只要侵权人或侵权行为人实施了侵权行为，无论被告是否实际预料或设想到，其都应当向原告因其不法行为造成的所有损害承担责任"；Id. , quoting 2 J. Thomas Mccarthy, Mccarthy on Trademarks and Unfair Competition § 30：27 (2d ed. 1984)。

② Vornado Air Circulation Sys, Inc. v. Duracraft Corp. , 58 F. 3d 1498, 1508 (10th Cir. 1995)，在该审判中提到，商标保护的核心概念包括消费者对于他们所购买的商品不受迷惑、误导、欺骗，销售者的商誉（或在质量信誉上的投入）受到保护。然而，救济措施并不涉及公众。例如，在一起商标案中，陪审团被指示只要在被告的行为和原告商誉的损害之间存在直接的因果关系，就判给原告损害赔偿金。See generally Aronowitz v. Health-Chem Corp. , 513 F. 3d 1229, 1241 (11th Cir. 2008)，肯定了在一件商标案件中，陪审团作出的 2.5 万美元损害赔偿的裁决，陪审团被指示"原告所遭受的损害包括'直接由侵权人的不法行为给商标所有人业务上所造成的损害的所有要素'，如刊登更正广告的成本或商誉损害的成本"。(quoting Ramada Inns, 804 F. 2d at 1564-1565)

③ 本文基于中国的商标法理论来解决商标信誉的问题。对于诬蔑、诽谤等与名誉权相关的规范性法律而言，参见《中华人民共和国民法通则》第 101 条，公民、法人享有名誉权，公民的人格尊严受法律保护，禁止用侮辱、诽谤等方式损害公民、法人的名誉。《中华人民共和国民法通则》，1986 年 4 月 12 日由全国人民代表大会通过，自 1987 年 1 月 1 日起实施，http：//www. lawinfochina. com/ display. aspx? lib = law&id = 1165。《最高人民法院关于贯彻执行〈中华人民共和国民法通则〉若干问题的意见（试行）》（以下简称《关于民法通则的意见》）第 140 条规定：以书面、口头等形式宣扬他人的隐私，或者捏造事实公然丑化他人人格，以及用侮辱、诽谤等方式损害他人名誉，造成一定影响的，应当认定为侵害公民名誉权的行为。以书面、口头等形式诋毁、诽谤法人名誉，给法人造成损害的，应当认定为侵害法人名誉权的行为。《关于民法通则的意见》于 1988 年 1 月 26 日公布并实施，http：//www. lawinfochina. com/display. aspx? lib = law&id = 3700；see also Benjamin L. Liebman, "Innovation Through Intimidation：An Empirical Account of Defamation Litigation in China", 47 *Harv. Int'l L. J.* 33 (2006)（该文分析了中国诽谤诉讼类的案例，以研究在中国民事诉讼中法院、媒体和政府的复杂性和角色演变）。

都是负面的，并且一边倒地集中在中国对美国知识产权的盗版问题上。[①]

中国将其由世界工厂向全球创新中心转变的努力，不断地让国际社会感到惊讶。[②] 虽然外国人将中国视为盗版中心，但中国已经尽其所能，通过发布法律法规、最高人民法院司法解释以及下级人民法院的法律文书，发展出新的商标法理论。中国商标法理论把对商标信誉的损害，看作对原告和社会的共同伤害。因此，中国法律赋予法院自由裁量权，在被告故意或恶意擅自使用原告的商标或名称，以致误导公众并对原告信誉造成了损害的情况下，法院可酌情判令被告在报纸或商业刊物上公开道歉。在公开道歉中，被告须承认侵权行为，认可原告拥有的商标或名称，为错误行为道歉，并承诺不再未经授权使用该商标或名称。一般来说，公开道歉的内容必须经由法院审批。如果被告未能及时作出公开道歉，法院可授权原告以被告的名义发布公开道歉声明，同时判令被告承担费用。因为中国已经通过指引被告停止侵权行为和支付赔偿金的做法，充分地贯彻了财产与责任规则。因此，公开道歉并非是禁令救济、损害赔偿和承担诉讼费用的替代品，而是一种额外的救济措施。

如果我们仔细审视中国的商标法理论，就能看到其中法律

---

① See generally Kenneth L. Port, "A Case Against the ACTA", 33 *Cardozo L. Rev.* 1131, 1167 n. 169 (2012)（该文认为该报告将中国描绘成盗版的罪魁祸首，并认为盗版的数据被夸大）；Geoffrey Scott, "A Protocol for Evaluating Changing Global Attitudes Toward Innovation and Intellectual Property Regimes", 32 *U. Pa. J. Int'l. L.* 1165, 1264-1267 (2011)（该文对中国盗版问题进行了评估）。

② Anil K. Gupta & Haiyan Wang, "China as an Innovation Center? Not So Fast", *Wall St. J.* (July 28, 2011), http：//online. wsj. com/article/SB100014240531119035 911045764696670146238648. html. ［中国的科研经费支出从2002年占GDP的1.1%增加到了2010年的1.5%，在2020年将达到2.5%。中国在全世界总的科研经费支出中的份额，从2002年的5.0%增加到了2010年的12.3%，仅次于美国（其份额稳定保持在30%—35%）。据联合国教科文组织（UNESCO）统计，中国目前在科研领域拥有的人员比其他任何国家都要多。］

复杂的发展历程，以及司法在打击损害商标信誉的行为中所扮演的越来越重要的角色。[①] 在美国，综合性的商标法为所有未经授权擅自使用商标或名称的行为给出答案。[②] 不同的是，中国则拥有三部独立的法律：《中华人民共和国商标法》（以下简称《商标法》）、《中华人民共和国反不正当竞争法》（以下简称《反不正当竞争法》）、《中华人民共和国民法通则》（以下简称《民法通则》）。三者相结合，就构成一个涵盖商标信誉法则的丰富法律体系。探讨问题时，不能分开探析这三部法律，同时也不能脱离最高人民法院的司法解释。对这三部法律的司法解释和立法释义，以及下级人民法院的适用意见，呈现出商标法理论的动态形成过程。这一理论就解决了被告故意误导公众而造成的商标信誉受损的问题。公开道歉作为一种救济措施，是证明中国商标法理论顾及公众的有利证据。公众之所以在损害救济中扮演角色，原因在于公众为被告行为所误导。借由道歉，对于被告和公众来说，正义得以彰显。

中国商标法理论及道歉正义，迫使美国学者和政策制定者去重新审视勒恩德·汉德法官对商标信誉的敏锐观察，及其对法律救济问题的关注。这并不意味着美国将会引入中国商标法

---

① 研究中国知识产权法的专家，尤其对商标法而言，通常只专注《商标法》一部法律，因此对中国商标法律体系的考虑并不全面。See generally Patricia Marquez, "Trademark：A Comparative Look at China and the United States", 14 *Touro Int'l L. Rev.* 334, 336-337 (2011) （"由于中国采用先申请制，所以其通常不会承认未注册的商标"）；Anne M. Wall, "Intellectual Property Protection in China：Enforcing Trademark Rights", 17 *Marq. Intell. Prop. L. Rev* 341, 372 (2006) （该文指出由于中国法律遵循"先申请原则"，外国商标所有人在没有预先注册商标的情况下进入中国市场时，常常感到措手不及；他们无法纠正在相关商品上既存的注册商标问题）。

② See e. g., 15 U. S. C. § 1051 (2012)，规范了商标注册程序。

理论和道歉正义。然而,在全球化和中国迅速崛起的时代,①了解中国法律制度十分必要。与我们对中国的误解正好相反,② 中国对商标的概念并不陌生。③ 名称和符号,连同相关的信誉,一直以来都是中国社会结构的组成部分。④

本文结构如下:第一部分探讨构成中国商标法理论的《商标法》《反不正当竞争法》和《民法通则》三部法律。上述法律均包含涉及商标的信誉和救济措施的有关规定,包括停止侵权、赔偿损失以及公开赔礼道歉以消除不良影响。由于中国最高人民法院在商标法理论和道歉正义的塑造中具有重要作用,因此第一部分还分析了对下级人民法院在解决商标信誉救济问题上,具有引导与指示作用的司法解释。

然而,仅仅是对法律法规和司法解释进行的分析,无法准确解读中国蓬勃发展的有关信誉和道歉正义的商标法理论。因此,第二部分分析中国法院在商标信誉案件中所作出的司法判

---

① See Edward Friedman, "Will 21st Century Be China's?", *The Diplomat*, (Nov. 19. 2011), http://thediplomat.com/china-power/will-21st-century-be-china's/. (该文提出"21世纪将属于中国"的预测,"是基于20世纪是美国的世界,而美国的主导地位将会被中国所取代的理念"。)

② Dalila Hoover, "Coercion Will Not Protect Trademark Owners in China, but an Understanding of China's Culture Will: A Lesson the United States Has to Learn", 15 *Marq. Intell. Prop. L. Rev.* 325, 343-345 (2011). (该文将中国商标保护和实施的缺乏归咎于中国文化习俗。)

③ Ke Shao, "Look at My Sign! —Trademarks in China from Antiquity to the Early Modern Times", 87 *J. Pat. & Trademark off. Soc'y* 654 (2005). (该文从"自我"和私权的角度对商标概念的沿革进行重构,证明了商标的概念在中国不是外来的,并且解释了商标的社会功能,同时分析了帝制时代的商标法规及保护。)

④ Oded Shenkar, *The Chinese Century: The Rising Chinese Economy and it's Impact on the Global Economy*, *The Balance of Power and Your Job*, 157-158 (2005). ["中国人自己……非常注重品牌,这是儒家等级制度和帝制时期(该时期,等级被突出地显示在官员的服饰上)的遗风",因此最近创立和培育中国品牌的努力"符合政府巩固战略产业……在全球市场上建立可容纳他们自己的国家龙头企业……恢复其大国荣耀的策略"。]

决。不同层级人民法院的司法判决，会对事实进行解释、描述损害、适用法律，并论证适当的救济措施的适用。如果发现侵权人并非故意或恶意使用商标或名称以误导公众，法院便不会判罚公开道歉。在此类案件中，法院只需要判罚停止侵权和赔偿损失。换言之，如果公众没有遭受损害，也就没有必要通过让所涉公众阅读报纸或者商业刊物上刊发的道歉来达到抚慰的目的。

在商标案件中公开道歉的内容是什么？公开道歉又意味着什么？第三部分提供了几份个人和企业侵权人在报纸和商业刊物上发布的道歉。它们是侵权人以书面形式进行的道歉，以及在公共论坛上承认原告对商标或名称的独占权，承认错误，表示歉意，并承诺今后不再实施侵权行为的例证。这些报纸和商业物均有印刷版和在线版供公众阅读。

第四部分考察美国法律及其对商标信誉损害的处理。中国的禁令救济和赔偿损失通常会被授予胜诉的原告方，而美国法律并没有授权法院针对原告的胜诉颁布自动禁令。而且在美国商标侵权诉讼案件中，证明损害是极其困难的。此外，在美国仅有 2% 的商标案件进入审判程序，只有其中的一部分获得了损害赔偿；更重要的是，美国法律并不承认公众损害。如果有必要的话，法院也只会提供禁令救济和损害赔偿。尤其是在侵权人恶意或故意误导公众的案件中，对商标信誉的损害，也同时会对原告和公众造成损害。中国商标法理论和道歉正义，为美国提供了参考，并可借此契机重新审视勒恩德·汉德法官对商标信誉损害的敏锐观察。

美国是否会在商标信誉案件中考虑道歉正义将是有待进一步讨论的问题。但美国企业至少不应该对唯冠科技（在"iPad"商标侵权案件中起诉苹果公司的中方原告）除要求停止侵害和损害赔偿之外，还要求苹果公司赔礼道歉而感到惊讶。[1] 在这个充满全球竞争且日新月异的世界里，了解中国的法理显得尤为重要。[2]

二、有关商标信誉的三部法律

中国是大陆法系国家，其法律渊源为成文法律法规。[3] 与美国不同，中国不遵循法院判决的先例，[4] 但这并不意味着中国的法院对法律的发展没有影响。在塑造法理的过程中，中国

---

[1] Rick Burgess, "Apple Sued for ＄1.6 Billion for Using 'iPad' in China, Apology Requested", *Techspot*, （Feb.9，2012）, http：//www. techspot. com/news/47381-apple-sued-for-16-billion-for-using-ipad-in-china-apology-requested. html. 报道称，原告（自2000年以来即为"IPAD"注册商标的所有人）针对苹果提起商标侵权诉讼；深圳市基层人民法院的判决有利于原告，苹果公司已经将该案上诉至上一级人民法院。有关本案的更多信息，see Dave Smith，"Is iPad 3 in Jeopardy? Apple Could Lose ＄1.68B in China Trademark Lawsuit", *Int'l Bus. Times*（Feb.7，2012）, http：//www. ibtimes. com/ar-ticles/294485/20120207/ipad-3-apple-billion-china-trademarklawsuit. htm。

[2] Matt Peckham, "iPads Snatched by Chinese Authorities, Trademark Dispute Turns Tactical", *PCWorld*(Feb.13，2012）, http：//www. pcworld. com/article/249853/ipads_ snatched_ by_ chinese_ authorities_ trademark_ dispute_ turns_ tactical. html. 该文章称，许多人相信"苹果公司走了一步臭棋，并可能为此付出惨痛的代价"，以及"苹果似乎是在践踏"中国的商标专有权。深圳市基层人民法院已经对苹果公司发布禁令，并且开始着手没收苹果公司在一些中国城市销售的 iPad 侵权产品。See Liau Yun Qing, "Apple to Lose iPad Trademark in China", *ZDNet*（Dec.7，2011）, http：//www. zdnetasia. com/report-apple-to-lose-ipad-trademark-in-china-62303147. htm. （深圳市法院判决苹果公司在中国不享有对 iPad 商标的权利。）

[3] Guangjian Tu, "China's New Conflicts Code：General Issues and Selected Topics", 59 *Am. J. Comp. L.* 563，573（2011）（该文认为中国在历史上是一个大陆法系国家）；Charlie Xiao-chuan Weng, "To Be, Rather than to Seem：Analysis of Trustee Fiduciary Duty in Reorganization and Its Implications on the New Chinese Bank-ruptcy Law", 45 *Int'l Law.* 647，670 n. l86（2011）（该文说明了"中国主要的法律渊源是成文法"，而且"司法先例几乎没有任何约束力"）。

[4] Kimberly N. Van Voorhis & Christie Yang, "Recent Developments in Patent Law World Wide", 997 *PLI/PAT* 405，419 n. 58（2010）（作为大陆法系国家，中国法院的判决几乎没有先例效果，并且判决也很少公布）；Andrew J. Green, "Tort Reform with Chinese Characteristics：Towards a 'Harmonious Society' in the People's Republic of China", 10 *San Diego Int'l J.* 121，136（2008）（该文解释说中国的法院"不像美国和其他普通法系国家的法院那样在造法中发挥作用"）。

最高人民法院的作用举足轻重。① 例如，最高人民法院会对
《商标法》作出司法解释。② 最高人民法院的司法解释具有法
律约束力，并会取代既存的与其不一致的有关商标的规定。③

要想对中国有关商标信誉的法学理论有全面的认识，就不
仅需要研究最为重要的部门法——《商标法》，④ 更需探究其
他相关法律。另外两部法律（《反不正当竞争法》⑤ 和《民法
通则》⑥）也包含关于解决擅自使用名称导致的商标信誉受损
的规定。⑦ 这三部法律必须同最高人民法院的相关司法解释一
并分析。

（一）《商标法》及最高人民法院

有学者对历史记录和证据进行了苦心研究，以论证中国商

---

① Green，"Tort Reform with Chinese Characteristics：Towards a 'Harmonious
Society' in the People's Republic of China"，p. 136. 在中国的侵权法改革中，最高人
民法院在"通过运用其司法解释的权力"建立法律规则方面，已展示出了相当大
的潜能。

② 《最高人民法院关于审理商标民事纠纷案件适用法律若干问题的解释》
（以下简称《审理商标民事纠纷的解释》），2002 年 10 月 12 日由最高人民法院审
判委员会第 1246 次会议通过，自 2002 年 10 月 16 日起施行。关于更多中国最高人
民法院及其司法解释的探讨，see Li Wei，"Judicial Interpretation in China"，5
Williamette J. Int'l L. & Disp. Resol. 87（1997）。

③ 《审理商标民事纠纷的解释》第 24 条规定，以前的有关规定与本解释不
一致的，以本解释为准。

④ 《商标法》，1982 年 8 月 23 日由全国人民代表大会常务委员会通过，自
1983 年 3 月 1 日起施行，http：//www. ccpit-patent. com. cn/references/Trademark_
law_ China. htm。

⑤ 《反不正当竞争法》，1993 年 9 月 2 日由全国人民代表大会常务委员会通
过，自 1993 年 12 月 1 日起施行，http：//www. ccpit-patent. com. cn/references/
Law_ Against_ Unfair_ Competition_ China. htm。

⑥ 《民法通则》，1986 年 4 月 12 日由全国人民代表大会通过，自 1987 年 1
月 1 日起施行，http：//en. chinacourt. org/public/detail. php? id = 2696。

⑦ 《民法通则》有 156 条，于 1987 年 1 月 1 日起施行。第 1 条规定，为了保
障公民、法人的合法的民事权益，正确调整民事关系，适应社会主义现代化建设
事业发展的需要，根据宪法和我国实际情况，总结民事活动的实践经验，制定本
法。第 2 条规定，中华人民共和国民法调整平等主体的公民之间、法人之间、公
民和法人之间的财产关系和人身关系。参见《民法通则》第 1—2 条。

标的概念和实践源远流长。① 在当代②，2012 年正值中国《商标法》颁布 30 周年。③ 在此 30 年间，《商标法》的贯彻与实施取得诸多成效。

1982 年，也正是尼克松总统历史性访华后的第十个年头，中国正式通过《商标法》。④ 中国在 1982 年通过《商标法》⑤并不奇怪，因为邓小平在 1979 年就已经决定中国要对外开放，招商引资。⑥ 可口可乐公司是最早一批在中国创立其品牌名称和软饮料商标的外国公司之一。刚开始，中国只允许其在指定的酒店和商店出售进口的可口可乐产品给外国人。后来，可口可乐公司又获政府批准，建立装瓶厂，取得经营权，并可直接

① See generally Shao，"Look at My Sign！—Trademarks in China from Antiquity to the Early Modern Times"，p. 654. 清朝颁布了类似西方法律的知识产权法。并且，在中华民国时期（1912—1949），1928 年颁布了著作权法，1930 年颁布了商标法，1944 年颁布了专利法。参见郑成思：《知识产权教程》，法律出版社 1993 年版。

② "当代"是指 1949 年中华人民共和国成立之后。See generally Weiqiu Long，"Intellectual Property in China"，31 *St. Mary's L. J.* 63，65-66（1999）．（详述了中国现有法律体系。）

③ 中国的《商标法》于 1982 年 8 月 23 日第五届全国人民代表大会常务委员会第二十四次会议通过，《商标法》的修改或《关于修改〈中华人民共和国商标法〉的决定》于 1993 年 2 月 22 日第七届全国人民代表大会常务委员会第三十次会议通过。根据 2001 年 10 月 27 日第九届全国人民代表大会常务委员会第二十四次会议作出的《关于修改〈中华人民共和国商标法〉的决定》第二次修正。

④ Jerome A. Cohen，"Ted Kennedy's Role in Restoring Diplomatic Relations with China"，14 *N. Y. U. J. Legis. & Pub. Pol'y* 347，351-352（2011）．（详述了尼克松总统访华之前的事件。）

⑤ 1982 年对于中国来说非常重要，因为该年中国的第五部宪法实施，该宪法包含知识产权的理念。See Long，"Intellectual Property in China"，pp. 66-68. 第五部宪法被认为是一部全新的宪法，因为它与之前的宪法有很大的不同，并且它包含知识产权的理念。

⑥ See Immanuel C. Y. Hsü，*The Rise of Modern China*，858（6th ed. 2000），尼克松总统访华后，中国与美国的贸易迅速增长，从 1972 年的 0. 92 亿美元增加到了 1978 年的 11. 89 亿美元，1981 年的 54. 78 亿美元，1986 年的 80 亿美元以及 1988 年的 135 亿美元，几乎达到中国对外贸易总额的 10%。

将可口可乐产品出售给中国消费者。[①]

　　1993 年[②]和 2001 年[③]，中国大幅修改《商标法》，扩大商标保护范围，并使《商标法》与 TRIPS 协定的有关规定相一致，因为中国在 2001 年加入世界贸易组织（WTO）。[④] 根据中国《商标法》，商标专用权开始于商标注册，而非商标的商业性使用。[⑤] 中国《商标法》拒绝注册那些与已注册商标相同或近似的商标，[⑥] 并且还禁止以侵权方式使用与注册商标相同或

---

　　① Drake Weisert, "Coca-Cola in China, Quenching the Thirst of a Billion", *The China Business Rev.* 2001 (July. Aug., 2001), https://www.chinabusinessreview. com/public/0107/weisert.html.（该文详述了可口可乐公司在中国从 1980 年代初到现在的历史发展。）

　　② Linda Yueh, "Patent Laws and Innovation in China", 29 *Int'l Rev. L. & Econ.* 304, 305 (2009)（1993 年《商标法》修改显著，允许服务商标登记注册并为其提供保护，同时也规定了商标侵权的刑事制裁）; see also Nadine Farid Johnson, "Pursuing Trademark Reform in China", 3 *Landslide* 6, 7 n.2 (Jan.-Feb., 2011)（该文探讨了 1993 年中国《商标法》修改的成就）。

　　③ See generally Ruixue Ran, "Well-Known Trademark Protection in China: Before and After the TRIPS Amendments to China's Trademark Law", 19 *UCLA Pac. Basin L. J.* 231 (2002).（该文论述中国 2001 年《商标法》的修改。）

　　④ See Stephanie M. Greene, "Protecting Well-Known Marks in China: Challenges for Foreign Mark Holders", 45 *Am. Bus. L. J.* 371, 376-377 (2008)（该文观察到中国修改了《商标法》，使其同 TRIPS 协定的规定相一致，扩大商标的保护类型并改进商标侵权案件中的救济措施）; Joseph A. Massey, "The Emperor is Far Away: China's Enforcement of Intellectual Property Rights Protection", 1986-2006, 7 *Chi. J. Int'l. L.* 231, 236 (2006)（自于 2001 年 12 月加入 WTO 以来，中国进一步修正了其……商标……法律与规定，并颁布了许多新的实施条例）。

　　⑤ 依据《商标法》第 3 条，注册商标是指经商标局批准注册的商标，其中包括商品商标、服务商标和集体商标、证明商标。商标注册人享有商标专用权，受法律保护。依据《商标法》第 4 条，"自然人、法人或者其他组织在生产经营活动中，对其商品需要取得商标专用权的"，应当向商标局提交商品商标的注册申请。

　　⑥ 依据《商标法》第 28 条，申请注册的商标，凡不符合本法有关规定或者同他人在同一种商品或者类似商品上已经注册的或者初步审定的商标相同或者近似的，由商标局驳回申请，不予公告。

近似的标志。① 这些禁止性规定与中国的商标申请在先原则相一致，这意味着商标权始于商标注册。②

此外，中国的《商标法》为驰名商标提供更大的保护，③这种保护也延及非注册的驰名商标。④ 这意味着第三方对驰名商标的注册将被拒绝，并且第三方对该商标的使用也会被禁止。⑤ 在商标侵权诉讼中，胜诉的原告有权获得禁令救济、损害赔偿及合理的诉讼费用。⑥

---

① 依据《商标法》第 52 条，有下列行为之一的，均属侵犯注册商标专用权：（一）未经商标注册人的许可，在同一种商品或者类似商品上使用与其注册商标相同或者近似的商标的；（二）销售侵犯注册商标专用权的商品的；（三）伪造、擅自制造他人注册商标标识或者销售伪造、擅自制造的注册商标标识的；（四）未经商标注册人同意，更换其注册商标并将该更换商标的商品又投入市场的；（五）给他人的注册商标专用权造成其他损害的。

② Eu Jin Chua, "The Laws of the People's Republic of China: An Introduction for International Investors", 7 *Chi. J. Int'l L.* 133, 150 (2006) （根据商标申请在先原则，如果有两个竞争申请发生冲突，先申请人优先于后申请人）；see also Katherine C. Spelman, "Combating Counterfeiting", in *Global Trademark and Copyright 1995: Management and Protection* （Practising Law Institute ed. 1995） 417 *PLI/PAT* 309, 322 (1995) （根据中国《商标法》，要享受保护需要先注册，并且中国采用的是"先申请"商标制度）。

③ 依据《商标法》第 13 条，就相同或者类似商品申请注册的商标是复制、摹仿或者翻译他人未在中国注册的驰名商标，容易导致混淆的，不予注册并禁止使用。就不相同或者不相类似商品申请注册的商标是复制、摹仿或者翻译他人已经在中国注册的驰名商标，误导公众，致使该驰名商标注册人的利益可能受到损害的，不予注册并禁止使用。《商标法》第 14 条规定，认定驰名商标应当考虑下列因素：（一）相关公众对该商标的知晓程度；（二）该商标使用的持续时间；（三）该商标的任何宣传工作的持续时间、程度和地理范围；（四）该商标作为驰名商标受保护的记录；（五）该商标驰名的其他因素。See also Leah Chan Grinvald, "A Tale of Two Theories of Well-Known Marks", 13 *Vand. J. Ent. & Tech. L.* 1, 31-33 (2010). （该文分析了中国有关驰名商标的案件，如星巴克和伟哥。）

④ 《商标法》第 13 条；see also Chua, "The Laws of the People's Republic of China: An Introduction for International Investors", p. 150 （对于在中国还没有注册的商标（由于不能注册），商标法同样也对驰名商标提供保护）。

⑤ See Ai Guo Zhang, "The Judicial Determination and Protection of Well-known Marks in China in the 21ˢᵗ Century", 48 *U. Louisville L. Rev.* 959, 961-963 (2010). （该文分析了加入《巴黎公约》和 WTO 之后，中国保护驰名商标的历史沿革。）

⑥ 《商标法》第 56 条。

自 1982 年《商标法》通过以来，中国最高人民法院在商标法理论的塑造中起到关键作用。① 事实上，最高人民法院作出了包括救济措施在内的一系列有关《商标法》的司法解释。②

根据《审理商标民事纠纷的解释》，胜诉的原告有权选择实际损失或者侵权人因侵权所获得的利益来计算赔偿数额。③ 具体来说，《审理商标民事纠纷的解释》规定了在商标案件中如何计算原告损失。④ 同样，《审理商标民事纠纷的解释》还阐述了侵权人所获得的利益应如何量化。⑤ 如果损失难以确定，《商标法》也有规定法定的赔偿数额。⑥ 此外，最高人民法院授权下级法院在无法评估损害的情况下行使自由裁量权。⑦ 不

① See generally Xue Hanqin & Jin Qian, "International Treaties in the Chinese Domestic Legal System", 8 *Chinese J. Int'l L.* 299, 314 (2009). 该文承认中国最高人民法院在法律体系的发展中正在日益发挥更加重要的作用，因为"中国法律体系不是判例法体系，在司法实践中没有遵循先例的原则。最高人民法院作出的司法解释在指导下级法院阐释和适用法律上起着非常重要的作用"。

② 《审理商标民事纠纷的解释》。

③ 依据《审理商标民事纠纷的解释》第 13 条，人民法院依据《商标法》第 56 条第 1 款的规定确定侵权人的赔偿责任时，可以根据权利人选择的计算方法计算赔偿数额。

④ 依据《审理商标民事纠纷的解释》第 15 条，商标法第 56 条第 1 款规定的因被侵权所受到的损失，可以根据权利人因侵权所造成商品销售减少量或者侵权商品销售量与该注册商标商品的单位利润乘积计算。

⑤ 依据《审理商标民事纠纷的解释》第 14 条，商标法第 56 条第 1 款规定的侵权所获得的利益，可以根据侵权商品销售量与该商品单位利润乘积计算；该商品单位利润无法查明的，按照注册商标商品的单位利润计算。

⑥ 依据《商标法》第 56 条，前款所称侵权人因侵权所得利益，或者被侵权人因被侵权所受损失难以确定的，由人民法院根据侵权行为的情节判决给予 50 万元以下的赔偿。

⑦ 依据《审理商标民事纠纷的解释》第 16 条，侵权人因侵权所获得的利益或者被侵权人因被侵权所受到的损失均难以确定的，人民法院可以根据当事人的请求或者依职权适用《商标法》第 56 条第 2 款的规定确定赔偿数额。人民法院在确定赔偿数额时，应当考虑侵权行为的性质、期间、后果，商标的声誉，商标使用许可费的数额，商标使用许可的种类、时间、范围及制止侵权行为的合理开支等因素综合确定。

过，纠纷双方也有达成损害赔偿金额的协议的自由。[①]

关于因商标侵权而产生的合理诉讼费用，最高人民法院规定包括调查和取证的合理费用。[②] 此外，如果情况许可，人民法院还可判给律师费用。[③]

为解决商标侵权诉讼的拖延，最高人民法院还规定商标侵权的诉讼时效为两年。[④] 商标所有人未能在两年内起诉的，如果侵权行为持续，商标所有人仍然有权提起诉讼并得以请求禁令救济。[⑤] 但是，侵权损害赔偿数额应当自向法院起诉之日起向前推算两年计算。[⑥]

只分析《商标法》无法让我们全面理解中国商标法理论，因为《商标法》并不能够解决未注册商标的信誉或商誉的问题。尽管如此，它还是获得了公众认可。此外，《商标法》中没有道歉救济措施的规定，中国的《反不正当竞争法》则规定了注册和未注册的商标或名称。至于道歉的救济措施，中国《民法通则》规定了为消除不良影响而公开道歉的救济条款。

（二）《反不正当竞争法》及最高人民法院

《商标法》《反不正当竞争法》禁止不公平的、损害竞争对手以致损害商标信誉的行为。[⑦] 在全国人民代表大会通过《反不

---

① 依据《审理商标民事纠纷的解释》第 16 条，当事人按照本条第 1 款的规定就赔偿数额达成协议的，应当准许。

② 依据《审理商标民事纠纷的解释》第 17 条，《商标法》第 56 条第 1 款规定的制止侵权行为所支付的合理开支，包括权利人或者委托代理人对侵权行为进行调查、取证的合理费用。

③ 《审理商标民事纠纷的解释》第 17 条。

④ 《审理商标民事纠纷的解释》第 18 条。

⑤ 同前。

⑥ 同前。

⑦ 《反不正当竞争法》1992 年 9 月 2 日由全国人民代表大会常务委员会通过，自 1993 年 12 月 1 日起施行。

正当竞争法》3 个月后，该法于 1993 年 12 月 1 日生效实施。①
"不正当竞争"是指经营者违反《反不正当竞争法》的规定，
损害个人或企业的合法权益，扰乱社会经济秩序的行为。②

《反不正当竞争法》第 5 条明确禁止假冒他人注册商标的
行为。③ 此外，仔细研究第 5 条，会发现其并不仅限于对注册
商标提供法律保护，还包括禁止了更多不正当的侵权行为。④
其禁止任何人：

> 擅自使用知名商品特有的名称、包装、装潢，或者
> 使用与知名商品近似的名称、包装、装潢，造成和他人的
> 知名商品相混淆，使购买者误认为是该知名商品……⑤

这表明保护延及未注册商标。该规定保护知名商品的名称
和包装，⑥ 未授权使用此类知识产权则被认定为不正当竞争。⑦
更重要的是，第 5 条禁止任何人"擅自使用他人的企业名
称或者姓名，以致公众误认为其商品为所述企业或个人的商

---

① See Tianlong Yu, "An Anti-Unfair Competition Law Without a Core：An Intro-
ductory Comparison Between U. S. Antitrust Law and the New Law of the People's Republic
of China", 4 *Ind. Int'l & Comp. L. Rev.* 315，315-316（1994）.（该文介绍了中国
《反不正当竞争法》的背景。）
② 《反不正当竞争法》第 2 条。
③ 依据《反不正当竞争法》第 5 条，经营者不得采用下列不正当手段从事
市场交易，损害竞争对手：（一）假冒他人的注册商标。
④ 《反不正当竞争法》第 5 条。
⑤ 同前。
⑥ 需要强调的是，此处保护的对象不是知名或驰名商标，而是未注册的商
标和知名商品的外观装饰。《最高人民法院关于审理不正当竞争民事案件应用法律
若干问题的解释》（以下简称《审理不正当竞争民事案件的解释》），公布于 2007
年 1 月 12 日，载 http：//www. wipo. int/wipolex/enltext. jsp？ file _ id = 182407
（China），该解释目的是为了正确审理不正当竞争的民事案件，依法保护经营者的
合法权益，维护市场竞争秩序。
⑦ 《反不正当竞争法》第 5 条第 2 款。

品"。① 换句话说，擅自使用与某产品相关的他人的企业名称，从而使消费者误认该产品原产地，这种行为是违法的。② 该禁止延及未经授权使用与某一产品相关联的他人姓名，从而误导消费者的行为。③ 对产品质量的虚假表示也被认定为不正当竞争行为。④ 对违反第 5 条规定的行为的措施，包括停止侵权，没收违法所得，处以三倍罚款，吊销营业执照以及可能的刑事指控。⑤

中国最高人民法院为下级法院作出关于适用《反不正当竞争法》的权威司法解释。⑥ 2007 年年初，在 1993 年的《反不正当竞争法》实施 14 年后，⑦ 最高人民法院才发布该司法解释。⑧ 这可能是由于最高人民法院需要时间来观察实际案例，并从中获取经验，因为最高人民法院表明《审理不正当竞争民事案件的解释》是依照法律的有关规定，并结合审判实践经验和实际情况制定的。⑨

依照《反不正当竞争法》第 5 条，《审理不正当竞争民事

---

① 《反不正当竞争法》第 5 条第 3 款。

② 同前。

③ 同前。

④ 《反不正当竞争法》第 5 条第 4 款，禁止他人"在商品上伪造或者冒用认证标志、名优标志等质量标志，伪造产地，对商品质量作引人误解的虚假表示"；see also Yu，"An Anti-Unfair Competition Law Without a Core：An Introductory Comparison Between U. S. Antitrust Law and the New Law of the People's Republic of China"，pp. 318-319（列举了商标侵权行为以及其他《反不正当竞争法》所禁止的行为）。

⑤ 《反不正当竞争法》第 21 条；see also Yu，"An Anti-Unfair Competition Law Without a Core：An Introductory Comparison Between U. S. Antitrust Law and the New Law of the People's Republic of China"，pp. 328-329（详述了《反不正当竞争法》第 21 条中的救济措施）。

⑥ 《审理不正当竞争民事案件的解释》。

⑦ 同前。

⑧ 依据《反不正当竞争法》第 33 条，本法自 1993 年 12 月 1 日起施行；另参见《审理不正当竞争民事案件的解释》。

⑨ 《审理不正当竞争民事案件的解释》。

案件的解释》指导下级人民法院保护未注册的知名商品的名称或包装。① 此外，最高人民法院还列举了一些在分析商品是否应当被认定为"知名"的情况时，下级人民法院所不应考虑的因素。② 《审理不正当竞争民事案件的解释》规定，"知名商品"仅指在中国境内具有一定市场知名度，为相关公众所知悉的商品。③ 下级人民法院在认定商品是否享有市场知名度时，必须考虑包括销售时间、销售区域、销售额和销售对象等因素。④

通过上述解释文件，最高人民法院对《反不正当竞争法》第 5 条中的"知名商品特有的装潢"作出扩大解释。⑤ 最高人民法院对其解读如下："营业用具的式样、营业人员的服饰等构成的具有独特风格的整体营业形象"，并因此基于《反不正当竞争法》给予其法律保护。⑥ 这就保护了独特的商业外观，

---

① 《审理不正当竞争民事案件的解释》第 1—2 条；另参见最高人民法院审理爱特福药物保健有限公司与地坛医院、爱特福化工有限责任公司、庆余药品经营部不正当竞争纠纷案（2003 年 3 月 23 日），总而言之，知名商品的特有名称应当受到法律保护，未经许可，任何人不得擅自使用他人知名商品的特有名称。

② 《审理不正当竞争民事案件的解释》第 2 条列举了不应当被认定为知名商品特有的名称、包装、装潢：（一）商品的通用名称、图形、型号；（二）仅仅直接表示商品的质量、主要原料、功能、用途、重量、数量及其他特点的商品名称；（三）仅由商品自身的性质产生的形状，为获得技术效果而需有的商品形状以及使商品具有实质性价值的形状；（四）其他缺乏显著特征的商品名称、包装、装潢。

③ 《审理不正当竞争民事案件的解释》第 1 条。

④ 依据《审理不正当竞争民事案件的解释》第 1 条，人民法院认定知名商品，应当考虑该商品的销售时间、销售区域、销售额和销售对象，进行任何宣传的持续时间、程度和地域范围，作为知名商品受保护的情况等因素，进行综合判断。

⑤ 《审理不正当竞争民事案件的解释》第 3 条。

⑥ 同前。

或者某特定产品或服务的外观、感觉或总体面貌。[1]

最高人民法院还将法律保护延及企业名称。该名称可以是中国企业的名称，或者是在中国境内商业使用的外国（地区）的企业名称。[2] 此类名称可依据《反不正当竞争法》加以保护。另外，"企业名称中的字号"只要具有一定的"市场知名度"并且为相关公众所知悉，也同样可以获得法律保护。[3] 任何擅自使用受保护名称的行为都将被认定为不正当竞争。[4]

就自然人姓名而言，最高人民法院认为如果自然人的姓名在"商品经营中"被使用，那么该姓名将同样有资格获得《反不正当竞争法》的保护。[5] 擅自使用他人姓名，以致公众误认为是他人商品的行为也是被禁止的。[6]

总之，了解中国的商标法理论，需超越《商标法》本身。无论名称属于个人还是企业，第三方都不得未经授权许可而使用该名称，并采用误导、混淆的方式使公众相信所购产品为同

---

[1]　See Long, "Intellectual Property in China", p. 82（该文认为中国在1993年实施了保护独特营业外观的《反不正当竞争法》）；see also Paul B. Birden, Jr., "Trademark Protection in China: Trends and Directions", 18 *Lov. L. A. Int'l & Comp. L. J.* 431, 448（1996）。最高人民法院作出的关于营业外观的司法解释，让人联想到"两披索个人靓锅案"，美国最高法院曾经对墨西哥主题餐厅有关快餐营业外观的问题作出判决。两披索个人靓锅的营业外观被描述为：采用精美工艺品、绚丽的色彩、绘画以及壁画进行装饰的室内用餐区和露台所组合构成的节日用餐氛围。露台包括室内露台和室外露台，架空的卷门可以将两个区域分开。大楼阶梯式的外观采用了顶部边框油漆和荧光条文所构成的具有节日喜庆氛围而又有鲜艳色彩的主题，另外还有明亮的遮阳篷和遮阳伞。Two Pesos, Inc. v. Taco Cabana, Inc., 505 U. S. 763, 765（1992）[quoting Taco Cabana Int'l, Inc. v. Two Pesos, Inc., 932 F. 2d 1113, 1117（5th Cir. 1991）]；see also Xuan-Thao Nguyen, "Should It be a Free for All? The Challenge of Extending Trade Dress Protection to the Look and Feel of Websites in the Evolving Internet", 49 *Am. U. L. Rev.* 1233, 1239-1240（2000）（该文讨论了对商品和服务的外观及感觉的营业外观保护）。

[2]　《审理不正当竞争民事案件的解释》第6条。

[3]　同前。

[4]　同前；《反不正当竞争法》第5条第3款。

[5]　《审理不正当竞争民事案件的解释》第6条。

[6]　《反不正当竞争法》第5条第3款。

一产地的产品从而损害该名称的信誉。① 为名称提供法律保护的源头是《反不正当竞争法》，其提供的保护范围比《商标法》更广。② 最高人民法院是商标法理论设计的塑造者，这点可从其对有关《反不正当竞争法》的宽泛的司法解释中看出。③ 在缺少遵循先例的法律制度的情况下，最高人民法院巧妙地将 14 年的司法判决，转化成司法解释的一部分。在某些方面，中国的《反不正当竞争法》同美国的有关不正当竞争的《兰哈姆法》有些许相似是不足为奇的。与中国《反不正当竞争法》第 5 条一样，《兰哈姆法》的第 43 条（a）款规定也不要求词语或名称的登记。然而，擅自使用与商品有关的词语或名称造成消费者混淆的行为是被禁止的。④

（三）《民法通则》及最高人民法院

对于理解中国的商标法理论来说，最重要的法律是《民法通则》。⑤《民法通则》于 1986 年公布，1987 年 1 月 1 日施行。⑥ 该部涵盖广泛的法律⑦保障了公民、法人⑧的合法的民事

---

① 同前。
② 同前。
③ 此处指《审理不正当竞争民事案件的解释》，内容为最高人民法院对有关审理不正当竞争民事案件应用法律问题的解释。
④ 美国《兰哈姆法》第 43 条（a）款禁止"虚假标注来源，虚假或误导的描述，以及虚假或误导的描述有可能造成的关于其商品来源的混淆"［15 U. S. C. § 1125（a）（2006）］。
⑤ 参见《民法通则》。
⑥ 同前。
⑦ 《民法通则》包括继承、收养、婚姻家庭、知识产权等。
⑧ 《民法通则》第 36 条和 37 条对"法人"作出认定。第 36 条规定："法人是具有民事权利能力和民事行为能力，依法独立享有民事权利和承担民事义务的组织。法人的民事权利能力和民事行为能力，从法人成立时产生，到法人终止时消灭。"第 37 条规定："法人应当具备下列条件：（一）依法成立；（二）有必要的财产或者经费；（三）有自己的名称、组织机构和场所；（四）能够独立承担民事责任。"

权益，并且在发展社会主义国家的框架下调整民事关系。①
《民法通则》中与商标法理论相关的条款值得密切关注。②

　　中国《民法通则》中单独有一节规定"知识产权"，其承
认法人享有的专利权、著作权（版权）、商标权等独占性权利
受法律保护。③ 与本文相关的是，《民法通则》规定"法人、
个体工商户、个人合伙依法取得的商标专用权受法律保护"。④
这表明，如果商标专用权被侵犯，商标注册人有权就《民法
通则》第118条的规定请求"停止侵害，消除影响，赔偿损
失"。⑤ 法庭还可判令被告在报纸或商业刊物上公开道歉以消
除不良影响。⑥

　　不仅商标所有人享有中国《民法通则》所规定的法律保
护，法人和个人也享有"名称权"的法律保护。事实上，根
据《民法通则》，中国公民、法人、个体工商户、合伙企业、
企业均享有"名称权"和"使用、依法转让自己的名称的权
利"。⑦ 事实上，《民法通则》所提供的法律保护延及尚未依据
《商标法》进行注册的商标或名称。此外，《民法通则》第120

---

　　① 依据《民法通则》第1条，为了保障公民、法人的合法的民事权益，正
确调整民事关系，适应社会主义现代化建设事业发展的需要，根据宪法和我国实
际情况，总结民事活动的实践经验，制定本法。

　　② See generally Kara L. Phillips & Amy L. Sommers，"A Tragedy of the Com-
mons：Property Rights Issues in Shanghai Historic Residences"，28 *Penn St. Int'l
Rev.* 137，166 n. 141（2009）.［该文认为《民法通则》在第五章（包含四节）规
定了财产所有权和与财产所有权有关的财产权、债权、知识产权、人身权。］

　　③ 《民法通则》第94—97条。

　　④ 同前。《民法通则》第94条规定，公民、法人享有著作权（版权），依
法有署名、发表、出版、获得报酬等权利。第95条规定，公民、法人依法取得的
专利权受法律保护。第96条规定，法人、个体工商户、个人合伙依法取得的商标
专用权受法律保护。

　　⑤ 《民法通则》第118条。

　　⑥ 芳芳陶瓷厂诉恒盛陶瓷建材厂侵犯商标专用权纠纷案，福建省高级人民
法院于1998年12月30日二审，在本案中，法院适用《民法通则》第118条判决
被告停止侵权，赔偿损失，并在报纸上公开道歉。

　　⑦ 《民法通则》第99条。

条明文规定有关法人的"姓名权、肖像权、名誉权或荣誉权"的法律保护,① 这就意味着个人或企业有权"要求停止侵害","恢复个人或企业的名誉",以及"消除不良影响"。② 最重要的是,除了禁令救济之外,个人或企业还可以要求赔偿损失以及"赔礼道歉"。③

除了第 118 条和第 120 条规定禁令救济、损害赔偿、诉讼费用以及公开道歉作为救济措施外,《民法通则》还有另一相关条款规定当商标权以及"名称权、名誉权、荣誉权"等受到侵害时的民事赔偿责任。《民法通则》第 134 条规定了一系列的"承担民事责任的方式",④ 当被告违反民法基本原则时,法院可以选择并适用适当的救济措施。在这十种方式中,《民法通则》第 134 条列举了消除影响、恢复名誉、赔礼道歉三种方式。⑤

重要的是,中国最高人民法院通过司法解释规定,下级人民法院可以依照《民法通则》第 134 条的规定给予胜诉的原告救济措施。⑥ 除《商标法》中所规定的有关救济措施外,下

① 此处有误,应当为公民享有姓名权、肖像权、名誉权、荣誉权,而法人则享有名称权、名誉权、荣誉权。——译者注

② 《民法通则》第 120 条。

③ 同前。

④ 依据《民法通则》第 134 条,承担民事责任的方式主要有:(一)停止侵害;(二)排除妨碍;(三)消除危险;(四)返还财产;(五)恢复原状;(六)修理、重作、更换;(七)赔偿损失;(八)支付违约金;(九)消除影响、恢复名誉;(十)赔礼道歉。以上承担民事责任的方式,可以单独适用,也可以合并适用。人民法院审理民事案件,除适用上述规定外,还可以予以训诫、责令具结悔过、收缴进行非法活动的财物和非法所得,并可以依照法律规定处以罚款、拘留。

⑤ 《民法通则》第 134 条。

⑥ 依据《审理商标民事案件的解释》第 21 条,人民法院在审理侵犯注册商标专用权纠纷案件中,依据《民法通则》第 134 条、《商标法》第 53 条的规定和案件具体情况,可以判决侵权人承担停止侵害、排除妨碍、消除危险、赔偿损失、消除影响等民事责任,还可以作出罚款,收缴侵权商品、伪造的商标标识和专门用于生产侵权商品的材料、工具、设备等财物的民事制裁决定。罚款数额可以参照《中华人民共和国商标法实施条例》的有关规定确定。

级人民法院可判令侵权人"停止侵害、排除妨害、消除危险、赔偿损失"。① 中国法院最近公布的判决适用《民法通则》第118条、第120第、第134条的规定，对使用他人商标并损害商标所有人声誉的被告作出判决。②

将《商标法》《反不正当竞争法》《民法通则》这三种法律渊源与司法解释相结合，中国的商标法理论就完整地呈现在我们眼前。中国的商标保护范围包括注册的及未注册的名称。如果原告对未注册的名称商业化使用一定时间，那么该名称也可以获得法律保护。中国似乎明白商标和名称是声誉的体现，那些可能误导公众的擅自使用行为对原告和公众都造成了损害。中国为商业外观、包装、产品或服务的外观，提供类似的名誉性保护。

依照这三部法律及司法解释所规定的对商标信誉的保护，也可以自下级人民法院公布的书面判决中找到踪迹。虽然司法意见不具有约束力，③ 但也同样展示了商标法理论在中国的发展。这些判决至关重要，因为这涉及保护个人或企业的声誉，补偿受损害的个人或企业，严禁擅自使用他人名称误导公众以及恢复公共秩序。在救济措施中，公开赔礼道歉是一种矫正措施，其使得个人或企业及公众的权益状态重归完整。

三、有关商标信誉的司法判决

我们分析那些已经出版并翻译成英文的中国司法判决发现，中国法院保护法人的注册商标或名称免遭未经授权的使

---

① 《审理商标民事案件的解释》第21条。

② 参见本文第三部分、第四部分的内容，探讨了有关商标侵权的不同司法判决。

③ Chua, "The Laws of the People's Republic of China: An Introduction for International Investors", p. 136. （"尽管中国没有判例法制度，此类书面判决至少能够为公众和执业律师提供参考"。）

用。当被告故意从事损害原告名称或注册商标信誉的行为时，这些判决则采用《民法通则》第 118 条、第 120 条、第 134 条的规定来消除不良影响，责令公开道歉。公开道歉通常是除禁令、损害赔偿及承担诉讼费用之外的救济措施。以下将对这些判决逐一剖析。

（一）天津狗不理包子饮食（集团）公司诉黑龙江省哈尔滨市天龙阁饭店、高渊侵犯商标专用权纠纷案

本案中，原告于 1980 年 7 月在包子类产品上注册了"狗不理"商标。① 包子是中国一种用肉馅填充的食品。② 原告于 1991 年提起了商标侵权之诉，起诉被告黑龙江省哈尔滨市天龙阁饭店、高渊未经许可使用"狗不理"商标。③ 被告辩称其对"狗不理"名称的使用仅为识别目的。具体来说，被告认为高渊是"狗不理"包子创始人高贵友的直系传人，其同哈尔滨市天龙阁饭店签订协议，同意该店以在饭店门口上方悬挂一块牌匾的方式使用"狗不理"名称，并且该饭店聘请高渊为糕点厨师。④ 牌匾内容为"正宗天津狗不理包子第四代传人高耀林、第五代传人高渊"。⑤ 1993 年，哈尔滨市香坊区人民法院和哈尔滨市中级人民法院均认为，被告的使用行为并不构成商标侵权并判决支持被告。⑥ 随后原告上诉至黑龙江省高级人民法院。

---

① 天津狗不理包子饮食（集团）公司诉黑龙江省哈尔滨市天龙阁饭店、高渊侵犯商标专用权纠纷案，黑龙江省高级人民法院于 1994 年 12 月 28 日作出判决。

② Ye Jun，"Best of the Buns"，*China Daily*（May 21，2004）http：//www. chinadaily. com. cn/english/doc/2004-05/21 /content_ 332721. htm.

③ 天津狗不理包子饮食（集团）公司诉黑龙江省哈尔滨市天龙阁饭店、高渊侵犯商标专用权纠纷案，黑龙江省高级人民法院于 1994 年 12 月 28 日作出判决。

④ 同前。

⑤ 同前。

⑥ 同前。

1994 年 12 月 28 日，黑龙江省高级人民法院推翻了下级法院的判决，发现"狗不理"商标是由原告①注册的有效商标，而根据《商标法》，原告享有商标专用权并受法律保护。②法院指出，尽管高渊自称是狗不理包子创始人的后代，但其既不享有"狗不理"商标的使用权，亦无权与天龙阁饭店签订有关"狗不理"商标权使用方面的协议。法院认为，被告在饭店大门入口悬挂牌匾是以经营为目的，因此其侵犯了原告的商标专用权。被告的使用行为并非仅仅为了确认"狗不理"包子创始人的传人。③

黑龙江省高级人民法院适用《民法通则》第 134 条第 1 款第 1 项、第 7 项、第 10 项的规定④，责令被告停止侵权行为，销毁牌匾并自判决生效后 10 日内赔偿原告 44,800 元。法院还判给原告 7380 元案件受理费用。另外，法院责令被告在"哈尔滨市级以上"的报纸上"刊登赔礼道歉的声明"。⑤法院宣布，道歉的内容"须由法院审查并批准"，其相关费用由被告承担。⑥

（二）中国药科大学诉福瑞科技公司不正当竞争纠纷案

中国药科大学是中国知名公立大学，尤其在医药领域非常

---

① 此处原文有误，应为原审上诉人。本文在分析上诉案件时，文中的"原告"应为原审上诉人，"被告"应为原审被上诉人。——译者注

② 天津狗不理包子饮食（集团）公司诉黑龙江省哈尔滨市天龙阁饭店、高渊侵犯商标专用权纠纷案，黑龙江省高级人民法院于 1994 年 12 月 28 日作出判决。

③ 天津狗不理包子饮食（集团）公司诉黑龙江省哈尔滨市天龙阁饭店、高渊侵犯商标专用权纠纷案，黑龙江省高级人民法院于 1994 年 12 月 28 日作出判决。

④ 依据《民法通则》第 134 条，承担民事责任的方式主要有：（一）停止侵害……（七）赔偿损失……（十）赔礼道歉。

⑤ 天津狗不理包子饮食（集团）公司诉黑龙江省哈尔滨市天龙阁饭店、高渊侵犯商标专用权纠纷案，黑龙江省高级人民法院于 1994 年 12 月 28 日作出判决。

⑥ 同前。

有名。① 通过与其附属企业合作，中国药科大学已将多项科研成果转化成医疗器械和药品。中国药科大学虽然没有注册商标，但其通过附属企业已在市场上小有声誉，并已成为"医药行业市场竞争力的象征"。②

被告福瑞科技从事营养补充品业务。③ 自2004年3月2日起，被告开始销售在包装盒上和宣传材料上印有"中国药科大学"名称的婴儿营养补充剂。被告认为其对"中国药科大学"名称的使用是合理的，因为在2003年被告租用了中国药科大学体育部的房屋，而此名称是被告联系地址的一部分。④中国药科大学以不正当竞争为由对被告提起诉讼。

在2004年年末，南京市中级人民法院对该案作出了判决。⑤ 根据《反不正当竞争法》第2条，法院认为中国药科大学通过其附属企业经营，具有市场经营者的资格，因此其可以向被告提起不正当竞争诉讼。随后，南京市中级人民法院适用《反不正当竞争法》第5条，该条规定经营者不得"擅自使用他人的企业名称或者姓名，引人误认为是他人的商品"。⑥ 法院解释此条立法原意为禁止经营者"借用他人的名誉销售自己的产品，从而损害竞争对手"。⑦ 法院认为"中国药科大学"的名称虽非企业名称，但通过中国药科大学附属企业的经营活动，⑧ 已经使该名称成为"药品具有竞争力的象征"，因此

---

① 中国药科大学诉福瑞科技公司不正当竞争纠纷案，江苏省高级人民法院于2005年1月31日审理。

② 同前。

③ 同前。

④ 中国药科大学诉福瑞科技公司不正当竞争纠纷案，江苏省高级人民法院于2005年1月31日审理。

⑤ 同前。南京市中级人民法院于2004年12月13日作出判决。

⑥ 中国药科大学诉福瑞科技公司不正当竞争纠纷案，江苏省高级人民法院于2005年1月31日审理。该判决引用了《反不正当竞争法》第5条。

⑦ 同前。

⑧ 同前。

"中国药科大学"的名称应受到法律保护以防止损害其声誉的"非法使用"。①

南京市中级人民法院最终得出结论认为，被告违反了中国的《反不正当竞争法》。在作出结论的过程中，法院首先关注的是中国药科大学体育部同被告福瑞科技之间的房屋租赁合同，租期 3 年，每年租金 7000 元。租赁合同明确禁止被告以中国药科大学的名义从事任何商业活动，并且表明其所从事的任何商业活动的后果都与中国药科大学无关。中级人民法院指出，被告在其产品的包装盒和宣传材料上印有"江苏福瑞科技技术有限公司、中国南京中国药科大学东"，"福瑞科技、荣誉出品、中国南京中国药科大学、东校园"以及"联系地址：中国南京、中国药科大学 181 信箱"的字样。② 以如此明显的方式使用中国药科大学的名称，被告"侵犯了名称权"，"篡夺了中国药科大学的商业信誉"，"造成了公众的误认"，并且就其与中国药科大学之间的隶属关系而言，"欺骗了消费者"。③

随后，南京市中级人民法院依照《民法通则》第 134 条作出判决。法院发布禁令，被告立即停止所有对中国药科大学名称的侵权行为，并销毁所有侵权包装盒和宣传材料。法院判令被告赔偿中国药科大学经济损失 10 万元，并承担案件受理费用。法院还要求被告自判决生效之日起 15 日内在《扬子晚报》上公开赔礼道歉，以"消除被告擅自使用中国药科大学的名称的不良影响"。④ 法院告诫被告，如果没有及时公开道歉，"将刊登本判决书的主要内容，由此产生的费用"由被告

---

① 同前。
② 中国药科大学诉福瑞科技公司不正当竞争纠纷案，江苏省高级人民法院于 2005 年 1 月 31 日审理。
③ 同前。
④ 同前。

承担。① 判决于 2004 年 12 月 13 日作出。被告不服判决，并上诉至江苏省高级人民法院。2005 年 1 月 31 日，江苏省高级人民法院维持了下级法院有关法律适用、事实认定、民事责任认定的判决。②

（三）申花足球俱乐部诉特雷通贸易有限公司侵害名称权纠纷案

原告申花足球俱乐部是中国知名的足球俱乐部。③ 1999 年 3 月 21 日，原告将总部办公地从上海市欧阳路搬迁至上海东江湾路虹口足球场。原告诉称特雷通公司于 1999 年 3 月 22 日、3 月 25 日、4 月 2 日在《新民体育报》上使用"申花"名称刊发家具的商业广告。广告内容中，被告在介绍完特雷通公司的家具产品之后还附随一句"申花搬新家，那你呢？"④

上海市静安区人民法院认为，根据《民法通则》相关规定，"法人、个体工商户、个人合伙享有名称权"。此外，"企业法人、个体工商户、个人合伙有权使用、依法转让自己的名称"。⑤ 静安区法院随后援引最高人民法院发布的有关《民法通则》的司法解释⑥，该解释规定"盗用、假冒他人姓名、名称造成损害的，应当认定为侵犯姓名权、名称权的行为"⑦。因此，静安区人民法院发现"申花"是原告申花俱乐部的名称，原告对此享有"法人名称权，有权使用这一名称，其他

---

① 同前。
② 同前。
③ 申花足球俱乐部诉特雷通贸易有限公司侵害名称权纠纷案，上海市第二中级人民法院于 2000 年 9 月 11 日作出判决。
④ 同前。
⑤ 同前。
⑥ 该司法解释为《关于民法通则的意见》，最高人民法院于 1988 年 4 月 2 日发布。——译者注
⑦ 申花足球俱乐部诉特雷通贸易有限公司侵害名称权纠纷案，上海市第二中级人民法院于 2000 年 9 月 11 日作出判决。

人不得盗用、假冒"。① 另外，静安区法院认可"申花"的知
名度，这意味着该名称已经成为"名誉的象征并且在一定条
件下能够发挥号召公众作用的属性"，并且"在商品经济社会
中，该名称已经成为能为名称权人带来商业利益的一项无形财
产"。② 因此，任何未经授权使用该名称的行为都是侵权行为。
被告未经授权使用"申花"名称发布商业广告，应当"承担
民事责任"。③

　　静安区法院随后适用《民法通则》第 120 条，该条规定
公民或者法人的"姓名权或名称权……名誉权或荣誉权受到
侵害的，有权要求停止侵害，恢复名誉，消除影响以及赔礼道
歉……"④ 根据该条款，静安区法院可以对被告发布禁令，并
且通过判令被告公开赔礼道歉以恢复原告的信誉。《民法通则》
第 120 条也提供了与损害赔偿相关的规定以补偿原告。本案中，
被告被判令赔偿原告经济损失 5 万元，并承担案件受理费用
7710 元。除此之外，静安区法院还判令被告特雷通公司在该判
决生效之日起 10 日内，在《新民体育报》刊登启事向原告道
歉。被告不服一审判决，向上海市第二中级人民法院提起上诉。

　　2000 年 9 月 11 日，上海市第二中级人民法院认为，静安
区法院的事实认定正确。法院认为，根据法律规定，"法人有
权使用自己的名称，也有权禁止他人非法使用自己的名称"⑤。
本案中，被告特雷通公司未经同意就在商业广告中使用申花俱
乐部的名称，该使用侵犯了"申花俱乐部的名称权"⑥。特雷

---

①　同前。
②　同前。
③　同前。
④　申花足球俱乐部诉特雷通贸易有限公司侵害名称权纠纷案，上海市第二
中级人民法院于 2000 年 9 月 11 日作出判决。
⑤　同前。
⑥　同前。

通公司以其不是恶意使用为由，辩称没有侵犯"申花"的名称权。上海市第二中级人民法院驳回了这一理由，确认了下级法院对救济措施的判决，同时判令被告特雷通公司承担区法院和上诉法院的案件受理费用。①

（四）芳芳陶瓷厂诉恒盛陶瓷建材厂侵犯商标专用权纠纷案

原告芳芳陶瓷厂于1993年2月28日取得"恒盛"注册商标，核定使用商品为"瓷砖"。被告恒盛陶瓷建材厂未经授权而在瓷砖上使用"恒盛"名称。原告以被告就瓷砖来源故意误导消费者为由，向法院提起商标侵权诉讼。被告认为"恒盛"是其企业名称的一部分，并已由登记企业名称的行政机关核定。② 泉州市中级人民法院查明，尽管被告有权使用其企业名称，但并无权在瓷砖的外包装箱上使用"恒盛"名称，因为原告已在瓷砖上就该名称注册了商标。原告作为商标"恒盛"的所有人，享有使用商标的独占权，被告擅自使用的行为构成侵权。根据《民法通则》第118条的规定，泉州市中级人民法院判决被告承担相应的民事侵权责任。法院判令被告停止使用注册商标，赔偿原告经济损失5万元并赔礼道歉。③

在上诉过程中，福建省高级人民法院驳回被告④有关其仅仅是使用了自身企业名称的上诉意见，而认定被告事实上使用了原告的注册商标。福建省高级人民法院维持了下级人民法院有关停止侵权、赔偿损失、赔礼道歉的判决。⑤ 此外，福建省

---

① 同前。

② 芳芳陶瓷厂诉恒盛陶瓷建材厂侵犯商标专用权纠纷案，福建省高级人民法院于1998年12月12日作出判决。

③ 同前。

④ 此处有误，在本案中，一审原告芳芳陶瓷厂应为被上诉人，一审被告恒盛陶瓷建材厂应为上诉人。——译者注

⑤ 芳芳陶瓷厂诉恒盛陶瓷建材厂侵犯商标专用权纠纷案，福建省高级人民法院于1998年12月12日作出判决。

高级人民法院还判令被告销毁侵权瓷砖包装箱。①

上述四个案例体现了商标法理论的动态发展情况，法院运用三部法律，承认商标和名称的财产权利，并因此向侵权人发出停止侵权行为的禁令。该禁令还预防了侵权人任何不正当竞争行为的扩散。为弥补侵权行为给原告造成的损失，法院适用责任规则判令侵权人赔偿损失，还将类似律师费用、取证费用等其他费用归入损失。尽管如此，禁令和损害赔偿并非唯一救济措施。鉴于对商标信誉的损害对原告和公众都是一种伤害，因此，如果被告的侵权行为是故意或者恶意的，法院通常会判令侵权人除停止侵权和赔偿损失之外还需赔礼道歉。侵权人必须在法院选定的报纸上道歉，其内容须经由法院审批。②

事实上，在上述四个案例中，被告完全知道信誉同原告的商标或名称相关，却故意忽略原告的权利并利用商标或名称的商业价值。被告就产品的生产地蓄意误导公众。根据道歉正义，法院在发现被告恶意侵权的情况下，通过判令其公开道歉以弥补原告及公众所受的损害。然而，当被告并非恶意侵权时，法院一般不会判令公开道歉，③ 而只是在判决中组合适用

---

① 同前。另参见星源公司、统一星巴克诉上海星巴克、上海星巴克分公司商标侵权及不正当竞争纠纷案，上海市高级人民法院于2006年12月20作出判决，维持原判，确认下级法院的判决，即认定被告擅自且恶意使用星巴克商标，判令被告停止侵权、赔偿损失、支付案件受理费用，以及公开赔礼道歉；北京市普顿服装制造有限责任公司与北京市仙姿制衣有限公司侵犯商标权纠纷案，北京市第二中级人民法院于2000年12月11日作出判决，判令被告为其故意侵权公开赔礼道歉；艾格福公司诉南京第一农药厂商标侵权纠纷案，南京市中级人民法院于1998年12月30日作出判决，判令被告立即停止侵犯原告商标专用权，赔偿经济损失，支付案件受理费和审计费，并在《南京日报》上登报向原告赔礼道歉。

② 如需了解其他系列案例概要，see "Top 10 IPR Cases in 2004", *China Daily*, http：//www.chinadaily.com.cn/english/doc/2004-12/18/content _ 401345.htm（last updated Dec.18.2004）。

③ 参见北京巴黎大磨坊食品有限公司诉北京太阳城商场侵犯商标权纠纷案，北京市中级人民法院于1991年1月10日作出判决，判令被告停止侵害，赔偿经济损失，并支付原告律师代理费、调查取证费。

停止侵权、赔偿损失和承担诉讼费用。

四、公开道歉的内容

在商标侵权和不正当竞争案件中，中国法院针对被告所判决的公开道歉包含什么内容？通过回顾网上的报道，我们可打开一扇认识商标名誉案件中公开道歉的内容的窗口。以下将举例说明发表在中国报纸上的赔礼道歉的内容：①

> 本人俞海军（身份证号码：330825197612XXXXXX）未经商标注册人苏爱护许可，擅自使用"苏家爱华"商标，侵犯了注册商标专用权，特向商标注册人深表歉意，并保证今后不再擅自使用"苏家爱华"商标。特此声明！
>
> 本人俞丽军（身份证号码：330825196907XXXXXX）未经商标注册人苏爱护许可，擅自使用"苏家爱华"商标，侵犯了注册商标专用权，特向商标注册人深表歉意，并保证今后不再擅自使用"苏家爱华"商标。特此声明！
>
> 本人钟智萍（身份证号码：332527196911XXXXXX）未经商标注册人苏爱护许可，擅自使用"苏家爱华"商标，侵犯了注册商标专用权，特向商标注册人深表歉意，并保证今后不再擅自使用"苏家爱华"商标。特此声明！

---

① 徐菲（音译）与康娜（音译）在进入美国南方卫理公会大学戴德曼法学院攻读2010—2011年的LL. M. 项目之前就通过了中国国家司法考试，她们协助笔者研究知识产权案件中的公开道歉内容。根据她们的研究结果，以下为发布有公开道歉启事的报纸：《北京晚报》《中国电影报》《经济日报》《广州晚报》《摩托车商情》《南方日报》《新华日报》《浙江法制报》。她们还为笔者翻译公开道歉启事的内容，笔者已将这些翻译归档。

　　本人黄丽芳（身份证号码：330702196809XXXXXX）未经商标注册人苏爱护许可，擅自使用"苏家爱华"商标，侵犯了注册商标专用权，特向商标注册人深表歉意，并保证今后不再擅自使用"苏家爱华"商标。特此声明！

　　以上四则赔礼道歉是由"苏家爱华"商标侵权人作出的。这些赔礼道歉于 2010 年 3 月 26 日刊登在《浙江法制报》上。① 四名侵权人均承认他们擅自使用商标注册人的商标，在公共论坛向商标注册人苏爱护表达歉意，并承诺今后不再擅自使用该商标。

　　另一则赔礼道歉相对篇幅较长，其主要是依据天津市高级人民法院对天津港田集团公司侵犯"雅马哈"商标一案的判决作出的。

　　根据天津市高级人民法院民事判决书的要求，本公司声明如下：

　　本公司 2009 年、2010 年② 申报《全国汽车、民用改装车和摩托车生产企业及产品目录》时，在港田牌 GT125T、GT125T-A、GT125T-B 和 GT50T-A 型摩托车的项下，声称使用的发动机的商标及厂牌为"Linhai-Yamaha"，这一行为已被上述判决书认定为侵犯雅马哈发动机株式会社商标专用权的行为；

　　本公司的下属公司天津港田发动机有限公司生产的港田牌 GT50T-A 型摩托车，车身前后贴附了"Engine

---

　　① 道歉声明，载《浙江法制报》2010 年 3 月 26 日，http：//zjfzb.zjol.com.cn/html/2010-03/26/content_3_1.htm。

　　② 此处有误，根据原致歉声明，此处应为 1999 年、2000 年。——译者注

licensed by Yamaha"的字样，这种表达方式被上述判决书认定为侵害了雅马哈发动机株式会社的商标专用权。

本公司现就上述侵权行为向雅马哈发动机株式会社表示道歉，并声明业已更改了《全国汽车、民用改装车和摩托车生产企业及产品目录》中选配"Linhai-yamaha"发动机的内容，并保证今后不会再有上述或类似的商标侵权行为。

被告天津港田集团公司，于 2003 年 4 月在《摩托车》杂志上刊登了上述致歉声明。[①] 该赔礼道歉表明，被告承认其对原告商标的侵权行为。具体而言，被告擅自使用雅马哈发动机株式会社所申报目录中的商标。通过在其产品上贴附"Engine licensed by Yamaha"的字样，被告进行了虚假宣传并以雅马哈的名义销售他们自己的产品。被告假称他们已经取得原告的分销发动机产品的许可，误导了公众。被告为其行为致歉，并承诺不再从事类似的商标侵权行为。

五、商标损害和道歉正义

勒恩德·汉德法官敏锐地观察到，未经授权使用商标或名称不仅对商标的信誉造成损害，同时，这种损害也构成情感伤害。对商标信誉的损害的救济，美国和中国方法各异。在商标信誉损害案件中，中国并没有跟随美国的做法。在个人或法人的名称遭受恶意或故意侵权案件中，公开道歉是其救济措施之一；而赔礼道歉在美国有关商标信誉损害的法律中却不存在。

在美国，原告可以在联邦反不正当竞争法《兰哈姆法》

---

① 该致歉声明的中英文版本均由笔者存档。另一起由雅马哈发动机株式会社提起的商标侵权诉讼案，于 2007 年由中国最高人民法院宣判，判决被告停止侵权，赔偿经济损失 830 万元人民币并赔礼道歉。Olivia Chung, "A Trademark Milestone for Yamaha in China", *Asia Times Online*, June 29, 2007, http://www.atimes.com/atimes/China_ Business/IF29Cb02.html.

的框架下，寻求商标信誉的法律保护。① 原告并不需要拥有注册商标、名称或符号。② 就将一方附属于另一方或与另一方相关联而言，《兰哈姆法》禁止任何人以商业的方式，使用任何可能造成公众混淆、误解或受欺骗的文字、名称或符号，伪称商品原产地或任何有关事实的虚假描述。③ 联邦反不正当竞争法还禁止在商业广告中使用属于个人的文字、名称或符号。④

　　如果原告在《兰哈姆法》框架下胜诉，其通常会要求法庭提供禁令救济。⑤ 在中国，通常是确认原告的名称被侵犯后

---

① Fabrication Enters. , Inc. v. Hygenic Corp. , 64 F. 3d 53, 57 (2d Cir. 1995)（《兰哈姆法》的目的是为保护公众利益，以防止关于商品来源的欺骗，并且保护商业经营者通过投资商誉和与商标相联系的信誉以获得回报的权利）（原文有不同，引文从略）；David S. Ardia, "Reputation in a Networked World: Revisiting the Social Foundations of Defamation Law", 45 *Harv. C. R. -C. L. L. Rev.* 261, 277 n. 92 (2010)（该文认为《兰哈姆法》保护、规制商誉）；Laura A. Heymann, "The Law of Reputation and the Interest of the Audience", 52 *B. C. L. Rev.* 1341, 1385-1400 (2011)（该文在《兰哈姆法》框架下分析商标法案例）。

② Aaron Clark, "Not All Edits Are Created Equal: The Edited Movie Industry's Impact on Moral Rights and Derivative Works Doctrine", 22 *Santa Clara Computer & High Tec. L. J.* 51, 54 (2005). 美国《兰哈姆法》第 43 条（a）款体现了联邦反不正当竞争法，其旨在防止并纠正"可能损害原告的商业经营或个人信誉的虚假的描述或说明，即使没有商标涉及其中"，quoting Gilliam v. Am. Broad. Cos. , 538 F. 2d 14, 24 (2d Cir. 1976)。

③ 15 U. S. C. § 1125 (a) (2006) [美国《兰哈姆法》第 43 (a) 款]。1946 年，美国国会通过《兰哈姆法》，其目的是"保护公众以防欺骗，促进公平竞争，并通过防止经营者所创造出来的商誉向未能创造商誉的人转移，以保障商业界中商誉的优势"。S. Rep. No. 79-1333, at 4 (1946), reprinted in 1946 U. S. C. C. A. N. 1274, 1277；Mobil Oil Corp. v. Pegasus Petroleum Corp. , 818 F. 2d 254, 259 (2d Cir. 1987)（《兰哈姆法》将商标保护延及相关产品，以防止诸多弊端，包括对高级用户市场的可能性扩展的限制、消费者的混淆、高级用户声誉的玷污以及侵权人的不当得利）；see also Irina D. Manta, "Privatizing Trademarks", 51 *Ariz. L. Rev.* 381, 390-392 (2009)（该文对《兰哈姆法》进行了历史回顾）。

④ 15 U. S. C. § 1125 (a) (2006).

⑤ Mark A. Lemley & Mark McKenna, "Irrelevant Confusion", 62 *Stan. L. Rev.* 413, 444 n. 122 (2010). （该文认为在公众对商品或服务的来源产生混淆的情况下，禁令是一种合适的救济方式。）

就给予禁令救济;① 而在美国，胜诉的原告必须进入下一个步骤，即通过四要素法则的检验才能取得永久性禁令救济,② 这还是以原告已经通过诉讼在侵权案件中胜诉为前提的。③ 目前，美国98%的民事案件并没有进入审判阶段，它们通常以和解撤诉或是庭前调解结束。这意味着只有2%的民事案件进入到有望获得永久禁令和损害赔偿的审判阶段。④ 同样，在2007年，超过95%的商标案件在和解或审判前终止，只有2%的商标案件进入审判。⑤

---

① See Xuan-Thao Nguyen, "The China We Hardly Know: Revealing the New China's Intellectual Property Regime", 55 *St. Louis U. L. J.* 773, 798-806 (2011). (该文讨论了中国知识产权案例和救济措施。)

② PBM Prods., LLC v. Mead Johnson & Co., 639 F. 3d 111, 126 (4th Cir. 2011), 该案例解释说，在可能作出禁令之前, "寻求禁令的一方必须证明: (1) 遭受了不可弥补的损害; (2) 法律救济是不充分的; (3) 利益权衡的结果偏向于寻求禁令的一方; (4) 禁令不至于损害公共利益"。该四要素测试来源于最高法院的专利案件 eBay Inc. v. MercExchange, L. L. C., 547 U. S. 388 (2006)。

③ 即使原告在商标案件中寻求初步禁令而未进入审判，如果法院认为根据案情不能推定有无法弥补的损害时，原告仍须满足 eBay 案 (eBay v. MercExchange) 中所确立的四要素测试，以便获得初步禁令。Voice of the Arab World, Inc. v. MDTV Med. News Now, Inc., 645 F. 3d 26, 34 (1st Cir. 2011), 地区法院作出初步禁令判决并认为 "商标侵权案中初步禁令的要求服从于如前所述的 eBay 案中所设立的传统的衡平原则"; see also Salinger v. Colting, 607 F. 3d 68, 77 (2d Cir. 2010), 法院认为 "eBay 案所确认的适用于版权侵权案件中的初步禁令 (须符合法院在该案中所确立的条件 a 和 b), 同样适用于商标案件。

④ Patricia Lee Refo, "Opening Statement: The Vanishing Trial", 30 No. 2 *Litigation Online* 1, 2 (2004), http://www.swlaw.com/assets/pdf/publications/1999/12/12/RefoVanishingTrial.pdf. 联邦法院实际上在 2002 年比 1962 年判决的案件更少，尽管民事案件诉讼量增长了 5 倍，并且在 2002 年只有 1.8% 的联邦民事案件通过诉讼得到处理，而 1962 年这一比例为 11.5%。

⑤ Gauri Prakash-Canjels & Kristen Hamilton, "Basis of Damage Awards in Trademark Cases", 44 *Les Nouvelles* 125, 125 (June 2009); Jerome Gilson & Anne Gilson LaLonde, "The Lanham Act: Time for a Face-Lift?", 92 *Trademark Rep.* 1013, 1019 (2002); Gauri Prakash-Canjels & Kristen Hamilton, "Basis of Damage Awards in Trademark Cases", 44 *Les Nouvelles* 125, 125 (June 2009) (大部分的商标案件都是在法庭诉讼发生前终止的, 2007 年该比例为 33%, 另有 54% 的案件是在预审阶段处理的, 只有大约 2% 的商标案件进入了审判)。

　　在中国，原告通常可以在商标侵权案件中获得损害赔偿;[1] 然而不同的是，损害赔偿在美国并不被认为是当然的。只有原告在审判中提出合理确定的证据，证明自己确实由于被告的侵权行为（被告以特定的方式在特定产品上使用侵权标识）而遭受损失，才能获得损害赔偿。[2] 此外，法院只有在被告故意或蓄意侵犯商标的情况下，才能判给胜诉的原告律师费用及诉讼费用。[3] 总之，在《兰哈姆法》的框架下，禁令救济和损害赔偿在实践中极其困难且代价巨大。[4]

　　自审判中获得禁令和损害赔偿的不确定性，高昂的诉讼成本以及最终进入审判程序的案件的低概率，代表着美国商标案件的现状。于是，现实就是商标案件可能有悖于基于判例的商

---

　　① 　如果商标侵权案件中无法确定实际损失，原告可以请求法定最高50万元人民币的赔偿。中国《商标法》第56条规定，侵权人因侵权所得利益，或者被侵权人因被侵权所受损失难以确定的，由人民法院根据侵权行为的情节判决给予50万元人民币以下的赔偿。

　　② 　原告必须证明损害主要是由被告对商标的使用造成的。See Phoenix of Broward, Inc. v. McDonald's Corp., 489 F. 3d 1156, 1167（11th Cir. 2007），该案采用了一种测试，来确定所宣称的损害是否为《兰哈姆法》所调整的损害——有损原告在市场上的竞争能力以及减损原告的商誉，而该减损是由被告虚假宣传直接导致的。

　　③ 　15 U. S. C. § 1117（a）（2012）；Super Duper, Inc. v. Mattel, Inc., 382 F. App'x. 308138（4th Cir. 2010）.（地区法院在作出"商标侵权是'异常案件'，并因此给予适当的律师费用的补偿"的决定时没有犯错。）

　　④ 　其困难可以从 Optimum Techs., Inc. v. Henkel Consumer Adhesives, Inc. 案中看出，该案中的地区法院作出了无效宣判，因为有关商标侵权和不正当竞争要求的损失无法确定。随后在 496 F. 3d 1231, 1251（11th Cir. 2007）审判中，地区法院认为原告没有在被告对争议商标的使用和760万美元的专业评估损失之间建立起联系。这意味"没有充分且合法的证据基础以供合理的陪审团"作出对原告损失问题有利的判决。地区法院在原告的侵权和不正当竞争的索赔上依法作出判决支持了被告。Id. 上诉法院确认了地区法院的判决。See also Competition Specialties, Inc. v. Competition Specialties, Inc., 87 F. App'x. 38, 40（9th Cir. 2004），在本案中，经历了四天的陪审团审判后，法院判决认为被告已经侵犯了原告的商标权，但是侵权行为并没有造成损失。

标法。① 从某种程度上讲，美国商标法表面光鲜实则效果不佳。② 为何个人或企业必须要支付高昂的律师费和诉讼费去获得不满意的结果？原告可能想要的不仅仅是禁令救济和损害赔偿金，即使想获得这两种救济方式也已变得越来越难。③ 原告想要的更多，然而这些并没有被《兰哈姆法》所包括。④ 就此而论，有关道歉正义的中国商标法理论对于处理商标信誉的损害有着指导意义。

通过分析《商标法》《反不正当竞争法》以及《民法通则》，中国商标法理论使我们重新审视了新兴的经济体是如何处理商标信誉损害问题的。中国法院适用这三部法律⑤所作出的判决，让我们认识到法人在商业经营中所使用的名称或文字

---

① Gilson & LaLonde，"The Lanham Act：Time for a Face-Lift?"，p. 1019. 没人知道同一个案件在不同的巡回法院基于不同的方法是否会作出不同的判决。没有简单的实证数据，也不可能有。超过 95% 的商标案件在过程中就被解决了，只剩下很小的比例的案件进入审判程序并获得判决。

② 最富启发性的有关商标法现状的例子，则非 Gilson & LaLonde 所讲述的故事莫属：在商标审判和上诉委员会的第 25 届周年晚宴上，当时的主席索尔·莱夫科维茨（Saul Lefkowitz）手举一枚闪亮的硬币问观众："你们知道这是什么吗？"为体现戏剧性的效果，他停顿了一下，没有人回答。他向空中抛出那枚硬币，然后抓住它说："我们就是这样确定混淆的可能性的。"Gilson & LaLonde，"The Lanham Act：Time for a Face-Lift?"，p. 1019.

③ Heymann，"The Law of Reputation and the Interest of the Audience"，p. 1435. 虽然损害赔偿金在很多涉及名誉损害案件中是常见的判决，赔偿金往往就代表情感伤害（由于名誉遭受损害而导致所谓的原告所感受到的伤害）的程度，或者对于企业而言，赔偿金则代表贩卖商标能力的损失。然而，金钱补偿与各种对信誉的法律保护的理由之间存在着令人不安的匹配，尤其是对那些不认为信誉是财产利益的人来说。

④ 正如一位学者所说，为了弥补这个缺陷，为信誉所受的损害精心设计救济措施，需要重点关注受众的利益。"可能以建议多注意免责声明、撤销以及其他信息校正的方式，作为适当的救济措施，或者作为决定法院是否提供进一步救济的必要性的考虑因素"。Heymann，"The Law of Reputation and the Interest of the Audience"，p. 1435.

⑤ 参见本文第二部分的内容。

不仅是名称或文字，还代表了法人本身。① 名称或文字体现了由法人精心培育起来的商誉。② 对名称或文字恶意或故意未经授权的使用，损害了原告的信誉并误导公众。该使用不单是对财产权的挪用（对此挪用法院通常发布禁令），③ 也不仅仅是经济上的损害（对此损害法庭常常判决赔偿损失）。即使其仅为经济上的损害，中国商标法理论也表明，由于损害的性质，对商标信誉的损害可能难以确定，因此规定了法定损害赔偿。④ 此外，与美国法院不愿根据被告在商标侵权期间所获利益判给原告赔偿不同，⑤ 中国最高人民法院还指示下级法院让被告交还因侵权所获利益。⑥

　　最重要的是，中国的商标法理论表明，单靠财产理论和侵

---

　　① 余家明（Peter Yu）已经阐述过商标保护是如何吸引中国的，因为在中国文化里，该保护和"面子"的概念有关联：商标保护与中国文化的冲突最少，商标保护的理由，尤其是对商誉的强调，对于中国人来说很容易理解。事实上，"面子"的重要性在中国文化中根深蒂固，这就解释了保护商标为何重要。正如"面子"关于个人的自尊、声望以及社会地位，商标（尤其是知名的商标）则提供有关产品质量、信誉和商业地位的信息。Peter Yu, "From Pirates to Partners（Episode II）: Protecting Intellectual Property in Post WTO China", 55 *Am. U. L. Rev.* 901, 998（2006）.

　　② Id.

　　③ 学者通常认为美国和中国都认同商标的财产利益。See Timothy Lau et al., "Protecting Trademark Rights in China through Litigation", 47 *Stan. J. Int'l. L.* 441, 443-444（2011）. 中国法和美国法在理解商标侵权的"损害"上有着共同的基本认识……和现代美国商标法类似，中国法不仅直接防止消费者混淆，而且还将商标作为一种财产权利来保护。

　　④ 《商标法》规定了商标侵权的损害赔偿。

　　⑤ See generally Danielle Conway-Jones, "Remedying Trademark Infringement: The Role of Bad Faith in Awarding an Accounting of Defendant's Profits", 42 *Santa Clara L. Rev.* 863（2002）. （该文回顾了一些案件，法院认为，只有在原告确定被告恶意侵犯商标专有权的情况下，原告才能获得被告非法所得利益。）

　　⑥ 《关于民法通则的意见》规定，为防止通过侵害他人姓名权、名称权……名誉权……而获利，侵权人除依法赔偿受害人的损失外，其非法所得应当予以收缴；依据《审理商标民事纠纷的解释》第14条，"商标法第五十六条第一款规定的侵权所获得的利益，可以根据侵权商品销售量与该商品单位利润乘积计算；该商品单位利润无法查明的，按照注册商标商品的单位利润计算"。

权责任理论无法抚平被告的侵权行为给原告和公众消费者所带来的感情伤害。因此，除了禁令救济、损害赔偿和诉讼费用，被告还必须承担更多责任，以抚慰、平复原告和公众所遭受的感情伤害。① 被告必须消除其对原告和公众所造成的不良影响。通常，被告被判令在法院宣判之日起短时间内，在相关的报纸或者商业刊物上刊登道歉启事。在多起案件中，道歉的内容必须经由法院审批。② 被告必须承认原告享有商标或者名称的独占权，承认自己犯错，为其行为道歉，并承诺今后不再从事此种行为。道歉的内容不仅旨在表达"对不起"，还应是表现出真诚和正式的态度的明确努力。③ 道歉正义不单是为了原告，因为公众也会阅读报纸或者商业刊物。④

商标法理论中的道歉正义并非中国独有。日本法院同样在商标侵权案件中判决赔礼道歉。日本法院可能判决以赔礼道歉

---

① 在此需要强调的是，公开道歉并非替代禁令救济、损害赔偿、律师费用和诉讼费用。事实上，从中国法院的判决中可看出，公开道歉通常是法院判决中的最后一项救济措施。通常的顺序是：首先为禁令救济，其次是损害赔偿、赔偿律师费用以及诉讼费用，最后才是赔礼道歉。

② Hoover, "Coercion Will Not Protect Trademark Owners in China, but an Understanding of China's Culture Will: A Lesson the United States Has to Learn", p. 345. （该文提到中国法院一直以来都在商标案件中判令赔礼道歉。）

③ Russell Korobkin & Chris Guthrie, "Psychological Barriers to Litigation Settlement: An Experiential Approach", 93 *Mich. L. Rev.* 107, 150 (1994). （更真诚或更为实质性的道歉能够使（受损害的）关系恢复公平。）

④ 过去25年间，有关赔礼道歉的研究，美国学者已取得实质性的学术成果。赔礼道歉的学术研究证明赔礼道歉在恢复式正义中起着积极作用。See generally Max Bolstad, "Learning from Japan: The Case for Increased Use of Apology in Mediation", 48 *Clev. St. L. Rev.* 545 (2000); Jennifer Robbennolt, "Attorneys, Apologies and Settlement Negotiation", 13 *Harv. Negot. L. Rev.* 349 (2008); Heather Strang & Lawrence W. Sherman, "Repairing the Harm: Victims and Restorative Justice", 2003 *Utah L. Rev.* 15 (2003); Hiroshi Wagatsuma & Arthur Rosett, "The Implications of Apology: Law and Culture in Japan and the United States", 20 *Law & Soc'y Rev.* 461 (1986); John O. Haley, Comment, "The Implication of Apology", 20 *Law & Soc'y Rev.* 499 (1986).

代替损害赔偿或者二者同时适用，① 而中国法院则是除了判决禁令救济、损害赔偿、律师费用和诉讼费用之外还有赔礼道歉。② 此外，中国法院仅仅在被告恶意或故意侵犯原告的商标或名称的时候才判令公开道歉。③ 并且，如果被告不服从法院的判决，则允许原告以被告的名义发布公开道歉，相关费用由被告承担。④

六、结论

由于提高公平竞争对社会有益，商标法防止他人就商品或服务的来源误导公众，并且保护商标所有人在建立商标信誉上的投入。禁令救济和损害赔偿并没有真正考虑对公众的损害。我们从中国就名誉及道歉式司法的商标法理论中可见，除禁令

---

① H. Stephen Harris, Jr., "Competition Law and Patent Protection in Japan: A Half Century of Progress, a New Millennium of Challenges", 16 *Colum. J. Asian L.* 71, 87 (2002) [美国商标所有人一直以来对于日本法院可能判决公开道歉来替代损害赔偿（或二者同时适用）以恢复商誉感到非常惊讶]; see also Jay Dratler, Jr., "Trademark Protection for Industrial Designs", 1988 *U. Ill. L. Rev.* 887, 968 n. 417 (1988) [在日本，针对商标侵权的公开道歉（通常被刊登在特定报纸上），在商标诉讼中是很常见的救济措施]。

② 另外一个区别是损害赔偿的计算方式不同。日本法院一直不情愿提供被告非法获利的计算方式，但是中国法院被指示允许胜诉的原告可以选择被告的非法获利，作为其所遭受的实际损失的替代。See Harris, "Competition Law and Patent Protection in Japan: A Half Century of Progress, a New Millennium of Challenges", p. 87. 该文提到日本法院"在承认侵权上已显滞后，并在判给超过最低损失的损害赔偿金时也显得极不情愿"。并将该文的内容与《审理商标民事纠纷的解释》第13—15条进行对比。

③ See Leah Chan Grinvald, "Making Much Ado About Theory: The Chinese Trademark Law", 15 *Mich. Telecomm. & Tech. L. Rev.* 53, 92 (2008). （该文指出根据责任分配机制，中国法院在被告显现出恶意企图之案件中判令被告公开道歉。）

④ 参见丁晓春诉南通市教育局、江苏美术出版社侵犯著作权纠纷案，南通市中级人民法院于2002年12月19日作出判决。本案法院对江苏美术出版社除判处停止侵权、损害赔偿、承担案件受理费之外，还有赔礼道歉；并且如果被告逾期不刊登道歉声明，"丁晓春则在《南通日报》上以江苏美术出版社的名义刊登道歉声明"，同时"费用由江苏美术出版社承担"。

救济和损害赔偿外，真诚而正式的公开道歉，为勒恩德·汉德法官对商誉损害的深刻洞察提供了新的维度。中国的道歉正义表明，法院不应胡乱责令公开道歉，只有当商标信誉遭受故意或恶意侵犯时，法院才能判令被告公开赔礼道歉。然而，美国是否会在有关商标信誉的案件中考虑道歉正义，则是有待进一步讨论的问题。

国际博弈

WTO 对中国知识产权制度的影响[*]

娜塔莉·斯弢昂奥夫[**]　文

王杰[***]　译

简目

一、导言

本文探讨了过去 150 年间中国知识产权政策的简要历史以

---

[*] Natalie P. Stoianoff, "The Influence of the WTO over China's Intellectual Property Regime", 34 *Sydney L. Rev.* 65 2012, 65-89. 本文的翻译与出版已获得作者授权。

[**] 娜塔莉·斯弢昂奥夫, 悉尼科技大学法学院教授、知识产权项目主任, 并担任学院知识产权、媒体和通信研究网络的主席以及中国法研究小组的召集人。

[***] 王杰, 荷兰马斯特里赫特大学法学博士, 上海交通大学凯原法学院助理研究员。

及国际关系史。中国对西方知识产权制度的接纳，与国际贸易关系密切。与知识产权有关的国际贸易关系第一阶段，始于19世纪并持续到20世纪早期，最终随着中华人民共和国的成立而结束。第二阶段以中国在改革开放中致力于成为世界贸易组织（WTO）成员为标志。中国成功加入 WTO 后，与西方知识产权出口国在 WTO 论坛上展开角力，充分彰显了 WTO 的影响力。

本文还将特别考量加入 WTO 后如下两个事件对中国的影响，即首次遭遇"透明度"质询与美国通过争端解决机制质疑中国知识产权执法的有效性。中国在 WTO 论坛上遭遇过多次纠纷①，本文仅选取其中几次纠纷加以分析。本文认为，尽管中国在改革开放的早期即加入很多与知识产权有关的国际公约与协定，但是 WTO 的《与贸易有关的知识产权协定》② 对塑造今日中国的知识产权制度产生了最大的影响，因为任何成员均需与该协定保持一致。中国在《关贸总协定》的乌拉圭回合期间，即参与了 TRIPS 协定的谈判，③ 而 5 年之后，WTO才正式考虑接纳中国为成员。TRIPS 协定代表了一种法律移植模式，旨在实现新自由主义的全球化。在各种文化、经济和政治差异存在的前提下，TRIPS 协定无疑加速了知识产权制度在全球范围内的建立，也加速了各国知识产权制度的协调化或标准化。与之相应，WTO 论坛的存在也使得 TRIPS 协定必须考虑日益增加的发展中国家的利益。最近的动向显示，中国在

---

① 中国经历过 25 次纠纷，虽然偶尔作为投诉者，但更多时候是作为被告出现。See Wenhua Ji and Cui Huang, "China's Experience in Dealing with WTO Dispute Settlement: A Chinese Perspective" (2011) 45 (1) *Journal of World Trade* 1, 3.

② Agreement on Trade-Related Aspects of Intellectual Property Rights 33 ILM 81 (1994 年 4 月 15 日开放签署，1995 年 1 月 1 日正式生效)，以下简称 TRIPS 协定。

③ Ching Cheong and Ching Hung Yee, *Handbook on China's WTO Accession and its Impacts* (World Scientific, 2003), p. 131.

TRIPS 协定中的参与出现了根本转变。这主要表现为，中国倾向于和发展中国家一起，就 TRIPS 协定的解释发出自己的声音，最明显的例证是最近的专利法修正案。该修正案表明，中国渴望成为创造者而非复制者。尽管如此，本文的结尾部分提醒中国，其虽然已经步入正轨，但在实现上述目标之前还有很长的路要走。

二、中国的国际知识产权关系——阶段一

中国对知识产权制度的接纳，与来自国外的影响密切相关，即达到贸易伙伴和投资来源国的要求和预期。因此，在中国于 19 世纪末至 20 世纪初与英国、美国、日本等国签订的商贸协议和条约中，包含有一定程度的商标保护条款，这丝毫不令人感到惊讶。①另外，人们通常将 19 世纪晚期中国在科学技术上的落后，归咎于专利制度的缺乏，② 这促使中国在 1898 年颁布了第一部专利法，即《振兴工艺给奖章程》。③尽管中国在宋朝就为世界贡献了火药、指南针以及印刷术等发明，④ 但这部法律的诞生却以中国 19 世纪 80 年代的西化改革为背景。当时，中国在与外国势力的角逐中屡屡失利，并陷于被英国、俄国与德国等列强瓜分的境地，在随后中日甲午战争（1894—1895）中又再次战败。⑤

---

① William P. Alford, *To Steal a Book is an Elegant Offense*: *Intellectual Property Law in Chinese Civilization*（Stanford University Press, 1995）36‑42.

② 参见 1896 的《申报》（中国当时一份知名的报纸），cited in Liwei Wang, "The Chinese Traditions Inimical to the Patent Law（1993）" 14 *Northwestern Journal of International Law & Business* 15, 19。

③ Ibid.

④ Columbia University, *China's Golden Age*: *the Song*, *the Mongols and the Ming Voyages and Korea under the Mongols*（12 October 2009）, East Asian Curriculum Project—Asia for Educators, http：//afe. easia. columbia. edu/webcourse/key_ points/kp_ 6. htm.

⑤ Liwei Wang, "The Chinese Traditions Inimical to the Patent Law", p. 19.

　　与此同时，随着 19 世纪晚期两部重要国际公约的缔结，即 1883 年的《保护工业产权巴黎公约》① 与 1886 年的《保护文学和艺术作品的伯尔尼公约》,② 知识产权的重要性得到了国际社会的认可。缔结这两个条约的动因，源于英国在 19 世纪实施的自由贸易政策，而各国仍只对本国国民提供保护而排斥外国公民。当时跨国侵权所引起的麻烦，使各国意识到有必要缔结国际条约加以制止。一些国家通过签订双边协定、引入互惠原则的方式，来制止跨国侵权行为。但要想有效应对跨国侵权，国际公约之类的多边协定则不可或缺。19 世纪末期，美国成为《巴黎公约》的成员国，但其并未加入《伯尔尼公约》，而是通过制定独立法案，以互惠原则为基准来保护外国人的作品。③ 余家明教授（Peter K. Yu）指出，在该时期，美国迫使中国签订条约，在互惠的基础上保护其商标、专利和版权，英国和日本也与中国缔结了类似条约。④ 由于中国长期拒绝加入《巴黎公约》与《伯尔尼公约》，这一步显得十分必要。下一步，各国则要通过推动中国制定法律，以确认其有保护知识产权的义务。

　　清朝于 1910 年颁布的《大清著作权律》被认为是中国的

---

　　① 《保护工业产权巴黎公约》（以下简称《巴黎公约》）于 1883 年 3 月 20 日缔结，后分别于 1900 年 12 月 14 日在布鲁塞尔、1911 年 6 月 2 日在华盛顿、1925 年 12 月 6 日在海牙、1934 年 6 月 2 日在伦敦、1958 年 10 月 31 日在里斯本、1967 年 7 月 14 日在斯德哥尔摩、1979 年 9 月 28 日修订。

　　② 《保护文学和艺术作品的伯尔尼公约》（以下简称《伯尔尼公约》）于 1886 年 9 月 9 日签署并于 1896 年在巴黎完成补充，其后于 1908 年 11 月 13 日在柏林进行修订，并于 1914 年 3 月 20 日在伯尔尼完成补充，然后又分别于 1928 年 6 月 2 日在罗马、1948 年 6 月 26 号在布鲁塞尔、1967 年 7 月 14 号在斯德哥尔摩、1971 年 7 月 24 号在巴黎、1979 年 9 月 28 日修订。

　　③ Peter K. Yu, "The Sweet and Sour Story of Chinese Intellectual Property Rights", in Graham Dutfield and Uma Suthersanen (eds.), *Technology*, *Progress and Prosperity*: *A History of Intellectual Property and Development*, Palgrave Macmillan, forthcoming 2012, p. 3.

　　④ 同前，中国与美国签订的条约是 1903 年缔结的贸易条约。

第一部版权立法。当然，这也是外部施压的产物，目的是提升对外国人的保护。① 不过在该法正式实施之前，清朝就灭亡了。② 中华民国成立后，国民政府于 1912 年颁布了《奖励工艺品暂行章程》，甚至在 1945 年《专利法》颁布之前，依据该章程授予了数百项专利。③ 与此同时，国民政府还于 1928 年颁布了《著作权法》，但该法对中国产生的影响极为有限。④ 在此期间，中国对国际上日益增长的要求其加入版权多边或双边条约的期望置若罔闻。⑤ 随着中华人民共和国的成立，包括版权在内的所有形式的知识产权均不复存在，该情况一直延续到 20 世纪 80 年代左右才有所改观。⑥

中国知识产权政策可分为毛泽东时代与改革开放时代。这两个时代间的区别，在于意识形态上的巨大反差。毛泽东以"儒家伦理"作为"共产主义伦理"的内核，并以此为工具，要求民众在轻视商业利益的同时，全身心地投入到科学技术的开发中去。⑦ 与之相对，改革开放时代则引入西方的传统理念，承认个人对知识财产可享受独占性的所有权。当然该独占性的所有权也延及其他形式的财产。

毛泽东时代一直强调集体利益，因而中国实施了公有制。尽管力图促进科学技术的发展，但毛泽东时代强调意识形态挂

① Patricia Blazey and YiJun Tian, "Intellectual Property Law in China", in Patricia Blazey and KaiWah Chan (eds.), *The Chinese Commercial Legal System* (Thomson, 2008) 321, 323.

② Chengsi Zheng and Michael Pendleton, *Copyright Law in China* (CCH, 1991) 17.

③ Liwei Wang, "The Chinese Traditions Inimical to the Patent Law", p. 20.

④ June Cohan Lazar, *Protecting Ideas and Ideals: Copyright Law' in the People's Republic of China* (1996) 27 *Law and Policy in International Business* 1185, 1187.

⑤ Patricia Blazey and YiJun Tian, "Intellectual Property Law in China", p. 323.

⑥ June Cohan Lazar, *Protecting Ideas and Ideals: Copyright Law in the People's Republic of China*, pp. 1186-1187.

⑦ Liwei Wang, "The Chinese Traditions Inimical to the Patent Law", pp. 56-59.

帅，中国共产党也以贯彻马列主义为要务。[1] 社会主义理念与儒家传统及其伦理的糅合，使国家成为发明的所有者，从而排除了发明人通过专有权从他们的成果中获益的可能性。中国政府通过1963年11月颁布的《发明奖励条例》来保障上述产权安排的实现。尤其需要指出的是，该条例的第23条规定：

> 发明属于国家所有，任何个人和单位都不得垄断，全国各单位（包括集体所有制单位）都可利用它所必需的发明。

在同一时期，版权制度最终被取消。"文化大革命"期间，连建立在马列主义意识形态上的版权制度也无法持续了。相反，韦克斯勒（Wechsler）指出[2]，在那段时期，所有规制剽窃和补偿的行政命令及内部规定，均被弃之不用。

自从1978年实施改革开放政策以来，为达到国际社会的期望，中国法律开始向欧洲法律传统靠拢，最近又更多受到美国的影响。这一点在知识产权制度的发展方面体现得最为明显，中国此时对知识产权制度的态度，与20世纪初完全不同。中国已意识到制定商业法以及市场经济所能带来的好处，并以此来吸引外国投资，实现经济转型。

为获取WTO成员的资格，中国需要进一步改进知识产权制度，以使其达到TRIPS协定的要求。在中国加入WTO后，知识产权制度历经数次修改，但中国依旧面临巨大的批评压力，国外利益相关方希望通过施压，来确保其权利得到更好的

---

[1] Andrea Wechsler, "Intellectual Property Law in the PR China: A Powerful Economic Tool for Innovation and Development", (Max Planck Institute for Intellectual Property, Competition & Tax Law Research Paper Series No 09-02, 2008) 9.

[2] Ibid. 13.

保护，而这与中国在 19 世纪末面临的情形并无不同。

三、改革开放时代的中国知识产权制度

改革开放政策与邓小平的领导几乎是同义词。在邓小平 1977 年 8 月复出后，他提出了"四个现代化"（分别是工业、农业、国防以及科学技术的现代化）目标，并在很多发言中阐述了该目标。① 他本人坚信利用世界上的新技术和新成果，是发展经济并实现"四个现代化"的必要途径。② 自那时起，中国开始以完全不同于一百年前的态度，全面引入知识产权制度，希望以此来吸引外国投资和技术。在刚确立改革开放政策但尚未引入知识产权制度时，通过奖励机制来鼓励发明，已经成为优先考虑事项，其直接体现是中国在 1978 年修订了《发明奖励条例》。③ 另一推动因素是，中美恢复外交关系以及于 1979 年签订中美双边贸易协定。这是否让读者想起了上文谈及的发生在 19 世纪的强权外交呢？

在此之后，中国启动了一项系统性的工程，即加入一系列重要的国际知识产权公约和协定。例如，1980 年加入了世界知识产权组织，1984 年签署了保护工业产权的重要公约④《巴黎公约》。在 1982 年举行的第五届全国人民代表大会第五次会议上，中国修改《中华人民共和国宪法》，使之成为第一部涵盖知识产权的实体法。1982 年中国颁布《中华人民共和国商

---

① 参见《邓小平文选》第二卷收录的邓小平系列讲话的英文摘录（1975—1982），News of the Communist Party of China, http：//english. cpc. people. com. cn/mediafile/200607/05/F2006070515261400629. swf。

② Liwei Wang, "The Chinese Traditions Inimical to the Patent Law", p. 16.

③ 该条例于 1978 年 12 月 28 日修订, available in English at：Regulations of the People's Republic of China on Awards for Inventions, http：//preview. english. mofcom. gov. cn/article/lawsdata/chineselaw/200211/20021100050646. html。

④ 工业产权是一个集合概念，其包括专利、商标、外观设计以及相关权利。

标法》（以下简称《商标法》）①，《商标法实施条例》也于不久后颁布。《商标法》第 1 条规定了商标制度的目的，不仅仅在于保护商标权人，还包括促使生产者保证商品质量和维护商标信誉，以保障消费者的利益，促进社会主义商品经济发展。

《中华人民共和国专利法》（以下简称《专利法》）于 1984 年通过②，配套的《专利法实施条例》也随后颁布。《专利法》第 1 条规定了该法的制度目标：

> 为了保护发明创造专利权，鼓励发明创造，有利
> 于发明创造的推广应用，促进科学技术的发展，适应
> 社会主义现代化建设的需要，特制定本法。③

出台《专利法》被认为是实现改革开放政策的目标，即上文提到的"四个现代化"的必要步骤。④

重新回到早期的时间表。在 1984 年《专利法》颁布之后，中国于 1990 年颁布了《中华人民共和国著作权法》（以

---

① 《商标法》于 1982 年 8 月 23 日在第五届全国人民代表大会常务委员会第二十四次会议上通过；1993 年 2 月 22 日第七届全国人民代表大会常务委员会第三十次会议通过了《关于修改〈中华人民共和国商标法〉的决定》，对《商标法》进行了第一次修正；中华人民共和国第九届全国人民代表大会常务委员会第二十四次会议于 2001 年 10 月 27 日通过了《全国人民代表大会常务委员会关于修改〈中华人民共和国商标法〉的决定》，对《商标法》进行了第二次修正。

② 《专利法》于 1984 年 3 月 12 日由第六届全国人民代表大会常务委员会第四次会议通过，后根据 1992 年 9 月 4 日第七届全国人民代表大会常务委员会第二十七次会议通过的《关于修改〈中华人民共和国专利法〉的决定》进行了修正，然后又根据 2000 年 8 月 25 日第九届全国人民代表大会常务委员会第十七次会议通过的《关于修改〈中华人民共和国专利法〉的决定》进行了第二次修正。

③ State Intellectual Property Office of the People's Republic of China, *Patent Lawyer of the People's Republic of China* (27 March 2002), http://www.sipo.gov.cn/sipoEnglish/laws/lawsregulations/200804/t20080416_ 380327. html.

④ 参见《邓小平文选》收录的邓小平系列讲话的英文摘录。

下简称《著作权法》)。①《著作权法》除保护作者对其作品享有的权利，还有如下目的：

> 鼓励有益于社会主义精神文明、物质文明建设的作品的创作和传播，促进社会主义文化和科学事业的发展与繁荣。②

上述规定同样与实现"四个现代化"的目标保持一致。尽管如此，该条款在用词上强调鼓励符合社会主义意识形态的作品创作。这意味着国家会审查不符合社会主义意识形态的作品。外国作品（如电影）需要经过国务院专门机构的审查，才能获准在中国上映，并有一定的配额限制。2007年美国通过WTO争端解决机制，质疑中国《著作权法》对于未获准在中国出版发行的作品不予保护的规定。③ 摆在WTO专家组面前的争端，最集中地体现了20世纪90年代早期一直延续到现在的中美知识产权纠纷。④

---

① 《著作权法》于1990年9月7日由第七届全国人民代表大会常务委员会第十五次会议通过，其后根据2001年10月27日第九届全国人民代表大会常务委员会第二十四次会议通过的《关于修改〈中华人民共和国著作权法〉的决定》第一次修正；State Intellectual Property Office of the People's Republic of China, *Copyright Law of the People's Republic of China* (16 April 2002), http://english.sipo.gov.cn/laws/relatedlaws/200804/t20080416_ 380362.html。

② Ibid.

③ WTO Dispute Resolution Action: *China—Measures Affecting the Protection and Enforcement of Intellectual Property Rights*, WT/DS362.

④ 美国同时还就中国对外国作品内容的限制上诉到WTO，该纠纷经过专家组的审议并由上诉机构作出最终裁定: *China—Measures Affecting Trading Rights and Distribution Services for Certain Publications and Audiovisual Entertainment Products*, WT/DS363/AB/R. 上诉机构又一次作出了和稀泥的裁决，但整体上讲，中国被裁定其某些规定不符合其承担的WTO义务，并被要求于2011年3月19日之前完成必要修改。See WTO, *Dispute DS363: China—Measures Affecting Trading Rights and Distribution Services for Certain Publications and Audiovisual Entertainment Products* (15 July 2011), http://www.wto.org/english/tratope/dispu_ e/cases_ e/ds363_ e.htm (26 April 2011). 根据2011年3月31日的报道，国外电影的配额仍然维持在每年20部，see Lee Hannon, "Nation Should be Taken, not Stirred", *China Daily* (online), 31 March 2011, http://www.chinadaily.com.cn/bizchina/2011-03/31/content_ 12258494.htm。

中美两国在 1991 年到 1996 年之间的纠纷，主要集中在知识产权领域，美国认为中国没有履行其应尽义务，并将其列入"特别 301 报告"重点观察国家的名单。美国的压力促使中国于 1992 年与美国签订中美知识产权备忘录①，并在同年加入《伯尔尼公约》和《世界版权公约》②。同时中国还通过了强化软件保护的条例③，将侵犯版权的行为入刑④，并于 1993 年通过《中华人民共和国反不正当竞争法》⑤，建立知识产权法庭。尽管如此，直到第三次被美国列入"特别 301 报告"中的优先观察国家名单后，中国才于 1996 年至 1997 年间，采取了更为有效的措施遏止盗版。⑥

---

① People's Republic of China Intellectual Property Rights Memorandum of Understanding—1992 Memorandum of Understanding Between The Government of The People's Republic of China And The Government of The United States of America On The Protection of Intellectual Property, http：//tcc. export. gov/Trade_ Agreements/All_ Trade Agreements/exp_ 005362. asp.

② 《世界版权公约》于 1952 年在日内瓦通过，其附录针对第 11 条和第 17 条作出特殊声明，并于 1952 年 9 月 6 日开放签署，http：//portal. unesco. org/en/ev. php-URLID = 15381&URLDO = DOTOPIC&URLSECTION = 201. html。

③ 《计算机软件保护条例》于 1991 年 10 月 1 日生效，2002 年 1 月 1 日修改通过了新的《计算机软件保护条例》。

④ 《全国人民代表大会常务委员会关于惩治侵犯著作权的犯罪的决定》（1994）。

⑤ 《中华人民共和国反不正当竞争法》于 1993 年 9 月 2 日由第八届全国人民代表大会常务委员会第三次会议通过，1993 年 9 月 2 日由中华人民共和国第十号主席令公布，并自 1993 年 12 月 1 日起施行。

⑥ "特别 301 报告"是依据美国《1974 年贸易法》第 182 节的第 301 条的规定出具的年度报告。美国贸易代表办公室有义务审查各个国家是否对知识产权提供充分有效的保护，以及是否对依赖知识产权保护的工业部门或商人提供公平平等的市场准入机会（See Annex 1，"Statutory Background on Special 301"，2009 Special 301 Report）。中国经常被该报告列入优先观察国名单，因此中美双边谈判的重心一致在于解决知识产权问题。特别 301 机制的重要性在于它使美国有权以贸易制裁的方式迫使他国给予知识产权更强的保护，甚至对那些已被认可符合 TRIPS 协定标准的国家启动 WTO 争端解决机制。值得注意的是，中国于 1992 年、1995 年被列入特别 301 观察名单，于 1989 年、1990 年、2006 年以及 2011 年被列入优先观察国名单，于 1991 年、1994 年及 1996 年被列入优先指定国家名单，自 1997 年后一直为"306 条款监管国家"，并于 2005 年遭受一次不定期检查（以保证中国贯彻落实中美双边知识产权协定中的义务）。

在此期间，美国以中国知识产权保护不力为由，即以中国没有达到 TRIPS 协定的要求，积极阻止中国加入 WTO。但中国于 1999 年批准 TRIPS 协定，并开始修改知识产权法律使之与 TRIPS 协定相符。[①] 中国在 2000 年修订《专利法》使之更加符合 TRIPS 协定的规定，又在 2001 年修订了《著作权法》与《商标法》，并接受了一份冗长的议定书[②]，该议定书直接促使中国于 2002 年对《著作权法》进行进一步修订。

中国法律制度的此种发展体现了"法律移植"（也被称为"扩散"）[③] 这一概念，即通过借鉴或引入外国法实现预期目的。姆索拉基斯（Mousourakis）指出：

> 立法者必须首先考察该规则在来源国是否已被证明能解决特定的现实问题，然后再考量能否在引入国产生预期的效果。[④]

尽管如此，法律制度移植过来后，也需因政治、社会、文化以及经济环境的不同而有所改动。[⑤]中国便以此为由回应其他国家在 WTO 提出的对其知识产权体系的质疑（这一点在上文中已经提到，并将会在下文中予以讨论）。

与此同时，加入国际公约或协定，正是全球范围内的法律移

---

① Patricia Blazey and YiJun Tian，"Intellectual Property Law in China"，p. 326.

② *Protocol on the Accession of the People's Republic of China*，（WT/L/432）（23 November 2001）（"the Protocol"）.

③ 该术语由法学家艾伦·沃特森（Alan Watson）在其著作中首创，see Alan Watson, *Legal Transplants: An Approach to Comparative Law*, University of Georgia Press，1974。

④ George Mousourakis，"Transplanting Legal Models across Culturally Diverse Societies: A Comparative Law Perspective"（2010）57 *Osaka University Law Review* 87，89.

⑤ Ibid.

植的例子。事实上，将与 TRIPS 协定相符作为加入 WTO 的强制性
规定的做法，向我们展示了法律移植是如何在全球范围内实现协
调的。但是姆索拉基斯提醒我们，法律制度的整合与协调，要求
合理的、可转换的法律范式，但是法律不仅仅是规则和制度的简
单拼凑，而且还是法律群体的社会实践。该社会实践最终决定了
规则与制度的真正含义、重要性及其在社会中的实施和运作方
式。① 这一点在中国施行知识产权制度时所碰到的问题上尤为
明显。

在面对如此大的国际压力，仍要持续改进知识产权制度的
情况下，中国的知识产权保护的法律架构，足以与任何发达经
济体匹敌。但是正如斯基亚帕卡塞斯（Schiappacasse）指出的
那样，完美的法律条文并没有转化为成功的执行机制。② 这会
使中国陷入麻烦，并不仅仅因为美国已在"特别 301 报告"
中指出了中国生产商在大规模盗版美国产品，更因为中国在加
入 WTO 时签订的议定书特别规定（这些义务由"中国加入
WTO 工作组报告书"加以确认），中国需要尽力完善知识产权
执法机制。

四、与 TRIPS 协定相符

1995 年 WTO 的建立，彰显了各国统一贸易规则的需求③，
各国希望借此来减少国际贸易中的扭曲和阻碍。知识产权被公
认在促进国际贸易方面扮演着重要角色。因此，《关贸总协
定》还在附录 1C 中要求成员国必须加入 TRIPS 协定。该协定

---

① Ibid. p. 90.

② Mikhaelle Schiappacasse，"Intellectual Property Rights in China：Technology Transfers and Economic Development"（2004）*Buffalo Intellectual Property Law Journal* 164，179.

③ 《建立世界贸易组织的马拉喀什议定书》（1867 UNTS 3）于 1994 年 4 月 15 日开放签署，并于 1995 年 1 月 1 日生效（以下简称《关贸总协定》）。

于 1993 年 12 月在 GATT 乌拉圭回合中通过。[1]

TRIPS 协定涵盖了一系列规范知识产权的有效性、范围、行使、执法以及争端的避免与解决的国际规则。它认可并强化了先前存在的一系列知识产权公约[2]，并与世界知识产权组织以及其他国际组织建立互相合作的关系。[3] 在不与 TRIPS 协定相抵触的前提下，成员国可以赋予知识产权以广于 TRIPS 协定的保护。[4] 与此同时，成员国有权根据其法律体系及司法实践，来决定履行 TRIPS 协定的适当方式。[5] 为此，TRIPS 协定第 7 条的内容值得推敲：

> 知识产权的保护和实施应有利于促进技术革新、技术转让和技术传播，有利于生产者和技术知识使用者的相互利益，保护和实施的方式应有利于社会和经济福利，并有利于权利和义务的平衡。

达到上述平衡，需要协调好如下核心矛盾，即知识产权制度确立的垄断权与国家间自由贸易的需求。即使某成员国制度已经与 TRIPS 协定中的原则和标准保持一致，但最终能够建立有效的执法机制，才是其知识产权制度成功的标志。TRIPS 协定中的执法措施规定在第三部分，包括五节（从第 41 条到第 61 条）。其中第 41 条规定了一般义务：

1. 成员应保证本部分所规定的执法程序依照其

---

① 该协定于 1988 年着手准备。

② 参见 TRIPS 协定第一部分。

③ 参见 TRIPS 协定的前言或序文部分。

④ TRIPS 协定第 1 条。该条似乎是为那些对知识产权的客体范围持保守态度的法域而设。就此而言，请参考《欧盟专利公约》第 53 条（b）禁止对动植物多样性授予专利与一些发展中国家拒绝授予医药专利的事实。

⑤ TRIPS 协定第 1 条。

国内法可以行之有效,以便能够采用有效措施制止任何侵犯本协议所包含的知识产权的行为,包括及时防止侵权的救济,以及阻止进一步侵权的救济。这些程序的应用方式应避免造成合法贸易的障碍,同时应能够为防止有关程序的滥用提供保障。

2. 知识产权的执法程序应公平合理。它们不得过于复杂或花费过高,不得包含不合理的时效或无保障的拖延。

3. 就各案的是非作出的判决,最好采取书面形式,并应说明判决的理由。有关判决至少应及时送达诉讼当事各方。对各案是非的判决应仅仅根据证据,应向当事各方就该证据提供陈述机会。

4. 对于行政的终局决定,以及(在符合国内法对有关案件重要性的司法管辖规定的前提下)至少对案件是非的初审司法判决中的法律问题,诉讼当事人应有机会提交司法当局复审。但是对刑事案件中的宣布无罪,成员无义务提供复审机会。

5. 协议本部分之规定被认为并不产生下列义务:为知识产权执法,而代之以不同于一般法律的执行的司法制度,本部分也不影响成员执行其一般法律的能力。本部分的任何规定均不产生知识产权执法与一般法的执行之间涉及财力物力分配的义务。

中国的知识产权制度是否符合 TRIPS 协定第 41 条尚有争议。尽管如此,近来越来越多的学者就中国执法不足进行了集中研究,该点在下文第六部分进行讨论。同时一些国家也认为中国没有做到议定书所要求的透明度,并根据 TRIPS 协定第 63 条第 3 款的规定,要求中国披露知识产权法律法规、司法判决及行政规章的细节。

五、透明度与 TRIPS 协定第 63 条

根据《中国加入 WTO 工作组报告》①，WTO 于 2001 年 11
月 10 日通过一份议定书。② 议定书规定，中国须向 WTO 承担
一系列的义务，其中之一就是依据第一部分第二节的 C 条提
高法律制度的透明度。该义务包括如下三个层面：

1. 中国承诺只执行已公布的且其他 WTO 成员、
个人和企业可容易获得的有关或影响货物贸易、服务
贸易、TRIPS 协定或外汇管制的法律、法规及其他措
施。此外，在所有有关或影响货物贸易、服务贸易、
TRIPS 协定或外汇管制的法律、法规及其他措施实施
或执行前，应请求，中国应使 WTO 成员可获得此类
措施。在紧急情况下，应使法律、法规及其他措施最
迟在实施或执行之时可获得。

2. 中国应设立或指定一官方刊物，用于公布所
有有关或影响货物贸易、服务贸易、TRIPS 协定或外
汇管制的法律、法规及其他措施，并且在其法律、法
规或其他措施在该刊物上公布之后，应在此类措施实
施之前提供一段可向有关主管机关提出意见的合理时
间；但涉及国家安全的法律、法规及其他措施、确定
外汇汇率或货币政策的特定措施以及一旦公布则会妨
碍法律实施的其他措施除外。中国应定期出版该刊
物，并使个人和企业可容易获得该刊物各期。

---

① *Report of the Working Party on the Accession of China*，WT/ACC/CHN/49（1
October 2001）（"the Report"）.

② *The Protocol*，WT/L/432（23 November 2001）（Decision of 10 November 2001）.

3. 中国应设立或指定一咨询点，应任何个人、企业或 WTO 成员的请求，在咨询点可获得根据本议定书第二条 C 节第一款要求予以公布的措施有关的所有信息。对此类提供信息请求的答复一般应在收到请求后 30 天内作出；在例外情况下，可在收到请求后 45 天内作出答复。延迟的通知及其原因应以书面形式向有关当事人提供。向 WTO 成员作出的答复应全面，并应代表中国政府的权威观点。应向个人和企业提供准确和可靠的信息。①

TRIPS 协定的第 63 条也规定了透明度。具体而言，第 63 条第 1 款规定：

缔约方与本协议内容有关的法律、规则，以及具有普遍适用性的终局司法判决和行政决定都应以本国语言公开发表，或者在无法实现这样的公开发表时，使之为公众所能获得，从而使各国政府和权利所有者能够了解其内容。一缔约方政府或政府机构与另一缔约方政府或政府机构之间生效的任何与本协议内容有关的协定也应公开发表。

尽管该条款仅要求中国以中文公开其法律文件，中国却承诺其将以 WTO 的三种官方语言之一，即英语、法语或西班牙语，公布其法律文件。②

根据议定书的第 18 节，中国还需在加入 WTO 后的 8 年间，每年接受关于履行 WTO 义务的年度评估。与知识产权有

---

① *The Protocol pt 1* ［2（C）］.
② *The Report* ［334］.

关的年度评估，由 TRIPS 协定理事会作出。中国需要根据议定书附录 1A 的规定提供如下信息：

六、与贸易有关的知识产权（向与贸易有关的知识产权理事会作出通知）

（a）《著作权法》《商标法》和《专利法》的修正情况，以及涵盖 TRIPS 协定各领域、使所有此类措施完全符合和完全实施 TRIPS 协定的相关实施细则，及对未披露信息的保护情况。

（b）如报告书所述，通过更有效的行政处罚，加强知识产权执法的情况。

正是通过该机制，中国于 2005 年 10 月 24 日提交了相关信息[1]，并发布了知识产权白皮书——《中国知识产权保护的新进展》[2]。

作为回应，美国、瑞士和日本要求中国，提供 2001 年至 2005 年执行知识产权法的详细信息。该要求依据 TRIPS 协定第 63 条第 3 款作出：

每一缔约方都应作好准备，在接到另一缔约方的书面请求之后提供上述第 1 款中所规定的信息。当一个缔约方有理由相信涉及知识产权的某一司法判决或者行政决定或者双边协定影响了其依据本协议所享有的权利时，也可以提出书面请求，以获得或者被告知

---

① *Transitional Review Mechanism of China: Communication from China*, IP/C/W/460 (11 November 2005).

② WTO TRIPS Council, *Transitional Review Under Section 18 Of The Protocol On The Accession Of The People's Republic Of China: report to the General Council by the Chair*, IP/C/39 (21 November 2005) 2.

这样的司法判决、行政决定或双边协定的详细细节。

美国与日本的要求，明确指向中国提交给 WTO 的报告中涉及的 2001—2005 年上半年的知识产权案件。他们特别要求中国提交包括裁判的法律依据、赔偿的详细情况、临时措施、是否存在重复侵权、侵权发生的地点和年度、处理案件的适格机关、将案件移交给刑侦机关的原因、这些案件是否涉及其他成员国的国民以及侵权产品等详细信息。① 瑞士的要求不多，但也与执法有关，特别是法律条款的实施、赔偿以及临时措施等制度层面的事宜。②

基于第 63 条第 3 款提出的要求，目标实质上是让中国披露有关"法律、法规、终审判决以及普适性的行政规章"的信息③。2005 年 10 月美国贸易代表罗布·波特曼（Rob Portman）解释了该行动的正当性：

> 根据所有的可获得信息，尽管中国处理盗版和假冒问题已有数年，但盗版和假冒现象在中国仍然十分猖獗。如果中国坚信其已经为知识产权保护作出了足够的努力，它应当将此作为一个证明的机会……我们的目的是获取详细的信息以帮助我们准确地找到执法机制的漏洞，然后确定我们的下一步行动。④

---

① See *Request for Information Pursuant to Article 63. 3 of the TRIPS Agreement*: *Communication from the United States*, IP/C/W/461（14 November 2005）; and Request for Information Pursuant to Article 63. 3 of the TRIPS Agreement, Communication from Japan, IP/C/W/463, 14 November 2005.

② See *Request for Information Pursuant to Article 63. 3 of the TRIPS Agreement*: *Communication from Switzerland*, IP/C/W/462（14 November 2005）.

③ TRIPS 协定第 63 条第 1 款。

④ USTR, *Press Release* 2005-65（26 October 2005）.

缺乏透明度，被归结为在中国规则制定及获取足够执法信息中的关键问题，①"特别301报告"对此表示担忧。根据2005年4月公布的"特别301报告"，中国的盗版率高达90%，② 而时隔一年出具的"特别301报告"仍然悲观地表示，中国的盗版率在85%到93%之间。③ 据估计，盗版给美国商业软件造成的损失，在2005年大概为12.7亿美元。④ 而对于电影产业，中国零售市场上的盗版率几乎达到100%。⑤ 当然，这部分可归因于上文提及的审查和配额制度。当合法复制品进入市场受限时，公众会通过其他更为廉价的方式，即通过盗版来获取受限的内容。2010年的数据证实了上述判断，该年中国的年度总票房为15亿美元，进口的20部外国大片贡献了其中的45%，而以外国电影为主的盗版DVD市场总值则达到60亿美元。⑥

中国对美国、日本、瑞士有关披露信息的要求的性质提出质疑，并以三国的请求缺乏TRIPS协定第63条第3款规定的明确性为由，要求三国作出更进一步的说明。此三国认为，不需要提供任何更进一步的说明，因为中国在提交给TRIPS协定理事会的一系列文件中，尤其是在根据第63条第3款提交请求前，中国向理事会提供的白皮书中，已经清楚地引用了所请求披露的案件。⑦ 与此同时，在2006年上半年，中国强调其

① USTR, "Out of Cycle Review Results: China", *2005 Special 301 Report* (29 April 2005).

② Ibid.

③ USTR, *2006 Special 301 Report* (28 April 2006).

④ Ibid.

⑤ Susan Krause, "Legislators Detail Concerns about Counterfeit Goods from China", *Washington File*, US Department of State, Office of International Information Programs (12 June 2006).

⑥ Lee Hannon, "Nation Should be Taken, not Stirred", *China Daily* (online) (31 March 2011), http://www.chinadaily.com.cn/bizchina/2011-03/31 /content 122 58494.htm.

⑦ IP/C/W/461 /Add.1, 24 January 2006 (US); IP/C/W/462/Add.1, I February 2006 (Switzerland); and IP/C/W/463/Add.1, 24 January 2006 (Japan).

在履行 TRIPS 协定第 63 条规定的 WTO 义务方面的进展，要求
其国内相应的知识产权机关尽力向公众披露相关信息，以及通
过与其他 WTO 成员的双边和其他合作，进一步提供本国知识
产权立法和执法信息。① 尽管如此，中国表明，由于其不是普
通法国家，所以不需要根据第 63 条第 1 款的规定，提交具有
普适性的判决与行政规章。② 瑞士作为非英美法系的国家，在
回应中基于如下理由，反驳了中国的观点：

> TRIPS 协定的第 63 条适用于 WTO 的所有成员，
> 我们认为第 63 条第 1 款与第 3 款指的是所有具有法
> 律约束力的终局判决，因为这些判决并没有被上诉也
> 没有被终审法院改判。③

有证据表明，中国并不适应在 WTO 论坛上进行类似的交
锋，因而不得不转向双边机制，于 2006 年 3 月邀请美国参加
建设性磋商，以提升知识产权执法的透明度。此后，中美之间
一直（除了在下文第六部分论及的知识产权执法争端期间中
止外）通过联合商业贸易委员会及其所属的知识产权工作组
磋商。该举动表明，中国在参与 WTO 争端解决机制的早期，
更偏向于做妥协的被告而不愿做原告。④ 中国的让步，包括将
先前无法获取的知识产权刑事诉讼以及知识产权执法数据，以

---

① *Response to a Request for Information Pursuant to Article 63. 3 of the TRIPS Agreement：Communication from China：*IP/C/W/465（23 January 2006）；IP/C/W/466（23 January 2006）；and IP/C/W/467（23 January 2006）.

② *Response to a Request for Information Pursuant to Article 63. 3 of the TRIPS Agreement：Communication from China：*IP/C/W/465（23 January 2006）.

③ *Follow-up Request for Information Pursuant to Article 63. 3 of the TRIPS Agreement：Communication from Switzerland-Addendum*, IP/C/W/462/Add. 1（1 February 2006）.

④ Marcia Don Harpaz, "Sense and Sensibilities of China and WTO Dispute Settlement"（2010）44 *Journal of World Trade* 1155, 1155 and 1158-1159.

中文和英文公之于众。① 接着，又于 2006 年②和 2007 年③颁布了《中国保护知识产权行动计划》。该行动计划由中国国家知识产权保护工作小组协同其他相关政府部门共同制定，内容主要涵盖了著作权、专利权、商标权以及进出口。④ 中国也相继修订法律和最高人民法院颁布的司法解释。⑤ 此外，中国还实施了大量知识产权专项执法行动和知识产权保护意识宣传活动，并建立了服务中心，接受知识产权侵权举报。⑥ 行动计划也着重强调了与涉及知识产权的保护工作的职员有关的培训、国际交流以及其他合作。⑦ 这些措施在某种程度上，满足了《关贸总协定》第一部分第二段的要求。

另外，那些审理知识产权案件的主要法院，也开始在网上以中文公布判决全文，而且知识产权案件的英文摘要可从名为"中国知识产权保护网"的网站获取。⑧ 尽管中国作出种种承诺，但美国仍然联合澳大利亚等第三国，选择利用 WTO 争端解决机制投诉中国知识产权机制长期存在的问题。该内容将在下一部分讨论。值得特别注意的是，截至目前，中国已经利用

① USTR, *2006 Special 301 Report*（28 April 2006）.

② National IPR Protection Working Group Office, *China's plan on IPR Protection Action 2006*（I），（http：//www. chinaipr. gov. cn/policyarticle/policy/documents/200610/233867_ 1. html）at 12 March 2012 and State Office of Intellectual Property Protection of the PRC, *China's plan on IR Protection Action 2006*（II），http：//www. chinaipr. gov. cn/policyarticle/policy/documents/200610/233870-1. html. WIPO Confirms their prior existence online at http：//www. wipo. int/ipdevelopment/en/strategies/national_ ip_ strategies. html#china.

③ China's Action Plan on IPR Protection 2007, http：//au. china-embassy. org/eng/sgjs/Topicsl23/t313573. htm；see also http：//english. people. com. cn/200704/24/eng20070424_ 369187. html.

④ Ibid.

⑤ Ibid.

⑥ Ibid.

⑦ Ibid. 报告论及了该如何提升企业自律以及为知识产权从业人员提供服务，其研究以对策为导向。

⑧ *Intellectual Property Protection in China*, http：//www. chinaipr. gov. cn.

WTO 成员的身份，作为原告提起了两起 WTO 诉讼，并作为被告参与了另外三起案件（有时是作为共同被告）。① 显而易见，中国已经熟悉了 WTO 争端解决机制的运作程序，因此说这代表中国开始策划反击也不足为奇。WTO 专家组最终认定，中国在整体上已经符合 TRIPS 协定的要求，但需要进一步就上文提到的著作权保护范围以及海关执法的某些特定方面，改善其知识产权制度。

六、WTO 争端解决实例：WT/DS362

2007 年 8 月 13 日，美国根据《关于争端解决规则与程序的谅解》（DSU），要求 WTO 争端解决机构成立专家组，调查中国的特定措施，以判断其是否对中国的知识产权保护和执法造成了影响。② 专家组于 2007 年 12 月 13 日确定，成员于 2008 年 4 月 14 日至 16 日以及 6 月 18 日至 19 日会见中方人员。一些第三方③保留参加诉讼的权利，并于 2008 年 4 月 15 日与专家组会晤。专家组于 2008 年 10 月 9 日向双方提交中期报告，并于同年 11 月 13 日提交最终报告，该报告于 2009 年 1 月 26 日通过 WTO 公布。该争端涉及三个关键问题：其一，刑事处罚的门槛以及针对故意侵犯商标权与版权的刑事惩罚措施；其二，中国对没收的知识产权侵权货物的处理方式；其三，关于中国拒绝保护那些未获许在中国出版和发行的作品的著作权或邻接权的问题。④

---

① Wenhua Ji and Cui Huang, "China's Experience in Dealing with WTO Dispute Settlement: A Chinese Perspective", p. 4, 13.

② 在此之前，美国已于 2007 年 4 月 10 日就两事项投诉中国，其中之一关于知识产权保护（争端 362），另一个则有关出版物和影视作品（争端号 363）。

③ 包括阿根廷、澳大利亚、巴西、加拿大、欧盟、印度、日本、韩国、墨西哥、泰国以及土耳其等。

④ WTO, *China-Measures Affecting the Protection and Enforcement of Intellectual Property Rights: Report of the Panel*, WT/DS362/R（26 January 2009）2-3.

专家组的裁定在某种程度上意见不一。比如，关于海关措施的裁定，专家组认为 TRIPS 协定第 59 条①规定的救济并不适用于出口商品。另外，美国未能成功证明中国规定的海关措施与第 59 条不符，因为其加入了第 46 条第一句的规定，即允许以将侵权物品排除出商业渠道的方式来避免对权利人造成损害，或者将侵权物品销毁。尽管如此，基于第 46 条第四句的规定，中国的海关措施被认为与第 59 条不符，即对于假冒商品来说，除了在例外的情况下，为了让这样的商品进入商业渠道，仅仅去除非法贴在商品上的商标是不够的。

与此同时，美国也未能成功证明中国关于侵权入罪门槛的规定与 TRIPS 协定的第 61 条要求不符，即"各成员国应规定至少对于具有商业规模的蓄意假冒商标或盗版案件适用刑事程序和处罚"。但是专家组却支持美国，认为中国《著作权法》第 4 条与 TRIPS 协定不一致，根据中国《著作权法》（2001年）第 4 条的规定，依法禁止出版、传播的作品，不受本法保护。换言之，中国《著作权法》第 4 条被认为与中国根据TRIPS 协定第 41 条第 1 款承担的义务不符，同时也与由 TRIPS协定第 9 条第 1 款援引的《伯尔尼公约》第 5 条第 1 款不符。

中国声称已经符合专家组的要求。新《著作权法》已于2010 年 4 月 1 日修订，修改后的第 4 条已转移重心，不再拒绝对未经审核通过的作品提供保护：

> 著作权人行使著作权，不得违反宪法和法律，不
> 得损害公共利益。国家对作品的出版、传播依法进行

---

① 第 59 条的规定如下：救济措施：在不损害权利持有人可采取的其他诉讼权，并在遵守被告寻求司法机关进行审查的权利的前提下，主管机关有权依照第46 条所列原则责令销毁或处理侵权货物。对于假冒商标货物，主管机关不得允许侵权货物在未作改变的状态下再出口或对其适用不同的海关程序，但例外情况下除外。

监督管理。

这一修正案保留了中国审核、编辑和禁止有关内容的主权，以此作为保护公共利益的途径，但同时又不限制对非法内容的版权保护。① 《知识产权海关保护条例》同时也根据专家组的裁决作出修订，并于 2010 年 4 月 1 日生效。② 该条例第27 条修改了关于进口侵犯他人商标权物品的规定，海关拍卖侵权物品的权力也受到限制。根据新规定，对进口假冒商标的货物，除特殊情况外，仅清除货物上的商标标识的做法，不足以给予海关拍卖这些货物的权力。③ 但该限制不适用于出口的侵犯商标权的物品，也不适用于侵犯著作权和专利权的物品，这些物品仍可由海关拍卖，前提是这些没收的侵犯知识产权货物，无法用于社会公益事业，且知识产权权利人无收购这些货物的意愿。④ 跟修订前一样，侵权特征无法消除的货物，海关不能拍卖，而应当销毁。⑤

上述变化虽然是为回应 WTO 专家组的裁定，但实质上也是提高中国知识产权保护和执法整体战略的一部分。中国对 WTO 论坛的参与，从最早的加入阶段，过渡到针对其他重要的 WTO 成员提出的争端进行年度实施评估的阶段，这充分证明 WTO 对中国法律与政策的重要影响力。中国愿意将争端诉诸 WTO 专家组，表明中国尊重国际法，同时也愿意付出一定

---

① WTO, *China-Measures Affecting the Protection and Enforcement of Intellectual Property Rights*: *Report of the Panel*, Annex B at B-12.

② 中华人民共和国国务院令第 572 号《国务院关于修改〈中华人民共和国知识产权海关保护条例〉的决定》，于 2010 年 3 月 17 日国务院第 103 次常务会议通过，自 2010 年 4 月 1 日起施行。

③ 修改后的《知识产权海关保护条例》第 27 条第 3 款。

④ 同前。

⑤ 同前。

主权代价，而主权曾是中国至高无上的政策目标①，这与中国一个世纪前的国际关系完全不同。通过法律移植，中国已在相对较短的时间内，建立了成熟的、可媲美国际主流的知识产权机制。现有机制的不足主要在于知识产权执法，中国发布的《国家知识产权战略》也承认这一点。下文将分析《国家知识产权战略》，同时也探讨其他影响中国知识产权发展的因素。

《国家知识产权战略》于2008年完成，是关于知识产权保护的综合有效的行动指南，此后不久中国就面临贯彻WTO专家组决议的问题。2009年5月，即WTO专家组就争端WT/DS262作出裁决的数个月后，中国国家知识产权局副局长访问了澳大利亚，并向澳大利亚同行以及其他相关方通报了该行动指南的维度。② 该战略十分重要，表明中国在促进创新的主要目标之外还针对知识产权执法制定了周密的战略。战略中关于执法的内容将在下文中描述。

七、国家知识产权战略

正如上文所述，中国在2006年与美国进行双边对话，并发布了行动指南以提高知识产权执法透明度。尽管中国的知识产权执法水平已经整体提升，但是在美国眼中，其仍然处于知识产权盗版率相对较高的国家的行列。③ 虽然中国发展范式已经转变，并因此颁布了《国家知识产权战略》，但知识产权盗版依旧较为普遍。④ 与之前的以抚慰美国、欧盟和日本等其他

---

① Marcia Don Harpaz, "Sense and Sensibilities of China and WTO Dispute Settlement", p. 1156.

② 悉尼科技大学法学院承办了三场张副局长在悉尼召开的研讨会及公开演讲活动。

③ See e. g. , USTR, *Special 301 Report 2010* (30 April 2010), http：//www. ustr. gov/webfm send/1906.

④ 在本文写作时，《2011年知识产权行动指南》还在起草中，其为《国家知识产权战略》的补充。

主要知识产权生产国为目的的"知识产权行动计划"不同，该战略的着力点在于鼓励本国的创新。

2008 年 6 月 5 日，中国《国家知识产权战略》开始生效。① 其第 4 条规定了该战略的目标，即通过提高本国创造、利用、保护和管理知识产权的能力，最终使中国成为创新型国家，期望通过战略完善社会主义市场经济体制，增强中国企业市场竞争力和提高国家核心竞争力，规范市场秩序和建立诚信社会。②该战略将有利于扩大改革开放，实现国家间的互利共赢。

实现这些目标的指导方针使人想起邓小平。战略第 5 条要求坚持以邓小平理论和"三个代表"重要思想为指导，深入贯彻落实科学发展观，按照激励创造、有效运用、依法保护、科学管理的方针来实施该战略。③ 中国的战略目标是在 2020 年将中国建设成为知识产权创造、运用、保护和管理水平较高的国家。④

该战略措施的第五部分的第 4 条规定了提高知识产权执法水平的任务。该条规定的前两项战略措施，认可了完善知识产权审判体制以及加强知识产权司法解释工作的重要性，分别规定在第 45 条和第 46 条：

---

① 中国国务院：《国家知识产权战略纲要》，2008 年 6 月 5 日，http：//www. gov. cn/english/2008-06/21/content_ 1023471. htm。

② 同前，第 4 页。

③ 中国国务院：《国家知识产权战略纲要》，2008 年 6 月 5 日，http：//www. gov. cn/english/2008-06/21/content_ 1023471. htm。邓小平理论提出了社会主义市场经济理论；"三个代表"重要思想表述了中国共产党最近的意识形态导向，即"要始终代表中国先进生产力的发展要求，要始终代表中国先进文化的前进方向，要始终代表中国最广大人民的根本利益"，该理论由江泽民于 2000 年提出。China Through a Lens, *What is "Three Represents" CPC Theory?*, http：//www. china. org. cn/english/zhuanti/3 represents/68735. htm。

④ 中国国务院：《国家知识产权战略纲要》，第 6 页。

（45）完善知识产权审判体制，优化审判资源配置，简化救济程序……

（46）加强知识产权司法解释工作……①

上述两个规定均强调需要通过研究来全面提升从授权到执法的系统、制度和知识。这意味着基于西方国家的文化、制度与社会经验，以及其既存的执法体制，不会被直接移植到中国，而是需要通过进一步的调查研究，使中国的知识产权执法效果达到类似西方的标准。

其后两条规定承认，对于满足国内和边境执法的需要来说，确保执法队伍受到良好训练及配备充足资源的重要意义。第47条和第48条分别规定：

（47）提高知识产权执法队伍素质，合理配置执法资源，提高执法效率……

（48）加大海关执法力度，加强知识产权边境保护，维护良好的进出口秩序，提高我国出口商品的声誉……

上述的措施部分已在实施当中，如调研建立知识产权上诉法院、提升刑事打击的规模、改进海关执法（部分原因在于WTO 争端解决委员会于 2009 年 1 月作出的裁决）以及中欧联合行动计划（见下文），这里列举的仅是其中少数几项措施。但战略不仅限于执法和审判，而是要宽泛得多。它包括立法改革（其在过去 18 个月中已取得了重大进展）、制度构建、公共宣传、培训教育、国际交流与合作、加强企业知识产权保护

① 中国国务院：《国家知识产权战略纲要》，第45—46 页。

的计划、为权利人提供服务以及其他特定的研究项目。第八部分提到发展知识产权文化的问题：

（63）建立政府主导、新闻媒体支撑、社会公众广泛参与的知识产权宣传工作体系……
（64）在高等学校开设知识产权相关课程，将知识产权教育纳入高校学生素质教育体系……①

这是一个雄心勃勃的计划，但是另一方面，在过去的30年间，中国已经成功从不保护财产的国家，变成保护复杂的无形财产的国家。即使是对那些在400年前就承认无形财产的社会来说，保护无形财产也是难于理解和把握的。

在战略的推动下，中国修改了《专利法》。新的2008年《专利法》第1条与修改前的内容有所不同：

为了保护专利权人的合法权益，鼓励发明创造，推动发明创造的应用，提高创新能力，促进科学技术进步和经济社会发展，制定本法。

虽然修改后的第1条在整体意思上与修改前并无大的不同，即鼓励和保护创新，但最后一句在用词方面有了细微改变。1984年的《专利法》第1条吸纳了邓小平在很多讲话中指出的方针②，即中国需要通过提升科技水平来实现四个现代

---

① 中国国务院：《国家知识产权战略纲要》，第47—48页。
② 中国国务院：《国家知识产权战略纲要》。

化①。而 2008 年《专利法》的着力点不同,其强调推进中国作为创新者,而非仅仅作为科技的消化吸收者的能力,并以更加概括化的表述"经济社会发展"替代了"实现四个现代化"。这也许反映了这样一种观点,即自第一部《专利法》颁布后的 24 年间,中国已经赶上其他的工业化国家,现在正处于下一个发展阶段。此外,2008 年《专利法》第 1 条与国际义务更加协调,因为其更精确地反映了上文提到的 TRIPS 协定第 7 条规定的目的。

2008 年《专利法》以及相应的实施条例对中国的专利制度进行彻底地审视和修订。这些修改包括:

- 任何单位或者个人将在中国完成的发明或者实用新型向外国申请专利的,应当事先报经国务院专利行政部门进行保密审查;
- 针对可专利性引入了绝对新颖性标准;
- 对利用遗传资源的发明的保护作出特殊的规定;
- 赋予了外国专利申请人自主选择依法获得资质的专利代理机构的权利,不再受限于中国的专利代理机构;
- 引入了 TRIPS 议定书关于以向最不发达国家出口为目的生产处方药的规定;②
- 更严厉的行政处罚以及更高的法定赔偿额

---

① 参见商务部报告,该报告承认在改革开放早期引入知识产权制度是"为了达到促进经济发展和科技发展的目的"。MOFCOM, *Status Regarding Legislation in Terms of IPR in China* (25 March 2005), http://english.mofcom.gov.cn/article/newsrelease/significantnews/200503/20050300029467.html.

② *Protocol Amending the TRIPS Agreement*, Amendment of the TRIPS Agreement, General Council WT/L/641, 8 December 2005.

上述第 3 项和第 5 项的修订，反映了中国愿意和其他重要的发展中国家一道解释 TRIPS 协定的实施。对利用遗传资源的发明，要求申请者披露相关信息的规定，回应了《生物多样性公约》于多年前提出的问题。[①] 许多生物多样性丰富的国家，都是发展中国家，这些国家非常渴望制止发达国家通过药品专利掠夺他们的生物资源。对于依赖遗传资源作出的发明，这些国家要求专利申请人披露相关信息以制止生物盗版。此外，中国根据 TRIPS 议定书修改关于强制许可的规定，展示其在与 TRIPS 协定保持一致的同时，是如何利用其不断壮大的医药生产能力的。鉴于中国有着丰富的传统医药史，生产处方药的能力也在不断提升，这些修订正是中国为达到"创新国家"的目标，利用 WTO 谈判与其他的发展中国家合作的例证。

八、其他的国内外影响

根据欧盟发布的 2009 年《知识产权执法报告》，中国依然是欧盟主要关注的国家之一，因为 2008 年欧盟海关扣押的货物中，有 54% 来自中国。[②] 但是中国丰富多样的知识产权策略已经起到一定的作用。例如，在 2004 年到 2008 年间，中国软件方面的盗版率降低了 10%，已经脱离软件盗版率最高的 20 个国家之列。[③] 尽管如此，欧盟在报告中，还是对中国盗版泛滥的原因作出严苛的分析：

[①] Convention on Biological Diversity, Rio de Janeiro, Brazil, 1760 UNTS 79, opened for signature 5 June 1992, (entered into force on 29 December 1993).

[②] Commission of the European Communities, *IPR Enforcement Report 2009*, (September 2009) 5.

[③] Business Software Alliance: *Sixth Annual BSA—IDC Global Software 08 Piracy Study*, *In Brief* (May 2009), http://global. bsa. org/globalpiracy2008/studies/study-brief. pdf.

烦琐的立法和公证的要求、诉前禁令机制不够有
效、赔偿额过低等因素，导致实践中在中国寻求司法
救济非常困难。也有报告称，刑事制裁的诉求难以得
到满足。此外，相关职能机构日益提高的执法意愿，
也在受到如相互之间缺乏有效的协调合作、缺少训练
有素的执法人员以及公众的知识产权意识淡薄等消极
因素的影响。①

上文提及的《国家知识产权战略》，也承认中国存在上述
问题。民事判决的执行率较低，② 而且与法院所在地的经济发
展水平关系较为密切。③ 判决执行率低通常与腐败和地方保护
有关。④

尽管如此，世界银行认为，与其他国民平均收入相似的发
展中国家相比，中国的整体腐败程度相对较低。⑤ 这可以归功

---

① Commission of the European Communities, *IPR Enforcement Report 2009*, p. 6.

② 例如，高级人民法院判决的执行率大概为40%，中级人民法院判决的执行率大概为50%，基层人民法院判决的执行率大概为60%。Robert Slate, "Judicial Copyright Enforcement in China: Shaping World Opinion on TRIPS Compliance" (2006) 31 *North Carolina Journal of International Law and Commercial Regulation* 665, 686.

③ Xin He, *The Enforcement of Commercial Judgments in China*, The Foundation for Law, Justice and Society in collaboration with The Centre for Socio-Legal Studies, University of Oxford, http://www.flis.org/uploads/documents/Xin%/o2OHe%/o231%/23.pdf.

④ 正如戴维·墨菲（David Murphy）指出的，尽管收受贿赂的腐败法官会面临指控，但是法院的效用并不明显，因为法官受地方政府控制，其工资由地方政府发放，后者常常对判决施加影响，极少有人能够在涉及与政府有关系的当事人之诉讼中获得公正的判决。Robert Slate, "Judicial Copyright Enforcement in China: Shaping World Opinion on TRIPS Compliance", 686-687, cited in David Murphy, "When Courts Don't Work" (2004) 40 *Far Eastern Economic Review* 26。

⑤ Keith Henderson, "The Rule of Law and Judicial Corruption in China: Halfway over the Great Wall", in Transparency International, *Global Corruption Report 2007: Corruption in Judicial Systems* (Cambridge University Press, 2007) 151, 156.

于中央政府在反腐方面的重大努力。例如，基思·亨德森
（Keith Henderson）发现，中国的司法系统正在迅速成为中国
改革进程中的关键角色。[1] 他接着谈到中国在下一步应当如何
解决司法腐败问题，关键措施之一便是建立真正独立的司法体
系，同时还需要排除引起腐败的原因：

> 解决、预防腐败需要建立开放、透明、负责任、
> 公开的法律和司法程序以及培养道德高尚的职业法
> 官。这些程序囊括了司法系统的所有关键点，包括预
> 算、法官的任免和提拔、纪律、审判、判决、上诉和
> 执行。在中国，使审判过程更加透明以及向公众开放
> 旁听应当是改革的最优先事项。[2]

当我们意识到中国有超过 20 万的法官时，司法独立的重
要意义显而易见。[3] 尽管如此，我们必须注意到地区间的差
异，以及司法独立对地方保护主义和腐败产生的影响。通常，
如果是在中心城市申请执行判决，当地的系统及其他配套措
施，能保证执行具有较高的成功率。[4] 知识产权诉讼案件也往
往发生在这些中心城市，因为争议双方大部分处于这些地方，
而非比较偏远的不发达地区。

至于知识产权侵权案件的数量，根据中国国家知识产权局
的统计数据，2007 年全国一共发生 17,877 件知识产权民事案

---

[1] Ibid. pp. 151-152.
[2] Ibid. p. 158.
[3] Ibid. p. 152.
[4] 例如，2003 年至 2006 年，北京市法院的民事和刑事判决的执行率高达
90%。Robert Slate, "Judicial Copyright Enforcement in China: Shaping World Opinion
on TRIPS Compliance", p. 686.

件以及 2684 件刑事案件。① 在这些案件中，5% 的案件由外国公司提起，下面的数据显示这类知识产权案件的数量在日益增长。根据国家知识产权局 2008 年发布的报告，该年中国的知识产权刑事案件和民事案件的数量较上年有了爆炸性增长：② 一审知识产权民事案件 24,406 件，其中 23,518 件为国内主体间的诉讼。版权案件 10,951 件，商标案件 6233 件，专利案件 4074 件，不正当竞争案件 1185 件，技术合同纠纷 623 件，还有 1240 件其他类型的知识产权案件。此外，上诉案件有 4759 件，其中 4699 件已经审结。与此同时，地方法院还审结 3326 件知识产权刑事案件。

这些知识产权诉讼大部分发生在中国境内的主体之间，仅有 1139 起案件涉及外国当事人，还有 225 起案件涉及中国香港、澳门和台湾地区的当事人。③ 尽管知识产权案件的数量如此巨大，但它其实只占中国境内年度总案件的 0.3%，④ 这使得知识产权执法的重要性引起关注。也许真正的推动因素是因为其中有 95% 的案件发生在中国主体之间。因此，中国政府大力提升知识产权执法水平，不仅是因为受到来自国外的压力，而且也是出于自身的需要。此外，中国企业也已经意识到知识产权的价值并开始加大维权力度。

欧盟发布的报告也证实了这一点，因为该报告认为，现行的《国家知识产权战略》是以国内需求为导向的。⑤ 该战略的重心在于推动中国成为创新型国家，这一理念可以追溯至改革

---

① SIPO, *China's Intellectual Property Protection in 2007*, http：//www. chinaipr. gov. cn/policy_ article/policy/documents/200804/237294_ 2. html.

② SIPO, *China's Intellectual Property Protection 2008*, http：//www. sipo. gov. cn/sipo_ English/laws/whitepapers/200904/t20090427_ 457167. html.

③ Ibid.

④ Robert Slate, "Judicial Copyright Enforcement in China：Shaping World Opinion on TRIPS Compliance", p. 693.

⑤ Commission of the European Communities, *IPR Enforcement Report 2009*, p. 5.

开放早期邓小平提出的"四个现代化"目标。他意识到一国的进步建立在该国创新能力的基础上，而从国外引进技术作为创新必经阶段，使知识产权在创新过程中的重要地位变得更加清晰。中国创新战略的最新发展是在政府采购中优先购买自主创新产品，这也被称为"本土创新政策"。对于想要利用"自主创新产品"条款的生产商来说，他们必须拥有中国自主知识产权。这意味着在中国开发、但由外国公司拥有的技术产品不符合优先采购条件，这一点引起外国技术公司的强烈关注。① 该政策已经贯彻到中国政府采购的所有层面。但是该政策引发了中国贸易伙伴的强烈反对，美国于 2010 年②和 2011年③发布的"特别 301 报告"中提到该政策，并谴责该政策有违自由贸易原则。中国为回应这些关切，作出了一定的努力。例如，从 2011 年 7 月 1 日起废止了三项关键政策，但整体上仍保持原样。④ 中国并不是《WTO 政府采购公约》⑤ 的成员，但目前已作为观察员参与谈判进程。也许这就是促使中国采取措施缓解美国担忧的原因。

我们必须意识到，前述知识产权策略的施行，也是为了回应国外的施压，如回应美国以及其他知识产权出口国关于假冒和盗版的投诉与遵守《关贸总协定》的要求。来自外国的压力显然并未就此终结。欧盟的报告指出，中欧双方共同就建立中欧知识产权对话机制以及中欧知识产权工作组开始努力。⑥

---

① USTR，*Special 301 Report 2010*，p. 19.

② Ibid.

③ USTR，*Special 301 Report 2011*（April 2011），http：//www. ustr. gov/about-us/press-office/reportsand-publications/2011/2011-special-301-report.

④ US China Business Council，*USCBC Statement on China's Innovation and Procurement Regulatory Changes*（29 June 2011），https：//www. uschina. org/public/documents/2011/06/statement-on-regulatory-changes. html.

⑤ 《WTO 政府采购公约》于 1996 年 1 月 1 日生效。

⑥ Commission of the European Communities，*IPR Enforcement Report 2009*，p. 5.

前者是一个年度会议，讨论规则、执法以及信息互换等一般事项，后者则负责处理具体的问题和部门。① 此外，关于中欧海关展开知识产权合作的行动计划，已于 2009 年 1 月开始实施。与此同时，中国仍然在"特别 301 报告（2010）"的优先观察国名单上，因为美国认为，中国的知识产权执法在很大程度上仍然无法达到预期的效果，且不具有威慑力。② 与欧洲相比，美国海关执法的数据更为负面，2009 年在美国海关被扣押的产品有 79% 来自中国，仅比 2008 年的 81% 下降了一点点。③ 未来中美两国间的磋商，仍然会通过商业贸易联合委员会及其知识产权工作组进行。

九、结论

中国在毛泽东时代完全忽略了无形财产权，但随着改革开放的深入，至少是为了达到与他国交往的目的，中国再次认可了财产权观念。在与他国间的互动增加的同时，中国对商品和技术的渴望与日俱增，与之相应，外国利益主体则要求中国保护他们的知识产权。中国向我们展示，在无形财产的保护方面，从传统的集体主义向认可私权转变是多么困难。显而易见，成为创新型国家这一中国的自身利益使国外的压力最终产生效果。中国目前在世界经济中的位置，已经证明了邓小平的先见之明。在过去的 10 年中，中国已经融入 WTO 主导的世界秩序，认识到遵守 WTO 规则的重要性，并且探明如何使 WTO 论坛为己所用。中国并没有抵制全球化，而是已经学会了如何利用游戏规则，并且展示了其摘掉"盗版"这顶帽子，从而向"创新型国家"迈进的坚定决心。

---

① Commission of the European Communities, *IPR Enforcement Report 2009*, p. 5.
② USTR, *Special 301 Report 2010*, p. 19.
③ Ibid.

知识产权法和政策与经济发展
——以中国为特定研究对象[*]

安臣·坎普曼·桑德斯[**]　文

何天翔[***]　译

简目

---

[*]　Anselm Kamperman Sanders，"Intellectual Property Law and Policy and Economic Development with Special Reference to China"，first published in the English language in T. Eger，M. Faure and Z. Naigen eds.，*Economic Analysis of Law in China*，Edward Elgar Pub，September 30，2007. 本文的翻译与出版已获得作者及出版社授权。

[**]　安臣·坎普曼·桑德斯，荷兰马斯特里赫特大学法学院知识产权法教授、暨南大学法学院客座教授。

[***]　何天翔，香港城市大学法律学院助理教授，荷兰马斯特里赫特大学知识产权法学博士、中国人民大学刑法学博士，主要研究方向为知识产权法、欧盟刑法。

一、前言[①]

在所有法律领域中，极少有像知识产权法这样重要性日渐迅猛增长的学科。不久之前，这一法律领域还仅仅只能由有限的专业人士涉足。然而，随着信息时代的到来，知识产权法不但使商业界与法律界发生了强烈的碰撞，且已渗透到普通人的日常生活。随着知识产权通过世界贸易组织（WTO）的《与贸易有关的知识产权协定》（TRIPS 协定）踏上了世界舞台后，知识产权法在政治的竞技场内（其中部分的讨论似乎集中于西方世界的新殖民主义倾向）变得越来越重要。

在今日世界市场的商业游戏中，生产已被转移至成本较

---

① 本章有关知识产权法的经济学分析的内容，部分来源于 Kamperman Sanders, A.（2006），"Limits to Database Protection: Fair Use and Scientific Research Exemptions", *Research Policy*, 35. 854-74；有关获取基本药品的内容，部分来源于 Kamperman Sanders, A.（2005），*The Development Agenda for Intellectual Property, Rational Humane Policy of Modern-day Communism*, inaugural lecture, Maastricht: Unigraphic。

低的国家。知识产权许可看起来无疑是实现持续控制的工具之一。现今的新式产品能以低廉的价格被大规模复制。当高投资的技术秘密和信息，成为这些新式产品的"主要成分"时，知识产权就变成了确保投资能获得高回报的主要方法。因此，在全球化经济中，知识产权法的全球化也就不足为奇了。条约、协同化的努力以及 WTO 框架，都为塑造这一新的知识产权世界规则作出了贡献，但这也同时掩盖了知识产权法所固有的矛盾。换句话说，大多数知识产权仍具有地域性。

许多国际协定，比如 1883 年的《保护工业产权巴黎公约》（以下简称《巴黎公约》）、1886 年的《保护文学和艺术作品的伯尔尼公约》（以下简称《伯尔尼公约》）、1970 年的《专利合作条约》、1994 年的 TRIPS 协定、1996 年的《世界知识产权组织版权条约》以及《世界知识产权组织表演和录音制品条约》都允许权利所有人在不同的法域申请以及实施其知识产权。

本文将探讨履行 TRIPS 协定的义务，是否有助于发展中经济体（尤其是中国）的经济发展。本文以履行 TRIPS 协定的义务以及国际贸易为背景，对知识产权制度的经济原理进行了分析，还探讨了 TRIPS 协定的规定的灵活性，及其被用于查找本土法律工具以促进创新和产业的发展的可能。本文对为何当涉及制定新的知识产权行动方案，以促进经济发展和技术转换时，中国会表现出明显的消极态度提出了疑问。美国在 WTO 起诉中国，就 TRPIS 协定所设的标准，要求中国加强刑事检控力度以及加大规则的透明度，由此可以看出，有关仿冒产品的生产和贸易的斗争，至今仍是热门话题。①

二、与贸易相关的知识产权

自 1994 年 TRIPS 协定签署以来，其已经成为影响多边的、区域性的、双边的和国家的知识产权法律与实践的事实上的准则，也成为设定知识产权领域所有现今以及未来标准的基础。一个由英国政府设立的知识产权委员会指出，引入更高的知识产权保护与实施标准，会对发展中国家的资源以及经济施加巨大的压力；② 进一步提高保护水平，会对农业、教育、公共健康、创新以及科技转让产生负面影响，并且这通常会提升发展中国家的行政和执法的成本。

尽管如此，实施 TRIPS 协定仍然是加入 WTO 的先决条件。成为成员后，WTO 将会以市场准入以及外商直接投资作为回报。事实上，因为 TRIPS 协定的标准已经是许多双边贸易以及投资协定中的一部分，其现在已经是国际贸易中的一个必不可少的议题。③

---

① 有关在《WTO 争端解决谅解协议》下起诉中国的理由与思考，参见彭博新闻社的新闻报道。詹姆斯·罗坎姆（James Jochum）说，"关于中国正如何处理这事件仍然缺乏一致意见"。这位前任的美国商务部官员现在在华盛顿的美亚博律师事务所（Mayer, Brown, Rowe and Maw LLP）专门负责处理中国问题。美国认为事情没有多大进展，而中国认为一切进展顺利，这表示两方的理解明显南辕北辙，http://www.bloomberg.com/apps/news? pid = I0000087&sid = av4hVAmFlbp4&refer = top_ world_ news > < f "MathcmaticalPi 1"。

② 知识产权委员会（2002）。欧盟委员会和其成员国与其他合作伙伴之间的双边协议，要求这些伙伴们确保足够和有效的"与最高国际标准相符合"之知识产权保护；see Drahos（2002），*Developing Countries and International Intellectual Property Standard Setting*, p. 8, study prepared for the UK Commission on Intellectual Property Rights, http://www.iprcommission.org。

③ Vivas-Eugui, Regional and Bilateral Agreements and a TRIPS-plus World: the Free Trade Area of the Americas（FTAA）, TRIPS Issues Papers No. 1（2003, QUNO/QIAP/ICTSD, Geneva）.

（一）TRIPS 协定的基石

TRIPS 协定的第 3 条和第 4 条是两个核心条款。它们规定了国民待遇原则以及最惠国待遇原则。这是两条有关非歧视性的原则：外国国民应当被视为本国国民，并获得同样的对待。而且缔约国给予任何其他国家国民的任何利益、优待、特权或豁免，都应立即且无条件地适用于所有其他缔约方的国民（虽然有例外存在）。TRIPS 协定对既存的主要知识产权以及工业产权，特别是《巴黎公约》和《伯尔尼公约》中的义务进行了整合。此外，与那些较旧的协议所不同的是，所有与协议义务的施行与解读相关的争议，现在都交由 WTO 的争端解决机制处理。

TRIPS 协定涵盖了一些最低义务，它们与大部分知识产权或工业产权的内容有关：版权及其相关权利、工业品外观设计、专利、集成电路布图设计、对未公开信息的保护、商标以及地理标记。其他内容，如植物新品种、商业秘密、传统文化表达以及实用新型，有的部分为 TRIPS 协定所涵盖或略有提及，有的部分则在其讨论范围之外。

（二）客体

知识产权法的目的在于保护人类知识及工业的创造力，并认可与下列客体相关的权利：

1. 文学、艺术与科学作品；
2. 表演艺术家的表演以及录音制品和广播节目；
3. 人类一切活动领域内的发明；
4. 科学发现；
5. 工业品外观设计；
6. 商标、服务标记以及商业名称和标志；

7. 制止不正当竞争。①

（三）保护期间

一般来说，知识产权为权利所有人提供一定期限的权利保护，其可以排除他人对其所有的受保护客体的挪用（根据客体不同，这种挪用行为可能包括复制、仿造、传播、商业性使用、欺骗性使用、制造、使用、许诺销售、销售或进口）。

TRIPS 协定要求对下列各项提供保护的最低期限为：

1. 版权：作者死后 50 年；

2. 表演者以及音像制品的制作人：未固定之表演被固定之日起 50 年；

3. 广播：首次广播之日起 20 年；

4. 商标：可无限期地续展，但每次续展的期限不得少于 7 年；

5. 驰名商标：不论注册与否都一直有效；

6. 地理标志：一直保护，以对抗误导公众的行为（葡萄酒与烈酒：为对抗表达性使用而提供额外的保护）；

7. 工业品外观设计：10 年；

8. 专利：自申请之日起 20 年；

9. 集成电路布图设计：自申请或首次商业利用之日起 10 年；

10. 未公开信息：未公开之前都受到保护。

三、知识产权的原理

知识产权和工业产权都规定了一种形式上的私人产权，其允许权利所有人排他地使用其财产。其正当性源于一个观念，即每个人都有权获得自己在创造科学、艺术和文学作品时，所付出的劳动而带来的利益和市场认可。此外，还存在着一种更

---

① Convention Establishing the WIPO, Art. 2 (viii).

为深刻的道德见解，其认为作者或者发明者有被承认为作者或发明者的权利（作者身份权）。大体说来，这些观点和见解都可以被一种"（金钱的或者名誉的）奖励引发激励"的理论所囊括，而社会整体则得益于这一激励所引发的科学与艺术的进步。这一点也被 TRIPS 协定第 7 条有关"目标"的规定所重申，即"知识产权的保护与权利行使，目的在于促进技术的革新、转让与传播，以有利于社会及经济福利的方式去促进技术知识的生产者与使用者互利，并促进权利与义务的平衡"。正是依照这种创作者、使用者以及社会利益之间的平衡，人们才得以判断知识产权的范围、限制及例外。每一种知识产权或工业产权都有其自身的（次级的）原理。

1. 版权及其相关权利涉及对有形的思想表达的保护和利用。一旦想法以一种原创的方式（就像是被盖上了其创作者的章）被表达后，我们可以说这是一个受到版权保护的作品。对这一作品的某些使用，就必须获得版权所有者的授权。这些行为通常包括对一项作品的复制、仿造、公开表演、录音、录像、广播、翻译或改编。在现代版权体系（以及随后的 1996年《世界知识产权组织表演和录音制品条约》）中，作品的公众传播也需要获得授权。《伯尔尼公约》则进一步承认"精神权利"，比如署名权以及有权禁止他人歪曲、损害、修改自己作品从而有损作者声誉及名声的行为。相反，他人也总是享有自由使用思想的权利，且在作品版权期限届满并进入公共领域之后，该思想的原创性表达也可被他人自由利用。

2. 商标关切的问题则是，对那些能够有效区别不同商家之间所提供的商品及服务的独特标志的保护。只要一个商标在事实上起到这一作用，任何他人对其进行的混淆使用都是被禁止的。由于商标使得消费者能在"买什么"（类型和质量）与"来自哪里"（产地）的问题上理性选择，搜索成本和交易成本得以保持在一个较低的水平。制造混淆不仅会将贸易从合法的权利所有人转移至他人名下，还增加了搜索以及交易成本。驰名商标以及著名商标，通常还受到除推定或证明混淆存在的责任之外的更高程度的保护。为对抗商标淡化（逐渐减少、削弱该商标的识别性和声誉的过程）而提供的保护，甚至及于在消费者并没有对产品的来源或质量产生混淆的情况。

3. 地理标志涉及对一项产品的原产地的标志的保护，给予保护的原理与商标相同。

4. 工业品外观设计，参见版权以及专利的保护。

5. 专利涉及对不属于或不能由现有技术所预见的新颖发明的保护。专利就是法定特权，借由专利，以及作为对创意公开（其为科技领域的某个特定问题提供了答案）之报答，法律赋予发明者或自发明者处获得权利的他人，享有一定期限的独占权。该独占权非常广泛，涉及方法专利或产品专利的制造、使用或销售。专利到期后，该发明随之进入公有领域，任何人都可以自由使用。

6. 集成电路布图设计涉及对半导体芯片的保护。这类产品并无多大创造性，它们也并非真正的原创版权保护作品（更不是文学与艺术作品）。问题在于如果它们得不到保护，市场就会失灵，因为它们的设计花费甚巨，但极易被复制。这就解释了为何将其作为单独一类客体进行保护，以及为何是一种介于反复制的保护和低层次专利保护之间的混合保护。

7. 未公开信息则为保守商业秘密以及技术秘密增添了价值。

（一）知识产权的经济原理

自由且不受限制的竞争是西方经济理论通说的核心所在。市场力量自由发挥和企业间的自由竞争，被认为是满足供求关系以及实现社会财富最大化的最佳方式。这一主张的核心就是，市场参与者可在一个公平的竞争环境中相互竞争，由此所有的竞争者都会面对同样的市场壁垒，从而可以促进市场的准入自由。从这一观点来看，法律对市场的介入应被压至最低。然而，这并不表示，针对市场的政策应以一种自由主义的形式呈现。有一种支持自由主义的强有力的抗辩认为，法律介入市场会带来行政成本，该成本是在竞争成本由一个市场参与者向另一个参与者转移时所产生的。因此，要干预市场，就应当证明这样做能带来明确的社会福利才行。在竞争博弈之中，市场信息传播的过程有助于促进市场参与者对营利性活动形成自己的看法，[①] 因此被看作对社会有益的。即使对古典经济学理论来说，政府干预以加强这一方面的竞争通常都是可以接受的。这一看法与新古典理论的前提密切相关，即完全知识（perfect knowledge）催生出一种状况，在这种状况中，知识拥有者之间的自发的相互作用导致均衡状态，并实现社会资源的优化配置。这就意味着法律必须消除知识创造过程中的障碍，因为这些障碍会导致不完全知识。基于此，法律干预应当旨在提供一个"市场信息"公平竞争的平台，从而使得完全知识引致完全竞争。

我们可以从这种角度来看待有关保护知识产权与竞争的法律。权利被分配给特定的创作者，使得他们可以保护自己的信息免受他人征用，因而商讨可以促成交换，市场也由此得以建立。对大部分的知识及产业创新来说，只有当创意的价值可被预估时，才有可能建立一个创意的市场。这通常意味着，如果你向潜在购买者泄露该创意的话，届时该购买者就已免费获得

---

① Hayek, F. (1937), "Economics and Knowledge", *Economica*, IV. 33-54, p. 106. 哈耶克（Hayet）认为，竞争本质上是一种意见形成过程：通过散布信息的行为，它就在人们头脑中创造了有关"什么是好的，什么是便宜的"之类的观点。

该创意了。[1] 政府通过创设财产权进行干预，该财产权使关于有版权材料及包含于版权材料之中的信息的市场议价过程变得便利，从而推动市场的建立。权利被创设之后，国家完成自身职责，将权利的转让留给市场，买家与卖家之间会自发地开始议价。这意味着是市场而非国家决定着权利的价值，并表明权利价值的认定与最大化要求国家介入的最小化。[2] 根据科斯定律[3]，甚至连国家对初始权利的配置都不重要，因为通过私人议价，这些权利会被转移至能发挥最高经济效用的一方，经济的总产量并不会受到影响。根据这一观点，各种产权体系之间在效用上并无多大区别。然而，这表示产权重新分配的交易成本和管理交易的规则，决定了一个体系的效率要在另一个之上。[4] 另外，一个保护性制度的成本效益取决于"错误地提供了保护"，以及"系统给予过度保护的可能性是现实存在的"之情况下产生的社会成本。

专利制度的经济学原理，通常被描述成激励与奖励的制度[5]，其实更适合被描述为创设了准入壁垒[6]，并促使许可贸

---

① Arrow, K. J. (1962), "Economic Welfare and the Allocation of Resources for Invention", *The Rate and Direction of Economic Activity Economic and Social Factors*, Princeton, NJ: Princeton University Press, pp. 609-615.

② Calabresi, G. and D. Melamed (1972), "Property Rules, Liability Rules and Inalienability: One View of the Cathedral", *Harvard Law Review*, 85, 1089, p. 1092, 1105.

③ Coase, R. (1960), "The Problem of Social Cost", *Journal of Law and Economics*, 3 (I), p. 1.

④ Merges, R. (1994), "Of Property Rules, Coase and Intellectual Property", *Columbia Law Review*, 94, 2664-2667, p. 2655.

⑤ See Kaufer, E. (1989), *The Economics of the Patent System*, Chur: Harwood Academic Publishers GmbH, and Heald, P. J. (1991), "Federal Intellectual Property Law and the Economics of Preemption", *Iowa Law Review*, 76, 962-965, p. 959.

⑥ See Demsetz, H. (1982), "Barriers to Entry", *American Economic Review*, 72, p. 47. （"定义所有权的问题，正是设置正确衡量的准入法律障碍的问题。"）

易形成的一种垄断制度。这种做法一举两得：首先，竞争者所面对的市场障碍，与第一个进入市场者所遇到的是相同的，这确保该竞争者不会成为一个"搭便车者"，因此也就确保竞争环境的公平，并诱导其去激发自身的创造力；其次，由于创意被激发，创作者会去创作种类繁多的、大众可能愿意掏钱购买的作品，这会给消费者带来更多选择，也促进了新市场的产生。如果没有专利制度中的排除"搭便车者"的保护性制度，一个非对称市场失灵的情况就可能出现。市场失灵是指创作者并未因其创造性努力而获得奖励的情况。这就造成"复制"要比"创新"在经济上更有吸引力，结果将会是创作者所产出的作品要少于公众愿意消费的作品。非对称是指创作者面对着市场壁垒，而复制者则没有。① 如果市场失灵与非对称同时发生，所有形式的知识产权法律就都会遭遇一样的问题。

专利制度致力于鼓励发明的公开，从而鼓励进一步的发展。与此类似，无论是通过增加公共领域的内容，还是基于许可获取相关权利的方式，版权制度②应当允许对信息的利用。在一项新的作品有赖于前人的作品与创意时，新作品给予版权所有人的垄断租金，不应当超过该版权作品为社会总福利所增加的价值。③ 另外一种情况会导致以获取会消除该作品价值之权利为目标的无谓竞争。这些价值通常由可能已经进入公共领

---

① 关于非对称市场失灵的定义，以及知识产权法在为救济作为结果发生的财富损失中扮演的角色，see Gordon, W. (1992), "Asymmetric Market Failure and Prisoners Dilemma in Intellectual Property", *University of Dayton Law Review*, 17. p. 853。

② 有关经典专利以及版权保护，与其所要求的不同程度创意之描述，see Mackaay, E. (1994), "Legal Hybrids: Beyond Property and Monopoly?", *Columbia Law Review*, 94, p. 2630。

③ See Landes, W. M. and R. A. Posner (1989), "An Economic Analysis of Copyright Law", *Journal of Economic Studies*, 18, 347-361, p. 325. 该文给出了不保护创意的经济原理。

域的①, 或是那些在版权保护之外的他人的贡献所组成。② 另外, 如果该作品的潜在使用者众多（特别是当作品已经成为事实上的产业标准时更是如此）的话,③ 对作品的每一次使用, 都进行（关于单独许可的）协商之代价可能太过昂贵。信息的披露与版权法中的合理使用原则, 可以纠正这一交易成本的增加所导致的经济失衡。④ 商标体系则展现出不同的特性⑤, 其被设想为一种有关市场效能的规则, 而非一种激励与奖励的系统。作为产品及其来源的标识符, 商标扮演了一个通信员以及信使的角色, 其传播了有关哪样最好、质量水平、一致性以及哪样最便宜的信息。对商标进行保护, 确保消费者可

① Warren-Boulton, R. K. Baseman and G. Woroch (1994), "The Economics of Intellectual Property Protection for Software: The Proper Role for Copyright", paper prepared for the American Council on Interoperable Systems, June, Washington, DC.

② Besen, S. M. and L. J. Raskind (1991), "An Introduction to the Law and Economics of Intellectual Property", *Journal of Economic Perspectives*, 23 (4), p. 3.

③ US v. Microsoft 一案, 联邦地方法院对事实的认定可见于 84 F. Supp. 2d9 (J. S. App. 46-246), 联邦地方法院的法律裁定可见于 87 F. Supp. 2d30 (J. S. App. 1-43), 联邦地方法院的最终判决可见于 97F. Supp. 2d 59 (J. S. App. 263-279), 联邦地方法院将该案置于《反托拉斯促进法》下考量的指令为 J. S. App. 284-285 (2000 年 6 月 20 日)。关于进一步进展, 参见 http://www.usdoj.gov/atr/cases/ms_index.htm。

④ See Gordon, W. (1992), "Fair Use as Market Failure: a Structural and Economic Analysis of the Betamax Case and its Predecessors", *Columbia Law Review*, 82, p. 1600. 有关合理使用, see Landes, W. M. and R. A. Posner, "An Economic Analysis of Copyright Law", 18, 347-361, p. 325。然而, see Sony Corp. of America v. Universal City Studios (1984), 464 U. S. 417。在该案中, 美国最高法院判定, 即使 Grokster 及 Morpheus 的 P2P 文件分享软件可用于非侵权途径, 使用该软件的发布者也应当为用户的侵权行为负责。

⑤ Cornish, W. R. and J. Phillips (1982), "The Economic Function of Trademarks: Analysis with Special Reference to Developing Countries", *International Review of Industrial Property and Copyright Law*, 13, p. 41; Economides, N. (1988), "The Economics of Trademarks", *Trade Mark Reporter*, 78, p. 523; Landes, W. M. and R. A. Posner (1987), "Trademark Law: An Economic Perspective", *Journal of Law and Economics*, 30, p. 265.

以作出正确的购买决定,① 因此也就降低了交易成本。② 有关混淆的基本原理在假冒原则中也同样有所体现，其也致力于防止消费者承受高额的交易成本，确保市场参与者所欲传达的信息能不被干扰地为他人所接收。

有关激励和奖励的见解，也同样支持着对商业秘密的保护，但其更多地被定位于反不正当竞争法的领域。③ 商业秘密作为敏感信息，可能因含有商业价值而引起竞争者的兴趣。与获取专利相关的固定成本相比，主要区别就是，商业秘密的价值以及为了保护该秘密所必须承受之成本，是与他人试图窃取该秘密的意愿直接相关的。由于一方意欲对该秘密资产保密，双方之间也就不存在且也不可能存在任何商议。因此，保护商业秘密的制度也就转至责任规则的系统，权利的转移受国家的保护，而其价值也由国家确定。

在专利体系中，独立发明、反向工程以及公开披露并不会减损专利中的所有权④，但在商业秘密则相反。某人披露、使用他人的商业秘密，可能会产生因增加竞争所带来的社会效益。但同时，也可能由于引发非对称市场失灵，从而降低对发明的激励。⑤ 对商业秘密进行保护，致力于减少社会成本，该成本

---

① Diamond, S. (1980), "The Public Interest and the Trademark System", *Journal of the Patent Office Society*, 62, pp. 528-529. 根据作者的看法，由于消费者的利益在于商标能够确保在一致的水平上的质量同等性，从而有助于选择，因而消费者就是"每一商标侵权行为的不具名第三方"。

② Akerlof, G. (1970), "The Market for 'Lemons', Quality Uncertainty and the Market Mechanism", *Quarterly Journal of Economics*, 488-500, p. 488. 作者证明了这也适用于商标的质量功能。在其作品中，作者简要地描述了当消费者不再信任商标所传达的质量信息时所引发的市场崩溃。

③ Besen, S. M. and L. J. Raskind, "An Introduction to the Law and Economics of Intellectual Property", pp. 23-24.

④ 在该权利由国家保证其实施的前提下。

⑤ Friedman, D. D. , W. M. Landes and R. A. Posner (1991), "Some Economics of Trade Secret Law", *Journal of Economic Perspectives*, 69-70, p. 61.

由保护商业秘密所需的开支和"不向那些旨在促成财富移转的资源投资"① 而付出的代价所组成。一个是维持保护性制度的成本，一个是与促进信息谈判与交易的市场结构的缺位有关的成本，在平衡两个成本的同时，商业秘密的保护仅及于对非绝对权利施以不正当干扰的行为。依赖于商业秘密的发明者无法阻止他人独立研究，而且如果该独立研究的发明是可获得专利的话，前者甚至无法阻止第二个市场进入者就该发明获取专利，从而迫使初始的发明者退出市场。在刚开始时，所有的市场进入者都面对着同样的市场壁垒，这会将反向工程置于一个特殊的位置。这并非一种独立研究的方法，因而有可能被视为偷盗行为。弗里德曼（Friedman）与其合作者在 1991 年的著作中提出两个理由，辩驳了反向工程应承担责任的说法：② 一个是与证明独立研究还未开始相关联的行政成本，另一个是有关公开披露的论断。因此，盗版侵权与可接受的反向工程之间的界限，就在于是否存在实质性投资与创新。这表明反向工程并不会树立有关准入的垄断性壁垒，与其相关联的投资与创新也不会引起市场中的非对称，因为所有的市场进入者都面对着相似的市场壁垒。

（二）财产规则与责任规则

专利与商业秘密或者信息保密制度之间在原理上的不同，也可被用于说明每一种特定的保护性制度在经济方面的正当化理由。专利制度与保密情报制度均存在着激励与奖励的原理。但该原理已被财产规则以及责任规则二分法所修改，该二分法主要强调影响每个制度的不同经济考量。卡拉布雷西（Cala-

---

① Landes, W. M. and R. A. Posner, "Trademark Law: An Economic Perspective".

② Friedman, D. D., W. M. Landes and R. A. Posner, "Some Economics of Trade Secret Law", pp. 61-70.

bresi）与梅拉米德（Melamed）在 1972 年的著作①中，展示了在这两种制度之间作出选择的经济考量。

专利体系建立于一种财产规则之上，国家许可的垄断性权利，使经营者可以事先为他人使用其资产设定一个价格。从一个经济学的观点来看，在交易成本低、参与方不多而且该资产的价值很难估算的情况下，这一体系是可行的。② 考虑到这是一项法定权利，因此只有在与财产权所有者进行议价之后，他人方能对该资产进行合法使用。

另一方面，责任规则并不依赖无形资产转让之前的议价过程，而是通过事后分析评估以确定适当的补偿金额。在参与方的数量众多，以及交易成本高到对议价过程造成了干扰的情况下，在经济上而言，责任规则是更为有效的。③ 如果解决争端的仲裁人能够较容易地估算该资产的价值的话，责任规则的经济效率还会被进一步增加。考虑到法庭在责任以及财产规则体系中面临的估值问题，损害以及赔偿价格通常都在衡平的基础上被估算出来，这就是"合理的使用费"。未来弥补创造者所遭受的市场失灵之损害，合理的使用费应当设置在一定的水平，从而使复制者面临与创造者同样的市场壁垒。

在自由市场中，财产规则似乎是最为自由的，因为其将在资产估值中的国家干预降至最低并将其留给市场，通过自愿交易使财富最大化。暂且不论一项财产规则往往也最符合成本效益的这一事实，由于其在交易过程中鼓励了当事人意思自治而

---

① Calabresi, G. and D. Melamed, "Property Rules, Liability Rules and Inalienability: One View of the Cathedral", p. 1089.

② Merges, R., "Of Property Rules, Coase and Intellectual Property", pp. 2664-2667.

③ 由市场失灵引致的高交易成本会导致一种情况，即责任规则在其中会更为高效。See Reichman, J. (1994), "Legal Hybrids between the Patent and Copyright Paradigms", *Columbia Law Review*, 94, p. 2432; Merges, R., "Of Property Rules, Coase and Intellectual Property". 在该文的第 2668 页，作者指出了另一种知识产权财产规则的有效例外。强制许可制度推迟了知识财产的议价过程与估值进入当事人意思自治的时间。

非国家干预，对财产规则进行监管所可能要求的强力国家干预，将会导致与以责任规则为基础的系统相比，该系统的成本效益会低一些。信息资产开发的费用高昂，却易于传播及复制，因此信息社会中的资产发展出了公共品的特性已逐渐成为事实。[①] 此外，在财产规则系统中，准入壁垒的创设可能会遏制竞争。财产权利的绝对性也不会考虑到，某些形态的"侵权"对社会经济来说可能是有益的。经济理论设计出了两个测试标准，以测定面对一项垄断性的资产的挪用行为是否是有效率的。第一个是所谓的"卡尔多—希克斯测试"（Kaldor-Hicks test），[②]这个测试是关于"侵权者"是否能在补偿发明者的同时，仍然能找到愿意为侵权者的产品给出更高估值的第三方。如果答案是肯定的，那么，以损害他人利益为前提行使垄断权利，这从经济上来说就是不合理的。从保护无形资产的角度而言，这就意味着一项防止他人挪用特定资产的禁令并非一个正确的选择。

然而，这一试验没有考虑到收益和成本并不独立于财富的分配。如果该资产被挪用且未获得补偿，财富就被重新分配了，但这并不意味着接着发生的状况就是有效率的，事实上，纯效率的考量可能会要求恢复旧的垄断情形。例如，这可能是因为根据基于激励与奖励的创新考量，最初的开发者可能会更有能力造福社会。为了避免这一困境，我们还必须测试，垄断的原告是否能够为潜在的"侵权者"买单，以让他们终止且不从事挪用争议中的无形资产的行为。如果答案是否定的，则行使垄断权利从经济上说就是无效率的。这个所谓的"西托

---

① Ibid. Reichman, J., "Legal Hybrids between the Patent and Copyright Para-digms", p. 2443.

② Kaldor, N. (1939), "Welfare Propositions of Economics and Interpersonal Comparisons of Utility", *Economic Journal*, 49, p. 549; Hicks, J. (1939), "Foun-dations of Welfare Economics", *Economic Journal*, 49, p. 696.

夫斯基测试"（Scitovszky test）[1] 致力于弥补该不对称，且其可与"卡尔多—希克斯测试"配套使用。如果两个测试都通过了，则对一项无形资产的挪用就是有效率的，因而旨在获取禁令性救济的垄断力量就不应当被使用。实际上，这些测试是为了检验在不破坏原作品的市场的前提下，复制行为是否会导致"社会愿意买单"的新产品的诞生。

当在责任规则和财产规则之间抉择时，适用"卡尔多—希克斯测试"与"西托夫斯基测试"的合理性也是考虑因素。知识产权的绝对性并未给这些测试留下空间，然而专有权的法定例外可被用来鉴定这些测试的有效性。同样明确的是，以责任规则为基础的盗用原则的灵活性，以一种财产规则系统所无法做到的方式，促进了以"卡尔多—希克斯测试"与"西托夫斯基测试"为基础的事实评估。这表明，如果选择责任规则，并且在权利转让的谈判中，当事人估算某项资产之价值的自主权被转移至了一个仲裁人的话，该转让的效率就是可被测试出来的。

四、中国的 WTO 席位

世界贸易组织（WTO）现在已有 150 个成员，第 151 个成员很快也会出现。在 2001 年 12 月 11 日加入 WTO 之前，中国掀起一系列升级中国知识产权法律与实施制度的热潮。[2] 中国知识产权法律的主要部分由版权、商标、发明专利、实用新

---

[1] De Scitovszky, T. (1941), "A Note on Welfare Propositions in Economics", *Review of Economic Studies*, p. 77.

[2] 有关中国加入 WTO 的一些问题，see Dressler, J. (1995), "China's Intellectual Property Protection: Prospects for Achieving International Standards", *International Law Journal*, 19. p. 181, 221.

型以及工业品外观设计保护组成。这些经过修改的法律，① 施行了一套"TRIPS-plus"的体系，而非仅仅是满足最低标准的协定义务。② 比如，关于版权保护方面，中国《著作权法》第47条第6款规定了关于技术措施的反规避条款。③ 这一措施于2001年被引入，超过1996年《世界知识产权组织表演和录音制品条约》（中国于2007年才批准加入）。

（一）中国对知识产权法的态度

中国加入WTO，标志着中国为争取自由贸易重要伙伴身份的15年努力的终结。但中国在发展开放的市场经济方面，特别是保护知识产权方面还有很长的路要走。就自由贸易来说，了解中国的"起点"非常重要。长期以来，无论是在立法上还是司法上，中国的知识及工业产权法都被外界认为是不足的。1966年之后，它们几乎全都被废止。直至20世纪80年代，基于作为世界知识产权组织的成员的义务，中国才出现以施行国际公约为目的的努力。可是，盗版与仿冒活动直至今日仍然存在。

随着履行TRIPS协定的压力日益攀升，中国政府下定决

---

① Yonehara, B. (2002), "Enter the Dragon: China's WTO Accession, Film Piracy and Prospects for the Enforcement of Copyright Laws", *University of California at Los Angeles Entertainment Law Review*, p. 389; Ran, R. (2002), "Well-Known Trademark Protection in China: Before and After the TRIPS Amendments to China's Trademark Law", *University of California at Los Angeles Pacific Basin Law Journal*, p. 231; Hong, X. (2004), "Domain Name Dispute Resolution in China: A Comprehensive Review", *Temple International and Comparative Law Journal*, 18 (1), p. 1; Greene, N. (2004), "Enforceability of the People's Republic of China's Trade Secret Law: Impact on Technology Transfer in The PRC and Preparing for Successful Licensing", *IDEA*, 44, p. 437.

② 有关TRIPS协定的义务综述，see the UNCTAD Course on Dispute Settlement World Trade Organization 3.14 TRIPS, http://www.unctad.org/Templates/Page.asp? intItemID = 2102&1ang = I。

③ Li, L. (2006), "Legal Protection of Technical Measures in China", *European Intellectual Property Review*, 2, p. 100.

心，对其专利、商标、著作权法律以及相关的程序性规则，还有知识产权与工业产权执法的效率进行了彻底检查。但是公共观念与实践（直至现在）仍然很落后。此外，问题变糟的速度远超改进的速度。盗版者和仿冒者利用了中国成为 WTO 成员后贸易总量的增加，以及伴随的市场混乱，而这同时也对执行机关和法院系统的承受能力造成损害。

从某种程度上来讲，中国的专利法和商标法仍对外国人区别对待，其要求外国人只能雇用少数几个指定的代理机构来处理申请和执行事宜。此外，对外国人来说，提起诉讼以主张知识产权的程序也同样昂贵且麻烦。

虽然中国的公共观念已有不小改观，对中国成功施行知识产权来说，其仍是最大的问题所在。在中国，传统上认为效仿是恭维的一种方式，而且即使在新兴的自由市场经济中，复制也不被认为是有错的。① 对一个长期将知识创造看作社会产物而非个人产物的社会来说，无形的创造性想法中的个人财产权利与艺术表达，仍是一些异域的概念。

不论是在帝制时期，还是在现代中国，知识产权系统都被作为国家管控的工具。例如，商标法规在全国范围内控制产品的质量与一致性。在一个长期以稀缺及国家管控式生产为特征的经济里，这种为私人品牌营销、产品定位，以及为消费者减少搜索成本而使用商标的概念，的确是很新颖的。

然而，法治所面临的问题的关键就在于通过"关系"长期建立起来的经商实践，这种实践是以特权、好处、商品以及服务换取经济安全。"关系"网络不仅助长西方国家所认为的腐败行为，还引起有关反垄断的忧虑。

---

① Alford, W. P. (1995), *To Steal a Book is an Elegant Offense*: *Intellectual Property Law in Chinese Civilization*, Stanford: Stanford University Press.

由于"关系"的原因，地方权贵、行政与执法官员常常变成了新近私有化企业的利益相关者，这也就损害了他们对外部有关仿冒或不尊重知识产权的控告作出反应的能力。此外，随着当下的重点集中于遵守国际准则，有关公平贸易的实践、知识产权的许可以及获取关键设施等问题，就难免被置于次要地位。至今，欧盟贸易代表团对中国提出的有关缺乏市场透明度的抗议长时间未获回应，而中国的竞争法草案也还在起草之中。无论如何，有关商品和服务的市场准入才是在 WTO 框架下的经济合作之关键。

（二）首次销售原则

知识产权所有人的权利，使其有权决定从属于该权利之下的产品（最为显著的就是商标产品以及版权作品）是否或者该如何被投入市场。一旦权利所有人自愿将产品置于特定市场时，就再也不能在该市场中就对该商品的进一步商业化行为提出反对，这是一个被普遍接受的知识产权法原则。权利所有人就该特定产品的知识产权，即被视为已经穷竭，其无法拒绝在同一市场中经其许可投入其中的商品的再销售，或者在国际穷竭的情况下，其也无法拒绝来自其他市场的平行进口。这一原则也被称为"首次销售原则"。成员国的国家边界、自由贸易区的边界或国际市场，被用于确定相关市场的范围。开放市场经济体采用国际穷竭原则，与此相反，持贸易保护论的经济体则使用国内穷竭原则。总的来说，这是一个由特定市场和价格条件与产业利益所决定的选择。

TRIPS 协定对此并没有规定。事实上 TRIPS 协定第 6 条指出，有关适用该原则的争议，不得援引 TRIPS 协定的纠纷解决程序。这就表明 WTO 成员可自行决定是否适用国家、国内或区域（自由贸易区）穷竭原则。与此相关的有关平行贸易与限制的经济研究，至今仍未提出任何证据证明在此领域存在着统一的必要。① 禁止平行贸易总是会使生产商受益,② 因其可以划分市场。然而, 政策、竞争、贸易以及商业问题表明, 全球福利不太可能自一个国家穷竭的多边规则中获益。③

中国的穷竭制度至今仍然并不明确。国内或国际穷竭中何者为准则, 在有关专利的法规中, 找不到相关的规定, 仅有少数有关平行贸易的商标案例存在。这些案例涉及向某独占许可人仍活跃的中国市场非法进口货物的行为。被告无法证明其在货物产地 (泰国) 拥有许可,④ 因此法院并不需要就平行贸易问题进行裁决。《中华人民共和国反不正当竞争法》为平行贸易提供救济, 这些平行贸易主要涉及低质量的商品, 或者与在中国相同品牌的商品具有本质区别的商品。⑤ 虽然这表明引起消费者混淆将不会被容忍, 但其并未提供一个有关平行进口究竟是以国内穷竭还是以国际穷竭为准的最终决定。在专利以及版权的领域, 一直未出现相关的案例报告,⑥ 原因就在于, 在一个如中国这样生产成本较低的国家里, 进行平行贸易活动不太可能获利。澳门特别行政区的法律情形看起来也类似, 其知

---

① Maskus, K. (2000), *Intellectual Property Rights in the Global Economy*, Washington. DC: Institute for International Economics.

② Ibid. p. 214.

③ 有关平行进口的经济 (无) 意义问题, see Vautier, K. (2003), "The Economics of Parallel Imports", in C. Heath and A. Kamperman Sanders eds. (2003), *Industrial Property in the Bio-Medical Age—Challenges for Asia*, The Hague/London/New York: Kluwer Law International. pp. 185-217。

④ Liang, Y. (1995), "Judicial Decision on A Case of Infringing the Exclusive Right to Use the 'Lux' Registered Trademark", *China Patents and Trademarks*, 1, p. 85, 87.

⑤ Xiang, Y. (2004), "The Regime of Exhaustion and Parallel Imports in China: A Study Based on the Newly Amended Chinese Laws and Related Cases", *European Intellectual Property Review*, 3, pp. 105-112.

⑥ Ibid. pp. 105-106.

识产权法规里也没有包括有关权利穷竭的明文规定。^① 然而，涉及平行贸易的合法性的一项政策应当在不久的未来尽早出台。届时，有关知识产权政策的论证，就必须与涉及经济效率的经济原则和福利考量相一致。

（三）更为有效的保护

尽管中国制定了大量的知识产权法律，但知识产权的执行在中国仍然问题重重。^② 多年以来，评论家们都坚称知识产权执法不严会损害中国利益。^③ 最直接的损害就是执法效率低下对当地发展、外商投资以及签订自由贸易协定的机会将造成负面影响。^④

然而，一本近期的有关知识产权与发展的世界银行出版物^⑤指出，无论是知识产权强保护还是双边投资或者自由贸易

① Teixeira Garcia, A. (2003), "Parallel Imports and IP Rights with Specific Regard to Macao", in C. Heath and A. Kamperman Sanders eds., *Industrial Property in the Bio-Medical Age—Challenges for Asia*, The Hague/London/New York: Kluwer Law International, pp. 219-227.

② 参见商业软件联盟所提供的盗版率的数据信息，http://www.bsa.org/globalstudylpressreleases/；美国唱片工业协会的数据信息，http://www.riaa.com/news/ncwsletter/020905.asp；美国电影协会的数据信息，http://www.mpaa.org/anti-piracy/contcnt.htm。

③ Yu, P. (2000), "From Pirates To Partners: Protecting Intellectual Property in China in the Twenty-First Century", *American University Law Review*, 50, p.131; Bejesky, R. (2004), "Investing in the Dragon: Managing the Patent Versus Trade Secretprotection Decision for the Multinational Corporation in China", *Tulsa Journal of Comparative and International Law*, 11, p.437.

④ See Maskus, K., S. M. Dougherty and A. Mertha (2005), "Intellectual Property Rights and Economic Development in China", in K. Maskus and C. Fink eds., *Intellectual Property and Development—Lessons from Recent Economic Research*, New York: World Bank/Oxford University Press. 自1998年初次发表该文章的早期版本以来，作者们就在不断地更新他们的研究。在要求更强知识产权保护的问题上，他们看起来变得温和了。相反，他们现在认为应当将知识财产置于更为广阔的促进创新与竞争的框架中考量。

⑤ Fink, C. and K. Maskus eds. (2005), *Intellectual Property and Development—Lessons From Recent Economic Research*; see also Braga, C. A. P., C. Fink and C. P. Sepulveda (2000), *Intellectual Property Rights and Economic Development*, World Bank Discussion Paper No.412, Washington: World Bank.

中国知识产权法

协定（FTAs），都无法自动地在技术转让与外商直接投资中带来增长。[1] 数字显示，那些知识产权保护或执行较弱的国家，如巴西和中国，在吸引外商直接投资方面，比许多将知识产权强保护置于其发展战略中心的发展中国家要更为成功。[2] 巴西和中国是高速发展的巨大经济体，其包括税收、投资规制、生产激励、贸易政策及少许竞争规则在内的监管体系在不断完善，知识产权保护的强度很明显不是决定投资的唯一因素。实证经济研究表明，发展中国家的知识产权与外商直接投资之间的关系，就产业类型，经济发展因素的阶段（如透明度、开放性、稳定的金融机构、健全的经济治理、竞争法、低腐败），所涉国家的自然资源以及劳动力资源来说，存在极大不同。尽管有关知识产权强保护对外商直接投资与技术转让的积极效应的经济证据并不具有结论性，[3] 加强知识产权保护仍被视为一个有力的信号，该信号显示一个愿意提供更为友好的商业环境的国家，有能力吸收并保护外国投资者与技术转让者的权益。[4] 结合 2005 年，中国进入提交《专利合作条约》（PCT）专利申请量的世界前十名榜单这一事实考量，上述内容也就格外重要。世界知识产权组织在其官网上将美国置于榜单之首，其 PCT 申请量达到了 45,111 件。中国以 PCT 申请量 2452 件，首次跻身世界前十。这一迹象明确表明，中国正成为科技发展

---

① Correa, C. (2004), "Bilateral Investment Agreements: Agent of New Global Standards for the Protection of Intellectual Property Rights?", *GRAIN*, p. 3, http://www.grain.org.

② See Maskus, K., *Intellectual Property Rights in the Global Economy*, p. 54. （该书此处引用了包括撒哈拉以南的非洲与东欧在内的例子。）

③ Ibid. pp. 63-66.

④ Schiappacasse, M. (2004), "Intellectual Property Rights in China: Technology Transfers and Economic Development", *Buffalo Intellectual Property Law Journal*, 2, p. 164. 作者认为，中国对通过技术转让获得增长促进型知识财产的需求，应当会为加强知识产权保护提供动机。

竞争中的领跑者。然而，申请一项专利不过是创新的第一步，因为只有当专利技术被成功地应用到适销产品上时，创新才被认为是成功的。上述的专利申请量无法过多地说明创新率，而更为相关的应是发明者重获投资以参与进一步研究与开发的能力。这就是保护知识产权的重要之处。

中国使其本土知识产权制度快速接轨的措施的效果是显著的。尽管现在中国的许多保护性制度，如民事、行政以及刑事制度仍有待精简，[1] 但执法的效率正在缓慢提升。[2] 这应部分归因于当地有关知识产权保护与诉讼意识的提高。本土企业在挑战跨国企业专利的有效性中获得的胜利，意外地导致法院系统作为解决纠纷的一种途径在逐渐得到认可。[3] 知识产权制度的本土化使用，将有助于民事诉讼中的知识产权法律和原则的发展。简而言之，中国仍尝试在本国体系中，为私人寻求知识

---

[1] Shah, M. J. (2005), "Problems with Sharing the Pirates' Booty: An Analysis of TRIPS, the Copyright Divide between the United States and China and Two Potential Solutions", *Richmand Journal of Global Law and Business*, 5, p. 69; Chynoweth, G. (2003), "Reality Bites: How the Biting Reality of Piracy in China is Working to Strengthen its Copyright Laws", *Duke Law and Technology Review*, p. 3.

[2] Bachner, B. and M. Jiang, "Righting Civil Wrongs: Enforcement of Intellectual Property Rights in China", in A. Kamperman Sanders ed., *International Intellectual Property Enforcement and Competition*, Special issue, *International Journal of Intellectual Property Management*.

[3] Bai B. and H. Cheng (2005), "Are Your Chinese Patents at Risk?", *Intellectual Property Today*, p. 31.

产权救济提供便利。①

　　中国对将知识产权作为解决纠纷的途径，或作为推动地方产业创造力的政策工具这一思路往往有所警惕，但其在传统中医药方面的表现却是个例外。② 因为 TRIPS 协定并不涉及实用新型及短期专利，所以为 WTO 成员留出自行建立准专利保护制度的余地，以保护那些不一定具有新颖性或并未表现出巨大进步性的发明，而中国正是利用了这一现实环境。当中国使其专利法规与 TRIPS 协定的义务相接轨的时候，也顺带将药品列入专利主题之中。对已知化学物质的新应用是可授予专利的，而传统中药在某种程度上已因这一事实而受益。然而，更为有效的则是一种自成一格的制度，其专为保护传统中药所设计，能够克服传统实践以及既有惯例中的新颖性与进步性问题，并补充专利体系。这一通过提供知识产权保护鼓励公开的制度，能够促进创新，并有助于将一个秘密的传统知识体系，向一个公开的产品市场转变。

---

　　① Lu, G. (2005), "Recent Developments in Judicial Protection for Intellectual Property in China", in C. Heath and A. Kamperman Sanders eds. , *New Frontiers of Intellectual Property Law*, *IP and Cultural Heritage*, *Geographical Indications*, *Enforcement and Overprotection*, Oxford/Portland: Hart, pp. 323-332; Kennedy, G. and H. Wheare (2005), "The Enforcement of Intellectual Property Rights in Hong Kong", in C. Heath and A. Kamperman Sanders eds. , *New Frontiers of Intellectual Property Law*, *IP and Cultural Heritage*, *Geographical Indications*, *Enforcement and Overprotection*, Oxford/Portland: Hart, pp. 333-356; Cabral, G. (2001), "Macau's Intellectual Property System in the Digital Age", in C. Heath and A. Kamperman Sanders eds. , *Intellectual Property in the Digital Age*, The Hague/London/Boston: Kluwer Law International.

　　② Bachner, B. (2005), "Back to the Future: Intellectual Properly Rights and the Modernization of Traditional Chinese Medicine", in C. Heath and A. Kamperman Sanders eds. , *New Frontiers of Intellectual Property Law*, *IP and Cultural Heritage*, *Geographical Indications*, *Enforcement and Overprotection*, Oxford/Portland: Hart, pp. 1-36.

五、对发展中国家的挑战

(一) TRIPS 协定、发展议程以及知识产权政策[①]

就 TRIPS 协定的义务而言，以发展问题为主题的 2005 年 WTO 香港部长级会议的主要关注点，在于寻求实施 TRIPS 协定的义务的灵活性，以及如何在知识产权人的垄断权利、第三方和整个社会的利益之间寻找平衡点。然而，灵活性与当今知识产权政策的整体发展趋势不太相符。这一趋势的两个具体表现如下：其一，加强知识产权保护以消灭盗版所带来的严重问题；其二，通过法律和谐化进程，提供一个通用的权利的"公平竞争环境"。灵活性就要求限制知识财产专有权的充分行使，以顾及使用者、竞争者或发展中国家的利益，而这一做法并不受企业家们欢迎。不过，根据成员国政府于 2005 年 11 月 29 日达成的决议，最不发达国家的过渡期被延长至 2013 年 7 月 1 日。在这之后，这些国家必须根据 TRIPS 协定提供商标、版权、专利以及其他知识产权保护。

"发展议程"[②] 的目标，是研究出一个考虑到发展中国家需求的人道主义政策。承认药品的获得是一项人权，被看作构建这一人道主义政策的第一步。然而，如果知识产权体系有关权利与利益的恰当平衡仍不明确，则联合国人权委员会所采用的一项关于药品获得权的宣言也就仅仅具有象征性意义而已。

---

① Kamperman Sanders, A. (2005), *The Development Agenda for Intellectual Property*, *Rational Humane Policy of Modern-day Communism*, inaugural lecture, Maastricht: Unigraphic.

② Menescal, A. K. (2005), "Changing WIPO's Ways? The 2004 Development Agenda in historical Perspective", *Journal of World Intellectual Property*, 8, p. 761.

如果依赖人权①等其他的或者更高的法律原则来打造人道的知识产权政策，知识产权体系就需要对所有利害相关方的利益之认可进行内化。因此，同时认可发达国家与发展中国家的各自利益，是有关对知识产权系统的基本原则的更广泛担忧的一部分。个人权利所有者、消费者、市民与整个社会，在创新以及工业与知识创造的开发和获取方面享有共同的利益。作为联合国有关知识产权发展的专门机构之一，世界知识产权组织（WIPO）应当在定制知识产权体系以顾及所有利益相关者的需求中发挥主导作用。

根据 1995 年与 WTO 之间的一个合作协议，WIPO 负责为 WTO 的发展中成员国实施 TRIPS 协定提供技术支持，提供支持毕竟是 WIPO 专攻的领域之一。现在，WIPO 可以通过提供知识产权法领域的专门技能来协助 WTO，以确保 TRIPS 协定的成功施行。

（二）WTO 部长级会议（香港 2005）

在香港部长级会议之前的一段期间里，世界知识产权组织大会通过了决议（2004 年 10 月 4 日），以进一步检验最初由巴西和阿根廷（其后获得许多发展中国家的支持）所提出的"发展议程"提案，以将发展问题系统地整合到 WIPO 的所有工作中。在这次大会之前，上百个非营利组织、科学家、学者以及其他个人签署了《关于世界知识产权组织未来的日内瓦宣言》（Geneva Declaration on the Future of WIPO），② 以表示对"发展议程"的支持。该议程旨在把一种经验加入到 WIPO 的

---

① Geiger, C. (2004), "Fundamental Rights: A Safeguard for the Coherence of Intellectual Property Law?", *International Review of Intellectual Property and Competition Law*, 35, p. 268; Ostergard, R. (1999), "Intellectual Property: A Universal Human Right?", *Human Rights Quarterly*, 21 (1), p. 156.

② See http://www.cptech.org/ip/wipo/futureofwipo.html.

政策中去，即将知识产权用作国家发展的工具，而非仅仅用作保护权利所有人的利益。尽管在世界知识产权组织大会上有关"发展议程"的呼声很高，但大会没有设立任何新机构来讨论该提案中所提出的问题，因为毕竟"WIPO总是对发展中国家的关注点过于敏感"。

2005年4月11日至13日，相关国家召开了以 WIPO 和"发展议程"为题的闭会期间政府间会议，包括阿根廷、玻利维亚、巴西、古巴、多米尼加、厄瓜多尔、埃及、伊朗、肯尼亚、秘鲁、塞拉利昂、南非、坦桑尼亚以及委内瑞拉等国在内的以巴西为首的"发展之友集团"，为会议所拟的一份更为详细的"WIPO 发展议程"提案押上了更高的赌注。①

这一文件读起来像是一份控诉 WIPO 所做错事的诉状。其中突出的问题就是，WIPO 设置最高的知识产权的保护标准的尝试，是以牺牲最不发达国家和发展中国家为代价的。该文件反复重申，WIPO 应当由一个认可以下内容的政策驱动：

> 知识产权保护本身并不是目的，而是促进公益、创新和获取科学技术的手段，以及促进国家创新产业的多样化发展，从而确保物质文明和社会福利的长足发展。如果不能根据每一个国家的具体发展要求制定配套的政策，那么光靠推动知识产权保护是不够的。②

---

① Proposal to Establish a Development Agenda for WIPO: An Elaboration of Issues Raised in Document WO/GA/31/11，WIPO document IIM/1/4/，2005年4月6日（中文版可见于 http://www. wipo. int/edocs/mdocs/mdocs/zh/iim_ 1/iim_ 1_ 4. pdf）。

② 同前，第4页。

而由英国所提交讨论的一份提案①承认了最不发达国家与发展中国家的需求，并指向与在这些国家施行 TRIPS 协定相关联的负担。该提案指出，为使最不发达国家和发展中国家能够根据国家的发展速度，来实施及改革他们的知识产权体系，它们应当享有至少达到一个有明确"择出"（opt-out）机制程度的灵活性。然而，英国同时也主张，与 WIPO 相比，WTO 才是解决这些有关技术转让的复杂问题的最佳平台。

上述内容说明为何有关"发展议程"问题会在 WTO 部长级会议中重现。其中一个最热的议题涉及受版权保护的教育与文化作品的获取；另一个则涉及有关获取基本药品的《多哈宣言》的施行。

（三）获取教育与文化作品

为解决传媒产业的担忧，全球的版权体系正在通过《世界知识产权组织版权条约》和《世界知识产权组织表演和录音制品条约》逐渐调整。这些条约引入了控制向公众传播版权作品的权利，而且还使权利所有人有可能采取行动，来对抗那些移除或改变数字权利管理信息和技术保护机制的行为。

虽然这些 WIPO 条约并非 TRIPS 协定的一部分，但它们已经迅速地变成事实上的世界标准。这一变化不是因为各国自愿签署加入这些协议，而是由双边投资协定（BITs）和自由贸易协定（FTAs）所导致的。事实上，美国正在出口其自身版本的 WIPO 条约——《数字千年版权法》（DMCA），并非因为该法案可以满足发展中国家民众与产业的需求，而是因为其可以

---

① WIPO document IIM/1/5，2005 年 4 月 7 日（中文版可见于 http：//www.wipo.int）。

借由双边投资协定与自由贸易协定来施加经济和政治压力。①

对片面关注强化权利的批评随处可见。② 这一问题主要来自于以下事实：国际版权趋同化所关注的主要是版权的保护，而非建立版权限制和例外的共同标准。这些限制与例外的范围和数量，大多由国内法来确定。在欧洲，例外与限制可从法律法规中找到；而在美国，例外和限制则只能通过复杂的合理使用个案分析来寻得。

将知识产权纳入双边投资协定和自由贸易协定就意味着，那些甚至缺乏最基本的教育材料的国家，还需面临着修改自身的版权法规以适应西方的最高准则的要求。然而与提高保护标准所享受的待遇不同，允许对版权作品的合理使用的限制与例外，并非该国际标准设定的一部分。除了WTO所赞同的"权利所有人的经济利益不应当受到损害"这一准则外，③ 并没有相应的指引就有关何谓适当的限制与例外作出解释，更不用提对发展中国家作出特别让步了。实际上，传媒产业一直不情愿④把过时的CD和DVD光盘技术替换成网络传播技术。这一事实只会让人们更加感觉到，知识产权强保护仅仅只是为维持西方大媒体产业对新的全球传播方式的束缚。因此，发展中国

---

① See Correa, C. , "Bilateral Investment Agreements: Agent of New Global Standards for the Protection of Intellectual Property Rights?"; Drahos, P. (2003), "Expanding Intellectual Property's Empire: The Role of FTAs", *GRAIN*. （两篇文章均可见于http: //www. grain. org。）

② Boyle, J. (2004), "A Manifesto on WIPO and the Future of Intellectual Property", *Duke Law and Technology Review*, 9 (1), p. 1.

③ See the WTO Dispute Settlement Body Panel Report on United States-Section 110 (5) of the US Copyright Act WT/DS160/R of 15 June 2000, 解读了《伯尔尼公约》与版权豁免有关的三步检验法。

④ See Alderman, J. (2001), *Sonic Boom-Napster*, *MP3*, *and the New Pioneers of Music*, Cambridge, MA: Perseus; Lessing, L. (2004), *Free Culture: How Big Media Uses Technology and the Law to Lock Down Culture and Control Creativity*, New York: Penguin.

家感觉被强迫采用一套能够使西方媒体企业集团维持全球统治地位的版权体系，也就不足为奇了。

来自国际消费者协会亚太办公室的研究①表明，包括中国在内的许多亚洲国家，都将公共教育支出的增加看作提高版权保护标准的直接结果。受版权保护的教育作品如果定价过高，权利的范围和期限，以及版权的教育例外条款的缺失，就会阻碍知识的获取。该研究提出了许多有关修改中国法律、法规的建议，以在遵守中国的国际义务的前提下，增加对教育至关重要的版权材料的获取。

只有这类对 WTO 和其他知识产权协议义务的灵活性的深入研究，才能为调整知识产权以适应本土需求提供一种正向推动。

（四）获取基本药品

受专利保护的药物的强制许可，一直以来都是一个热点话题。② 最值得注意的是，让穷人获取药物以对抗艾滋病的问题，常常占据全球媒体的头条，这也曾是在 WTO 中被极力游说的主题。南非和巴西政府与主要的制药公司和工业化国家之间，在这一方面存在着对立。媒体报道已让越来越多的公众意识到，一旦涉及对公众提供急需的药品以应对疟疾、肺结核以及艾滋病等疾病时，制药公司会宁愿去关注游客，而非游客所访问的发展中国家。仅这三类疾病，每年就可夺走 500 万人的

---

① Consumers International Asia Pacific Office（2006）（http：//www. ciroap. org/A2K）.

② See Kamperman Sanders，A.（2003），"Patents—Antitrust，Compulsory Licensing and Research Exceptions"，in C. Heath and A. Kamperman Sanders eds.，*Industrial Property in the Bio-Medical Age*，The Hague/London/New York：Kluwer Law International，pp. 163-184；Kamperman Sanders，A.（2004），"Compulsory Licensing and Public Health"，*Maastricht Journal of European and Comparative Law*，11（4），pp. 337-346.

生命。① 尽管世界卫生组织（WHO）的基本药品列表②所列的
药品中，仅有少于 5% 的药品受专利保护，③ 而且相对 TRIPS
协定的特别要求而言，许多发展中国家的专利保护也没有那么
苛刻，④ 这些药品仍然很难获得。据估计，有接近 20 亿人无法
获得适当治疗。⑤ 缺乏分销渠道，以及相对于国内生产总值
（GDP）以及平均工资而言过高的药价，可部分解释该现象。当
涉及能否获取最新的、更为有效或更为复杂的药品时，专利权
以及生产设备的缺乏，则是另外一部分原因。传统廉价仿制药
的生产供应国，如世界上最大的仿制药供应国印度⑥，都一直处
于"应当采用与 TRIPS 协定相符合的专利法规，来保护药品、
方法和直接自使用该方法专利而获得的产品"⑦ 的压力之下。⑧

---

① See AIDS Epidemic Update December 2004, UNAIDS/04. 45E （2004,
UNAIDS/WHO）（at www. unaids. org）.

② See www. who. int/medicines/organization/par/edl/procedures. shtml, 基本药品
的选择标准，并不考虑所涉及的药品是否享有专利的问题，但却考虑了成本问题。
因此这就潜在地将从治疗角度考量，很重要却昂贵的药品排除在外；有关该列表，
see mednet3. who. int/eml/eml_ intro. asp; see also Velásquez, G. （2001）, "Pharma-
ceutical Patents and Accessibility to Drugs", *Revue Internationale de Droit Economique Spe-
cial Edition: Pharmaceutical Patents, Innovations and Public Health*, p. 41; Dumoulin,
J. （2001）, "Patents and the Price of Drugs", *Revue Internationale de Droit Economique
Special Edition: Pharmaceutical Patents, Innovations and Public Health*, p. 49。

③ IFPMA Press Release. Geneva. 20 December 2001 （http: //www. ifpma. org）.

④ The Doha WTO Ministerial Declaration on TRIPS and Public Health of 14
November 2001 （WT/MIN （0I）/DEC/2），重申了那些最不发达成员可以免于施
行、采用、执行有关药品和实验数据的保护，而且可以在直至 2016 年 1 月 1 日之
前的不提供专利保护的期间内不给予市场独占权以保护。（http: //www. wto. org）

⑤ See http: //www. europa. eu. int/comm/trade/issues/global/medecine/index_
en. htm.

⑥ 印度出口药品中的 66. 7% 都销往发展中国家。

⑦ Patents Bill （Bill No. 32-C of 2005），对该法案来说，符合 TRIPS 协定的要
求仍是一个问题。

⑧ See Report of the WTO Dispute Settlement Body Panel on India-Patent Protection
for Pharmaceutical and Agricultural Chemical Products. WT/DS79/R of 24 August 1998.

印度也同样是一个艾滋病感染率高达 7∶1 的国家。[①] 一项最近通过[②]的印度专利法案，将会为那些在法案施行后研发出来的药品提供保护。同时，该法案也为那些自 1995 年 1 月 1 日起在印度之外获得专利的药品提供该种保护。根据 TRIPS 协定，[③] 印度被要求在加入 WTO 之时建立一个"邮箱"。外国申请者基于将来的考虑，已经可以于 1995 年至 2005 年之间提交专利申请。现在已有大约 4000 份有关药品的专利申请在等待印度专利局的审查。最终授予的专利，可能会影响到市场上现存的仿制药，除非这些仿制药是基于强制许可而生产的。

（五）强制许可以及 TRIPS 协定的灵活性

有关政府对强制许可的使用，TRIPS 协定为 WTO 各成员提供了宽泛的自由裁量权。同时，TRIPS 协定对政府可以基于何种理由许可第三方使用专利，没有任何限制。TRIPS 协定第 31 条所明确提到的理由，包括国家紧急状态、限制竞争行为、非商业性公共利用以及从属专利。更多的理由存在于第 8 条第 1 款中，其允许成员国采取必要的措施来保护公众的健康和营养，以及维护在对于其社会经济和技术发展来说至关重要的领域中的公共利益。此外，第 8 条第 2 款允许成员国采取适当的措施，防止权利所有者对知识产权的滥用，以及那些不合理地限制贸易，或反过来影响国际性技术转让的行为。然而，还有许多程序性要求存在，总结如下：

1. 应当基于每个案件自身的个别情况来对其进行判断，因而

---

① 有关印度是不是艾滋病感染者最多的国家这一问题的整理，http：//www. theglobalfund. org；"HIV is 'Out of Control' in India"，http：//www. news. bbc. co. uk/1/hi/world/south_ asia/4461999. stm；"India Rejects HIV Infection Claim"，http：//news. bbc. co. uk/1/hi/world/south _ asia/4463899. stm；Médecins Sans Frontiéres（http：//www. msf. org/countries India）。

② 印度国会于 2005 年 3 月通过了该法案。

③ 第 70 条第 8 款。

也就将某一特定科技领域中专利的一揽子事先批准排除在外;①

2. 在授权第三方使用之前，应当先尝试协商，以获取有着合理的商业性条款的自愿许可;

3. 考虑到授权的经济价值，政府必须提供足够的报酬;

4. 使用的授权应当主要以供应国内市场为目的;

5. 许可的范围和期限，应当受限于给予授权的目的，这一要求由"英特尔条款"所辅助，即将半导体技术的强制许可，限制在公共的非商业性使用和因反竞争行为而给予的司法救济的范围内;

6. 万一导致其产生的情况不复存在而且不太可能重现，该许可必须终止。

TRIPS 协定第 31 条 B 项中规定的一项例外，允许成员国在（a）或（b）的情况下，可以不遵循"通过协商以合理商业条款签订协议"的要求。其中，（a）在国家紧急状态或者其他特别紧急的情况下;（b）在非商业性公共利用的情况下。简要说来，有关强制许可的 TRIPS 协定规则看似已经提供了"WIPO 发展议程"的支持者所寻求的必要灵活度。然而，以巴西和南非为主的国家认为，他们对 TRIPS 协定所提供的灵活度的解读，与西方对公平许可的看法不同，他们试图利用这一灵活度，通过强制许可，来供给仿制抗艾滋病药物。

美国非常迅速地指向这些国家的专利法规中强制许可规定

---

① 第 27 条第 1 款进一步规定，该款指出专利的获得与专利权的行使，不得因作出发明的地点、所涉技术的领域，以及产品是进口的还是本地制造的而受到歧视。

的本质，并于 2001 年将巴西告上 WTO。① 美国控诉道：

> 巴西主张，美国的诉讼会威胁到巴西广受赞扬的
> 反艾滋病计划，也会阻碍巴西处理全国性健康危机，
> 但事实并非如此。例如，假设巴西选择强制性地许可
> 抗艾滋病药物，其应当根据其专利法的第 71 节来行
> 事，该节准许以应对全国性的健康紧急状况而发放强
> 制许可，这与 TRIPS 协定相符合，美国也不会对此有
> 何意见。相反，第 68 节，也就是我们争议的部分，有
> 可能会要求对从自行车到汽车零件再到高尔夫球杆的
> 所有专利产品的强制许可。第 68 节与健康或药品获取
> 没有关系，但是为了支持本地生产的产品而歧视所有
> 进口的产品。简而言之，第 68 节是一项意图为巴西国
> 民创造工作机会的保护主义措施。②

在随后的公关战争中，巴西利用南非的艾滋病药物专利争
议③，同时借由其成功的国家性传播疾病/艾滋病（STD/

---

① 2001 年 2 月 1 日，世界贸易组织设立了裁判庭以审理案件（WT/DS199/
1）。美国的立场是，有关不实施强制许可的规定，违背了 TRIPS 协定第 27 条第 1
款，该条禁止 WTO 成员以要求专利发明在本地生产作为享有专有专利权之条件。
美国主张，只有通过本地生产（不包括进口）该专利客体才可满足巴西专利法中
所包含的"本地实施"要求，而该专利的实施需要在巴西本土发生这一概念加强
了这一立场。此外，美国还对未能实施专利，包括产品的不完全生产或未能充分
使用方法专利等情形提出了异议。

② US Special 301 Report, 2001 (http：//www. ustr. gov/enforcement/special.
pdf) on the dispute before the WTO with Brazil.

③ See Seeman, N. (2001), "Patently Wrong", *National Review*, 21 March
(http：//www. nationalreview. com/nr _ comment/nr _ commentprint032101a. html)；
Mutetwa, S. (2001), "HIV/AIDS：is Zimbabwe Doing Enough?", *Financial Gazette*,
26 April (http：//www. fingaz. co. zw/fingaz/2001/April/April 26/1429. shtml)；Reu-
ters, "Cuba Backs Brazil in AIDS Drugs Patent Dispute", 3 April 2001, and "Cuba
Seeks Third World Challenge to Patent Rules" (http：//news. findlaw. com/legalnews/s/
20010323/cubausapatents. html).

AIDS）项目引起世界关注。① 巴西甚至成功地让联合国人权委员会通过一份有关获取药品权利的决议。② 这个有 53 个成员的机构，以 52 比 0 的票数通过该决议，美国投了弃权票。

2001 年 11 月于卡塔尔召开的 WTO 多哈部长级会议，就强制许可的问题达成一致，被视为新一轮世界贸易谈判成功结束的必要环节。③ 讽刺的是，美国发生的炭疽病危机，以及美国政府在面对这一全国性紧急情况时的反应，即以尽可能低的价格获取环丙沙星（CIPRO）药品的行为，对发展中国家来说真是天赐良机。他们觉得自己有能力在 WTO 中达成一项有关强制许可的交易了。

媒体对穷人缺乏抗艾滋病药物和大型制药公司的利润率在所有行业中是最高的事实④，以及对美国发生的炭疽病危机⑤的持续不断的曝光，使得一项突破在后 9·11 世界中成为可能，即一项关于 TRIPS 协定与公共健康的联合宣言。⑥ 该部长

---

① See Commission on Intellectual Property Rights （2002），p. 43 （http：//www. iprcommission. org）。

② 参见促进和保护人权专门委员会通过的决议（2000），UN Doc. E/CN. 4/Sub. 2/Res/2000/7。See also UN Commission on Human Rights Resolution （2001），UN Doc. E/CN. 4/RES/2001/33，of 23 April 2001，由巴西提交（www. unhchr. ch）。

③ 曾任世界贸易组织总干事的摩尔（Moore），在一段声明中指出，"解决 TRIPS 协定与公共健康的问题可能会成为新一轮贸易的'交易破坏者'"。See Banta，D.（2001），"Public Health Triumphs at WTO Conference"，*Journal of the American Medical Association*，286，pp. 2655-2656 （jama. amaassn. org/issues/v286n21/fp-df/jmn1205. pdf）。

④ 就收入回报率的利润排名而言，药品以超过18%排在第一。相比之下，商业银行达到14%，矿石开采与原油生产为9%，家用与个人产品为8%，保险及证券为7%，更多数据，see 362 New Internationalist （2003）（http：//www. newint. org）。

⑤ See "Double Standards"，*Nature*，Nov. 1，2001，vol. 4141，p. 1.［"布什政府……试图与拜耳制药达成以原价15%的价格取得供应药物之协议。卫生部长汤米·汤普森（Tommy Thompson）甚至夸耀其强制许可威胁对最终达成交易起到了帮助作用。"］

⑥ Adopted on 14 November 2001，WT/MIN（01）/DEC/2，20 November 2001.

级宣言相当于一份谅解协议，表明成员国之间不会就强制许可基本专利药物向《WTO 争端解决谅解协议》提起争端。① 其重申，在 2016 年 1 月 1 日之前，就药品来说最不发达的成员国②不会被强迫实行有关专利的章节③，或执行这些章节下所规定的权利，因此这就减轻了在强制许可问题之上的所有压力。④ 该部长级宣言，取决于该如何解读 TRIPS 协定第 8 条第 1 项，及其有关保护与 TRIPS 协定的要求相一致的公共健康必要的措施机制⑤的例外。⑥ 面对逆境（美国以及大型制药公司试图将宣言中有关药物的范围限制在治疗艾滋病、肺结核以及疟疾的情况下），WTO 各成员国花了大约两年的时间，才就相

---

① Vandoren, P. (2002), "Médicaments sans Frontiére? Clarification of the Relationship between TRIPS and Public Health Resulting from the WTO Doha Ministerial Declaration", *Journal of World Intellectual Property*, 5, pp. 5-14; Abbott, F. M. (2002), "The TRIPS Agreement, Access to Medicines and the WTO Doha Ministerial Conference", *Journal of World Intellectual Property*, 5, pp. 15-52.

② 有关最不发达国家的名单，http://www. unctad. org/Templates/ webflyer. asp? docid = 2929&intltemlD = 1634&1 ang = 1。

③ TRIPS 协定第五节。

④ 有关专利系统在医药领域究竟是鼓励创新还是阻碍创新的问题，see Muennich, E. (2001), "Pharmaceutical Patents and Availability of Drugs", *Revue Internationale de Droit Economique Special Edition: Pharmaceutical Patents, Innovations and Public Health*, p. 73 and see Mossinghoff, G. J. (1996), "The Importance of Intellectual Property Protection to the American Research-Intensive Pharmaceutical Industry", *Columbia Journal of World Business*, 31, p. 38。

⑤ 参见加拿大的政策，该国允许在某药品专利失效前 6 个月囤积该药品的行为。Rogers, "The Revised Canadian Patent Act, the Free Trade Agreement and Pharmaceutical Patents: An Overview of Pharmaceutical Compulsory Licensing in Canada" [1990], 10 *EIPR*, p. 351; see WTO Dispute Settlement Body Panel Report in Canada Patent Protection of Pharmaceutical Products WT/DSI 14/R of 25 April 2000, 加拿大必须于 2001 年 8 月 12 日前接纳争端解决机构的裁定与建议，废除允许囤积药品的做法。

⑥ 参见 TRIPS 协定第 27 条第 1 项，该条指出采取的任何措施都不能就作出发明的地点、技术领域以及产品是进口抑或本地制造进行歧视；同见 1994 年《关税及贸易总协定》第 20 条，该条指出在 TRIPS 协定项下的以保护健康所必需的任何措施，都不能 "对情况相同的各国构成武断或不合理的差别待遇，或构成对国际贸易的变相限制"。

关措施达成了一致。通过这些措施所实现的让人满意的安排，能够给予该宣言以实际效力。通过强制许可，向 WTO 最不发达成员国和那些在医药领域缺乏或没有生产能力的 WTO 成员供应基本药物的条款，终于在 2003 年 8 月 30 日通过的《关于 TRIPS 协议和公共健康的多哈宣言第六段的执行决议》中得到保证。① 该决议将确保 WTO 将会开始定期检查医药产品的每个许可的发放状况，并查看每个许可的具体条款。其会评估作出生产能力不足之判断的基础，或对有关医药产品的专利强制许可的任何新条款和义务进行审查。发放强制许可所需的条件，因而也就将确保分层定价的措施和有关平行进口的措施包括在内。这就意味着运往发展中国家的廉价药品，将不会被卖回发达国家并以高价贩售。

我们现在正在见证就在欧盟以及加拿大施行 WTO 决议的首轮提议。② 这些提议提供了一种有关强制许可问题的双轨制策略：第一，基于强制许可，以出口到缺乏生产能力的 WTO 成员为目的的基本药品的生产，可以在欧盟和加拿大进行；第二，这些药物必须有明显特征，以致消费者可以轻易地发现非法的平行再进口货。欧盟和加拿大意在通过对 WTO 体系的利用，只允许欧盟和加拿大在严苛的条件下生产仿制药品，来保护他们自身的医药产业。欧洲以及加拿大对药品生产以及销售的控制，最终将会阻止技术向发展中国家转移。

这一连串事件的最新进展，就是一项对 TRIPS 协定的修

① WT/L/540，2003 年 9 月 2 日。

② Proposal for a Regulation of the European Parliament and of the Council on compulsory licensing of patents relating to the manufacture of pharmaceutical products for export to countries with public health problems, COM (2004) 737; Similarly see Canadian Bill C-9, "An Act to Amend the Patent Act and the Food and Drugs Act (The Jean Chrétien Pledge to Africa)", 3d sess., 37th Parl., 2004. And the "Regulations Amending the Food and Drugs Regulations (1402-Drugs for Developing Countries)," *Canada Gazette*, 138 (40), 2 October 2004, pp. 2748-2760.

订，目的是执行《多哈宣言》第 6 段的内容。WTO 的成员于 2005 年 12 月 6 日悄悄地通过了该修正，而数天之后，WTO 香港部长级会议召开。由此，这一决议并未被该部长级会议的总体性失败所拖累，可以说这一步棋走得十分幸运。

六、针对中国的 WTO 诉讼案？

人们对有关美国将要就中国怠于履行其 TRIPS 协定的义务对其提起诉讼的事实，做了许多猜测。[①] 美国的公司声称，其因中国的盗版与仿冒所遭受的损失达到每年 2500 亿美元；当听到华盛顿在考虑要大动干戈时，人们也就一点也不奇怪了。然而确定违法产品的总量是极度困难的事，而有关中国系统化盗版状况的硬数据也并不那么容易获得。如上述所述，类似的有关法院判决与政府打击行动的信息也难以取得，这会使得判断中国政府是否切实遵守了保护知识产权的承诺变得十分困难。尽管提出了如此多的抱怨，美国公司自身并不太愿意为美国政府提供盗版的详情和数据。他们充分地认识到来之不易的"关系"正在迅速地流失，而没有"关系"，他们根本无法在中国的生意场上立足。考虑到经济发展的规模，较优的选择往往会是暂时接受中国市场中的盗版率，并尝试阻止中国向其他市场出口。然而，这也会带来一个附加的问题。暂且不考虑中国的经济实力，人们往往忽略了中国的财富多集中于少数人手里这一事实。在经济开发区之外，中国仍旧是一个发展中国家，甚至在某些方面来说，它是一个不发达国家。正如 WTO 成员并没有义务在知识产权执法中投入比其他领域的执法更多

[①] Yu, P. (2005), "Wrong Time, Wrong Venue: the United States shouldn't Take Complaints about Chinese IP Enforcement to the WTO", *Intellectual Property Law and Business*, 3, 9, p. 20.

的资源一样,①一项基于"执行不力"而提起的控诉,可能会因此难以产生预期的结果。在其他执法领域,包括 WTO 成员义务项下的那些领域中,中国的表现则与其他发展中国家没什么两样。因此,声称中国应当在打击盗版以及假冒上面投入比税收更多的资源的主张,是站不住脚的。将中国起诉至 WTO 这种策略需要冒很大的风险。一项有利于中国的 WTO 正式决议,将会有损美国以及西方在中国的利益。因此,对西方产业来说,通过使用新的中国知识产权法框架,来支持和鼓励其中国本土伙伴的做法是更为明智的。正如本章前半部分所证明的那样,使知识产权法在本土层面上得到接受,将会比外来压力要产生更多的成效。

七、结论

值得注意的是,暂且不论其经济力量以及其增长中的专利申请的份额,当谈到在知识产权法领域中的政策行动方案的规划时,中国还未找到自己的位置。中国的知识产权法律与学说,仍有待于在中国商业文化中淬炼并升华。正当巴西和阿根廷在不断努力前行,并使他们的有关知识产权对发展中国家的作用之观点为人所知时,中国仍在专注于知识产权的本地执行。为了培养知识产权保护在本地商业社群以及人民之中的认可度,巴西及阿根廷的做法或许有可借鉴之处。然而,考虑到中国既是个经济上的巨人,也是个发展中国家的事实,中国在国际政治舞台上的相对缺席是不寻常的。中国若要成功保持其经济增长,就需要对内投资以及技术转让。知识产权法以及知识产权的执行,对于培育一种吸引创新的投资环境来说起着重

---

① TRIPS 协定第 41 条第 5 项。

要的作用。同时，中国需要去探索 TRIPS 协定中所固有的灵活性，以确保其可提供基本药品以及获取教育材料。此外，当涉及保护传统药物以及文化等领域的新举措时，中国将会是扮演领导角色的最佳选择。

历史回溯

山高皇帝远：中国 1986—2006 年的
知识产权保护执法[*]

约瑟夫·A. 梅西[**] 文

何天翔[***] 译

"似曾相识的一幕再度重演"（Déjà vu all over again）。当谈及中国的知识产权保护现状时，尤吉·贝拉（Yogi Berra）的这句经典评论看起来特别应景。我任美国对日本及中国的助理贸易代表（USTR）至今已二十年有余。当年，我与来自美国贸易代表处和其他美国政府组织的同事们，开启了与中国之间长达六年有关知识产权与市场准入的马拉松式系列谈判。然而，根据由北京、上海的美国商会以及由美中贸易委员会在过去几年间进行的调研显示，美国公司声称他们如今在中国碰到的最大问题，与他们在 1986 年时提出的不满理由没有太大变

---

* Joseph A. Massey, "The Emperor Is Far Away: China's Enforcement of Intellectual Property Rights Protection, 1986-2006", 7 *Chi. J. Int'l L.* 231（2007）. 本文已获得作者及出版社授权，译文经作者审订。

** 约瑟夫·A. 梅西，美国达特茅斯大学塔克商学院（Tuck School of Business at Dartmouth）国际商务中心主任、国际商务教授（1992—2009）。梅西教授曾于 1985 年至 1992 年间担任对日本以及中国的助理美国贸易谈判代表，自 2013 年起担任 Global Reach（US），INC. 公司主席。

*** 何天翔，香港城市大学法律学院助理教授，荷兰马斯特里赫特大学知识产权法学博士、中国人民大学刑法学博士，主要研究方向为知识产权法、欧盟刑法。

化，还是对版权、专利、商标以及商业秘密等知识产权①的保护或执法不力问题。

然而，1986 年的情况与现今之情况之间，存在着重大区别，可以用一段经典的中文短语精确概括——"山高皇帝远"。

在 1986 年，中国的知识产权问题从根本上说是中央政府的政策、法律和相关举措导致的。在当时，知识产权的法律保护很不足，商标法很不完善，往往也无人遵守。1985年，我们与中国展开了谈判，自那一年后实施的《专利法》，也并未对化学发明和医药产品提供产品专利保护。② 更为重要的是，当时连版权法都不存在。以化工部以及电子工业部为首的政府部门，已习惯无偿复制大量外国软件，还将这些复制件广泛散播至国有企业。③ 由于当时并无禁止性法律存在，这种做法在当时也是合法的。

---

① See for example, American Chamber of Commerce in Shanghai, "2004 White Paper on American Business in China: Intellectual Property Rights", http://www. amchamshanghai. org/AmChamPortal/MCMS/Presentation/Publication/WhitePaper/WhitePaperDetail. aspx? Guid = ｛ F18DOBOF-225C-4133-86E9-E34EDAFCD3A8 ｝ (visited Apr 22, 2006). (该文指出涉及各种产品以及科技的持续不断且广泛的知识产权侵权存在的原因，主要是中国缺乏有效的执法系统。)

② 有关中国现行的专利法律法规，参见中国国家知识产权局网站上的《中华人民共和国专利法》，http://www. sipo. gov. cn/sipo-English/flfg/zlflfg/t20020327_33872. htm（最后访问时间：2006 年 4 月 22 日）。

③ 有关中国现行的版权法律法规，参见中国国家知识产权局网站上的《中华人民共和国著作权法》，http://www. sipo. gov. cn/sipo% 5FEnglish/flfg/xgflfg/t20020416_ 34754. htm（最后访问时间：2006 年 4 月 22 日）。

在中国分别于 1989 年①、1992 年②、1995 年③以及 1996 年④签订了四个有关知识产权保护的中美双边协议，并加入了世界贸易组织（WTO）之后，中国现在的盗版问题与政府的自身行动已无太大关系。当前主要的持续性问题，已经是政府执法和履行国际义务不力的问题。由于"山高皇帝远"，中国的地方政府要么自身从盗版行为的收益中获得了经济或政治上的好处，要么干脆对那些获得上述好处的强大的地方利益集团表现出放任态度。同时，司法程序也往往无法对盗版行为施加有威慑性的惩罚。

1986 年，美国与中国谈判的主要目的就是希望北京采取

---

① 1989 年 5 月达成的有关中国著作权法的制定和施行与保护范围的中美《谅解备忘录》约定，中国的著作权法律将会将计算机程序作为特殊种类的作品予以保护，并取消有关特定产业或时间的限制，以扩大保护范围。有关中国知识产权保护进程的年表，see Cheng-China Huang, "A Brief Chronology of China's Intellectual Property Protection", http://www1. american. edu/ted/hpages/ipr/cheng. htm （visited Apr 22, 2006）。

② 1992 年 1 月达成的《中美关于保护知识产权的谅解备忘录》约定，中国会为外国著作权所有人的软件、书籍、电影、录音制品以及之前并未受保护的其他媒体内容的提供保护。Memorandum of Understanding between the United States of America and the People's Republic of China (1992), TIAS No. 12, 036.

③ 1995 年 2 月，美国贸易代表签署了一项协议，美国接受了中国的"关于有效保护及执行知识产权的中国行动方案"（Chinese Action Plan for Effective Protection and Enforcement of Intellectual Property Rights）。《中美关于保护知识产权的协议》34 ILM 881。在该协议中，中国承诺将明显减少盗版现象，改进在国家边境的执法，以及为美国计算机软件、录音制品以及电影开放市场。

④ 1996 年 6 月，中国与美国就保护知识产权达成了一项协议。美国承诺不基于中国的知识产权违法行为以及未能履行 1995 年之承诺对其进行制裁。美国同意在中国承诺如下内容之后，将不实施拟进行的报复：（1）关闭那些以生产侵犯知识产权 CD 复制件闻名的 CD 工厂；（2）采取更高层级的国家行动，以打击生产销售链的所有层面中的盗版行为；（3）除非经过三个政府机构的许可，否则进口有关 CD 制造设备将被禁止；（4）继续遵守 1995 年 2 月的允许美国录音制品以及电影等公司与中国公司建立合资企业之协议。People's Repubic of China Implementation of the 1995 Intellectual Property Rights Agreement—1996, http://tcc. export. gov/Trade _ Agreements/All _ Trade _ Agreements/exp005361. asp （visited Apr. 22, 2006）.

必要的第一步，即为与国际标准相一致的中国知识产权制度打下法律基础。这包括鼓励中国颁布或加强地方法律及执行规章制度，以及加入《伯尔尼公约》①和《录音制品公约》②等主要的国际知识产权条约。要达到这一目标，美国政府强大且持续的压力不可或缺。在20世纪80年代末的谈判环境中，有五个问题对该压力的形成作出了贡献。

第一，与日本之间就高科技产业竞争的逐渐升级带来的摩擦。美国政府非常担心其与中国会重蹈美国与日本间的覆辙。在使市场竞争环境向本国倾斜、引诱或强迫美国的关键技术向日方转移的过程中，日本的知识产权制度的某些部分起到了辅助作用：政府对使用费设置强制性的最高限额；强制许可政策；允许日本公司采取以周边专利包围外国对手的核心专利的手段，来迫使对手进行交叉许可。这些措施导致的结果，往往是消除了美国或其他外国公司本可基于其技术在日本市场享有的竞争优势。

第二，美国与中国间的贸易逆差于1980年代后期开始迅速增加，仅排在其和日本之间的贸易逆后。同时，美国产业基于中国知识产权盗版受到的损失，也在不断扩大，且此时进入中国市场仍非易事，这些都进一步加深了有关中国可能会变成美国商业以及科技的新威胁之担忧。

---

① 即《保护文学和艺术作品的伯尔尼公约》，25 UST 1341（1971），确认了主权国家之间对版权的相互承认。公约的每个参与方都必须以其保护自身国民的版权之方式，去承认以及保护来自其他缔约方的作者之作品。参见该公约第1条。《伯尔尼公约》于1992年10月15日在中国生效。Robert Haibin Hu, *Guide to China Copyright Law Studies*, Hein, 2000, p. 19.

② 即《保护录音制品制作者防止未经许可复制其录音制品公约》要求每一个缔约国保护是其他缔约国国民的录音制品制作者，防止未经录音制品制作者同意而制作复制品和防止此类复制品的进口，25 UST 309（1971）。"录音制品"指任何仅听觉可感知的对表演的声音或其他声音的固定，参见本公约第1条（a）项。中国于1993年4月加入该公约，see Hu, *Guide to China Copyright Law Studies*, p. 20。

国会还掌握了两根代表着两种其他压力来源的大棒。为了说服国会更新中国的年度最惠国待遇地位，乔治·布什政府需要在与中国的有关知识产权以及市场准入的谈判中获得进展。① 这反过来也增加了美方在谈判桌上的有效筹码。

国会第二项的施压手段，就是 1988 年的《综合贸易和竞争法》及其"超级 301 条款"和"特别 301 条款"。② 这些条款存在的目的，就是迫使布什政府以贸易关系要挟那些被列入"重点国家"名单中的国家。这些国家因自身的保护性贸易政策或者知识产权保护不足，而被视为对美国的贸易最为有害的国家。③ 在 1989 年，中国是首批被美国选中，就市场准入进行"超级 301 条款"谈判，以及就知识产权进行"特别 301 条款"谈判的国家之一。最初，布什政府有意地避免将中国（或任何其他贸易伙伴）确认为"重点国家"，但其还是将中国列入了所谓的"重点观察名单"。

为避免自身被标为"重点国家"以及将自身移出"重点观察名单"，中国采取了比以前更快及更深入的举措，以达到美国的要求。就知识产权方面来说，北京政府也于 1989 年 5 月与美国达成了《谅解备忘录》，④ 中国承诺，会向全国人民代表大会提交著作权立法议案，这就是其后的 1990 年《中华

---

① 最惠国待遇将给予享受该待遇的国家以 WTO 成员通常会给予其他 WTO 成员的低关税待遇和其他贸易优势。美国众议院于 2000 年 5 月投票通过给予中国永久最惠国待遇或者正常贸易关系地位。HR 4444, 106th Cong, 2d Sess (May 24, 2000)。有关中国的最惠国待遇，see Kerry Dumbaugh, "Congressional Research Service Report for Congress, RS20691: Voting on NTR for China Again in 2001 and Past Congressional Decisions", http://cnie.org/NLE/CRSreports/Economics/econ-87.cfm (visited Apr. 22, 2006)。

② Pub L No 100-418, 102 Stat 1107 (1988), codified as amended at 19 USC §§ 2901 et seq.

③ Id. at § 1303.

④ US-China Memorandum of Understanding on Enactment and Scope of P. R. C. Copyright Law.

人民共和国著作权法》的雏形。

第五个因素，就是美国对中国国内政治风波的反应。相关事件的发生，平息了华盛顿内部的亲中声音，之前他们一直基于"地缘政治"或其他的理由，呼吁谈判者减轻对中国的贸易和知识产权要求，并接受中国作出的小幅度让步。然而同时，美国也决定不催促中国以刑罚处罚知识产权侵权行为，这一决定虽然在当时中国的政治状况下是合适的，但也导致了其后知识产权执行中的许多问题。

作为当时的美国制裁的一部分，谈判于 1989 年到 1990 年间暂停，其后也并没有多大进展。1991 年 5 月 26 日，布什政府首次将中国确定为"重点国家"。

其后的六轮商谈不仅十分密集，而且有时争议极大。最终，谈判以 1992 年 1 月的第一个全面的双边知识产权协定①的达成画上句号。根据该协议，美国会将中国移出"重点国家"名单，②而且美国知识产权组织也对保留中国的最惠国待遇表示公开支持。作为交换，中国承诺为美国知识产权提供有力保护，包括通过修订著作权法加强对已发表作品的保护（特别是将保护范围延伸至软件以及录音制品之上）③，加入《伯尔尼公约》以及《世界版权公约》和《保护录音制品制作者防止未经许可复制其录音制品公约》④，为化学以及医药产品提供专利保护⑤，限制有关强制许可的使用⑥，以及承诺将正式通过有关商业秘密的法律。⑦

---

① 《中美关于保护知识产权的谅解备忘录》
② 《中美关于保护知识产权的谅解备忘录》第 7 条。
③ 《中美关于保护知识产权的谅解备忘录》第 3 条第 4 款、第 6 款。
④ 《中美关于保护知识产权的谅解备忘录》第 3 条第 1—2 款。
⑤ 《中美关于保护知识产权的谅解备忘录》第 1 条第 1 款。
⑥ 《中美关于保护知识产权的谅解备忘录》
⑦ 《中美关于保护知识产权的谅解备忘录》第 4 条。

在 1992 年的协议中，中国作出了其后被证明不是那么实质性的进一步承诺，即中国会采取有效措施，确保知识产权法不仅在中国本地市场中得到执行，而且在中国的边境地区也能得到很好地贯彻。① 协议刚签订后不久，当时有迹象表明，中国难以执行其知识产权法，并履行协议中的义务。因为当一位美国贸易代表处的高级官员访问广东省时，一位省级政府高层领导告诉他，对广东省来说，"北京与美国的协议没有太大关系"。就广东省来说，的确是"山高皇帝远"。因而，即使签订了 1992 年的协议，美国公司由于盗版所遭受的损失，特别是在软件以及唱片领域的损失还在以惊人的幅度持续上升这一现象，在当时就不足为奇了。

对于中国在履行有关知识产权执法方面的承诺的失败，美国以 30 亿美元惩罚性关税的威胁作为回应。接下来的更有争议的谈判，导致了 1995 年 2 月②以及 1996 年 6 月③的另外两个双边协议的诞生。中国承诺会加强执法措施，包括承诺在各省建立由副省长领导的知识产权协商委员会，以协调所有与执法相关的机构，并建立平行的地方知识产权委员会，其包括警察与其他机关在内。另外，知识产权执法也被并入全国性打击犯罪的行动中，而且在现有法律中，增加了刑事惩罚，作为对已有的民事制裁之补充。中国的律师以及法官也都接受了包括由美国政府提供，美国公司以及知识产权组织协同合作的美国项目在内的许多知识产权培训。

自 2001 年 12 月加入 WTO 以来，中国进一步修正其专利、商标以及著作权法律与规定，并颁布了许多新的实施条例。这

① 《中美关于保护知识产权的谅解备忘录》第 5 条。
② 《中美关于保护知识产权的协议》
③ 在中美的协议中，美国同意不会以中国侵犯知识产权，以及急于有效履行其 1995 年 2 月许下的承诺为由，对其施加制裁，以换取中国新一轮的保护知识产权的特定承诺。

些改变，为将中国的知识产权制度推向与 WTO 的《与贸易有关的知识产权协定》相一致的轨道，作出了不可磨灭的贡献。①

因此，中国今日在知识产权保护方面遇到的问题，也就在一个关键的方面，与我们在 1986 年所遇到的同样的问题有极大的不同。中央政府颁布的政策，已经不再忽视或支持侵犯知识产权的行为。中国看起来已经意识到施行相关法律以保护该种权利的必要性，并已经为此设置了实质性的管理机构。

中国政府于 2006 年的做法，曾一度让人以为中国又要将自己的政策拖回到与美国的知识产权冲突的中心位置。这一次的争议点不再是政府的盗版行为，而是政府的采购行为。北京曾一度起草了有关软件的政府采购办法，为政府机关将软件供应商区分为"本国"、"非本国"或者"优先的非本国"三种。如欲采购非本国产品，就需要经过一系列烦琐的程序来获得特别许可。外国软件公司若想跻身于"优先采购的非本国软件"供应商的行列，他们就可能会被要求要符合许多严苛的条件，比如将核心软件技术转让至中国。幸运的是，就目前来说，该政府采购办法的草案在遭受到来自美国的强烈反对之后，已经被中国政府搁置。

但愿该规定永远不再出现，美国的公司不会为进入中国政府的软件市场，而被迫牺牲自身的知识产权利益。这样一个主要市场是多年辛苦谈判得来的，也已不再是盗版者的避难所。

总而言之，我们绕了一圈几乎又回到原点。当年，作为对外经贸部副部长的吴仪女士，曾经担任过中国谈判方的首席成

---

① TRIPS 协定是一项为所有形态知识产权规则定下所有 WTO 成员都必须遵守之最低标准的国际协定。Marrakesh Agreement Establishing the World Trade Organization：Annex 1C：Agreement on Trade-Related Aspects of Intellectual Property Rights (1994)，33 ILM 1197.

员，美方当时对中国政府的政策纵容了广泛而全面的知识产权侵权的事实表达了强烈不满，并认为吴仪对其施加的压力置若罔闻。吴仪作为副总理和国家知识产权战略制定工作领导小组组长，仍然面临来自美国的包括反对上述政府采购规定草案在内的压力。同时，她也担负着协调现行中国法律的执行的责任，目的是在全中国范围内推动和保护知识产权，诚可谓"山高路远"。

吴仪能在多大程度上确保各省在有效实现知识产权执法上获得成功，很可能取决于三件事情：

第一，中央政府的政策，其本身在多大程度上维持了保护知识产权的势头，且不会为促进本土软件产业，发送出"山高皇帝远"的暗示信息来"稀释"其关于知识产权的承诺。

第二，中央政府在多大程度上可以强迫广东及其他省份接受"国家的法律不是'没有关系'的条文，而是存在于这片土地上，有着切实执行力的法律"这一事实。地方政府不能够变成满口空头承诺，而事实上却任由盗版现象肆虐的"波特金村庄"。

第三，从长远来说，最为重要的是，中国的本地公司必须尽早意识到，中国的知识产权法律执行，不仅对其外国对手有利，也于己有利。这样的一种意识看起来已经渐渐涌现，越来越多的中国公司已经开始开发自身的技术，为了对抗侵权行为，开始寻求中国知识产权法律的保护，或者选择与侵权者对簿公堂。在竞争日益激烈且日渐统一的中国市场，寻求远在北京的"皇帝"制定规则来保护知识产权的需求，正在逐渐增长。这种保护应当确保是盗版者，而非"皇帝"远离我们。但是，盗版者仍会继续存在，这斗争仍将延续。

1923 年《商标法》施行前后的外国企业商标保护体制

——以中日和中英商标权纠纷分析为中心[*]

本野英一^{**}　文

谢晴川^{***}　译

简目

引言

一、对中日商标侵权纠纷的影响

（一）东洋燐寸株式会社诉广中兴公司案

（二）东亚烟草会社诉德和工厂案

（三）春元商店诉庆泰恒案

（四）安住大药房诉义聚兴、华美公司案

（五）野村外吉诉中华工厂案

（六）帝国制丝株式会社诉明远公司案

---

　*　本野英一：《中国商标法（一九二三）施行前后の外国企业商标保护体制——中日・中英商标权侵害纷争を中心に——》，载《东洋史研究》第 71 卷第 4 号，2013 年 3 月 31 日发行，第 64—94 页。本文的翻译与出版已获得作者授权。

　**　本野英一，日本早稻田大学政治经济学部教授，博士生导师。东京大学学士、硕士，牛津大学博士。兼任哈佛大学客座研究员、牛津大学客座研究员。主要研究领域为东亚经济史、中国的对外贸易史、中国近代条约港史等。著有 *Conflict and Cooperation in Sino-British Business, 1860-1911；The Impact of the Pro-British Commercial Network in Shanghai*、《光绪新政期商标保护制度の挫折と日英对立》、《上海租界兴亡史》（昭和堂，2009）等。

　***　谢晴川，日本早稻田大学法学博士，南开大学法学院讲师，研究领域为知识产权法。

引言

　　1890 年以降，针对英国、日本、美国企业的轻工业产品的商标侵权案件在中国各地频发。对此感到担忧的三国政府便在义和团运动之后缔结的通商航海条约中，加入了保护本国产品商标权的条款。为履行条约义务，清政府采取了一系列临时措施，包括在天津和上海海关中设置暂时性的商标登记所，让在华外国企业进行预告登记，以便在制定施行商标法后优先进行注册。

　　但是，之后的事态却远超出了当事各方的预想，其中有两个原因。其一是日本政府和日本企业的动向。日本政府凭借清政府商部请求帮助起草商标法的机会，试图向中国移植基于先注册主义的日本 1899 年商标法。这一活动的结果，便是清政府商部在日本顾问协助下起草的《商标注册试办章程》。

　　日本企业紧随日本政府的步伐，企图滥用先注册主义的规定，将那些不过是伪造、仿冒欧美企业商标的本公司商标，抢先于欧美企业的正牌商标在中国注册，获得在中国的"合法"地位。

　　日本政府和日本企业的上述意图在日俄战争后愈发明显，

招致了在华欧美企业和以英国公使馆为首的西洋诸国外交使团的群起围攻。结果，因为西洋诸国外交使团的强硬反对，《商标注册试办章程》的施行被无限期延期。

其二是中国方面的反应。与英国、日本、美国签订通商航海条约之后，清政府及之后的北洋政府开始严厉取缔华商用印有外国商标的包装纸、包装容器销售粗劣产品的行为。然而，对于借助模仿外国产品的商标名称或者商标图案销售自己产品的行为，却给予了大力庇护。

对于中国政府和华商的上述行为，英国政府和日本政府采取了截然不同的态度。由于外交官的失误，日本政府已经被迫认可了华商模仿日本企业产品商标的行为，所以 1909 年以后日本企业的产品商标成为仿造者的理想对象。于是，日本政府强烈要求中国政府制定、施行商标法。

与此相反，英国政府和企业并没有给华商可乘之机。在华的英国企业只要发现哪怕一丁点儿类似的仿造商标，便通过本国领事馆向中国当地政府施压，由此取得良好的保护效果。他们完全不怕华商。他们真正害怕的是和华商结合在一起，制造、销售本企业商标产品的仿冒品的日本企业。于是，英国政府便把中国政府以日本 1899 年商标法为蓝本制定的商标法，视为为日本企业服务的法律，一直反对该法的制定和施行。

即便如此，北洋政府还是没有放弃制定自己的商标法的努力，终于在 1923 年 5 月制定施行了中国历史上第一部商标法（以下简称 1923 年商标法）。

英国政府最初没有承认 1923 年商标法的效力。出于对在背后影响清政府、北洋政府的日本政府的不信任感，以及对北洋政府下级职员能力的怀疑，英国政府主张在华的商标保护仍然应该基于中英通商行船条约，由海关负责，并呼吁在华英国企业依照上述方针行事。

但是，包括英国企业在内的大多数外国企业都没有听从英国政府的上述呼吁。他们不顾本国政府的制止，纷纷在北洋政府的商标局申请注册产品商标。英国政府及其他西洋诸国政府，也不得不在1925年5月至1926年9月勉强承认该法。①

那么，1923年商标法究竟对保护在华外国企业的商标起到了多大的实际作用？就我的搜集范围而言，直接回答上述问题的史料不存在。所以要论证1923年商标法的实际效果，只能从分析当时发生的具体商标侵权事例入手。

能满足上述研究目的的商标侵权事例散见于日本外务省史料馆所藏《日本外务省记录》②、英国国家档案馆所藏领事报告（FO228）、③中国台湾地区"中央研究院"近代史研究所所藏外交档案以及《苏州商会档案丛编第三辑》（华中师范大学出版社2009年版），共计12件中日、中英商标侵权纠纷案件。本文尝试通过分析这12个事例，实证1923年商标法发挥了远超日本和英国两国政府预想的效果，并对制定及施行了该法的北洋政府的作用进行重新评价。

同时，本文还将通过探明那个时代的华商是如何看待施行1923年商标法的北洋政府的这个命题，使北洋政府的立场变得明晰，即在戊戌变法之后，在整个中国范围内汹涌而起的"中华民族主义"的激流中，其被迫遵守与英国、日本、美国

①　以上的事件经过基于拙稿《光绪新政期中国の商标保护制度の挫折と日英对立》，载《社会经济史学》2008年9月第74卷第3号；拙稿《清末明初における商标权侵害纷争——日中关系を中心に》，载《社会经济史学》2009年9月第75卷第3号；拙稿"Anglo-Japanese Chinese Trademark Law（1923），1906-1926"，*East China History*，Number 37，December 2011。

②　本文引用的《日本外务省记录》全部收录在《商标模伪关系杂件第二卷》（文件编号3.5.6.24）。

③　本文引用的英国女王版权所有未公刊文书（Unpublished crown-copyrighted material）属英国国家档案馆所藏，本文的引用遵循该馆的规定，获得了英国政府出版局管理官（The Controller of Her Majesty's Stationary Office）的许可。

等国的通商航海条约时的两难立场。

此外，本文涉及的商标侵权纠纷史料大多附带了当时的商标样本，虽然想尽可能的全部引用、介绍，但出于篇幅考虑，只能忍痛割爱，选择最有代表性的6个。

一、对中日商标侵权纠纷的影响

受随五四运动发起的抵制日货运动的影响，中国国内对日本企业产品的评价急转直下。也因为如此，华商也不再制造、销售日本商标产品的仿冒品。

对于当时的情形，驻牛庄日本领事馆做了如下报告：

> 近年来各地发起了提倡国货的运动，国货比日货更受欢迎，销量更好。侵害日本商标仿造日本产品，反而可能被当成是真的日货受抵制。所以反而看不到两国之间的商标侵权纠纷了。①

尤其是日本对华出口量一直名列前茅的火柴产品。自从1915年发起反对"二十一条"的抗议运动之后，日本对中国的出口量逐年下降，由此产生的市场空隙，被九江、汉口、上海、苏州等地的华商的产品填补。②

但是，抵制日货运动没有持续很久。华商的产品质量还是无法与日本产品相比。一段时间之后，中国消费者又开始排斥

---

① 《公第四七号 在牛庄领事清水八百一→外务大臣伯爵内田康哉》（1922年3月6日）。

② 《机密公第四号 在沙市领事馆事务代理富田安兵卫→外务大臣伯爵内田康哉》（1922年3月6日）、《机密第八号 在汕头领事代理打田庄六→外务大臣伯爵内田康哉》（1922年3月16日）、《机密往第二十六号 在九江领事相原库五郎→外务大臣伯爵内田康哉》（1922年5月4日）。

质量相对低劣的国货。[①] 于是,华商又开始仿冒日本企业的产品,并与从前一样,追求将这种行为正当化。当时的情况,可通过下面这个案例说明。

(一) 东洋燐寸株式会社诉广中兴公司案

以第一次世界大战时的轻工业迅猛发展为契机,广东大量出现伪造、仿制日本火柴的工厂,日本火柴的销量也由此大受影响。日本驻广东领事馆上报的本案件就是一个典型案例。

根据日本驻广东领事馆的报告,商标权被侵害的是东洋燐寸株式会社,其拥有"射鹿"、"金钱"、"龙门"、"蟠桃"四种商标,被指控制造、销售侵权产品的是一家名为广中兴的华商。按照负责调查的北洋政府外交部交涉员李锦纶的话说,广中兴的司理、程敬年两位华商拥有"射鹿"牌商标,而该商标被认为是模仿了"射鹿"牌这个商标。广中兴于1917年停业,程敬年接管了业务,在番禺市重新开张。[②]

李锦纶拒绝了日本方面的取缔要求。他的第一个理由是被指控为仿冒的商标已经在广东省省长公署登记,第二个理由是广中兴的"射蝠鹿"牌商标的上端有"广中兴厂"字样,与标注"怡和洋行(Higo Japan)"字样的东洋燐寸产品的商标的区别非常明显。[③]

日本驻广东领事藤田荣介提出以下反驳:第一,即使被指控的商标已经在广东省省长公署登记,那也只是基于中国国内法履行的手续,不能因此免除中国对《中日通商行船条约》负有的义务。从国际法的通例来看,中国方面的主张不能得到承认。

---

① 《机密第九号 在芝罘领事馆事务处代理荒基→外务大臣伯爵内田康哉》(1922年3月6日)。

② 《机密第十三号 在广东总领事藤田荣介→外务大臣伯爵内田康哉》(1922年2月6日)。

③ 《李锦纶→藤田荣介(机密第十三号 在广东总领事藤田荣介→外务大臣伯爵内田康哉附属文书)》(1922年2月21日)。

第二,"射蝠鹿"牌商标不过是对"射鹿"牌商标的图案少量修改得来的仿冒商标,其对"射鹿"牌商标的侵害一目了然。[1]

李锦纶也拒绝作出让步。他主张,即使这个事件本身难以得到解决,为防止类似事件再次发生,就算东洋燐寸株式会社已经把全部产品在上海海关预告登记,还是应该也在广东省省长公署登记。他说在华美国企业都已如此行事。[2]

日本方面听从了上述主张,但中国方面还是难以禁止使用之前已经在广东省省长公署登记的商标。这令日本方面极为愤怒。[3]

日本企业猜想,李锦纶的上述发言是参照了两个先例作出的。第一个先例是第一次世界大战期间上海会审公廨审理的"歇斯勃罗公司(Cheseborough Manufacturing Co.)诉永其祥案"。[4] 在这个案件中,原告是美国的化妆品公司,他们发现大阪的商人松平竹次郎模仿本公司的"Pomade Vaseline"牌商标在日本注册"Pomade Vaserine"牌商标,并将贴有该商标的三种仿冒化妆品出口到中国。于是,他们便以进口松平竹次郎的仿冒产品的上海本地华商为被告,在上海会审公廨提起民事诉讼。

松本主张,自己仿造的商标已经在日本经过合法注册,所以该案件应该属于日美间商标侵权诉讼,应该在日本法院审理,对华商进行处罚不恰当。由于松本持有的商标已经在日本政府的特许厅注册,如果在日本法院进行审理,毫无疑问将是

---

[1] 《公第四一号 在广东总领事藤田荣介→外务大臣伯爵内田康哉》(1922年2月24日)。

[2] 《机密第十九号 在广东总领事藤田荣介→外务大臣伯爵内田康哉》(1922年3月4日)。

[3] 《通监机密第十〇号 内田大臣→在广东总领事藤田荣介》(1922年4月6日)、《机密第五三号 在广东总领事藤田荣介→外务大臣伯爵内田康哉》(1922年7月1日)。

[4] 参见拙稿《清末明初における商标权侵害纷争——日中关系を中心に》,第15—17页。

被告胜诉。歉斯勃罗公司自然不会犯这种错误，他们坚持以进口松平竹次郎的仿冒产品的上海本地华商为被告提起诉讼。

北洋政府外交部后来也卷入了该案，发展为了外交问题。经过反复交涉，最终会审公廨判决，原告和被告的主张正确与否，需要经过今后的调查判断，遂驳回原告的禁止销售请求，被起诉的华商也被全部释放。

李锦纶之所以提出广中兴的"射蝠鹿"牌商标已经在广东省省长公署登记，因此应该拒绝日本方面的取缔要求，很可能就是模仿了上述案件中松本的主张。日本的藤田领事关于即使被指控的商标已经在广东省省长公署登记，那也只是基于中国国内法履行的手续的反驳，也可以用来证明上述推论。

第二个先例是 1905 年围绕认定标注"怡和洋行（Higo Japan）"的东洋燐寸产品商标的中日协议。该商标盗用英国公司 Jardine Matheson 的汉译名，中国官员也指出了这一点。当时拥有该商标的良燧社主张，因为商标表面标注有"Made in Higo Japan"字样，所以可以明确表明这是日本企业的产品。中国官员对此无法反驳。[1]

所以李锦纶也主张因为"射蝠鹿"牌商标的上端有"广中兴厂"字样，一看就明白该商标与东洋燐寸的"怡和洋行（Higo Japan）"商标不一样。很有可能，李锦纶就是参照了良燧社的论点。

（二）东亚烟草会社诉德和工厂案

该案件也是华商模仿日本企业做法的实例。该案件中成为华商目标的是东亚烟草会社的"GOLDEN HELMET"牌香烟商标（参见图 1）。这是东亚烟草会社以日本出兵西伯利亚干涉俄国革命为契机，开发出来迎合俄国消费者嗜好的香烟品牌。

---

[1] 参见拙稿《光绪新政期商标保护制度の挫折と日英对立》，第 10 页。

看到该品牌良好的销售势头，1919年前后，一家名为德和工厂的华人企业开始销售"金鞋"牌商标（参见图2）的仿冒香烟。东亚烟草会社向中国政府提出取缔要求。地方警察局接到请求，对"金鞋"牌香烟处以没收和禁止生产的处罚。但是，德和工厂之后继续销售了"金猪"牌、"金（全）球"牌商标的香烟，这些商标的图案、色调、字样都非常接近"GOLDEN HELMET"牌商标。针对东亚烟草会社的抗议，中国政府认定消费者很容易从德和工厂的产品商标的图案和文字辨别出两者的不同，中国本来也还不存在取缔仿冒商标的法律，所以没有回应东亚烟草会社的请求。

图1　"GOLDEN HELMET"牌香烟商标　　图2　"金鞋"牌香烟商标

图片来源：《公第八四号在哈尔滨总领事山内四郎→外务大臣伯爵内田康哉》（1922年2月25日）附属文书

　　尽管这样，东亚烟草还是不愿意撤回取缔请求。德和工厂指出，东亚烟草自己就是用同样的手段，在仿冒英美烟草公司［British American Tobacco Company（China）Limited，以下简称为BAT］的产品。作为证据，他们提出了"刀"牌、"新刀"牌、"三炮台"牌三种商标，指出如果东亚烟草会社再继续抗议，他们自己也脱不了干系。

德和工厂提出的三种商标中，"刀"牌是 BAT 的"PI-RATE"牌商标（参见图 3），"新刀"牌是模仿了"PIRATE"牌商标图案的东亚烟草会社的"SAMURAI"牌商标（参见图4）。看到两个商标的样本后，日本的内田康哉外相也认为东亚烟草会社完败。他说："中国方面作为反证提出的'PIRATE'牌和'SAMURAI'牌商标，一看就明白后者是前者的模仿品，没有任何疑问……"于是他只好向山内四郎领事指示："让其用适当的方法撤回。"①

图 3　英美烟草公司　　　　图 4　东亚（华）烟草株式会社
"PIRATE"牌香烟商标　　　　"SAMURAI"牌香烟商标

图片来源：《公第八四号在哈尔滨总领事山内四郎→外务大臣伯爵内田康哉》（1922 年 2 月 25 日）附属文书

对东亚烟草会社来说或许幸运的是，德和工厂之后遭遇了火灾，难以继续维持营业。于是德和工厂提议，由东亚烟草会

---

① 《通监普通第三九号 内田大臣→在哈尔滨山内总领事》（1922 年 4 月 17 日）。

社收购全部仿冒商标，因为自己已经无法继续使用了。①

通过联想可以发现，德和工厂的上述主张与日本方面关于东洋燐寸株式会社的"怡和洋行（Higo Japan）"商标的主张间存在联系。之后收购仿冒商标的提案也是基于先例。这个先例是日俄战争之后在上海和大阪发生的"Sir Elkanah Armitage & Son 诉小西半兵卫案"。② 在该案件中，大阪的制造业主小西半兵卫完全盗用了原告的"Crocodile"牌商标图案，把仅仅在公司名、产地以及产品名方面有所不同的"鳄印"牌商标，使用在自己公司的产品上。不仅如此，小西还抢先"Crocodile"牌商标一步在日本国内完成了注册，在上海的海关履行了预告登记手续。当清政府准备开始施行《商标注册试办章程》时，小西不仅要求清政府基于先注册主义原则将"鳄印"牌商标认定为合法商标，还要求将"Crocodile"牌商标认定为非法商标。

觉察了小西上述企图的 Sir Elkanah Armitage & Son 公司的日本律师要求小西撤回"鳄印"牌商标的注册，小西反而要求对方高价购买"鳄印"牌商标的使用权。对事态感到忧虑的 Sir Elkanah Armitage & Son 公司请求英国外交部出面解决。结果事件发展到了外交层面，接受日本政府请求的大阪府知事命令小西撤回了"鳄印"牌商标的注册。德和工厂关于购买商标的提案，很可能是参考了小西对 Sir Elkanah Armitage & Son 公司提出的提案。

那么，1923 年商标法的制定施行，使得侵害日本企业产品商标权的中国企业和对此持包庇态度的中国地方政府的态度

---

① 《公第八四号 在哈尔滨总领事山内四郎→外务大臣伯爵内田康哉》（1922年 2 月 25 日）。

② 参见拙稿 "Anglo-Japanese Chinese Trademark Law（1923），1906-1926"，第11—12 页。

起了什么样的变化呢？这一点可以通过以下的案例一探究竟。

（三）春元商店诉庆泰恒案

春元商店是一家生产、销售化妆品的企业。该公司的产品商标"九重石碱"于1919年10月9日在上海海关预告登记（登记编号一五三一零），通过居住在牛庄的日本人吉田繁治郎在东北一带进行销售。不久，住所在牛庄二官塘北衙、名为庆泰恒的华商从1923年春开始生产、销售酷似"九重石碱"牌商标产品的仿冒肥皂。春元商店遭受了不小的损失，向当地政府提出请求，要求制止庆泰恒继续生产、销售仿冒品，并要求赔偿损失。[①]

当地警察部门调查后，承认日方主张的正当性，不仅关闭庆泰恒的工厂，全部没收在库的和尚未销售的仿冒品，还销毁全部模具、在库品和商标标识。但是，庆泰恒的前身不过是不怎么富裕的茶商，在庆泰恒要求并得到日本方面的同意之下，免除了1923年商标法第39条关于一年以下有期徒刑或者500元以下的罚款以及物件没收的适用。

（四）安住大药房诉义聚兴、华美公司案

日本的安住大药房于1923年11月21日根据1923年商标法的规定，为该公司的杀虫剂申请注册"野猪"牌商标，通过位于大阪的代理商小林盛光堂与华商福顺泰向中国山东省出口。他们发现贴有仿冒商标的粗劣品正在流通，于是请求青岛警察厅予以取缔。

制造、销售贴有"野猪"牌仿冒商标的粗劣品的，是两家名为义聚兴和华美公司的华商。义聚兴是一家生产金属容器的华商，位于青岛直隶路。他们前些年从"Te Sehg hang"获

---

① 《公第二六七号 在牛庄日本领事馆事务代理田中正一→外务大臣男爵伊集院彦吉 附属书类添附》（1923年12月7日）。

得制造除蚤粉容器及贴附商标的订单，后来下单人却没有来提货。义聚兴苦于商品无法出手，便从日本卖药株式会社青岛支店购入除虫菊粉，制作成仿冒品出售。另一方面，华美公司是有相当资产的化妆品销售商，位于青岛市台西镇云南路。华美公司同样被安住大药房"野猪"牌杀虫剂的良好销售业绩吸引，委托青岛市的共合印刷厂印制5万枚伪造商标，让山东路上名为德祥张的华商制造容器，连同义聚兴生产的容器，按照60个一箱计算，一共在青岛市内及胶济线沿线各地销售了600多箱仿冒品。

中国政府马上采取了措施。义聚兴被命令销毁所有在库的仿冒商标，剩下的商标也全部交给日本方面，并发誓之后再也不采取类似行为。

华美公司在收到日本方面的抗议后态度消极，藏匿仿冒产品。于是警察厅将华美公司的商标以及制造机器全部押收，将制造、销售仿冒品的实行犯逮捕拘留。结果，胶县同乡会会长、云南街街长、西岭市场所长等地方实权派介入，要求和解。因为他们的介入，华美公司将持有的仿冒商标及附随的印刷品等全部交给日方，销毁印制仿冒商标的原版，在《大青岛报》和《济南日报》上连续刊登一星期道歉信，事件得到解决。①

除此之外，也有过去悬而未决，因为1923年商标法的制

---

① 《公第一、三三号 在牛庄领事代理田中正一→外务大臣男爵伊集院彦吉》（1924年1月4日、29日），《公第七九号 在牛庄领事中山详一→外务大臣男爵松井庆四郎 附属书类添附》（1924年3月17日）。这里说的"商标法第39条"应该是商标法第39条第7款，具体条文是"关于同一商品，以与他人注册商标相同或近似之商标使用于营业所用之广告、招牌、单票及其他交易字据者，应处一年以下之徒刑，或五百元以下之罚金并没收其物件"。

定施行成功得到解决的案件。以下的案件便是一例。①

(五) 野村外吉诉中华工厂案

该商标侵权纠纷发生于 1923 年的辽阳。野村外吉是居住在大阪市东区南久宝寺町二丁目三一番的制造业主兼商人。他向中国政府施加影响，试图阻止位于永安街的中华工厂仿造销售自己的"都乃花"牌肥皂。② 初看这个纠纷没有什么特别之处，结果其却成了持续时间最长的商标侵权案。这也不是"都乃花"牌第一次被华商仿造。"都乃花"牌商标本来归在天津制造、销售香粉的松井制造所有。松井制造曾经于 1909 年在天津审判厅起诉过用有毒成分制造仿冒品的兰芝香牙粉公司，请求禁止仿冒品的销售。该诉讼遭到当地华商的猛烈抨击，松井制造只能撤诉。

野村外吉自己就曾经在第一次世界大战期间，制造过仿冒英国和美国著名品牌商标的产品，出口到中国各地，是在中国和日本政府以及在华英美企业中有名号的人物。③ 野村究竟是怎么获得"都乃花"牌商标的，已无法查明。野村在获得该商标后，便根据 1923 年商标法的规定，履行商标注册手续，获得中国官员的支持，没有再陷入松井制造那样的失败，成功阻止了华商制造、销售仿冒品。

以上三个案件都是在华日本企业通过在北洋政府商标局注册商标，从而有效阻止了华商侵害商标权的实例。但是，对于

---

① 《通监第四〇五号 币原大臣→在青岛崛内总领事·在济南吉泽领事代理附属书类添附》（1924 年 7 月 19 日）、《普通受第一五一号 大阪市北区富田町三九番地株式会社安住大药房取缔役社长安住伊三郎→外务省通商局长长井松三》（1924 年 8 月 6 日）、《公第四二一号 在青岛总领事崛内谦介→外务大臣男爵币原喜重郎》（1924 年 8 月 11 日）。

② 《机密第一号 在辽阳领事薮原义光→外务大臣男爵松井庆四郎》（1924 年 1 月 12 日）。

③ 参见拙稿《清末明初における商标权侵害纷争 ——日中关系を中心に》，第 7—9 页、第 17—21 页。

没有在北洋政府商标局注册的商标，北洋政府便不给予保护。以下的三个案例就是实例。

（六）帝国制丝株式会社诉明远公司案

明远公司是位于杭州的华商。由于该公司自 1923 年以来，制造、销售帝国制丝株式会社（以下简称帝国制丝）的"综绕丝"牌商标（在日本国内已注册，也在上海海关进行了预告登记，但没有在北洋政府的商标局注册）产品的伪造品，帝国制丝要求明远公司停止制造、销售该仿冒品，赔礼道歉，还要求地方官员没收伪造商标。但是明远公司似乎之前获得了内部消息，不仅实行人藏了起来，伪造品、伪造商标也都被藏匿了起来。地方官员调查印刷商标的"商业印刷所"的账簿，因为上面记载着订购伪造商标的是名为"兴业公司"的华商，搜查"兴业公司"没有发现伪造商标和贴有伪造商标的商品，调查便到此为止。因为"综绕丝"牌商标也没有在北洋政府商标局注册，案件便以证据不足为由，不了了之。①

（七）广贯堂诉长沙振华工业制造厂与三善堂案②

在该案中，在长沙小西门外开设了店铺的广贯堂于 1921 年发现自己的"神验奇效 头痛太阳膏 广贯堂老药局"头痛药商标（参见图 5 上半部）被仿冒，仿冒品上贴的商标是"神验奇效 头痛太阳膏 豫章工业制造厂"（参见图 5 下半部）。于是广贯堂通过日本驻长沙领事馆向地方政府交涉，要求制造仿冒品的长沙振华工业制造厂以及代理销售店三善堂停止制造和销售行为。根据史料记载，可以确认广贯堂的"头痛太阳膏"在日本国内进行了商标注册（注册编号代二五二六六号），在

---

① 《机密第四号 在杭州领事代理清野长太郎→外务大臣男爵松井庆四郎》（1924 年 1 月 15 日）。

② 《机密第四号 在长沙领事田中壮太郎→外务大臣男爵松井庆四郎》（1924 年 1 月 11 日）。

中国也于 1906 年 4 月 23 日完成预告登记（编号第六八四三号），但无法确认在北洋政府的商标局是否注册。长沙振华工业制造厂与三善堂与在商标左侧注明的"豫章工业"（恐怕就是在后一个案件中制造仿冒商标的厦门华商）间有什么关系，不得而知。针对广贯堂的停止制造、销售仿冒品的要求，振华工业制造厂与三善堂毫不让步，理由是本来中国的医书上就有"头部额头两侧是为太阳穴"的记载，在广贯堂的产品面市以前，就存在"头痛太阳膏"的商标，不能认为自己的产品侵害广贯堂的商标权。

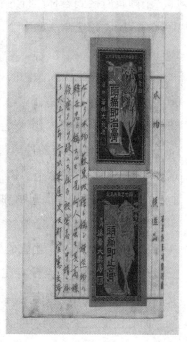

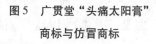

图5　广贯堂"头痛太阳膏"　　　图6　　"苏东坡印头痛即治膏"
　　　商标与仿冒商标　　　　　　　与"韩世忠印头痛即止膏"商标

图片来源：《机密信第四号在长沙领事田中庄太郎→外务大臣伯爵松井庆四郎》（1922 年 1 月 11 日）附属文书

（八）汉口若林洋行诉长沙药王街源泰祥号案①

与上述案件一样，在汉口经营药局的若林洋行持有的"苏东坡印头痛即治膏"商标（参见图 6 上半部）在中国只进行了预告登记（编号第二五五一号）。这点被名为源泰祥号的华商知晓，源泰祥号从 1921 年开始销售"韩世忠印头痛即止膏"（参见图 6 下半部）。若林洋行要求源泰祥号停止侵权，制造仿冒品的厦门豫章大药房，估计就是明确记载在"头痛太阳膏"（参见图 5 下半部）仿冒商标上的那家豫章工业制造厂。中国政府接到若林洋行的要求后，没收了"头痛即止膏"商标的印版，禁止今后的生产，但是没有取缔已经生产出来的仿冒品的销售。

这两个案件中引人关注的地方在于，振华工业制造厂与三善堂以及源泰祥号都主张"太阳"这两个汉字，以及苏东坡和韩世忠这样的中国历史名人的人物肖像都属于"Open Chop"，不应该被特定的外国营利团体排他性持有。他们通过这种主张，使得自己制造、销售仿冒品的行为正当化。这里说的"Open Chop"，是指动物和王冠那种已经完全公开化的文字和图案，它们本身不能被特定营利团体排他性持有，只有加入特定的文字修饰时，才能成为商标。② 当华商根据这点提出反驳时，如果日本企业没有在北洋政府的商标局完成注册手续，便无法期望中国政府提供保护。

而之前的三个案例表明，只要根据 1923 年商标法在北洋政府的商标局完成注册，即使是日本企业的产品商标，也可以排除华商的侵权，从而获得保护。但是，考虑到 1923 年商标

---

① 这个案件也记录在《机密第四号 在长沙领事田中壮太郎→外务大臣男爵松井庆四郎》（1924 年 1 月 11 日）中。

② 关于"Open Chop"，参见拙稿《光绪新政期商标保护制度の挫折と日英对立》，第 13—15 页。

法实际是以日本 1899 年商标法为蓝本起草的这一事实，实际上日本企业明白这一点也是理所当然的。更值得探讨的是，对于当初反对 1923 年商标法的英国，事态又是如何发展的？该法的制定和施行对在华英国企业和华商间的商标权侵权纠纷产生了什么样的影响？下一节将尝试探讨该问题。

二、对中英商标权侵害纠纷的影响

这个时期的中英商标权侵害纠纷事例，残存下来的记录只有 4 件。但是，依据这些也可从与中日商标权侵害纠纷不同的角度，发现北洋政府制定 1923 年商标法的真实意图，以及与之相对应的地方政府、华商的看法。

（一）英商驻华利华肥皂有限公司诉恒顺成案

这是利华肥皂有限公司［Lever Brothers（China）Ltd.］制造销售的"利华日光"牌肥皂（Sunlight Soap）商标权被侵害的案件。"利华日光"牌肥皂是当时的畅销产品，伪造品、仿冒品从 1910 年开始在中国各地大量出现。[①] 利华肥皂有限公司与驻华英国领事馆发现了该产品的仿冒品后，以违反中英通商行船条约第 7 条为由，要求中国各地的地方官员发布禁止制造、销售仿冒品的布告。

但是这个做法在山东省未能奏效。以山东的华商兴华公司（The Hsin Wah Co.）制造销售的"日月"牌肥皂（Standlight Soap）为首，山东各地流通着各种各样的仿冒品。[②] 山东省的华商极力避免在仿冒品上使用"利华日光"牌肥皂中出现的

[①] FO228/3376 13135/22/28 Enclosure No. 9 in Tsinanfu No. 33 of November 28, 1922，Oct. 30, 1922；参见拙稿 "Anglo-Japanese Chinese Trademark Law（1923），1906-1926"，Table 2。

[②] FO228/3376 13135/22/28 Enclosures Nos. 3-5 in Tsinanfu No. 33 of November 28, 1922.

"日"、"光"二字，同时商标和包装箱又与"利华日光"牌肥皂的极为相似。根据驻济南英国领事馆的调查，这样的仿冒品仅在山东省就多于7种。①

驻济南英国领事乔治爵士（A. H. George）接到利华肥皂有限公司的援助请求后，以收集到的仿冒品包装箱为证据，向中方的交涉人员强力施压。他认为这些仿冒品除了商品名称以外，所有的方面都几乎与被仿冒的产品一模一样，绝对无法容忍，要求将所有在库的仿冒品全部没收销毁，今后只允许生产设计完全不一样的包装箱。但是中方的交涉人员以当时的中国尚不存在处理商标标识的法律，无法处理为由，拒绝采取措施。②

根据英国领事馆的记载，当时大肆流通的"利华日光"牌肥皂的仿冒品可以分为两类。一类是完全模仿包装箱的大小、色彩、设计、宣传用语，部分商标图案盗用"利华日光"牌肥皂。另一类模仿的范围仅限于商标的汉字译名的一部分（例如，将"利华日光"改为"利华目光"），其他部分设计成让消费者容易分辨出是其他商标的样子。如果属于前者，可以简单地要求会审公廨或者地方官员发出禁止令，禁止该种仿冒品的制造与销售。但是山东兴华公司制造的"日月"牌属于后者。对于这类仿冒品，中国官员不会回应英国方面禁止制造、销售的要求。因为不存在承认在华外国企业可以在产品商标中排他性地使用特定汉字的条约，而且从当时"提倡国货"的视角来看，华商在自己的产品上使用外国著名产品商标的汉

---

① FO228/3376 13135/22/28 Enclosure No. 8 in Tsinanfu No. 33 of November 28, 1922. 该文书中附有 17 种仿冒商标中的 8 种商标的样本。关于山东兴化公司的概况，ibid. 7th 8th Enclosures in Mr. Knapton's letter of October 30, 1922。

② FO228/3376 13135/22/28 Enclosure No. 7 in Tsinanfu No. 33 of November 28, 1922.

译名的一部分，也被认为是理所当然的。①

让纠纷更加难以解决的另一个因素是，在商标上使用外国著名产品商标的汉译名的一部分的产品，全来自零散分布的小企业。在华英国企业如果强令这些企业停产，可能会给中国民众造成横行霸道的外国企业滥用权势欺压华人小企业，不给他们活路的印象。②

而且，当时山东的官员间相互倾轧的现象很严重。官员如果应在华英国企业和英国领事馆的要求，为了促进进口而牺牲弱小的国内产业，很可能成为民众和政敌的攻击对象。③ 考虑到官员们的这种顾虑的山东华商，在包装纸和肥皂上印上了呼吁反击利华肥皂有限公司的语句，又在产品的宣传广告上使用"利光"、"立光"、"昱光"、"月光"等商标。从山东省督军到县长，几乎所有各级地方官员都支持这类产品的生产、销售。英国方面要制止仿冒品的制造与销售，除了去北洋政府农商部请求取消相关企业的资质外，没有其他办法。④

由于当时民族主义情感在中国愈演愈烈，处于"提倡国货"、"收回利权"运动对立面的英国，即使再像以前那样把中英通商行船条约第7条搬出来保护在华本国企业的商标权，也收不到多大效果。利华肥皂有限公司与英国领事馆改变了策略，等待一两

---

① FO228/3376 13135/22/28 A. H. George to R. H. Clive No. 33, Nov. 28, 1922; ibid. Enclosure Nos. 1 and 2 in Mr. Acting Consul-General George's No. 11 of Mar. 6th 1923, Dec. 26, 1922.

② FO228/3376 8568/22/29 R. H. Clive to A. H. George No. 33, Dec. 7, 1922.

③ FO228/3376 2169/23/38 A. H. George to Ronald Macleay No. 11, Mar. 6, 1923.

④ FO228/3376 2169/23/38 A. H. George to Ronald Macleay No. 11, Mar. 6, 1923; ibid. No. 3 in Mr. Acting Consul-General George's No. 11 of Mar. 6th 1923; ibid. 1690/23/40 Note to W. C. P. Mar. 20, 1923;《外交总长→山东省长》[03-18-126-(2)-2《外交部案卷》，1923年3月22日]，《收山东省长函一件》[03-18-126-(2)-3《外交部案卷》，1923年4月6日]，《发山东交涉员训令》[03-18-126-(2)-4《外交部案卷》，1923年4月13日]。

个月之后，找到一个极端的事例，通过北洋政府农商部阻止华商制造与销售仿冒品。① 撞上英国方面枪口的，便是制造、销售名为"裕华利光"牌商标的仿冒品的恒顺成。②

然而，北洋政府制定并施行 1923 年商标法以后，山东省政府支持制造、销售仿冒品的华商的态度随之转变。他们承认这类案件属于北洋政府商标局的管辖范围，回答称如果利华肥皂有限公司的"利华日光"牌商标根据该法在北洋政府商标局登记，便能得到彻底保护。③ 山东省省长对恒顺成和其他华商发出布告，禁止制造、销售"利华日光"牌商标产品的仿冒品。恒顺成被迫更改"裕华利光"牌商标的包装，该案以利华肥皂有限公司的完胜告终。④

在这个案件之后，利华肥皂有限公司只要在《商标公报》上发现了有仿冒品嫌疑的商标，便直接向北洋政府商标局申请异议。从 1924 年 8 月到 10 月，已经看不到华商针对"利华日光"牌肥皂商标的侵权行为了。⑤

（二）英商白礼氏洋烛公司诉苏州宝昌厂案

这也是一个由于英国企业在北洋政府商标局正式注册，从而商标权得到有力保护的案例。

---

① FO228/3376 4548/23/62 Ronald Macleay to B. G. Tours, July 30, 1923.

② FO228/3376 10449/23/64 Lever Brothers (China) Limited to B. G. Tours, Aug. 22, 1923；B. G. Tours to Ronald Macleay No. 38, Aug. 23, 1923；ibid. 6550/23/74 Note to Wai Chiao Pu, Nov. 1, 1923.

③ 《发山东省长公函》［03-18-126-(2)-10《外交部案卷》，1923 年 11 月 9 日］；FO228/3376 12905/23/79 From Wai-Chiao-pu to H. M. Minister, Nov. 10, 1923。

④ 《收山东省长公函》［03-18-126-(2)-12《外交部案卷》，1923 年 11 月 9 日］；FO228/3376 171/24/102 Enclosure of B. G. Tours to Ronald Macleay with Enclosure, Dec. 19, 1923；ibid. B. G. Tours to Ronald Macleay, Aug. 18, 1924。

⑤ FO228/3377 6923/24/90 The China Soap Company Limited to H. B. M. Commercial Counseller, Peking, Aug. 20, 1924；ibid. 7030/24/132 Ronald Macleay to the China Soap Company Limited, Oct. 27, 1924.

该案件中商标权被侵害的是白礼氏洋烛公司（Price's Candle Co. Ltd.）的产品——"水牛"牌蜡烛。① 该品牌根据中英通商行船条约第 7 条在上海海关进行了预告登记，据此，其向中国方面要求制造、销售名为"太公"牌②蜡烛的仿冒品的苏州宝昌厂，停止制造与销售行为。但是，苏州宝昌厂也已于 1920年 7 月 8 日通过县长申请登记自己的产品商标，8 月至 9 月间获得了登记认定。而且，"水牛"牌商标的图案是骑着牛的赵公，而"太公"牌的图案是驾着四驹马车的太公。再加上双方的商标都用中英两种文字表明了生产厂商的名称，设计的轮廓与色彩都不一样，所以英国方面的取缔请求没有得到回应。③

驻上海英国总领事反驳说：首先商标侵权的事实认定标准，在认定能否识别商标的异同时，参照标准不应当是能读懂中英两国文字的人，而应该根据读不懂文字的人在购买时能否分辨产品的异同来认定。根据这个判断标准，宝昌厂的"太公"牌商标侵害白礼氏洋烛公司"水牛"牌商标权一事便确凿无误。本来宝昌厂在制作自己产品的商标时可以从宇宙包罗万象的图形、色彩中自由选择，为什么最后却选择了容易被误认为"水牛"牌的图案？其次，既然中国已经施行了商标法，就不仅能够禁止完全的伪造行为，也能禁止仿冒商标的欺诈行为。现在的商标侵权诉讼总是原告方胜诉。文明国家的法律绝不允许冒用他人的著名商标侵夺其利益的行为。④

---

① 史料中没有存下该商标的样本。

② 该商标的样本见于肖梵主编、苏州市档案局（馆）编：《馆藏旧时商标选》，古吴轩出版社 2012 年版，第 105 页。

③ "1. 宝昌烛厂陈述未冒用英商白礼氏商标理由致苏州总商会的呈文，1922 年 8 月 29 日"；"2. 苏州总商会为陈述宝昌烛厂未冒牌理由呈吴县知事公署函，1922 年 9 月 2 日"。马敏：《苏州商会档案丛编》（第三辑），华中师范大学出版社 2009 年版，第 698—700 页。

④ "3. 吴县知事公署转达江苏交涉公署训令催办宝昌烛厂冒牌事致苏州总商会函，1922 年 11 月 3 日"。同前，第 701—702 页。

尽管如此，宝昌厂还是坚持主张两个商标图案的不同之处能够具体列举出来，消费者可以辨别两个商标。纠纷陷入胶着状态。①

但是，从 1922 年年末到次年，事态朝着对英国方面有利的方向发展。第一个理由是，上海法租界会审公廨在 1922 年 10 月 4 日审结的"洋商娄治嘎类诉华兴经理王新甫案"。该案判决认为，只要商标的形状和构图基本相似，即使细微的部分存在不同，也应该认定是仿冒。② 另一个理由不言自明，即 1923 年商标法的制定施行。察觉到形势变化的苏州县县长和交涉员明白再做抵抗也是徒劳的，劝说宝昌厂全盘修改"太公"牌商标。③ 宝昌厂也听从了劝告，本案在 1923 年 5 月得到解决。④

这两个案例都是由于被侵权的商标，要么在北洋政府商标局完成注册，要么在上海海关进行预告登记，而以对英国企业有利的结局解决的。但是，在 1923 年商标法刚刚制定施行时，英国公使馆不愿意正式承认这部法律，直到 1926 年 6 月，都一直向在华英国企业呼吁不要遵从这部法律申请商标注册。⑤ 如果英国企业真的忠实地听从本国公使馆的建议，会遭遇怎样的后果呢？揭示这一点的是下面这个案件。

---

① "4. 宝昌烛厂函复苏州总商会陈述太公牌商标并未冒混英商白礼氏的理由，1922 年 11 月 13 日"。同前，第 702 页；"5. 苏州总商会请吴县知事转致江苏交涉公署并告知英商宝昌烛厂并未冒牌的公函，1922 年 11 月 19 日"。

② "6. 吴县知事公署转呈江苏交涉公署训令办理宝昌烛厂冒牌案致苏州总商会函，1922（1923？）年 2 月 26 日"。同前，第 703—704 页。另外，在这个史料中引用的"洋商娄治嘎类诉华兴经理王新甫案"中的原告的原名和案件的概要在当时的《ノース・チャイナ・ヘラルド》和 FO228 上都没有留下记录，无法查明。

③ "7. 吴县知事公署转达江苏交涉公署指令劝宝昌烛厂改变商标致苏州总商会函，1923 年 5 月 5 日"。同前，第 704—705 页。

④ "7. 宝昌烛厂告知苏州总商会改变商标的呈文，1923 年 5 月 28 日"。同前，第 705 页。

⑤ 参见拙稿："Anglo-Japanese Chinese Trademark Law（1923），1906-1926"，第 24—25 页。

（三）亚细亚公司诉亚升洋烛厂案

在这个案件中，亚细亚公司（The Asiatic Petroleum Company）在1924年至1925年间，发现本公司的产品"王冠"牌蜡烛（Crown Candles）被位于广东省潮州府揭阳县的华商亚升洋烛厂用粗劣产品贴上"僧帽"牌仿冒商标的形式侵权，亚细亚公司要求亚升洋烛厂对仿冒商标做全面修改。① 但是亚升洋烛厂和其他华商一样，逐一列举自己的产品商标和包装图案与"王冠"牌商标的不同之处，主张自己的"僧帽"牌绝不是"伪造（仿冒）商标"，还反问"王冠"牌是否在北洋政府商标局获得注册。② 亚细亚公司答复该商标尚未在北洋政府商标局注册后，亚升洋烛厂便拒绝回应一切对自己产品商标做修改的要求。③

驻汕头的歌尔克（Cecil Kirke）领事与英国外交部向亚升洋烛厂提出保护"王冠"牌商标和全面修改"僧帽"牌商标的要求，但当地的交涉员没有作出任何回应。④ 这个案件最后

---

① FO228/3377 8001/24/113 Enclosures Nos. 1，3 in Swatow Despatch No. 38 of September 15，1924，Aug. 1，Sept. 15，1924. "Crown Candles"（王冠牌）蜡烛的伪造品曾经于1923年在宁波出现的记载，也可见于驻宁波英国领事馆的报告中（FO228/3376 H. G. Handley Derry to J. Ronald Macleay No. 50，Ningpo，12. Dec. 1923）。

② FO228/3377 8001/24/113 Enclosures No. 2 in Swatow dispatch No. 38 to Peking dated Sep. 15，1924，Sep. 10，1924.

③ FO228/3377 8001/24/113 Cecil Kirke Ronald Macleay No. 38 of Sep. 15，1924；ibid. 8555/24/19 Enclosures No. 1 in Swatow dispatch No. 39 of September 27m，1924，Sep. 22，1924.

④ FO228/3377 8555/24/119 Enclosures No. 2 in Swatow dispatch No. 39 of September 27，1924，Sep. 27，1924；ibid. 8555/24/119 Cecil Kirke to Ronald Macleay No. 39 Sep. 27，1924；ibid. 8677/24/21 Enclosure in Swatow dispatch No. 42 of October 2，1924，Oct. 1，1927；《发汕头交涉员代电》[03-18-126-(5)-2《外交部档案》，1924年10月31日]，《汕头交涉员呈》[03-18-126-(5)-3《外交部档案》，1923年12月3日]。

结果不明。①

然而，亚细亚公司毫无疑问地在这个案件之后向北洋政府商标局申请注册"王冠"牌商标。因为到了1926年浙江省出现"王冠"牌的仿冒品时，该公司的异议马上得到承认，事件迅速得到了解决。②

前面的三个案例都表明，如果在华外国企业在北京的商标局完成商标注册手续，北洋政府便能迅速处分伪造者。但是，在"提倡国货"、"收回利权"的口号下，制造与销售仿造外国商标产品的仿冒品的华商，必然是不怎么喜欢适用1923年商标法保护在华外国企业产品商标权的北洋政府的。下一个案例便是证据。

（四）中国肥皂公司诉杭州东亚公司案

在本案中被侵权的是中国肥皂公司［China Soap Co. Ltd.，别名 Joseph Crosfield & Sons（China）Ltd.，上海和兴皂厂］的"伞印"牌肥皂商标（1914年在上海海关预告登记，1924年在北洋政府商标局登记）。杭州东亚公司仿造了"文明伞"牌商标，用在自己的粗劣的肥皂制品上。该仿冒品不仅流通于浙江省各地，还进入全国各大城市。中国肥皂公司要求停止制造、销售仿冒品，并处罚责任人。

针对英国驻杭州领事馆的抗议，杭州东亚公司举出了1917年大理院的"上字一四二四号判例"作为武器。该判例是涉及仁丹的仿冒品的制造、销售的"森下药房诉崔雅泉

---

① 《发汕头交涉员指令》［03-18-126-(5)-5《外交部档案》，1924年12月5日］；FO228/3378 11677/24/118 From Wai-Chiao Pu to H. M. Minister, Dec. 9, 1924；《收汕头冯交涉员呈》［03-18-126-(5)-9《外交部档案》，1925年1月17日］，《收汕头交涉员呈》［03-18-126-(5)-10《外交部档案》，1925年2月9日］。

② 《宁波交涉员一件》［03-18-127-(2)-1《英商亚细亚公司"僧帽"牌商标与光华厂"礼帽"牌商标纠葛案》1926年6月9日］、《农商部函一件》［03-18-127-(2)-3（同前）1926年8月27日］。

案"。大理院在这个判例中认定，判断商标侵权有无时，应基于一般人的识别能力，只要商标的主要部分是"殊异之外观"，即使附属部分有类似的地方，也不能认为是"假冒（仿冒）"品。杭州东亚公司以此为依据，认为中国肥皂公司的"伞印"牌商标的主要部分是打开的雨伞，自己的"文明伞"牌商标的主要部分是折好的雨伞，两者的区别一目了然。即使"伞印"牌和"文明伞"牌的商品名有相同的汉字，其主要部分仍然是明显存在不同，消费者不可能发现不了。

英国驻杭州领事反驳如下：两个商标都使用"伞"字，主要部分是一样的。即使一个是打开的伞，一个是折起来的伞，由于消费者是指着商标的主要部分称其为"伞"牌的，图案中伞的状态无足轻重。如中国商标法中不存在"商标之正"的判断条款，新的事例只能参照先例。但是，在1923年5月23日开始生效的商标法中已经有专门的条文规定，今后依据该法律明辨是非即可。既然双方的商标都在北洋政府商标局注册，那么双方都必须遵守商标法的规定。

他还称，该法的第14条明确记载了先注册主义，第39条第7款规定，"关于同一商品，以与他人注册商标相同或近似之商标使用于营业所用之广告、招牌、单票及其他交易字据者，应处一年以下之徒刑，或五百元以下之罚金并没收其物件"。基于以上事实，中国肥皂公司的"伞印"牌拥有优先权是毋庸置疑的。地方官员应该严惩杭州东亚公司，立即制止仿冒品的制造与销售，没收全部在库品，销毁模具。①

---

① 《浙江交涉员呈一件》[03-18-127-(1)-1《英商中国肥皂公司与杭州东亚公司等商标纠葛案》1925年4月14日]，参见拙稿《对外通商纷争における『中华民族主义』の役割—森下仁丹商标権侵害诉讼（一九一七—二二）を中心とした一考察——》，收录于贵志俊彦编：《不平等条约体制下、东アジアにおける外国人の法的地位に关する事例研究》（课题番号：15202014）[平成一五年度—平成一七年度日本学术振兴会科学研究费补助金基盘研究（A）(1)]。

中国肥皂公司与杭州东亚公司，哪家的观点是正确的呢？
北洋政府商标局判定前者胜。根据商标局的判断，大理院的
"上字一四二四号判例"本身就不与 1923 年商标法存在抵触。
这里说的"殊异之外观"只能解释为"表示不相同"。如果甲
乙两种商标存在"近似的嫌疑"，就不是这个判例所说的"殊
异之外观"，这属于事实问题。中国肥皂公司与杭州东亚公司
的商标不仅仅是伞的形状，在整体的构造和色彩方面也非常相
似。即使存在打开与关闭的区别，名称中还是使用了相同的文
字，其他方面也存在很多近似的地方。只是伞的开闭的话，即
使拥有普通的判别力也难以区别。按照商标局处理商标时采取
的标准判断，也能发现两者间毫无疑问存在相似的部分。①

采纳这个结论后，农商部命令浙江省的交涉员迅速撤销杭
州东亚公司的"文明伞"牌商标，停止生产，交出库存品 300
箱给杭县县长。②

但是，地方政府强烈反对这个命令。残存的文书记载显示，
交涉员传达的商标局、农商部命令，被"该主管官厅"延迟执
行了近一个月。③ 连地方政府都是这个态度，杭州东亚公司有多
排斥这个命令就可想而知了。证据是该公司后来又用"电扇"
牌仿冒了中国肥皂公司的另一个品牌——"车轮"牌肥皂，接

---

① 《农商部函一件》[03-18-127-(1)-5《英商中国肥皂公司与杭州东亚公司
等商标纠葛案》1925 年 6 月 13 日]。
② 《致特派浙江交涉员指令稿》[03-18-127-(1)-6《英商中国肥皂公司与杭
州东亚公司等商标纠葛案》1925 年 6 月 16 日]、《浙江特派员呈一件》[03-18-
127-(1)-10（同前）1925 年 8 月 3 日]。
③ 《农商部咨一件》[03-18-127-(1)-7《英商中国肥皂公司与杭州东亚公司
等商标纠葛案》1925 年 7 月 4 日]。

到英国方面抗议的农商部再次命令该公司停止制造与销售。①

　　针对基于 1923 年商标法发布的保护在华外国企业产品商标的命令，发起反抗的不只有杭州东亚公司。外交档案显示，从这年到次年，绍兴县名为泉丰皂厂的华商也仿冒中国肥皂公司的"山伞"牌商标制造、销售"山"牌肥皂；名为四达公司的华商也仿冒前述的"车轮"牌肥皂（Wheel Soap）商标制造、销售"风车"牌肥皂。对于这两家企业，英国驻宁波领事馆都要求停止生产、销售仿冒品和处罚责任人，但都被拖了3 个月以上。②

　　宁波的交涉员最初也以商标间细微的差别为根据，拒绝回应英国方面的要求。③ 而且，在与北京方面交涉的时间内，泉丰皂厂还采取了制造、销售祥茂洋行（William Gossage & Sons Ltd.）的"祥茂戏法"牌肥皂（Gossage Magician Soap）④ 的仿冒品这类"可恶已极"的行动，让英国方面怒火中烧。结果，农商部以商标局的鉴定结果为依据，命令泉丰皂厂修改商

① 《浙江交涉员呈一件》［03-18-127-(1)-8《英商中国肥皂公司与杭州东亚公司等商标纠葛案》1925 年 7 月 20 日］、《农商部函一件》［03-18-127-(1)-11（同前）1925 年 10 月 6 日］、《致特派浙江交涉员指令稿》［03-18-127-(1)-12（同前）1925年 10 月 9 日］。涉案的"车轮"牌肥皂（Wheel Soap）的伪造品也于 1923 年在宁波被发现，这点在英国外交部保留的档案中有记载。其中也有"车轮"牌肥皂（Wheel Soap）包装箱和伪造品的样本（FO228/3376 H. G. Handley Derry to Ronald Macleay No. 50，Ningpo，12. Dec. 1923），但是关于 1926 年的纠纷记录不知为何没有保存下来。

② 《农商部函一件》［03-18-127-(1)-15《英商中国肥皂公司与杭州东亚公司等商标纠葛案》1926 年 2 月 22 日］、《致宁波交涉员指令稿》［03-18-127-(1)-16（同前）1926 年 3 月 4 日］。

③ 《宁波交涉员呈一件》［03-18-127-(1)-13《英商中国肥皂公司与杭州东亚公司等商标纠葛案》1925 年 11 月 2 日］、《宁波关交涉员呈一件》［03-18-127-(1)-17（同前）1925 年 5 月 17 日］。

④ 由于该肥皂商标于 1923 年在宁波也被其他的华人企业所伪造，所以驻宁波英国领事馆的报告里保存有正品商标和仿冒品的商标（FO228/3376 H. G. Handley Derry to J. Ronald Macleay No. 50，Ningpo，12. Dec. 1923），但是泉丰皂厂生产的仿冒品的样本在英国外交部档案和近代史研究所的档案里都没有保留。

353

标。四达公司受到的处分无法查明。①

这些事例清楚地表明，北洋政府商标局根据 1923 年商标法开展的对外国产品商标的保护以及对制造、销售仿冒品的华商的处罚，不可避免地在"提倡国货"、"收回利权"的口号下，遭受制造、销售仿冒品的华商的反对。基于同样的原因，之后南京国民政府在保护外国企业产品商标时，也遭遇了困难。

结论

从以上 12 个中日、中英商标侵权纠纷的历史记录可以确认，北洋政府切实地根据 1923 年商标法保护了在华的日本、英国企业的产品商标权。这一点与该法制定前日本、英国政府的预想大相径庭。日英两国政府都设想日本企业会利用该法的先注册主义原则抢先在英美企业之前注册，导致北洋政府商标局把英美企业的产品商标"非合法化"，所以一方政府积极促成 1923 年商标法的制定与施行，一方则强烈反对。但是，残存的历史记录表明，以上预想完全错误。

造成以上结果的原因有两个。首先是北洋政府在制定并施行 1923 年商标法时，同时考虑到日本政府的要求和英国政府的顾虑，在商标注册手续上混合采用了先使用主义和先注册主义。也就是说，虽然在该法的第 3 条中规定，两人以上申请注册同一范畴或者相同的商标时，采用先注册主义；但是第 26 条又规定，只有申请注册的商标属于过去从来没有使用过的商标时才适用先注册主义。② 结果日本企业无法像在第一次世界

① 《宁波交涉员呈一件》［03-18-127-（1）-18《英商中国肥皂公司与杭州东亚公司等商标纠葛案》1926 年 5 月 24 日］、《农商部函一件》［03-18-127-（1）-20（同前）1926 年 8 月 7 日］。

② 参见拙稿"Anglo-Japanese Chinese Trademark Law（1923），1906-1926"，第 23—24 页。

大战期间的"歉斯勃罗公司诉永其祥案"那样把在华英美企业和华商玩弄于股掌之上，旁若无人地为所欲为。

但是，即使是日本企业，只要根据1923年商标法把自己的产品商标在北洋政府商标局完成注册，也能排除华商的商标侵权，获得保护。同时期的中英商标侵权纠纷也是如此。英国企业借口商标细微部分存在不同，从而否定侵犯其产品商标权的华商的主张，类似案例到第一次世界大战结束时都一直在反复上演，直到英国企业根据1923年商标法的规定注册了本公司的商标才终止。这也是为什么尽管各国驻华外交使团一再向本国企业呼吁不要遵从该法申请产品商标注册，但大量的在华外国企业还是没有听从的原因。

从1923年5月至1927年5月，在4年的时间里，北洋政府商标局的相关人员通过自己的努力，通过自己的商标法，不仅阻止了为所欲为的日本企业，也取缔了华商的商标侵权行为，为中国市场确立了能获得外国方面信赖的秩序，这一点值得高度评价。

但是，他们的努力并不为同时代的华商所认可。对于这些凭借着幼稚拙劣的制造技术和零散的资本规模，去对抗拥有压倒性的技术水平和资本实力的外国企业的人们来说，制造、销售外国商标产品的仿冒品是屈指可数的几种对抗手段之一。历代中国政府正因为明白这一点，才极力庇护那些制造、销售与外国畅销商标产品极为相似的产品的华商。

然而，以1923年5月为转折点，北洋政府对于华商的态度发生了180度的转变。华商自不必说，包括从侧面支持他们的地方政府和外交部的交涉员都对北洋政府的这种"背叛"感到不可思议。如"中国肥皂公司诉杭州东亚公司案"所揭示的，不仅是杭州东亚公司，连地方政府和交涉员也不怎么愿意遵守商标局发出的修改商标的命令。这种态度说明了一切。

正如这个事件所昭示的，因为制定并施行了 1923 年商标法，北洋政府把自己置于艰难的立场上。既然继承了清政府和英国、日本、美国等国签订的通商航海条约，就必须根据条约，履行保护外国企业产品商标的义务。但是，据此制定施行自己的商标法，去保护在华外国企业的商标，必然招致华商的反感。

南京国民政府也被这个矛盾所困扰。即使接受了北洋政府商标局的文书档案，成功将外国企业申请的产品商标置于自己的管理之下，南京国民政府还是没能根据自己制定的商标法对它们给予保护。①

让情况变得更加困难的是九一八事变的爆发。对于南京政府而言，保护外国企业的商标权只是旁枝末节的问题，根本没有余力去处理。或许是这种情况的反映，在伦敦、东京和台北残存的未公开的文书史料中，找不到九一八事变之后在华外国企业商标被侵权的纠纷记录。②而且，由于之后持续半个世纪的混乱，清末民初以来反复发生的中日、中英、日英商标侵权纠纷和为防止这类纠纷进行的法制化尝试，都渐渐消失在历史的长河中。

---

① 参见拙稿"The Nationalist Government's Failure to Establish a Trademark Protection System, 1927-1931", *Modern Asian Studies Review*, Volume 4, 第 59—89 页。

② 但是，这不意味着没有这种类型的商标侵权纠纷发生。因为五四运动以后，中国存在着因仿冒华商商标，而被南京国民政府商标局揭发的日本企业。特别是抗日战争期间的事例，参见左旭初：《中国商标法律史—近现代部分》，知识产权出版社 2005 年版，第 355—359 页。

总体评判

知识产权保护在中国[*]

派翠西亚·坎贝尔

迈克尔·裴^{**} 文

何天翔^{***} 译

简目

---

* Patricia Campbell & Michael Pecht, "The Emperor's New Clothes: Intellectual Property Protections in China", 7 J. *Bus. & Tech. L.* 69 (2012). 本文的翻译与出版已获得作者授权。

** 派翠西亚·坎贝尔，美国马里兰大学凯利（Francis King Carey）法学院教授，马里兰知识产权法律资源中心主任。坎贝尔教授感谢她的研究助理以及法学院学生 Brad Schavio，他在撰写本文之时付出的宝贵协助。

迈克尔·裴，美国马里兰大学詹姆斯·克拉克（A. James Clark）工程学院乔治·E. 迪特尔（George E. Dieter）机械工程学教授，CALCE（计算机辅助产品寿命周期工程）电子产品及系统研究中心的创办人及主任。

*** 何天翔，香港城市大学法律学院助理教授，荷兰马斯特里赫特大学知识产权法学博士、中国人民大学刑法学博士，主要研究方向为知识产权法、欧盟刑法。

一、前言

最近，有博客作者指出，在中国昆明市，有五个假的苹果商品专卖店。① 这些商店看起来与正规的苹果专卖店没什么不同。② 该博客作者称，这些商店"有着经典的苹果商店螺旋梯，以及奇怪的楼上休息区。员工们甚至都穿着那些蓝色的短袖 T 恤衫，脖子上挂着厚厚的苹果工牌"③。据该博客作者报道

---

① "Are You Listening, Steve Jobs?", *Birdabroad* （July 20, 2011）, http：//bird-abroad. wordpress. com/2011/07/20/are-you-listening-steve-jobs/；see also Mark Millian, "WikiLeaks Cables Detail Apple's Battle with Counterfeits in China", *CNN* （Aug. 30, 2011）, http://www. cnn. com/2011/TECH/ gaming. gadgets/08/29/apple. wikileaks / index. html? iref-obnetwork（该文报道了中国的五家假的苹果产品专卖店）。

② See "Are You Listening, Steve Jobs?".

③ Id.；see also David Barboza, "In China, Apple Finds Market's Sweet Spot", *N. Y. Times*, July 25, 2011, at B1（该文转述了那篇有关假苹果商店和店员是如何模仿苹果公司员工的着装的博客文章）。

称，事实上，该店的员工真的认为他们在为苹果公司工作。①

中国政府以没有获得在昆明的营业许可执照为由，勒令其中两家在其被调查期间停业。② 然而，政府官员称，尽管其他三间店铺在显著位置展示苹果的标识和商标，对此他们爱莫能助，因为他们无法在这些店铺里找到任何假冒的苹果产品。③ 后续的调查揭示出，中国至少还有 22 家假冒的苹果专卖店。④

根据美国有线电视新闻网的报道，由维基解密发布的一系列文件表明，自苹果于 2008 年进入中国市场时起，就一直试

---

① Melanie Lee，"Fake Apple Store Even Fools Staff"，*Reuters*（July 21，2011），http：//news. yahoo. com/fake-apple-store-even-fools-staff-152753369. html；see also Loretta Chao，"Fake Apple Store in China Not Authorized，Clerk Says"，*Wall St. J.* ，July 22，2011，at B6（其详细报道了一个店员的说法："对我们来说，我们是不是授权店并不重要……我只关心我每天卖的东西是不是正规苹果商品，以及我们的顾客会不会因为质量问题来找我投诉"）。

② See Mark Millian，"WikiLeaks Cables Detail Apple's Battle with Counterfeits in China"。

③ See Rick Marshall，"Fake Apple Stores Ordered to Close"，*Yahoo！News*（July 25，2011），http：//news. yahoo. com/fake-apple-stores-ordered-close-130803426. html（一个昆明工商局的发言人告诉路透社说："中国在知识产权执法方面花了很多功夫，而那些店铺并没有在售卖假冒产品"）；see also Eric Mack，"Two Fake Apple Stores Closed in China"，*Cnet News*（July 25，2011），http：//news. cnet. com/8301-17938_ 105-20082910-1/two-fake-applestores-closed-in-china-report-says/（报道称，在昆明的五个未授权苹果商店中的三个仍在开门营业）；Associated Press，"China Orders 2 Fake Apple Stores to Close During Probe"，*Seattle Times*（July 25，2011），http：//seattletimes. nwsource. com/html/businesstechnology/2015728266 _ chinafakeapplestores26. html（该文指出了政府官员拒绝关闭其他的未授权店铺，即使他们显著地展示了苹果的商标）。But see Kathrin Hille & Patti Waldmeir，"Apple Secures Patents on China Stores"，*Fin. Times*（Sept. 21，2011），http：//www. ft. com/intl/cms/s/2/eblb831c-e42e-11e0-b4e9-00144feabdc0. html#axzzlaaQzqJPr.（报道称，在 2011 年 5 月，苹果公司在中国获得了三项有关其店铺设计之独特元素的设计专利。）

④ See Michael Martina，"Chinese Authorities Find 22 Fake Apple Stores"，*BBC*（Aug. 12，2011），http：//www. bbc. co. uk/news/technology-14503724（该文讨论了中国政府发现的 22 个假冒苹果商店的事情）；see also Leslie Horn，"Exclusive：Fake Apple Store Found, Photographed in Chengdu, China"，*PCmag. com*（July 27，2011），http：//www. pcmag. com/article2/0，2817，2389232，00. asp（该文报道了另外一个位于成都的假冒苹果商店）。

图打击仿冒行为，但并未从政府处获得多大协助。① 2009 年 3 月的报道称，中国官方拒绝调查一家生产仿冒苹果手提电脑的工厂，因为这样做会"威胁到当地的就业"②。另一个类似的例子是，由于担心会吓走购物者，政府也叫停了对广东省某电子商城的突袭检查。③

为保护自身的知识产权，在抗争的路上苹果并不孤单。④ 近来的新闻报道了包括宜家（IKEA）、阿贝克隆比 & 费奇（Abercrombie & Fitch）、麦当劳（McDonalds）、肯德基（KFC）以及星巴克（Starbucks）等知名外国企业所面临的许多问题。⑤ 根据美国国际贸易委员会的数据，由于中国的知识产权侵权，美国公司的有关销售、特许权使用费、许可费用的损失在 2009 年约为 482 亿美元。⑥

---

① See Mark Millian，"WikiLeaks Cables Detail Apple's Battle with Counterfeits in China". （"自苹果公司开始打击大面积仿冒行为并向中国政府施压算起已有三年，而进展却一直缓慢。对中国政府来说，这些小玩意的非法复制行为并非是具有高优先级的事情。"）

② Id.

③ Id.

④ 参见下注及其附随评论。

⑤ See e. g.，Laurie Burkitt & Loretta Chao，"Made in China：Fake Stores-Imitators Offer Own Versions of IKEA，Dairy Queen Down to the Tiniest Details"，*Wall St. J.*，Aug. 3，2011，at B1（该文说明了消费者可以在假冒的宜家、赛百味以及冰雪皇后专卖店中购物）；Daily Mail Reporter，"First There Were the Fake Chinese Apple Stores，Now There's a Counterfeit IKEA"，*Daily Mail*（Aug. 2，2011），http：//www. dailymail. co. uk/news/article-2021607/First-fake-Apple-stores-China-fake-lkea-shop-Kunming. html#（报道指出，昆明的家具店"十一家居"是对宜家模式的复制）；Vivian Giang，"China Also Fakes These Stores：Disney，Nike，D & G，McDonald's，Starbucks and More"，*Bus. Insider*（Aug. 1，2011），http：//www. businessinsider. com/china-fake-stores-2011-8？ op =1（该文展示了有关仿冒商店的图片，并说明了其与原店的相似性）；David Barboza，"Chinese Consumers Upset Over Counterfeit Furniture"，*N. Y. Times*，July 19，2011，at B4（该文描述了有关对著名意大利豪华品牌——达芬奇家具的指控，其被报道曾出售在中国制造的仿冒品）。

⑥ U. S. Int'l Trade Commission，*China：Effects of Intellectual Property Infringement and Indigenous Innovation Policies on the U. S. Economy*，p. xiv（2011），http：//www. usitc. gov/publications/332/pub4226. pdf.

当像苹果公司这样的品牌所有人，坚信其知识产权在中国正在被明目张胆地侵犯时，对其来说，是否存在相应的救济手段？中国是否已作出一个深思熟虑的判断，即认为知识产权的执法，特别是涉及那些外国公司的知识产权执法的代价过于高昂？中国的知识产权法律是否只是虚有其表，还是说世界应当以另一个视角来对其进行考量？这些都将会是本文试图回答的问题。

二、历史背景

中国被称为"山寨"的文化，以模仿能力闻名。① 在很大程度上，由于中国政治文化的特性，古代中国并未能发展出自身的知识产权法。② 儒家教条的影响，以及古代中国缺乏正式法律之事实，"导致个人权利，特别是在知识产权领域的个人权利的缺失"③。当相信作者及发明家在其作品中有甚至可与

① "山寨"一词最初被用于指代在政府管控之外的山贼的堡垒，但在今日却被用于形容盗版或仿冒产品。Edward Tse, Kevin Ma & Yu Huang, "Shan Zhai A Chinese Phenomenon", p. 2 (2009), http://www.booz.com/media/uploads/Shan_Zhai A Chinese Phenomenon. pdf; see also Nicholas Schmidle, "Inside the Knockoff-Tennis-Shoe Factory", *N. Y. Times*, Aug. 19, 2010, at MM38 (该文解释了在当代用语中，山寨被用于指代"应当引以为豪的仿冒行为"); William O. Hennessey, "Protection of Intellectual Property In China (30 Years and More): A Personal Reflection", 46 *Hous. L. Rev.* 1257, 1262 (2009) (借由将中国的类似罗宾汉的故事作为参照而对山寨的原始含义进行了定义，评述了这些基于"山上堡垒"的"正直"的盗贼)。

② William P. Alford, *To Steal A Book Is An Elegant Offense: Intellectual Property Law In Chinese Civilization*, Stanford University Press, 1995, p. 2.

③ Raymond M. Gabriel, Comment, "The Patent Revolution: Proposed Reforms in Chinese Intellectual Property Law, Policy and Practice are the Latest Step to Bolster Patent Protection in China", 9 *Asian-Pac. L. & Pol'y J.* 323, 325-26 (2008); see also Eric M. Griffin, "Stop Relying on Uncle Sam! —A Proactive Approach to Copyright Protection in the People's Republic of China", 6 *Tex. Intell. Prop. L. J.* 169, 182 (1998) ("儒家思想可追溯至2500年前，且其强调通过复制来学习"); Alexander C. Chen, "Climbing the Great Wall: A Guide to Intellectual Property Enforcement in the People's Republic of China", 25 *AIPLA Q. J.* 1, 9-10 (1997) (该文说明了儒家以及道家哲学对社群发展的影响)。

国家对抗的这一财产利益的观念，正在欧洲悄然发展的同时，中国在 20 世纪前为知识产权类权利提供保护的努力，则主要以维护帝国权力为重心。① 事实上，直到 19 世纪末期，政府还为那些完美地复制了西方技术的行为提供奖励。②

知识产权首次在中国得到承认是在 20 世纪初，那时中国的港口刚开始向西方世界开放，而知识产权侵权现象渐渐成为一个值得严重关注的问题。③ 尽管中国分别于 1910 年、1912 年以及 1923 年颁布著作权法、专利法以及商标法，但这些法律并未对外国人提供多少保护，而盗版现象却呈现愈演愈烈之势。④ 1949 年后，私人财产权概念在中国并不太受欢迎。⑤ 在那段时期，国家会自动获得任何发明的财产权利以及相应的经济开发权。⑥ 在当时，任何发明都将会被视为集体财产。⑦

---

① See William P. Alford, *To Steal A Book Is An Elegant Offense*: *Intellectual Property Law In Chinese Civilization*, p. 18.

② See *Intellectual Property Rights In China*, Chris Devonshire-Ellis et al. eds. , 2d ed. 2011, p. 2. （"这一奖励与促进科技发展的条例是第一批有关发明的立法中的一个……包括了对西方技术之复制授予保护的规定。"）

③ See Peter K. Yu, "The Sweet and Sour Story of Chinese Intellectual Property Rights", in *Technology*, *Process And Prosperity*: *A History of Intellectual Property And Development*, Graham Dutfield & Uma Suthersanen eds. , forthcoming 2011, pp. 2 - 3, http://www. peteryu. com/sweetsour. pdf. （随着在中国投资的增长，盗版现象也在增加。）

④ Id. p. 3.

⑤ See Deli Yang, "The Development of Intellectual Property in China", 25 *World Patent Info.* 131, 134 (2003) （该文作者认为，中华人民共和国成立后，政府授予并保护的专利权、著作权也相当有限）; see also Eric M. Griffin, "Stop Relying on Uncle Sam! —A Proactive Approach to Copyright Protection in the People's Republic of China", p. 182 （该文作者解释了共产主义的理论倡导共享行为，而知识产权法的原理会与这一基本信仰发生冲突）。

⑥ See Justin McCabe, "Enforcing Intellectual Property Rights: A Methodology for Understanding the Enforcement Problem in China", 8 *Pierce L. Rev.* 1, 16 (2009). （尽管中国有着发放专利的行政框架，"但国家对专利申请程序始终保有着过分强大的自由控制权，知识分子以及工程师并不会使用这一系统去获得专利保护"。）

⑦ See id. p. 15. （该文解释了中国知识产权是由公众共享的。）

　　知识产权保护于 1978 年在中国重新出现。随着邓小平走上国家领导人的位置,中国与西方世界的联系也得到了恢复。[①]1979 年,中国与美国达成《中美贸易关系协定》,要求双方给予对方国民以专利、商标以及版权保护。[②] 在 1980 年代,中国迅速赢得世界工厂的称号。[③]税收减让、政府补贴以及廉价劳动力,吸引了许多欲降低成本并提高产量的公司,它们纷纷将其生产部门移至中国。[④] 与之相应,在 1980 年代中期,中国有关知识产权的对外策略渐渐改变,也加入了许多主要的有关知识产权的国际协定。[⑤] 1985 年,中国加入了《保护工业产权巴黎公约》,[⑥] 1989 年加入了《马德里议定书》,[⑦] 其要求成员国提供互惠商标注册。[⑧] 中国于 1992 年成为《保护文学和艺术作品的伯尔尼公约》的一员,同年加入《世界版权公约》。[⑨]

[①] See Duan Ruichun, "China's Intellectual Property Rights Protection Towards the 21st Century", 9 *Duke J. Comp. & Int'l L.* 215, 216 (1998). (邓小平为中国的知识产权保护打下基础。)

[②] See Peter K. Yu, "The Sweet and Sour Story of Chinese Intellectual Property Rights", p. 4 ("中国甚至在建立本土知识产权保护体系之前,就已经承担了有关知识产权保护的国际法律义务") (quoting Xue Hong & Zheng Chengsi, *Software Protection In China: A Complete Guide*, 1999, p. 5)。

[③] See Karl P. Sauvant, "China: Inward and Outward Foreign Direct Investment", 3 *Transnat'l Corporations Review* i, i (2011). (该文解释了为何中国经济规模会在 20 世纪 80 年代扩大的原因。)

[④] See id. ("外国公司被易于取得的廉价熟练工及改善中的基本设施所吸引……")

[⑤] See Michael N. Schlesinger, Note, "A Sleeping Giant Awakens: The Development of Intellectual Property Law in China", 9 *J. Chinese L.* 93, 98 (1995). (该文讨论了中国于 20 世纪 80 年代开始加入的与知识产权法律相关的国际协定。)

[⑥] See Robert H. Hu, "International Legal Protection of Trademarks in China", 13 *Marq. Intell. Prop. L. Rev.* 69, 83 (2009). (该文提供了一份有关中国加入的有关商标之国际协定的列表。)

[⑦] 中国于 1989 年加入的应当是《商标国际注册马德里协定》——译者注

[⑧] See Robert H. Hu, "International Legal Protection of Trademarks in China", 13 *Marq. Intell. Prop. L. Rev.* 69, 83 (2009).

[⑨] Id. pp. 98 – 99.

1994 年，中国签署加入《专利合作条约》;① 1995 年，中国加入《商标国际注册马德里协定有关议定书》;② 2001 年，中国加入了世界贸易组织（WTO），由此中国也就受制于《与贸易有关的知识产权协定》所设定的标准。③

随着中国开始加入国际协定并追赶西方国家，其采用的知识产权法律，常常与西方国家的同类法律具有惊人相似度。④《中华人民共和国商标法》（以下简称《商标法》）于 1982 年颁布，⑤ 1984 年，《中华人民共和国专利法》（以下简称《专利法》）施行。⑥ 1990 年，《中华人民共和国著作权法》（以下简称《著作权法》）通过，⑦

① Naigen Zhang, "Intellectual Property Law Enforcement in China: Trade Issues, Policies and Practices", 8 *Fordham Intell. Prop. Media & Ent. L. J.* 63, 65 (1997 - 98).

② See Robert H. Hu, "International Legal Protection of Trademarks in China", p. 83.

③ Id. pp. 83 - 84, p. 91. See also the 2004 amendments to boost intellectual property protections in Article 29 of the Foreign Trade Law of the People's Republic of China to comply with World Trade Organization obligations. Foreign Trade Law of the People's Republic of China (promulgated by the Standing Comm. Nat'l People's Cong., Apr. 6, 2004, effective July 1, 2004) art. 29 (Lawinfochina) (China). 《对外贸易法》第 29 条规定：国家依照有关知识产权的法律、行政法规，保护与对外贸易有关的知识产权。进口货物侵犯知识产权，并危害对外贸易秩序的，国务院对外贸易主管部门可以采取在一定期限内禁止侵权人生产、销售的有关货物进口等措施。Id.

④ See Andrew C. Mertha, *The Politics of Piracy: Intellectual Property in Contemporary China*, 2005, p. 42 (作者讨论了 1980 年代中国颁布的知识产权法律，以及美国贸易谈判在中国的知识产权法律发展中扮演的角色); see also Scott J. Palmer, "An Identity Crisis: Regime Legitimacy and the Politics of Intellectual Property Rights in China", 8 *Ind. J. Global Legal Stud.* 449, 458 (2001) (该文注意到 1979 年由中美双方签署的贸易关系协议中，强调了知识产权在双方国家应当受到同等对待)。

⑤ See Scott J. Palmer, "An Identity Crisis: Regime Legitimacy and the Politics of Intellectual Property Rights in China", p. 458. (该文讨论了中国所颁行的知识产权法律。)

⑥ Id.

⑦ Id.

中国国家知识产权局（SIPO）于 1998 年成立。① 这些知识产权法律被颁布后，又被频繁修正，并辅以各种实施条例、法律解释以及其他措施，由此创设出让人费解的、由法律和相关指导意见组成的复杂拼接品。②中国的领导人不断发表文章及讲话，强调知识产权在中国的经济发展中将会扮演的重要角色。③ 在 2009 年以及 2010 年，最高人民法院发布了一系列白皮书，以宣传其在知识产权裁判方面取得的进展，并提供数据来展示其执行效率的提高。④

除了所有这些明显的进步之外，在 2005 年，即中国加入 WTO 4 年后，美国认为中国在履行 WTO 义务上存在问题，而将中国列入重点观察名单。⑤ 根据美国贸易代表的说法，"从总体来说，中国的知识产权执行制度仍是低效且无威慑力的。

---

① See "IPR Toolkit", Embassy of The U. S., Beijing, China-Intellectual Property Rights, http://beijing. usembassy-china. org. cn/protecting-ipr. html ［hereinafter IPR Toolkit］. 据报道，SIPO 设立的目的是为了在一个机构内统一协调专利权、商标权以及著作权的执行问题。而事实上并非如此，SIPO 现在的职责就是专利的授予与实施。国家工商行政管理总局主管商标注册和执行，以及归属于反不正当竞争法领域的争议等事宜。而著作权问题则由国家版权局负责。Id.

② See "IPR Toolkit". （该文评述了中国的专利、商标以及著作权法律的修正案。）

③ See Peter K. Yu, "The Sweet and Sour Story of Chinese Intellectual Property Rights", p. 6. （该文指出了中国的领导人通过演讲以及施政报告来表达对知识产权的支持。）

④ 根据 2010 年的白皮书，在该年涉及 7,948,013,300 元人民币的共 41,718 件民事案件得到了解决。《中国法院知识产权司法保护状况（2010 年）》，http://www. cpahkltd. com/UploadFiles/20110509082512655. pdf. 。在所统计的案件中，共有 1369 件涉及外方。此外，2391 件与知识产权相关的行政案件得到解决，且 3942 件一审刑事案件于 2010 年结案。有意思的是，该报告指出，法院在刑事案件中的裁决在 6001 个个体中生效，而其中 6000 个被认为有罪。

⑤ See Declan McCullagh, "Rampant Piracy Lands China on 'Watch List'", *Cnet News* （May 2, 2005）, http://news. cnet. com/Rampant-piracy-lands-China-on-watch-list/2100-1028_ 3-5692815. html （该文报道了乔治·布什政府于 2005 年作出的将中国置于重点观察名单的决定）; see also Kevin C. Lacey, "China and the WTO: Targeting China's IPR Record", 2 *Landslide* 33, 33 （2010）（该文指出中国有关知识产权执法的法律及规定与其作为 WTO 成员所应承担之义务是不一致的）。

大范围的知识产权侵权行为在持续地影响着许多产业的产品、品牌以及技术……"① 直至 2011 年，中国仍在美国的重点观察名单上，并受到第 306 条的监控。②

许多学者都曾推测过中国知识产权执行记录不佳的原因。有人将其归因于中国的低收入水平，认为这推动了对奢侈品的廉价复制件的需求；也有人将其归因于中国是知识产权产品的净进口国，因而中国并没有将知识产权保护放在国家的优先考量事项之列。③ 还有人认为，在"中国政府部门与机构之间、地方保护主义与腐败之间、开展调查与提起诉讼案件的高门槛之间、缺少培训与行政处罚的不足之间都缺乏协调"④。还有人辩称，中国的知识产权法律是西方国家所强加的，其并没有考虑到那些法律与中国的价值与道德并不匹配这一事实。⑤

本文回顾了中国现行的知识产权法律，以阐明"法律文本"所提供的知识产权保护和权利所有人所能利用之保护之

---

① Office of the U. S. Trade Rep. , Exec. Office of The President, *2010 Special 301 Report*, p. 19（Apr. 30, 2010），http：//www. ustr. gov/webfmsend/1906. 该报告所指的产业包括"电影、音乐、出版、娱乐软件、服装、运动鞋品、纺织品与地摊、消费品、化学品、电子设备以及信息技术"。Id.

② Office of the U. S. Trade Rep. , Exec. Office of The President, *2011 Special 301 Report*, p. 19（April 2011），http：//www. ustr. gov/webfm send/2841.

③ See Mark Liang, "A Three-Pronged Approach：How the United States Can Use WTO Disclosure Requirements to Curb Intellectual Property Infringement in China", 11 *Chi. J. Int'l L.* 285, 290-92（2010）.（该文提出了中国有关知识产权法律执行问题的三个主要原因。）

④ See Peter K. Yu, "The Sweet and Sour Story of Chinese Intellectual Property Rights", p. 6［citing Office Of USTR, 2002 National Trade Estimate Report On Foreign Trade Barriers 58-59（2002）］.

⑤ See Mark Liang, "A Three-Pronged Approach：How the United States Can Use WTO Disclosure Requirements to Curb Intellectual Property Infringement in China", p. 290, pp. 292－293. But see Joseph A. Massey, "The Emperor Is Far Away：China's Enforcement of Intellectual Property Rights Protection, 1986-2006", 7 *Chi. J. Int'l L.* 231, 232（2006）.（该文指出问题在于中国"在充分及有效地施行其法律以及国际义务方面的失败"。）

间的异同。本文将会对为数不多的存在英文翻译版本的既有案例进行评估，以确定在事实上，中国是如何适用知识产权法的。最终，本文为知识产权所有人提供了应对之策，并就中国现有的知识产权保护现状作出论断。

三、商标

《商标法》于 1982 年生效，并随后于 1993 年、2001 年两次修订。① 第三次修订已经酝酿了好几年，但至本文执笔之时仍未正式通过。② 为《商标法》提供辅助的，是一套自 1992年生效并于 2002 年修订的实施条例；③《驰名商标认定和保护规定》于 2003 年通过，并于 2009 年修订；④《马德里商标国际注册实施办法》于 2003 年通过；⑤《商务领域品牌评定与保

---

① See "IPR Toolkit". （该文详细描述了中国《商标法》的修订版本。）

② 2007 年 8 月，第三次修订版本公布并公开征求意见，现在仍处于进一步评估及修正状态。See e. g. , Comments on the Draft Amendment to the Chinese Trademark Law on Aug. 30 2007, Comm'n on Intellectual Prop. , Int'l Chamber of Commerce （ Oct. 31, 2007 ）, http: //www. iccwbo. org/uploadedFiles/ICC/policy/intellectual-property/Statements/ICC%20Comments%20Chinese%20trademark%20law%20revision%20final-PolicyA（1）. pdf ［展示了国际商会（ICC）有关《商标法》修正草案的评论、关注点以及问题］。2010 年 3 月的《商标法》提案是待决修正案的最新版本。See Nadine Farid Johnson, "Pursuing Trademark Reform in China: Who Will Benefit—and Are the Proposed Changes Enough?", 3 *Landslide*, 6, 7-8 （2011）, http: //www. americanbar. org/content/damlaba/publications/landslidellandslide-february-2011/Johnson_ landslide_ jan_ 201 1. pdf （该文讨论了《商标法》的修正提案，包括恶意抢注、救济措施的增加，以及可以以一份申请就多个类别的商品申请注册同一商标）。然而，在一些领域仍有改进空间，包括网络仿冒以及刑事制裁的执行，而此前的修正案无论在文本层面还是在执行层面都未能将该法 "提升至与国际接轨的水平"。Id. p. 7, 10.

③ 《中华人民共和国商标法实施条例》。（以下简称《商标法实施条例》）

④ Provisions for the Determination and Protection of Well-Known Trademarks （promulgated by the State Admin. for Indus. & Commerce, Apr. 17, 2003, effective June 1, 2003） et seq. （Lawinfochina）（China）.

⑤ Measures for the Implementation of Madrid International Registration of Marks （promulgated by the State Admin. for Indus. & Commerce, Apr. 17, 2003, effective June 1, 2003） et seq. （Lawinfochina）（China）.

护办法（试行）》也于 2007 年生效。①

现行中国《商标法》指出，其目的是为了保护商标专用权，并促使生产者、经营者保证商品和服务质量以维护商标信誉，从而保障消费者、生产者、经营者的利益，并"促进社会主义市场经济的发展"②。有评论称，中国的商标法体系是西式的，却被嫁接到一个强调社会规划的理论基础上。这在西方世界眼中，导致了一系列法律之间的断裂和适用法律时的桎梏。③

国务院下属的工商行政管理总局中的商标局，负责全国有关商标注册及管理的事宜。④ 任何需要就其生产、制造、加工、拣选或者经销的商品，或对其提供的服务项目取得商标专用权的自然人、法人或者其他组织，都可以提交注册申请。⑤ "商标的使用"包括将商标用于商品、商品包装或者容器以及商品交易文书上，或者将商标用于广告宣传、展览以及其他商业活动中。⑥

（一）什么可作为商标申请

许多类型的商标可以在商标局获得注册，包括商品商标、

---

① Notice of the Ministry of Commerce on Issuing the Measures for Brand Evaluation and Protection in the Commercial Field（for Trial Implementation）（promulgated by the Ministry of Commerce，Jan. 8，2007，effective Jan. 8，2007）et seq.（Lawinfochina）（China）.

② 2001 年《商标法》第 1 条。

③ See Leah Chan Grinvald，"Making Much Ado About Theory：The Chinese Trademark Law"，15 Mich. Telecomm. & Tech. L. Rev. 53，56-57（2008）.（《商标法》无意识地采用了某种形式的社会规划理论来作为其理论依据；中国需要更好地理解其理论根基，这样才可以在保护商标方面实现长远的变革。）

④ 2001 年《商标法》第 2 条。

⑤ 2001 年《商标法》第 4 条。

⑥ 《商标法实施条例》第 3 条。

服务商标、集体商标、证明商标。① 任何能够将自然人、法人或者其他组织的商品与他人的商品区别开的可视性标志，包括文字、图形、字母、数字、三维标志和颜色组合，以及上述要素的组合，均可以作为商标申请注册。② 为了能够在商标局获得注册，一个商标必须有显著特征并便于识别。③ 此外，还不能与他人在先取得的合法权利相冲突。④ 那些仅有本商品的通用名称、图形、型号的，以及仅仅直接表示商品的质量、主要原料、功能、用途、重量、数量及其他特点的，或者缺乏显著特征的标志，将无法作为商标注册。⑤ 注册商标的有效期为 10 年，且期满之前可以提交申请再续展 10 年。⑥

《商标法》中有一个很长的列表，罗列了不可被作为商标使用或注册的标志。⑦ 这包括与中国或外国的国家名称、国旗以及国徽相同或近似的以及政府间国际组织的名称、旗帜、徽记相同或近似的标志。⑧ 商标也不得与中央国家机关所在地特

---

① 2001 年《商标法》第 3 条（集体商标为以团体、协会或者其他组织名义注册，供该组织成员在商事活动中使用，以表明使用者在该组织中的成员资格的标志）。证明商标为由对某种商品或者服务具有监督能力的组织所控制，而由该组织以外的单位或者个人使用于其商品或者服务，用以证明该商品或者服务的原产地、原料、制造方法、质量或者其他特定品质的标志。在美国法中，《兰哈姆法》也类似地允许商标、服务商标、集体商标以及证明商标的注册。See 15 U. S. C. §§1051-54（2006）（指明了在美国可以获得注册的商标类型）。

② 2001 年《商标法》第 8 条。与此比较，相似的是 15 U. S. C. §1127 （2006）［" '商标' 这一术语包括：（1）由一个人使用的；（2）一个人有真诚意图在商业中使用的，并申请在本法建立的主注册簿上注册的，用以对其商品（包括独特的产品）与他人生产的或销售的商品予以识别和区别的，以及用以表明商品来源（即使该来源未指出）的任何文字、名称、符号、图形，或其组合。"］

③ 2001 年《商标法》第 9 条。

④ 同前。与此比较，相似的是 15 U. S. C. § 1052（d）（2006）（在该标的复制了另一个此前已经在专利商标局注册的商标，或与其极为相似的情况下，商标注册申请会被驳回）。

⑤ 2001 年《商标法》第 11 条。

⑥ 2001 年《商标法》第 37—38 条。

⑦ 2001 年《商标法》第 10 条。

⑧ 同前。

定地点的名称或者标志性建筑物的名称、图形相同，同时它们也不得与有关控制与保证的官方标志、检验印记相同或者近似。① 法律也禁止那些"夸大宣传并带有欺骗性的"以及那些"有害于社会主义道德风尚或者有其他不良影响的"商标的使用。②

（二）商标的注册

一项商标注册申请，必须表明使用商标的商品类别和商品名称。③ 如果申请人意图在不同类别的商品上使用商标，必须按该商标的使用范围就每一商品种类或服务分别提交申请。④ 同样，如果注册商标的所有人意图将该商标用于同一类的其他商品之上，也应另行提出注册申请。⑤

与美国不同，中国采用的是"申请在先"的商标体系。⑥ 当两个或者两个以上的商标注册申请人，在同一种商品或者类似商品上，以相同或者近似的商标申请注册时，国家工商行政管理总局的商标局要判断到底哪个申请人提交申请在先，然后初步审定并公告申请在先的商标。⑦ 在同一天申请的情况下，使用在先的商标将会在审定及注册中享有优先权。⑧ 然而，在同日使用以及均未使用的情况下，申请人应当自行协商，并将

---

① 同前。
② 同前。
③ 2001 年《商标法》第 19 条；另见《商标法实施条例》第 15 条（"商品名称或者服务项目应当按照商品和服务分类表填写"）。
④ 2001 年《商标法》第 20 条。
⑤ 2001 年《商标法》第 21 条。
⑥ 2001 年《商标法》第 29 条（"两个或者两个以上的商标注册申请人，在同一种商品或者类似商品上，以相同或者近似的商标申请注册时，初步审定并公告申请在先的商标"），与此相比，15 U. S. C. § 1051（b），(d) 则不同（其解释了美国法律虽然允许他人基于在商业中使用一项商标的真诚意图提交注册申请，但美国专利商标局只有在申请人提交一份经证实的关于该商标在商业中使用的声明后，才会考虑注册该商标。这个声明包括申请人……的描述。）。
⑦ 同前。
⑧ 同前。

书面协议报送商标局；如果协商不成，商标局会以抽签的方式来决定哪个申请人享有优先权。[①]

许多西方公司在中国都遇到了商标抢注的问题。[②] 商标抢注者是指这样一些公司和个人：其将另一方的品牌名称作为商标注册，然后将该商标用于销售仿冒产品之上，或试图在其他方面从真正的品牌所有人的商誉中获利。[③] 基于注册，商标抢注者成为商标的合法所有者，事实上有权阻止品牌所有人以在当地销售或制造出口产品的方式使用该标志。[④] 尽管《商标法》指明申请商标注册不得损害他人现有的在先权利，也不得以不正当手段抢先注册他人已经使用并有一定影响的商标，但是这一规定在何种程度上能得到执行并不明确。[⑤]

由于一项商标在提交注册申请至商标局之前，并不要求其实际上已被使用，因此对各公司来说，一个重要的策略就是在一项标识投入使用之前，就提交关于该标识的商标申请，这种

---

① 《商标法实施条例》第 19 条。

② See Breann M. Hill, Comment, "Achieving Protection of the Well-Known Mark in China: Is There a Lasting Solution?", 34 *U. Dayton L. Rev.* 281, 287 (2009). ["对许多美国公司来说，对一个商标提出反对的能力至关重要，因为中国的（商标抢注行为）已经呈现愈演愈烈之势。"]

③ See Cynthia Henderson, "China IPR Webinar Series: An Introduction to Trademark Squatting in China", Office of Intellectual Prop. Poly & Enforcement, U. S. Patent & Trademark Office, www. stopfakes. gov/presentations/CynthiaHenderson. ppt. （该文总结了在中国的商标抢注者及其问题。）

④ Id. See e. g., "China's Highest Court Rules for ABRO". 2 ABRO Newsletter 1, 1 (2008), http: //www. abro. com/media/newsletters/7. pdf. [该文叙述了由爱宝公司（ABRO Industries）——一家生产各式润滑剂、清洁剂以及黏合剂的企业，对名为湖南神力实业的中国公司提起的一起诉讼的结果。湖南神力实业试图在中国将爱宝的标志申请注册并用于第十六类商品上，并声称其销售的产品是为"家庭"使用之目的。]

⑤ 2001 年《商标法》第 31 条；see generally Breann M. Hill, "Achieving Protection of the Well-Known Mark in China: Is There a Lasting Solution?", p. 287 （该文指出了中国的商标抢注以及商标权在执法方面的现存问题）。

做法对预防第三方抢注很有效果。① 《商标法》规定，在一项注册商标连续 3 年停止使用的情况下，商标局就可以撤销该商标。② 然而，商标注册的过程可长达 18—24 个月甚至更久。③据此，在商标申请者被要求证明自身在使用其商标之前，可能已经过了 4—5 年的时间。并且，若申请者不能提供使用之证据，则其商标的注册就有可能被撤销。④ 申请者们应该在多种商品类别中注册他们的商标，而非仅仅在其意图使用该商标的特定商品或服务类别上注册。这样也可以为未来的扩张及为防止消费者混淆预留一定的空间。此外，申请者也应当以英文和中文同时注册其商标。⑤ 通过中英双语注册，商标所有者可防止第三方创设一个其英语商标的中文版本。⑥

---

① See "IPR Toolkit". （该文解释了中国使用的申请在先体系，且外国公司应当在销售其产品前就向中国的商标管理机构注册其标识。）

② 2001 年《商标法》第 44 条。

③ See Jonathan A. Hyman, "Before You go to China: Strategies for Protecting Your Trademarks in China", 49 *Orange County Law.* 34, 34 (2007). （该文解释了中国的商标申请要经过一个搜索程序，且在出现问题的情况下可长达 24 个月。）

④ See Jonathan A. Hyman, "Before You go to China: Strategies for Protecting Your Trademarks in China" p. 35. （该文讨论了在商标 3 年未使用的前提下，一项商标注册会如何被撤销。）

⑤ See Cynthia Henderson, "China IPR Webinar Series: An Introduction to Trademark Squatting in China", Office of Intellectual Prop. Poly & Enforcement, U. S. Patent & Trademark Office, www. stopfakes. gov/presentations/CynthiaHenderson. ppt. （该文讨论了中国的商标抢注问题，以及第三方是如何试图使用那些已经注册的商标的。）

⑥ See "Intellectual Property Rights: Trademark", Embassy of The U. S. , Beijing, China (Oct. 11, 2011), http: //beijing. usembassy-china. org. cn/iprtrade. html. （该文鼓励商标所有者去创设并注册其商标的中文版本，并警告，"如果你不创设中文商标，市场就会代替你这么做，其会为你的产品创造中文'昵称'。你的公司可能不喜欢这一标识投射出来的形象，但是中国可能有其他人很喜欢，他们就会以自己的名义注册该标识，届时你将被迫去把它'买回来'。"）

（三）驰名商标

中国的商标法现在也有与驰名商标相关的规定。① 申请人就相同或者类似商品申请注册的商标是复制、摹仿或者翻译他人未在中国注册的驰名商标，容易导致混淆的，不予注册并禁止使用。② 即使商品之间并不相同，申请人也不能使用或者注册一个复制、摹仿或者翻译他人已经在中国注册的驰名商标，且可能会误导公众，致使该驰名商标注册人的利益受到损害的商标。③

为了判断一个商标是否驰名，商标局以及商标评审委员会必须根据相关公众对该商标的知晓程度，该商标使用的持续时间，宣传工作的持续时间、程度和地理范围，该商标作为驰名商标受保护的记录以及证明该商标驰名的其他证据材料。④ 人民法院在遇到涉及驰名商标的案件时也会考虑类似的因素。⑤

在一个受到广泛关注的案件中，美国星巴克公司成功地阻止了另一家咖啡店使用"星巴克"这一驰名商标。⑥ 上海市第二中级人民法院判定，上海星巴克咖啡馆有限公司构成了不正当竞争，并侵犯了美国星巴克公司的名称以及标识，因而构成

---

① 2001 年《商标法》第 13—14 条；see also Patricia Marquez, "Trademark: A Comparative Look at China and the United States", 14 *Touro Int'l L. Rev.* 334, 337 (2011)（该文讨论了《保护工业产权巴黎公约》以及 TRIPS 协定是如何要求中国去承认未注册的知名商标的）；Stephanie M. Greene, "Protecting Well-Known Marks in China: Challenges for Foreign Mark Holders", 45 *Am. Bus. L. J.* 371, 375 (2008)（"在中国'知名'的地位，也允许合法所有人去寻求救济，以撤销其竞争者或机会主义者非法注册的商标"）。

② 2001 年《商标法》第 13 条。

③ 同前。

④ 2001 年《商标法》第 14 条；《驰名商标认定工作细则》（国家工商管理行政总局 2009 年 4 月 21 日）第 7—8 条。

⑤ 《最高人民法院关于审理涉及驰名商标保护的民事纠纷案件应用法律若干问题的解释》第 5 条。

⑥ 星源公司、统一星巴克诉上海星巴克、上海星巴克分公司商标侵权及不正当竞争纠纷案（上海市高级人民法院，2006 年 12 月 20 日作出判决）。

了商标侵权。① "星巴克"一词是对"Starbucks"一词的音译。② 人民法院认定星巴克为驰名商标，并认为上海星巴克公司将"星巴克"文字作为企业名称中的字号登记，具有主观恶意。上海星巴克公司被勒令变更企业名称并公开道歉，还被判定赔偿达到法定赔偿最高额度的50万元人民币。③

在中国，其他外国公司驰名商标的保护就没有这么幸运了。④ 在其中的一个案例中，彭博资讯就中文商标"澎博"起

---

① 同前。

② 在中文中，"星"与"star"对应，而"巴克"与"bucks"的读音相近。See Stephanie M. Greene，"Protecting Well-Known Marks in China：Challenges for Foreign Mark Holders"，p. 384. （该文解释了"星巴克"这一中文商标的英语翻译问题。）

③ See Jessica C. Wong，"The Challenges Multinational Corporations Face in Protecting their Well-Known Trademarks in China"，31 *Brook. J. Int'l L.* 937，953-55（2006）. 该报道称，在接收到人民法院的这一判决之前，美国星巴克就曾向上海市工商行政管理局寻求过对其商标的行政保护。Id. p. 954. 在2000年，行政主管部门勒令上海星巴克停止使用与美国星巴克的商标相似的标识；上海星巴克拒绝履行这一要求，而且事实上又以"星巴克"为名开了一家新店。最终，在6年后，人民法院判定上海星巴克更改其名称并判决其支付给美国星巴克62，500美元赔偿金。Id. pp. 955 - 956. 上海星巴克其后上诉，并于2007年败诉。Id. p. 956.

④ 除了前述彭博案以及法拉利案的例子外，根据媒体的报道，耐克在中国保护其商标不受仿冒者侵犯的结果，也一直成败不一。See Richard McGregor，"Chinese Court Hands Victory to Nike in Trademark Case"，*Fin. Times*，Feb. 21，2003，http：//galetrials. com/products. aspx？pid = 2838&marketID = 2&trial （该文解释了在2003年，据报道，耐克是如何在中国获得了一纸法庭禁令去禁止名为Cidesport的西班牙公司在中国制造并将带有耐克标识的服装出口至西班牙，并于当地销售的）；耐克也曾就其"Air Jordan"（飞人乔丹）的标识在中国与他人对簿公堂，see "Nike Wins Lawsuits Over Fake Chinese Shoes"，*CBS News*，Feb. 11，2009，http：//www. cbsnews. com/stories/2007/08/21/business/main3188266. shtml。但问题并没有得到解决，而每年都有成千上万双仿冒耐克鞋作为商品被出售，为仿冒鞋制造者带来了数以百万计美元的收益。See Nicholas Schmidle，"Inside the Knockoff- Tennis-Shoe Factory"，*N. Y. Times*，Aug. 22，2010，at MM38，http：//www. nytimes. com/2010/08/22/magazine/22fake-t. html？pagewanted = all. （该文报道了2007年的一个事件，有接近30万双仿冒耐克球鞋在纽约市被发现，市值超过了3100万美元。）

诉了上海澎博网络数据信息咨询有限公司。① 彭博资讯最终只获得 30 万元人民币（大约 37,500 美元）的赔偿及道歉。② 然而，彭博的商标并未被法院认定为驰名商标，因而该中国公司也未被要求更改其名称。③ 在另一个案例中，北京市第一中级人民法院承认"Ferrari"（法拉利）是一个驰名商标，其拒绝将这一驰名商标地位延伸至其"奔马"形态的设计标志之上。④

（四）商标权的执行

《商标法》规定，商标注册人享有受法律保护的商标的专用权。⑤ 一些不同的行为可以构成对注册商标的专用权的侵犯：（1）未经商标注册人的许可，在同一种商品或者类似商品上使用与其注册商标相同或者近似的商标的;⑥（2）销售侵犯注册商标专用权的商品的;⑦（3）伪造、擅自制造他人注册商标标识或者销售伪造、擅自制造的注册商标标识的;⑧（4）未经商标注册人同意，更换其注册商标并将该更换商标的商品又投入市场的;⑨（5）给他人的注册商标专用权造成其他损害的。⑩

当一个商标所有人认为其专有权利为他人的行为所侵犯，

---

① See Stephanie M. Greene, "Protecting Well-Known Marks in China: Challenges for Foreign Mark Holders", p. 388. （该文讨论了彭博资讯起诉使用了 "pobo. com. cn" 域名的中国公司，该公司使用与彭博资讯注册的中文名字相同的汉字。）

② Id.

③ See id. pp. 388 – 389. （该文讨论了除彭博案之外的，戴尔公司以及索尼爱立信公司在保护其驰名商标时曾遇到过的问题。）

④ See Jing "Brad" Luo & Shubha Ghosh, "Protection and Enforcement of Well-Known Mark Rights in China: History, Theory and Future", 7 *Nw. J. Tech. & Intell. Prop.* 119, 141 (2009). （该文总结了法拉利诉家健案。）

⑤ 2001 年《商标法》第 3 条。

⑥ 2001 年《商标法》第 52 条第 1 款。

⑦ 2001 年《商标法》第 52 条第 2 款。

⑧ 2001 年《商标法》第 52 条第 3 款。

⑨ 2001 年《商标法》第 52 条第 4 款。

⑩ 2001 年《商标法》第 52 条第 5 款。

法律则建议当事人应当协商解决纠纷。① 然而，如果双方当事人不能或者不愿协商，则该注册商标的所有人或任何其他利益方，都可以在人民法院提起诉讼，或者通过国家工商行政管理总局的商标局寻求行政救济。② 国家工商行政管理总局可以询问当事人，查阅当事人与侵权活动有关的合同和账簿，对当事人涉嫌从事侵犯他人注册商标专用权活动的场所实施现场检查，检查与侵权活动有关的物品，查封或扣押有证据证明是侵犯他人注册商标专用权的物品。③ 工商行政管理部门如认定侵权行为成立，可以责令侵权人立即停止侵权行为，也可以没收、销毁侵权商品和专门用于制造侵权商品、伪造注册商标标识的工具，④ 还可处以罚款。⑤ 国家工商行政管理总局也可以在当事人之间进行调解，以补偿商标所有人或者侵权利益相关方。⑥ 如果调解失败，当事人可以向人民法院起诉。⑦

  侵犯商标专用权的赔偿数额，为侵权人在侵权期间因侵权所获得的利益，或者被侵权人在被侵权期间因被侵权所受到的

---

① 2001年《商标法》第53条。要求当事人协商解决纠纷反映了《商标法》意在促进社会主义市场经济发展。参见2001年《商标法》第1条（为了加强商标管理，保护商标专用权，促使生产、经营者保证商品和服务质量，维护商标信誉，以保障消费者和生产、经营者的利益，促进社会主义市场经济的发展，特制定本法）。在美国法下，当一个商标所有人认为其权益被另一方所侵犯，双方当事人尝试协商解决纠纷的需求并不存在。相反，商标所有人有权提起民事诉讼。15 U. S. C. § 1114（1）（2006）.

② 同前。国家工商行政管理部门的商标局负责处理商标侵权申诉。See "Issues in Focus: Intellectual Property Rights-Trademark", Embassy of The U. S., Beijing, China, http://beijing. usembassy-china. org. cn/iprtrade. html(Oct. 19, 2001). 此外，每个省级和市级的工商行政管理部门的商标部门有权在其地域管辖范围内调查商标侵权，获取证据，并申诉进行裁断。

③ 2001年《商标法》第55条。

④ 2001年《商标法》第53条。

⑤ 同前。

⑥ 同前（该条规定必须有当事人的请求才可进行调解）。

⑦ 同前。因侵犯注册商标专用权行为提起的民事诉讼，由侵权行为的实施地、侵权商品的储藏地或者查封扣押地、被告住所地的人民法院管辖。《最高人民法院关于审理商标民事纠纷案件适用法律若干问题的解释》第6条。

损失，包括被侵权人为制止侵权行为所支付的合理开支。[1] 然而，在侵权人因侵权所得利益，或者被侵权人因被侵权所受损失难以确定的情况下，人民法院只能根据侵权行为的情节，[2]判决给予 50 万元人民币以下的赔偿。[3] 另外，如果侵权者在不知情的情况下销售侵犯某商标所有人的注册商标专用权的商品，但其能证明该商品是自己合法取得，并说明提供者的话，就不用承担赔偿责任。[4]

从本质上说，《商标法》允许商标所有者或者其他利害关系人申请的诉前措施，是一个初步禁止令或者一项证据保全命令。[5] 如果商标所有人有证据证明他人正在实施或即将实施侵权行为，且如不及时制止，将会使其合法权益受到难以弥补的损害的，可以向人民法院申请采取责令停止有关行为和财产保全的措施。[6] 与之类似，在证据可能灭失或者以后难以取得的情况下，商标注册人或者利害关系人可以在起诉前向人民法院申请保全证据。[7] 人民法院接受申请后，必须在 48 小时内作

---

① 2001 年《商标法》第 56 条。在美国，注册商标的所有人可以收回：（1）侵权者所获得的利益；（2）商标所有人所承受的任何损失；（3）诉讼的费用。15 U. S. C. §1117（a）（2006）. 在估算损失时，法院可根据案情，作出赔偿金额高于认定的实际损害金额的裁决，但不超过认定的实际损害额的三倍。在特殊案例下，法院还可判给胜诉一方合理的律师费。

② 同前。参见山东起重机有限公司与山东山起重工有限公司侵犯企业名称权纠纷案（最高人民法院，2009 年 4 月 27 日作出判决）（在无法确定侵犯"山起"商号的山起重工有限公司的获益以及山东起重机有限公司的损失的情况下，基于"山起重工有限公司的侵权行为的性质、情况、持续时间以及范围"，法院判给山东起重机有限公司 20 万元人民币的损害赔偿）。

③ 同前。根据当时汇率，50 万元人民币大约等于 78,000 美元。在美国，涉及使用仿冒商标的案件，法院可以判处每一仿冒商标用于每类售出的、推销的或经销的商品或服务不少于 1000 美元或不高于 20 万美元的法定赔偿额。15 U. S. C. A. §1117（c）. 然而，如法院判定使用仿冒商标属故意而为，则其可以判处每一仿冒商标用于每类售出的、推销的或经销的商品或服务高达 200 万美元的赔偿。

④ 2001 年《商标法》第 56 条。

⑤ 2001 年《商标法》第 57 条。

⑥ 同前。

⑦ 2001 年《商标法》第 58 条。

出裁定；裁定采取保全措施的，应当立即开始执行。① 而商标所有人也必须在人民法院采取保全措施后 15 日内起诉，否则该保全措施即被解除。②

除了《商标法》所创设的救济以及制裁之外，仿冒的问题也同样涉及其他领域之法律。③ 商标仿冒行为是一种不正当竞争的形式，而《反不正当竞争法》则规定，"经营者不得采用下列不正当手段从事市场交易，损害竞争对手：（一）假冒他人的注册商标"④。此外，仿冒商标行为还可能会被追究刑事责任。⑤ 他人如若犯下仿冒的罪行，可能会被处以最高 7 年的有期徒刑，单处或并处罚金。⑥

在上海市静安区人民检察院诉黄春海案中⑦，一位国家公务员被控实施了仿冒商标的犯罪行为。⑧ 被告人黄春海原系上海市

---

① 同前。

② 同前。与 15 U. S. C. A. § 1116（a），（d）（2008）相比（许可美国的法院授予禁令，以防止对已在专利商标局注册的商标的注册人权利的侵犯，以及在仿冒商标的情况下，颁发单方申请之命令，以查封此种违法行为所涉及的商品、仿冒商标、制造此类商标的工具，以及与此违法行为有关的制造、销售物品的记录或物品收据等文件）。

③ 参见 2001 年《商标法》第 59 条（销售明知是假冒注册商标的商品将会启动刑事调查）。

④ 1993 年《反不正当竞争法》第 5 条。除了商标法所设定的罚则外，仿冒商标的行为还可被处以违法所得一倍以上三倍以下的罚款。1993 年《反不正当竞争法》第 5 条、第 21 条。此外，经营者的营业执照还可能会被吊销，如果其销售的是伪劣商品，还可能会被追究刑事责任。

⑤ 2001 年《商标法》第 59 条；1997 年《刑法》第 213—215 条（有关仿冒商标行为的刑事处罚）。

⑥ 1997 年《刑法》第 215 条（根据犯罪的性质而有区别）；另见 2004 年《最高人民法院、最高人民检察院关于办理侵犯知识产权刑事案件具体应用法律若干问题的解释》第 1—3 条（规定了特定仿冒行为的罚金额度以及徒刑期限）；see also Newsletter，China Patent Agent（H. K.）LTD.，p. 4（2011），http：//www. cpahkltd. com（总结了中国法对仿冒行为的刑事处罚）。

⑦ 上海市静安区人民检察院诉黄春海帮助犯罪分子逃避处罚、销售假冒注册商标的商品案（上海市第二中级人民法院，2008 年 9 月 17 日作出判决）。

⑧ 同前。

烟草专卖局稽查支队稽查员。① 其被控对一个杂货店经营者事先透露有关突击检查的信息，使得该店经营者得以逃避因销售假冒香烟所应当承受之制裁。② 他还介绍他人从该店购买仿冒香烟，而黄与该店老板共同分享了"巨大的收益"。③ 法院经审理认为，黄春海与销售假冒注册商标的商品的犯罪分子共同实施了销售假冒注册商标的商品的犯罪行为，并帮助犯罪分子逃避处罚，其行为分别构成销售假冒注册商标的商品罪、帮助犯罪分子逃避处罚罪。④ 黄春海最终被判处有期徒刑 2 年，并处罚金人民币 2000 元，⑤ 被勒令将其违法所得上缴国库。⑥

四、专利

《专利法》于 1984 年颁布，并于 1992 年、2000 年以及 2008 年经过三次修订。⑦《专利法》的规定由各种其他规定以及办法所补充，包括《中华人民共和国专利法实施细则》（于 2002 年、2010 年修订，以下简称《专利法实施细则》）以及《专利行政执行办法》（于 2001 年颁布，并于 2010 年修订）。⑧

《专利法》共承认三种可享受专利保护的发明创造：发明、实用新型以及外观设计。⑨ 发明专利指"对产品、方法或

---

① 同前。
② 同前。
③ 同前（假冒香烟的销售金额是人民币 8.6 万余元）。
④ 同前。
⑤ 同前。
⑥ 同前。
⑦ 2008 年《专利法》（指出了修订之历史）。该修正案于 2008 年 12 月 27 日通过，2009 年 10 月 1 日生效。See "Third Revision of China's Patent Law: Legal Texts and Documents on the Drafting Process 2006-2008", EU-CHINA IPR2 (2009), http://www.ipr2.org/images/eu-patent_law-final.pdf.（该文指出了生效的时间。）
⑧ 参见 2010 年《专利法实施细则》；2011 年《专利行政执法办法》；《中华人民共和国民法通则》第 5 条第 3 款、第 6 条第 3 款（包含了与知识产权权属以及侵权民事责任相关的规定）。
⑨ 2008 年《专利法》第 2 条。

者其改进所提出的新的技术方案"①。发明专利权的期限为 20 年，自申请之日起算。② 实用新型专利则保护"对产品的形状、构造或者其结合所提出的适于实用的新的技术方案"③。实用新型专利权的期限为 10 年，自申请之日起算。④ 外观设计专利保护"对产品的形状、图案或者其结合以及色彩与形状、图案的结合所作出的富有美感并适于工业应用的新设计"⑤。外观设计专利权的期限为 10 年，自申请之日起算。⑥

（一）授予专利的要求

为了获得专利权，发明以及实用新型应当具备新颖性、创造性和实用性。⑦ 一项发明或者实用新型只要不属于现有技术

---

① 同前。在美国法中，凡发明或发现任何新颖而适用的制法、机器、制造品、物质的组合，或其任何新颖而适用的改进者都可以获得发明专利。35 U. S. C. § 101（2006）.

② 2008 年《专利法》第 42 条。与之类似，在美国法中，发明专利权的期限也是自申请之日算起 20 年。35 U. S. C. §154（a）（2）.

③ 2008 年《专利法》第 2 条。美国法中并没有实用新型专利的对等物。See "Intellectual Property Rights：Patent"，Embassy of The U. S. ，Beijing，China，http：//beijing. usembassy-china. org. cn/iprpatent. html（Oct. 24，2011）.（该文指出了中国的实用新型专利与美国的改进发明专利相似。）

④ 2008 年《专利法》第 42 条。

⑤ 2008 年《专利法》第 2 条。在美国法中，任何发明制造品的新颖、独创和装饰性的外观设计都可以申请外观设计专利。35 U. S. C. §171（2006）.

⑥ 2008 年《专利法》第 42 条。在美国法中，外观设计专利权的期限为 14 年，自授予专利之日起算。35 U. S. C. §173.

⑦ 2008 年《专利法》第 22 条。与 35 U. S. C. § 101 相比较（按照美国的规定，"凡发明或发现任何新颖而适用的制法、机器、制造品、物质的组合，或其任何新颖而适用的改进者，可以按照本编所规定的条件和要求取得专利权"）。近来的案件表明，未进入中国市场的发明可能会被认为缺乏实用性。例如，在默克公司诉河南天方药业股份有限公司案（2007 年 2 月 27 日）中，河南天方药业作为中国的药业公司，就默克公司所拥有的关于防脱发的药物之专利，向国家知识产权局的专利复审委员会提出了无效宣告请求。See Esther H. Lim & Angela Y. Dai，"The Current Reality with IP in China"，21 *World Trade* 1，8（2008），http：//www. finnegan. com/resources/articles/articlesdetail. aspx? news = db6ad237-44c3-4e03-8932-2013002d5a5d（该文讨论了中国知识产权保护的现状以及公司该做什么去保护其自身的权益）。委员会认定默克公司的专利由于缺乏"实用性"而无效。尽管其专利早于 1996 年取得，但默克公司从未在中国市场上推出该脱发治疗药物，因此并无证据证明该发明可以被投入生产或使用，或可以产出积极结果。

（如未曾被申请过专利的技术），以及在申请日以后公布的专利申请文件或者公告的专利文件中记录有同样的发明或者实用新型的话，就具有新颖性。① 然而，申请专利的发明创造，在申请日以前6个月内在中国政府主办或者承认的国际展览会上首次展出的、在学术会议或者技术会议上首次发表的、他人未经申请人同意而泄露其内容的，不丧失新颖性。②

许多种发明以及发现被特别排除在专利保护之外。③ 对科学发现、智力活动的规则和方法、疾病的诊断和治疗方法、动物和植物品种、用原子核变换方法获得的物质、对平面印刷品的图案与色彩或者二者的结合作出的主要起标识作用的设计，不得授予专利权。④

（二）专利权的发明人权利及权属

中国的《专利法》规定，当一项发明创造⑤是由一个雇员在执行本单位任务，⑥ 或主要是利用本单位的物质技术条件而

---

① 2008年《专利法》第22条。请注意在《专利法》于2008年修订之后，转而采用一种"绝对新颖性标准"，要求发明以及实用新型不能在国内外公开发表过，或者在国内公开使用，或为国内公众所知。See John V. Grobowski & Yigiang Li, "Amendments to the Patent Law of the People's Republic of China", *Faegre & Benson*（Sept. 13，2011），http：//www. faegre. com/9830.（该文讨论了绝对新颖性标准。）

② 2008年《专利法》第24条。另见2010年《专利法实施细则》第30条（进一步解释了何为"国际展览"以及"学术会议或者技术会议"）。

③ 2008年《专利法》第25条（罗列了在中国属于专利保护范围之外的事物）。在美国法中，思想以及理论不能获得专利。See Diamond v. Chakrabarty，447 U. S. 303，309（1980）（指出"自然规则、物理现象以及抽象的想法被认为是不可授予专利的"）。此外，数学公式、算法和等式、自然法则都是不能被授予专利的。

④ 2008年《专利法》第25条。

⑤ 2008年《专利法》第2条（发明创造指的是发明、实用新型和外观设计）。

⑥ 2010年《专利法实施细则》第12条。执行本单位的任务所完成的职务发明创造是指："（1）在本职工作中作出的发明创造；（2）履行本单位交付的本职工作之外的任务所作出的发明创造；（3）退休、调离原单位后或者劳动、人事关系终止后一年内作出的，与其在原单位承担的本职工作或者原单位分配的任务有关的发明创造。"这些规定同样适用于临时工以及临时工作单位。

完成的情况下,[①] 就被认为是一项职务发明创造。[②] 单位因而有权就该发明创造申请专利,而申请被批准后,单位即为专利权人。[③] 对于非职务发明创造来讲,发明人有权就该发明创造申请专利,而申请被批准后其即为专利权人。[④] 专利的申请权以及专利权都可以转让。[⑤]

在吴林祥、陈华南诉翟晓明案中[⑥],涉案雇员主张有权以自己的名字,就与"一匙通数码智能锁"相关的一项发明专利、一项实用新型专利以及两项外观设计专利提交专利申请,人民法院认定这一主张并无事实或者法律基础。[⑦] 法院查明,原告吴林祥以及陈华南共同成立了一匙通公司,并聘用了被告翟晓明作为智能锁项目的主要研究负责人。[⑧] 尽管翟晓明主张,该专利技术完全基于其在供职于一匙通公司之前所独立完成的技术方案之上,一匙通公司在其中并未提供任何实质性的创新贡献,然而法院认为翟晓明的有关涉案发明均为其个人发明的主张并无事实依据。[⑨] 相反,法院还认为一匙通公司已经为研发一匙通数码智能锁投入了相当的人力物力。[⑩] 据此,研发的成果被认为是由一匙通公司所有的职务发明,因而其也拥

---

① 同前。(该条指出了所谓单位的物质技术条件是指"本单位的资金、设备、零部件、原材料或者不对外公开的技术资料等"。)

② 2008 年《专利法》第 6 条。

③ 同前。然而,就利用本单位的物质技术条件所完成的发明创造来说,如果单位与发明人或者设计人签订合同,对申请专利的权利和专利权的归属作出约定的,从其约定。

④ 同前。

⑤ 2008 年《专利法》第 10 条。转让专利申请权或者专利权的,当事人应当订立书面合同,并向国务院专利行政部门登记。

⑥ 吴林祥、陈华南诉翟晓明专利权纠纷案(江苏省高级人民法院,2006 年10 月 17 日作出判决)。

⑦ 同前。

⑧ 同前。

⑨ 同前。

⑩ 同前。

有就该发明申请专利的权利。①

（三）保密审查

任何单位或者个人将在中国完成的②发明或者实用新型向外国申请专利的，应当事先报经国务院专利行政部门进行保密审查。③ 如果上述主体在向外国提交专利申请之前未完成保密审查的，申请人将丧失他在中国获取专利的权利。④ 向国务院专利行政部门提交专利国际申请的，视为同时提出了保密审查请求。⑤ 国务院专利行政部门经过审查，认为该发明或者实用新型可能涉及国家安全或者重大利益，因而需要保密的，应当在申请人的请求递交之日起 4 个月内向其发出保密审查通知；⑥ 否则，申请人可以就该发明或者实用新型向外国申请专利，或者向有关国外机构提交专利国际申请。⑦ 国务院专利行政部门通知进行保密审查的，应当在 6 个月内作出是否需要保密的决定，并通知申请人。⑧ 如果申请人在 6 个月内未收到上述决定的通知，可以就该发明或者实用新型向外国申请专利或者向有关国外机构提交专利国际申请。⑨

---

① 同前。

② 在中国完成的发明或者实用新型是指"技术方案的实质性内容在中国境内完成的发明或者实用新型"。参见《专利法实施细则》（2010）第 8 条。这一模糊定义会对那些在中国境内有着与其他国家研发人员有密切合作的研发人员的公司造成一定麻烦。See e. g., John Z. L. Huang et al., "New Rules Regarding the Chinese Patent Law Take Effect", MWE China Law Offices, http://www.mwechinalaw.com/news/2010/chinalawalert02l0b.htm（Sept. 18, 2011）.

③ 2008 年《专利法》第 20 条。

④ 同前。另见 2010 年《专利法实施细则》第 8 条。与 35 U. S. C. §§184-185（2006）相比较（"一个人在美国提出关于在美国完成发明的专利申请，或请求实用新型、外观设计或款式的注册以后的 6 个月内，非经专利与商标局局长发给许可证，不得在任何外国提出申请，或使他人或授权他人提出申请"）。

⑤ 2010 年《专利法实施细则》第 8 条。

⑥ 2010 年《专利法实施细则》第 9 条。

⑦ 同前。

⑧ 同前。

⑨ 同前。

(四) 专利申请程序

《专利法》为所有专利申请都列明了必须要达到的基本要求。[①] 申请发明或者实用新型专利的，应当提交请求书、说明书及其摘要和权利要求书等文件。[②] 专利申请书以及任何其他提交的文件都应当使用中文。[③] 说明书应当包含有一个对发明或者实用新型的清楚、完整的说明，以所属技术领域的技术人员能够实现为准，且说明书应当包括对该发明的技术领域、相关背景技术、发明的内容，以及实现发明或者实用新型的具体方式之描述。[④] 必要时，也应当附上图片。[⑤] 摘要应当简要说明发明或者实用新型的技术要点。[⑥] 专利申请应包含一份从整体上反映发明或者实用新型的技术方案，记载解决技术问题的必要技术特征的独立权利要求;[⑦] 也可包含从属权利要求。[⑧] 一件发明或者实用新型专利申请，应当仅限于一项发明或者实用新型;[⑨] 然而，属于"一个总的发明构思"的两项以上的发

---

① 2008 年《专利法》第 26—31 条（罗列了提交专利申请必须具备的必要组成部分）。

② 2008 年《专利法》第 26 条；参见 2010 年《专利法实施细则》第16—23 条（更详尽地解释了专利法所列举的要求）。申请要提交至北京的国家知识产权局。See Lei Fang, "Chinese Patent System and Its Enforcement", p. 6 (2005), http：//www. sutherland. com/files/Publication/7d59443f-8187-4680-b24a-34de34553642/ Presentation/PublicationAttachment/cel06e5e-d8f4-496f-a09b-ce892t61dafblChinese% 20Patent. doc（Sept. 18, 2011）. （该文对中国的专利法体系进行了评价。）

③ 2010 年《专利法实施细则》第 3 条。请注意，一个在中国没有经常居所或营业所的外国人、外国公司或者其他组织，若想在中国申请专利或者办理其他专利事务，其必须委托依法设立的专利代理机构办理。参见《专利法》第 19 条。

④ 参见 2010 年《专利法实施细则》第 17 条、第 26 条。

⑤ 2010 年《专利法实施细则》第 17 条。实用新型专利申请说明书应当有附图。

⑥ 2008 年《专利法》第 26 条；另见 2010 年《专利法实施细则》第 23 条。

⑦ 2008 年《专利法》第 20—21 条（阐述了撰写独立权利要求的条件）。

⑧ 2008 年《专利法》第 20—22 条（详述了从属或者附属权利要求的要求，特别是在第 22 条内）。

⑨ 2008 年《专利法》第 31 条。

明或者实用新型，可以作为一件申请提出。①

发明以及实用新型专利的申请提交后，必须要通过初步审查。② 初步审查是指审查专利申请是否具备必要的文件，以及这些文件是否符合规定的格式，并审查专利申请是否符合其他授予许可的要求。③ 如果发现问题，专利行政部门会将审查意见通知申请人，而申请人有在特定的时间内修正该申请的机会。④ 如果实用新型申请经初步审查没有发现驳回理由，国务院专利行政部门作出授予实用新型专利权的决定，发给相应的专利证书，同时予以登记和公告。⑤ 在授予实用新型专利的决定公告之后两个月内，专利权人或者利害关系人可以请求国务院专利行政部门作出专利权评价报告。⑥

在发明专利申请通过初步审查后，该申请会自申请日起满18 个月后公布。⑦ 发明专利申请自申请日起 3 年内，国务院专利行政部门可以根据申请人提出的请求，对其申请进行实质审

---

① 同前；参见 2010 年《专利法实施细则》第 34 条（属于一个总的发明构思的两项以上的发明或者实用新型，应当在技术上相互关联，包含一个或者多个相同或者相应的特定技术特征，其中特定技术特征是指每一项发明或者实用新型作为整体，对现有技术作出贡献的技术特征）。如果一件专利申请包括两项以上发明、实用新型或者外观设计的，申请人可以提出分案申请，可以保留原申请日，享有优先权的，可以保留优先权日，但是不得超出原申请记载的范围。2008 年《专利法》第 42—43 条。

② 参见 2008 年《专利法》第 34 条、第 40 条（国务院在采取进一步行动之前会对专利申请进行一个初步审查）。

③ 2010 年《专利法实施细则》第 44 条。

④ 同前。

⑤ 2008 年《专利法》第 40 条。

⑥ 2010 年《专利法实施细则》第 56 条。可以请求国务院专利行政部门作出专利权评价报告的"利害关系人"是指《专利法》第 60 条所描述的人（例如，被指控为侵犯专利权的侵权者）。另见《专利法》第 60 条。

⑦ 2008 年《专利法》第 34 条（国务院专利行政部门可以根据申请人的请求早日公布其申请）；另见 2010 年《专利法实施细则》第 46 条（解释了在收到早日公布申请的请求之后，如果不是属于应予驳回的，国务院应当立即公布该申请）。

查;① 申请人无正当理由逾期不请求实质审查的，该申请即被视为撤回。② 发明专利的申请人请求实质审查的时候，应当提交在申请日前与其发明有关的参考资料。而发明专利已经在外国提出过申请的，申请人也可能被要求提交该国为审查其申请进行检索的资料，或者审查结果的资料。③ 经实质审查后，没有发现驳回理由的，由国务院专利行政部门作出授予专利权的决定，同时予以登记和公告。专利权自公告之日起生效。④

如果实质审查的结果表明，该申请不符合《专利法》的规定，申请人可以陈述意见，或者对其申请进行修改。⑤ 如果发明专利申请经申请人陈述意见或者进行修改后，国务院专利行政部门仍然认为不符合法律规定，该申请会被驳回。⑥ 专利申请人对国务院专利行政部门驳回申请的决定不服的，可以自收到通知之日起 3 个月内，向专利复审委员会请求复审。而申请人对专利复审委员会的复审决定不服的，可以向人民法院起诉。⑦

同样的发明创造只能授予一项专利权。⑧ 然而，《专利法》允许申请人在同一天就同样的发明创造既申请实用新型专利又

---

① 2008 年《专利法》第 35 条。

② 同前，国务院专利行政部门认为必要的时候，可以自行对发明专利申请进行实质审查。这与美国的专利实践有着重大不同。当美国专利与商标局收到申请时，会将该申请分配给一位检察官审查。See 35 U. S. C. §131（2006）（解释了局长需确保该专利经过审查，而申请人则不能要求审查）。

③ 2008 年《专利法》第 36 条。

④ 2008 年《专利法》第 39 条。

⑤ 2008 年《专利法》第 37 条。

⑥ 2008 年《专利法》第 38 条。发明专利申请经实质审查应当予以驳回的情形如下：申请属于《专利法》第 5 条、第 25 条（排除了违反法律法规、社会公德或者妨害公共利益，以及科学发现等发明的专利可能）规定的情形；依照《专利法》第 9 条规定不能取得专利权的（同样的发明创造只能授予一项专利权）；发明申请不具有新颖性、创造性，或者没有实际用途。参见 2010 年《专利法实施细则》第 53 条。

⑦ 2008 年《专利法》第 41 条。

⑧ 2008 年《专利法》第 9 条。

申请发明专利。① 实用新型的专利申请会经过初步审查而非实质性审查，而且实用新型的专利授予会相对较快。② 如果发明专利最终被决定授予，则申请人必须放弃同样的发明创造的实用新型专利，才会被授予发明专利权。③

　　申请外观设计专利的，应当提交请求书、该外观设计的图片或者照片、对该外观设计的简要说明，以及其他申请人认为相关的文件。④ 申请人提交的有关图片或者照片，应当清楚地显示要求专利保护的产品的外观设计。在某些情况下，也可能会被要求提交使用外观设计的产品的样品或者模型。⑤ 一件外观设计专利申请应当限于一项外观设计。同一产品的两项以上的相似外观设计（或者为成套出售或使用之类似产品的两项以上的外观设计）也可以作为一件申请提出。⑥ 与实用新型专利相似，外观设计专利也只需要通过初步审查。⑦ 如果没有发现驳回理由，国务院专利行政部门会授予外观设计专利权，并予以登记和公告。外观设计专利权自

---

① 同前；参见《专利法实施细则》第 41 条（说明了申请人必须指出他就同样的发明创造申请了另一项专利）。

② See Embassy of the U. S. in Beijing China, "Issues in Focus：Intellectual Property Rights – Patents", U. S. Dep't of State, http：//beijing. usembassy-China. org. cn/iprpatent. html（Oct. 18，2011）（"对外观设计以及实用新型专利的申请，只会进行形式是否符合而非实质是否符合的审查。"）。See also James Haynes，"Chinese Utility Model Patents Might Cut Your IP Costs by Half While Providing Better Protection"，http：//www. teehowe. com/news detail. php？id = 323（Sept. 17，2011）（实用新型专利只进行初步审查，且授予更快，花费更少，维护费用较低，这使得其成为如电子产品发明以及其他仅有短期流行性的，或新的且随着时间会贬值的发明的一个较好选择）。

③ 2008 年《专利法》第 9 条。

④ 2008 年《专利法》第 27 条；另见 2010 年《专利法实施细则》第 35 条（一件外观设计专利申请中的相似外观设计不得超过 10 项）。

⑤ 2008 年《专利法》第 27 条。另见 2010 年《专利法实施细则》，第 27—29 条。

⑥ 2008 年《专利法》第 31 条。

⑦ 2008 年《专利法》第 40 条。

公告之日起生效。①

（五）专利复审程序

在一项专利被授予之后的任何时间内，任何单位或者个人认为该专利权的授予不符合本法有关规定的，可以请求专利复审委员会宣告该专利权无效。② 申请人在宣告专利无效的请求中必须注明其认为该专利无效的理由，并指明每项理由所依据的证据。③ 该复审请求将会被通知至专利权人处，其有机会在特定时间内作出回应。④ 如果无效宣告请求涉及的是发明或者实用新型的专利权，专利权人可以修改其权利要求书，但是不得扩大原专利的保护范围，⑤ 专利权人也不得修改专利说明书和附图。⑥ 如果所涉的专利为外观设计专利，其专利权人还不得修改图片、照片和简要说明。⑦ 专利复审委员会可以进行口头审理，其也被要求及时审查和作出决定。⑧ 宣告无效的专利权被视为自始即不存在。⑨

2004 年，专利复审委员会曾作出一个决定，宣布辉瑞公司就"枸橼酸西地那非"——其主打药品"伟哥"（Viagra）中的活性成分所拥有的专利无效。⑩ 该宣布无效的复审请求由

---

① 同前。

② 2008 年《专利法》第 45 条。

③ 2010 年《专利法实施细则》第 65 条。

④ 2010 年《专利法实施细则》第 68 条。

⑤ 2010 年《专利法实施细则》第 69 条。

⑥ 同前。

⑦ 同前。

⑧ 2010 年《专利法实施细则》第 70 条（说明了口头审理必须根据当事人请求而启动）；另见 2008 年《专利法》第 46 条（讨论了当事人对专利复审委员会宣告专利权无效或者维持专利权的决定不服，可以自收到通知之日起三个月内向人民法院起诉）。

⑨ 2008 年《专利法》第 47 条。

⑩ See Jeffrey A. Andrews, "Pfizer's Viagra Patent and the Promise of Patent Protection in China", 28 *Loy. L. a. Int'l & Comp. L. Rev.* 1, 1 (2006). （该文描述了辉瑞公司的伟哥专利在中国遇到的挑战，以及中国在保护知识产权法律方面所取得的成就。）

12 家中国制药企业提出，并宣称根据《专利法》第 26 条的规定，辉瑞的专利存在信息公开不充分的问题，而且也缺乏新颖性。① 专利复审委员会认为，说明书中的技术性描述不足以使其确认该化合物可以 "在没有相关领域的技术人员的创造性劳动辅助下，治疗或者预防男性动物的勃起功能障碍"②，辉瑞的专利由于信息公开不充分而无效。北京市第一中级人民法院随后于 2006 年推翻了该决定，认为该争议的化合物是专利说明书中披露的九种化合物之一。③ 北京市高级人民法院维持了中级人民法院的决定。④

---

① See id. pp. 11 – 13. （该文指出了制药公司选择了使用中国专利法律去否定辉瑞所拥有的专利，而非选择仿冒该药，或者选择通过增加研发经费来开发新药。）

② See id. p. 13 [quoting Stone Xu, "An In-depth Look at Viagra's Abrupt Change of Fate in China", *China IP* (*Hurry Media*), Sept. 28, 2004 （引用了专利复审委员会的第 6228 号无效请求决定）].

③ See Rachel T. Wu, Comment, "Awaking the Sleeping Dragon：The Evolving Chinese Patent Law and its Implication for Pharmaceutical Patents", 34 *Fordham Int'l L. J.* 549, 571, 584-85 (2011) （尽管《专利法》第三次修订是一个跳跃性的改进，如果地方政府在专利保护法律的执行方面不与中央政府合作的话，医药仿冒仍会持续不断发生）；see also Yang Hongjun, "Viagra Patent Affirmed? —Analysis of the Appellate Court's Decision" (March 2008), http：//www. kingandwood. com/article. aspx? id = Viagra-Patent-Affirmed-Analysis-of-the-Appellant-Courts-Decision &language = en（其他八种在同一专利中披露的化合物维持了该专利的有效性）。辉瑞其后被报道以侵犯其西地那非专利为由，至少起诉了一家中国医药企业。See Jesse Greenspan, "Pfizer Hardens Stance Over Chinese Viagra" (Nov. 17, 2006), http：//www. law360. com/articles/13738/pfizer-hardens-stance-over-chinese-viagra. 辉瑞也成功地对仿冒者们主张了其与 "伟哥" 相关的商标权利。See "Pfizer Wins Viagra Trademark Case in China" (Dec. 29, 2006), http：//www. marketwatch. com/story/pfizer-wins-viagra-trademark-case-in-china. 北京市第一中级人民法院勒令联欢药业公司停止制造与伟哥类似的蓝色药丸，并偿付辉瑞 30 万元人民币（约 38,000 美元）的损害赔偿。

④ See Rachel T. Wu, "Awaking the Sleeping Dragon：The Evolving Chinese Patent Law and its Implication for Pharmaceutical Patents", p. 571. 葛兰素史克公司也同样被许多中国医药企业瞄上，意图否定其关于罗格列酮——药物文迪雅（Avandia）中的一项活性成分的专利，他们宣称其缺乏新颖性。Id. p. 572. 葛兰素史克最终放弃了该专利。

（六）强制许可规定

中国《专利法》包含着美国《专利法》中所没有的一个强制许可制度。① 国务院专利行政部门有权在不同的情况下，授予实施发明专利或者实用新型专利的强制许可。② 在专利权人在过分实施或者未充分实施其专利权的情况下，申请人就可被授予强制许可。③ 例如，专利权人自专利权被授予之日起满3年，且自提出专利申请之日起满4年，无正当理由未实施或者未充分实施其专利的，国务院专利行政部门就可以给予申请人强制许可。④ 如果专利权人以垄断的方式行使其基于一项发明或实用新型的专利权，为消除或者减少该行为对竞争产生的不利影响，其也可能丧失该独占权利。⑤ 在危及公共利益时，国家也可以给予强制许可。⑥ 例如，在国家出现紧急状态或者非常情况时，国务院专利行政部门就可以给予实施发明专利或

---

① 有关强制许可的规定于2008年被添加至中国《专利法》之中，并于2009年10月1日生效。See "Amendment Provides New Roadmap for Compulsory Licenses", SIPO （Nov. 30, 2009）, http：//english. sipo. gov. cn/news/iprspecial/200911/t200911130482836. html（根据最近的修正案讨论了在中国专利法下的强制许可制度）。到目前为止，还未有将强制许可施于外国所有的专利之上的报道。然而，强制许可的规定明确地展示了美国与中国赋予专利权的不同价值。在美国，专利权作为财产权的一种，使得专利权人得以对抗任何第三方，包括美国政府。See 28 U. S. C. §1498（2006）（在一项专利中所描述的和涵盖的发明，在未经专利权人授权美国政府使用或生产，或者为了美国使用或者生产的情况下，授予一个专利权人对美国采取行动的权利）。与之相反，在中国，政府有能力通过授予第三方强制许可的方式来从专利权人手中夺走其独占权，参见2008年《专利法》第48条。

② 2008年《专利法》第48—52条（描述了可授予强制许可的每种情形）。

③ 2008年《专利法》第48条。

④ 2008年《专利法》第48条第1款。未充分实施其专利是指专利权人及其被许可人实施其专利的方式或规模，不能满足国内对专利产品或者专利方法的需求（2010年《专利法实施细则》第73条）。申请强制许可的单位或者个人应当提供证据，证明其以合理的条件请求专利权人许可其实施专利，但未能在合理的时间内获得许可（2008年《专利法》第54条）。

⑤ 2008年《专利法》第48条第2款。注意强制许可涉及的发明创造为半导体技术的，其仅可以基于为消除或减少专利权人的垄断行为对竞争产生的不利影响之理由，而授予强制许可（2008年《专利法》第52条）。

⑥ 2008年《专利法》第49条。

者实用新型专利的强制许可。① 与之类似，为了公共健康目的，对取得专利权的药品，国务院专利行政部门也可给予制造并将其出口到符合中国所签署的有关国际条约规定的国家或者地区的强制许可。②

最后，为了避免侵犯相关在先技术之目的，国务院专利行政部门也可授予一项强制许可。③ 如果一项发明或实用新型专利比之前所授予的发明或实用新型专利，在技术上有重大进步且具有显著经济意义，其实施又有赖于前一发明或者实用新型之实施，国务院专利行政部门根据后一专利权人的申请，可以给予实施前一发明或者实用新型的强制许可。④ 给予实施强制许可后，国务院专利行政部门根据前一专利权人的申请，也可以给予实施后一发明或者实用新型的强制许可。⑤

强制许可的规定，只有在主体向专利行政部门提交强制许可的请求之时，方可被援引。⑥ 取得实施强制许可的单位或者个人不享有独占的实施权，并且无权允许他人实施。⑦ 取得实施强制许可的单位或者个人应当要付给专利权人合理的使用费。⑧ 专利权人以及被许可者应当就支付的使用费之数额达成一致意见，如果双方不能达成协议，则由国务院专利行政部门来决定。⑨ 如果有一方对专利行政部门的裁决不服，该方可向

① 同前。
② 2008 年《专利法》第 50 条。
③ 2008 年《专利法》第 51 条。
④ 同前。
⑤ 同前。
⑥ 2010 年《专利法实施细则》第 74 条。《专利法》中并没有关于专利行政部门自主决定授予强制许可的规定。参见《专利法》第 48—58 条的规定（列举了详尽的关于强制许可的规定列表）。
⑦ 2010 年《专利法实施细则》第 56 条。
⑧ 2010 年《专利法实施细则》第 57 条。
⑨ 同前。

人民法院提起诉讼。①

（七）专利权的执行

一个专利权人如果认为其权利被他人所侵犯，可与侵权人沟通并协商解决争议。② 协商不成功的，专利权人可以寻求行政渠道的救济，也可以向人民法院提起民事诉讼。③ 专利权人以及其他利害关系人④也可以请求管理专利工作的部门⑤处理该纠纷。⑥ 该请求必须有明确的被请求人，必须要包含明确的请求事项与具体事实和理由。⑦ 当事人在之前没有就该专利侵权纠纷向人民法院起诉的情况下，方可请求行政行为介入。⑧ 在立案之日起5个工作日内，管理专利工作的部门会将请求书及其附件的副本送达被请求人，被请求人则必须在收到之日起

---

① 2010年《专利法实施细则》第58条。向人民法院起诉必须在收到通知之日起三个月内完成。

② 2010年《专利法实施细则》第60条。除了专利侵权争议之外，管理专利工作的部门还可以就专利申请权和专利权归属纠纷、发明人和设计人资格纠纷、在发明专利申请公布后专利权授予前使用发明而未支付适当费用的纠纷以及其他专利纠纷进行调解（2010年《专利法实施细则》第85条）。

③ 2008年《专利法》第60条。

④ 参见2010年《专利行政执法办法》第8条（将"利害关系人"定义为：专利实施许可合同的被许可人、专利权人的合法继承人；排他实施许可合同的被许可人可以单独提出请求，普通实施许可合同的被许可人则不能单独提出请求）。

⑤ 参见2010年《专利法实施细则》第79条（解释了"管理专利工作的部门"的范围）。See Embassy of the U. S. in Beijing China, "Intellectual Property Rights: Patents", U. S. Dep't of State, http://beijing. usembassychina. org. cn/ipr-patent. html（Oct. 19, 2011）. 行政行为由侵权行为地的地方知识产权局实施。

⑥ 2008年《专利法》第60条。该条同时规定，行政行为可因侵犯一项发明、实用新型以及外观设计专利而被提出。然而，行政机关在缺乏专利权人或被许可人的请求之前提下不会介入。

⑦ 2010年《专利行政执法办法》第8条。

⑧ 同前。

15 日内提交答辩。[①]

专利权人也可以请求管理专利工作的部门调查取证。[②] 管理专利工作的部门可以查阅相关的合同、账册等有关文件，可以询问当事人和其他证人，[③] 还可以采用测量、拍照、摄像等方式进行现场勘验。涉嫌侵犯制造方法专利权的，其还可以要求被调查人现场演示。[④] 涉嫌侵权的产品的样本也可被抽查。[⑤] 如果管理专利工作的部门认为证据可能灭失或者以后难以取得，其可以登记保存该证据。[⑥]

管理专利工作的部门可以根据当事人的意愿调解，在调解失败时，还可以作出处理决定。[⑦] 该决定必须注明，侵权行为是否成立，如果成立的话，侵权者是否需要被责令立即停止侵权行为。[⑧] 在某些情况下，管理专利工作的部门还可以选择在作出裁定之前口头审理案件。[⑨] 管理专利工作的部门处理专利侵权纠纷，应当自立案之日起 4 个月内结案。[⑩] 行政部门也可基于专利权人的请求对侵犯专利权的赔偿数额进行调解。[⑪] 如

---

① 2010 年《专利行政执法办法》第 12 条（指出了管理专利工作的部门必须将请求书的附件送达被指控的侵权人处的短暂的时间要求）。如果专利权人希望在起诉前寻求证据保全的协助，其必须向人民法院提交证据保全的申请（2008 年《专利法》第 67 条）。

② 2010 年《专利行政执法办法》第 35 条。

③ 2010 年《专利行政执法办法》第 36 条。

④ 同前。

⑤ 2010 年《专利行政执法办法》第 37 条。

⑥ 2010 年《专利行政执法办法》第 38 条。

⑦ 2010 年《专利行政执法办法》第 13 条、第 17 条。

⑧ 2010 年《专利行政执法办法》第 17 条、第 41 条。如果侵权者对该决定不服，可以在收到通知之日起 15 日内向人民法院提起诉讼（2008 年《专利法》第 60 条）。侵权人期满不起诉又不停止侵权行为的，管理专利工作的部门可以申请人民法院强制执行（2010 年《专利行政执法办法》第 42 条）。

⑨ 2010 年《专利行政执法办法》第 14 条。

⑩ 2010 年《专利行政执法办法》第 19 条。如果案件特别复杂，还可能延期 1 个月。

⑪ 2010 年《专利行政执法办法》第 20 条。

果调解失败，当事人可向人民法院提起诉讼。①

《专利法》还包括"假冒"或者"仿冒"专利的特殊规定。② 假冒专利的行为如下：在未被授予专利权的产品或者其包装上标注专利标识；销售前述产品；将未被授予专利权的技术称为专利技术；伪造或者变造专利证书或专利文件；其他使公众混淆、将未被授予专利权的技术或者设计误认为是专利技术或者专利设计的行为。③ 当行政部门开展有关涉嫌仿冒专利的调查时，有权询问有关当事人，调查与涉嫌违法行为有关的情况；对当事人涉嫌违法行为的场所实施现场检查；查阅、复制与涉嫌违法行为有关的合同、发票、账簿以及其他有关资料；检查与涉嫌违法行为有关的产品，对假冒专利的产品进行查封或者扣押。④

假冒专利案件应当自立案之日起 1 个月内结案。⑤ 调查结束后，如果确认仿冒行为成立，则有可能被施以行政处罚。⑥ 仿冒者可被勒令改正并予以公告。⑦ 此外，任何仿冒专利的违法所得将被没收，而仿冒者可被并处最高为违法所得 3 倍的罚款；⑧ 如果仿冒者没有违法所得，则可以处 20 万元人民币以下的罚款。⑨ 如果仿冒行为构成犯罪，则案件将会被转移至检

---

① 2008 年《专利法》第 60 条。

② 2008 年《专利法》第 63 条；参见 2010 年《专利行政执法办法》第 2 条、第 5 条、第 43 条（解释了处理仿冒专利行为的程序）。

③ 2010 年《专利法实施细则》第 84 条。《专利行政执法办法》则规定，管理专利工作的部门发现或者接受举报而发现涉嫌假冒专利行为的，应当及时立案（2010 年《专利行政执法办法》第 26 条）。

④ 2008 年《专利法》第 64 条；参见 2010 年《专利行政执法办法》第 28 条（与查封以及扣押产品相关）。

⑤ 2008 年《专利法》第 34 条。

⑥ 2008 年《专利法》第 63 条。

⑦ 同前。

⑧ 同前。

⑨ 同前。

察机关，① 有可能追究其刑事责任。② 假冒他人专利的人，可被"判处 3 年以下有期徒刑或者拘役，并处或者单处罚金"③。

除了寻求行政救济之外，认为自己的专利被他人侵犯的专利权人，也可向相关中级人民法院提起诉讼。④ 任何有关专利侵权的诉讼，都必须在专利权人得知或应当得知侵权行为之日起两年之内提起。⑤《专利法》包含了有关在侵权之诉前的证据保全的规定，⑥ 以及申请停止会对专利权人的权益造成难以弥补的损害的侵权行为的规定（西方国家的说法为"初步禁令"），⑦ 这与《商标法》中的规定相类似。⑧ 一个民事案件中当事人不能主动去发现事实，而证据也由法院采集。⑨ 如果专利侵权纠纷涉及实用新型专利或者外观设计专利，人民法院可以要求专利权人出具由国务院专利行政部门作出的专利权评价报告。⑩

发明或者实用新型专利权的保护范围，以其权利要求的内容为准，说明书及附图可用于解释权利要求的内容。⑪ 这表明

---

① 参见 1997 年《刑法》第 216 条（讨论了仿冒的刑事处罚）；另见 2010 年《专利行政执法办法》第 29 条（"如果涉嫌犯罪的，依法移送公安机关"）。另外，如果仿冒的行为较为轻微且已经被及时改正，则不会对其进行处罚。参见 2010 年《最高人民法院关于充分发挥刑事审判职能作用依法严惩侵犯知识产权和制售假冒伪劣商品犯罪的通知》第 2 节（解释了人民法院在打击知识产权侵权的犯罪行为中的角色）。

② 参见 1997 年《刑法》第 216 条；另见 2004 年《最高人民法院、最高人民检察院关于办理侵犯知识产权刑事案件具体应用法律若干问题的解释》第 4 条（仿冒专利的刑事处罚）。

③ 同前。

④ 2008 年《专利法》第 60 条。

⑤ 2008 年《专利法》第 68 条。

⑥ 2008 年《专利法》第 67 条。

⑦ 2008 年《专利法》第 66 条。

⑧ 参见 2001 年《商标法》第 58 条（有关证据保全的规定）。

⑨ 2008 年《专利法》第 64 条。

⑩ 2008 年《专利法》第 61 条。

⑪ 2008 年《专利法》第 59 条。

保护的范围"应当以其权利要求记载的技术特征所确定的范围为准",包括所属领域的普通技术人员无须经过创造性劳动就能够联想到的等同特征,其"与记载的技术特征以基本相同的手段,实现基本相同的功能,达到基本相同的效果"①。对外观设计专利来说,保护的范围以表示在图片或者照片中的该产品的外观设计为准。②

在侵权成立的前提下,人民法院有权确定赔偿给专利权人的数额。③ 专利权人有权恢复其由于该侵权行为所受到的实际损失,如果实际损失难以确定,则可以按照侵权人因侵权所获得的利益确定。④ 如果上述数额均难以确定,则专利权人可获得一个合理数额的许可使用费。⑤ 赔偿数额还应当包括权利人

---

① 2010年《专利行政执法办法》第16条。参见湖北午时药业股份有限公司与澳诺(中国)制药有限公司、王军社侵犯发明专利权纠纷案(最高人民法院2009年)(这是一个发明专利权的案件,其与午时药业销售的"葡萄糖酸钙锌口服溶液"是否侵犯了澳诺公司的"活性钙"以及"谷氨酰胺或谷氨酸"的专利权利要求1有关)。法院最终判定该争议的溶液包含有葡萄糖酸钙以及盐酸赖氨酸,而这与澳诺公司的专利中的技术特征并不等同。作为结论,其并未侵犯澳诺公司的专利权。

② 2008年《专利法》第59条。在2008年的一个广受关注的案件中,北京市第一中级人民法院判定广州市威而威电子科技有限公司侵犯了摩托罗拉公司就无线对讲机而持有的外观设计专利。See Jocelyn Allison,"Motorola Wins in Patent Dispute With Chinese Firm",*IP Law* 360(Mar. 24, 2008),http://www. bannerwit-coff. com/-docs/news_ events _ archive/news/03. 08% 2OKatz% 201P% 2OLaw360pdf. pdf. 威而威公司被勒令停止生产和销售该对讲机,并赔偿摩托罗拉公司一笔额度保密的费用。摩托罗拉公司的成功部分归功于其为了躲避地方保护主义,在北京而非在威而威公司所处的广州市提起了侵权之诉。

③ 参见《最高人民法院关于审理侵犯专利权纠纷案件应用法律若干问题的解释》第16条(人民法院会确定侵犯发明、实用新型以及外观设计专利的赔偿数额)。

④ 2008年《专利法》第65条。

⑤ 同前。

为制止侵权行为所支付的合理开支。① 事实损害赔偿和专利许可使用费均难以确定的，人民法院还可以判处最低法定赔偿数额。② 在该情况下，法院可以根据专利权的类型、侵权行为的性质和情节等因素，确定给予 1 万元人民币以上 100 万元人民币以下的赔偿。③ 案件还可上诉至高级人民法院。

就作为专利侵权案件结果的损害赔偿来说，中国法院所判罚的损害赔偿与美国的判决相比，历来较低。④ 迄今为止中国的判罚额度最高的案件，就是正泰集团股份有限公司诉施耐德电气低压（天津）有限公司案。⑤ 该案的纠纷涉及一个"小型断路器"上的一项实用新型专利是否受到侵犯的问题。⑥ 2007年，温州市中级人民法院判给正泰公司的赔偿额度高达人民币

---

① 同前。在美国法中，"法院在作出有利于请求人的裁决后，应该判给请求人足以补偿所受侵害的赔偿金，无论如何，不得少于侵害人使用该项发明的合理使用费，以及法院所制定的利息和诉讼费用……" 35 U. S. C. §284（2006）. 在特定的情况下，法院也可判定败诉人负担合理的律师费用。Id. §285.

② 2008 年《专利法》第 65 条。

③ 同前；参见《最高人民法院关于审理侵犯专利权纠纷案件应用法律若干问题的解释》第 16 条（人民法院在判定专利侵权赔偿数额时会考虑的因素）。

④ See Kristina Sepetys & Alan Cox, "Intellectual Property Rights Protection in China: Trends in Litigation and Economic Damages", *IPEG*, p. 6（2009）, http://www.ipeg.eulblog/wp-content/uploads/NERA-IP-Protection-China_-2009.pdf（注意到了与美国相比，中国的专利侵权赔偿较低）; see also Lei Mei, "Chinese Patent Litigation: Tips for US Companies", *Law* 360（June 19, 2009）（"一般而言，中国所判罚的专利侵权赔偿数额都小于 10 万美元"）。

⑤ 正泰集团股份有限公司诉施耐德电气低压（天津）有限公司案（中国温州市中级人民法院）。

⑥ See Sharon R. Barner et al., "The Chint v. Schneider Settlement: 157 Million Reasons to Believe Chinese Patent Holder's Right Have Muscle", *Foley & Lardner LLP Legal News Alert*（Apr. 15, 2009）, http://www.foley.com/publications/pubdetail.aspx? pubid =5949; see also Robert L. Burns, "Will China Become the World Leader in Patent Litigation?", *Lexis Nexis China Legal Review*（Dec. 2007）, http://www.finnegan.com/resources/articles/articlesdetail.aspx? news = 5baf9931-12cd-4d65-8f27-4644b9010b98（讨论了正泰案的结果）。

3.34 亿元。① 在施耐德公司向浙江省高级人民法院上诉之后，该案最终于 2009 年以人民币 1.57 亿元的补偿金达成调解协议。② 然而，正泰案的判决以及调解协议中的额度，是远远高于中国近期专利案件判决的平均值的。从中国网上知识产权诉讼分析工具（CIELA）中获得的数据来看，2009 年的专利侵权案件的损害赔偿均值仅为人民币 57,878 元，原告起诉成功的一般还可以获得额外的人民币 3665 元的支出补偿。③ 据此而言，侵犯专利权所带来的民事惩罚威慑力有限，而中国的企业家们可能会愿意去为获得一笔不劳而获的利益而冒险。④ 真正对侵权者具有威慑力的手段就是刑事处罚，而假冒专利的行为可能会被科处有期徒刑以上的刑罚。

《专利法》也明确指出了几种不构成侵犯专利权的行为。⑤ 这包括首次销售抗辩，即被指控的侵权人再次销售专利产品或依照专利方法直接获得的产品；⑥ 在先使用抗辩，即另一方在专利申请日前已经制造了相同的产品或者利用了一种相同方法，并在其后仍继续从事该行为。⑦ 此外，专为科学研究和实

---

① See Sharon R. Barner et al., "The Chint v. Schneider Settlement: 157 Million Reasons to Believe Chinese Patent Holder's Right Have Muscle". （该文指出了人民币 3.34 亿元的损害赔偿是中国专利侵权案件中判罚额度最高的）。

② See id. （该文指出了人民币 1.57 亿元的调解结果）。

③ See CIELA Summary Report Trend by Year, "CIELA China IP Litigation Analysis", http: //www. ciela. cn/Search/TrendByYearResult. aspx? pageId = 1 & ppId = 2 & language = en & city-&court = &mainType = Patent&subType = &cause = Infringement& industry（Mar. 4, 2011）. 在 2007 年，即正泰案判决出台的同年，专利侵权案件的损害赔偿均值仅为人民币 64,964 元，而支出补偿均值则为 3665 元。

④ See e. g., Kristina Sepetys & Alan Cox, "Intellectual Property Rights Protection in China: Trends in Litigation and Economic Damages", p. 1, 6. （该文指出了将损害赔偿设置到一个合理等级，可以威慑侵权者，而在中国的专利侵权诉讼中传统的低损害赔偿正在伤害中国的高效执行知识产权的能力。）

⑤ 2008 年《专利法》第 69 条。

⑥ 2008 年《专利法》第 69 条第 1 款。

⑦ 2008 年《专利法》第 69 条第 2 款。

验而使用有关专利的行为不构成专利侵权。① 与之类似，为提供行政审批所需要的信息，制造、使用、进口专利药品或者专利医疗器械或设备的行为也不构成专利侵权。② 最后，如果善意的中间人使用或者销售不知道是未经专利权人许可而制造并出售的专利侵权产品，可被免责。③

五、著作权

《著作权法》于 1990 年颁布，并于 2001 年以及 2010 年修订。④ 其常常与 2002 年颁布的《中华人民共和国著作权法实施条例》（以下简称《著作权法实施条例》），⑤ 2003 年颁布、2009 年修订、以囊括对网络侵权之救济的《著作权行政处罚实施办法》⑥，以及 2004 年通过的《著作权集体管理条例》⑦配套运行。然而，由于中国的著作权法律中采用的用语比较宏观，这常常会导致出现判决的不一致，因此，特别是在对待外国著作权人方面，中国的著作权法律常被认为与国际公约的要

---

① 2008 年《专利法》第 69 条第 4 款。尽管许多人认为美国法含有类似的专利侵权研究例外，但事实上并无如此的例外规定存在。See Kevin Iles, "A Comparative Analysis of the Impact of Experimental Use Exemptions in Patent Law on Incentives to Innovate", 4 *Nw. J. Tech. & Intell. Prop.* 61, 67 (2005). ("美国并无一般的法定研究例外，只有普通法意义上的由判例形成的有限例外，其可回溯至 1813 年。")

② 2008 年《专利法》第 69 条第 5 款。

③ 2008 年《专利法》第 70 条。《专利法》因而创设了许多侵权者可以借由逃避其未经授权行为之责任的漏洞。比如，除非专利权人可以证明，否则即使中间人明知他们所经手的物件是在未经专利权人许可的情况下制造并销售的，其基本上也是安全的。参见 2008 年《专利法》第 70 条（要求其必须明知才能承担侵权责任）。

④ 2010 年《著作权法》。

⑤ 2002 年《著作权法实施条例》第 1 条。

⑥ 参见 2009 年《著作权行政处罚实施办法》第 5 条（网上侵权的行为将受到处罚）。

⑦ 2004 年《著作权集体管理条例》第 1 条。

求不符。①

（一）受保护的作品

《著作权法》所保护的作品如下：文字作品；口述作品；音乐、戏剧、曲艺、② 舞蹈、杂技艺术作品；美术、建筑作品；摄影作品、电影作品；工程设计图、产品设计图、地图、示意图等图形作品和模型作品；计算机软件；以其他形式创作的文学、艺术、自然科学、社会科学、工程技术等作品。③ 然而，《著作权法》并不适用于法律、法规，国家机关的决议、决定、命令，以及其他具有立法、行政、司法性质的文件。④ 此外，《著作权法》也不为时事新闻、历法、通用数表、通用表格和公式等公共财产提供保护。⑤ 对民间文学艺术作品的著作权保护则由其他法律规范。⑥

（二）著作权人的权利

著作权自作品创作完成之日起产生。⑦ 中国公民、法人或者其他组织的作品，不论是否发表，依照《著作权法》享有

① See Donald P. Harris, "The Honeymoon is Over: The U. S.-China WTO Intellectual Property Complaint", 32 *Fordham Int'l L. J.* 96, 97 (2008). （中国的有关著作权保护的法律和执行标准与国际标准之间的不一致，导致了WTO申诉的出现。）

② 2002年《著作权法实施条例》第4条第5款。"曲艺"包括相声、快书、大鼓、评书等以说唱为主要表演形式的作品。

③ 2010年《著作权法》第3条。在美国法中，"固定于任何现在已知的或者将来出现的有形的表达媒介的具有原创性的著作，受到版权的保护。借由此媒介，该著作可直接或者借助于机器或设备而被感知、复制，或以其他方式传达"。17 U. S. C. §102 (a) (2006). 具有原创性的著作如下："(1) 文学作品；(2) 音乐作品，包括任何附随的文字；(3) 戏剧作品，包括任何附随的音乐；(4) 哑剧和舞蹈作品；(5) 绘画、图形以及雕塑作品；(6) 电影以及其他音像作品；(7) 录音作品；(8) 建筑作品。"

④ 2010年《著作权法》第5条第1款。

⑤ 2010年《著作权法》第5条第2款、第3款。在美国法中，任何"思想、程序、方法、系统、运算方式、概念、原理或者发现……"均不受版权保护。17 U. S. C. §102 (b) (2006).

⑥ 参见2010年《著作权法》第6条、《非物质文化遗产法》第1条，http://hk. lexiscn. com/law/intangible-culturalheritage-law-of-the-peoples-republic-of-china. html.

⑦ 2002年《著作权法实施条例》第6条。

著作权。① 作品受到中国、著作权人所属国、经常居住地国签
订的国际条约和协议保护的外国著作权人或无国籍人作者，也
在保护范围内。《著作权法》甚至还将保护延伸至未与中国签
订协议，或者未与中国共同参加国际条约的国家的作者和无国
籍人的作品之上。②

　　著作权人所拥有的一系列人身以及财产权利被规定于第
10条之中。③ 这些权利包括发表权、署名权、复制权、发行
权、展览权、表演权、广播权、信息网络传播权、改编权、翻
译权、保护作品完整权等。④ 著作权人也可以以有偿的方式将
部分权利许可或转让给他人。⑤ 著作权的保护期为作者终生及
其死亡后50年。⑥ 著作权归属于法人或者其他组织的，保护
的期限为50年，始于作品首次发表之时。⑦

　　《著作权法》规定，作品的著作权属于作者，除非另有规
定。⑧ 如果作品由法人或者其他组织主持创作，并由法人或者
其他组织承担责任，该法人或者其他组织将被视为作者。⑨ 如
果作品由两人以上合作创作，则著作权由合作作者共同享有，

　　① 2010年《著作权法》第2条。
　　② 同前。
　　③ 2010年《著作权法》第10条。
　　④ 2010年《著作权法》。在美国法中，版权人有从事以及允许他人从事6
种不同行为的专有权利："（1）复制该版权作品……（2）根据版权作品创作演绎
作品；（3）以销售或者其他转让所有权的方式，或者以出租、租赁或出借的方式
向公众……发行版权作品的复制品；（4）……公开表演该版权作品；（5）……公
开展出该版权作品；（6）涉及录音作品的情况下，以数字音频传输形式公开表演
作品。"17 U.S.C.§106.
　　⑤ 2010年《著作权法》第10条。
　　⑥ 2010年《著作权法》第21条。在美国法中，于1987年1月1日当日或
以后（应为1978年——译者注）创作的作品之版权，其期限为作者终生加死后
70年。17 U.S.C.§302（a）（2006）.
　　⑦ 2010年《著作权法》第21条。在美国法中，雇佣作品的版权保护期限
为"自作品首次发表之日起95年，或者自作品创作完成之日起120年，以在先届
满者为准"。17 U.S.C.§302（c）（2006）.
　　⑧ 2010年《著作权法》第11条。
　　⑨ 同前。

中国知识产权法

除非该作品可以被轻易分割成部分并单独使用。①

运用这些基本规则的特别规定十分复杂，有时甚至互相冲突。② 例如，"公民为完成法人或者其他组织工作任务所创作的作品是职务作品"③。该类作品的著作权归雇员所享有，但其雇主"有权在其业务范围内优先使用"，而作者在作品完成两年内不得许可第三人以与单位使用的相同方式使用该作品。④ 然而，在主要是利用法人或者其他组织的物质技术条件创作，并由法人或者其他组织承担责任的工程设计图、产品设计图、地图、计算机软件等职务作品等情况下，作者仅享有署名权，⑤ 著作权的其他权利则由雇主享有，其可仅给予作者奖励。⑥ 而另一方面，受委托创作的作品的著作权属于受托人，除非当事人就此在合同中另有约定。⑦

《著作权法》包含了一系列类似合理使用的规定，允许在作者姓名、作品名称被适当指明的前提下，可以在不经著作权人许可并不向其支付报酬的情况下，使用他人作品。⑧ 例如，个体可以以个人学习或者研究为理由使用他人的作品，以及为介绍、评论或者说明某一问题引用他人的作品。⑨ 在不出版发行的前提下，为学校课堂教学或者科学研究，翻译或者少量复

---

① 2010年《著作权法》第13条（注意没有参加创作的人，不能成为合作作者）。另见2002年《著作权法实施条例》第9条。在美国法中，作品的版权属于"该作品的作者，合作作品的作者为作品版权的共同所有人"。17 U.S.C. §201（a）（2006）.

② 参见2010年《著作权法》第16条（展示了这些规则的复杂性）。

③ 同前。

④ 同前。将其与17 U.S.C. §201（b）相比（规定了在雇佣作品的情况下，雇主或作品为其创作的他人被视为作者，当事人明确表示相反意见的除外，其享有版权中的一切权利）。

⑤ 2010年《著作权法》第16条。

⑥ 同前。

⑦ 2010年《著作权法》第17条。

⑧ 2010年《著作权法》第22条。

⑨ 2010年《著作权法》第22条第1款、第2款。

制已经发表的作品。① 为了报道时事新闻，媒体可以再现已经发表的作品，该新闻报道随后也可被其他报纸、广播电台或者电视台等刊登或播放。② 为了陈列或者保存版本的需要，图书馆以及博物馆等也可复制已经发表的作品。③ 法律也允许在该表演未向公众收取费用，也未向表演者支付报酬的前提下，公开表演已发表的作品，且室外展览也在允许范围内。④ 以汉语言文字创作的作品也可被翻译成少数民族语言文字作品在国内出版发行，且可被改成盲文出版。⑤ 最终，基于教育目的，并按照规定支付报酬，指明作者姓名、作品名称的话，可将已经发表的作品片段或者短小的文字作品、音乐作品或者单幅的美术作品、摄影作品汇编入教材中。⑥

除了上述的这些情况外，任何意欲利用他人之作品的人，必须同著作权人订立许可使用合同。⑦ 许可使用的权利是专有使用权的，应当采取书面形式。⑧ 任何许可使用合同都必须注明许可使用的权利种类、许可使用的权利是专有使用权或者非专有使用

---

① 2010 年《著作权法》第 22 条第 6 款。

② 2010 年《著作权法》第 22 条第 4 款、第 5 款。

③ 2010 年《著作权法》第 22 条第 8 款。

④ 2010 年《著作权法》第 22 条第 9 款、第 10 款。

⑤ 2010 年《著作权法》第 22 条第 11 款、第 12 款。相比较下，美国法则没那么具体，其规定"为了批评、评论、新闻报道、教学……学术或研究之目的，对版权保护之作品的合理使用，不被视为版权侵权行为"。17 U. S. C. §107 (2006). 合理使用是基于个案判断之基础的。See id. ［规定合理使用会考量的因素："（1）使用的目的和特性，包括使用是否具有商业性质……（2）版权作品的性质；（3）与作品整体相比，所使用的部分的比例以及数量；（4）作品对版权作品之潜在市场或价值所产生的影响。"］

⑥ 2010 年《著作权法》第 23 条。注意在作者事先声明不许使用的情况下，该种使用仍会获得许可。

⑦ 2010 年《著作权法》第 24 条。

⑧ 2002 年《著作权法实施条例》第 23 条。

权、许可使用的地域范围和期间、许可费用以及违约责任。① 在取得著作权人许可后，被许可人可以再许可其所获得的权利。②

（三）执法措施

负责版权执法事务的国家行政机构为国家版权局，以及地方人民政府有著作权行政执法权的有关部门。③ 一共有两大类侵权行为被《著作权法》所禁止。④ 而实施了特定侵权行为的人，可能会引致包括停止侵害、消除影响、赔礼道歉以及（或者）赔偿损失等在内的民事责任。⑤ 这些不法行为包括未经著作权人许可发表其作品、没有参与创作却在他人作品上署名、未经合作作者许可单独发表作品、歪曲或篡改他人作品、剽窃、使用他人作品应当支付报酬而未支付、未经表演者许可而对表演进行公开传送或录制，以及其他侵权行为。⑥ 如果该类行为还损害了公共利益，还可能会受到额外行政处罚。⑦

《著作权法》第 48 条还规定了第二类侵权行为，将未经著作权人许可通过信息网络向公众复制并传播其作品、未经许可播放或者复制广播或电视节目、出版他人享有专有出版权的图书的行为列为违法。⑧ 未经著作权人或者与著作权有关的权

---

① 2010 年《著作权法》第 24 条。另见《著作权法实施条例》第 24 条（在专有使用权许可的情况下，如果约定不明，则被许可人有权排除包括著作权人在内的任何人以同样的方式使用作品）。

② 2002 年《著作权法实施条例》第 24 条。

③ 2009 年《著作权行政处罚实施办法》第 2 条；同前，第 6 条（位于北京的国家版权局负责查处在全国有重大影响的违法行为，地方著作权行政管理部门则负责查处本辖区发生的违法行为）。

④ 2010 年《著作权法》第 47—48 条（列举了两类不同的侵权行为）。

⑤ 2010 年《著作权法》第 47 条。

⑥ 2010 年《著作权法》第 47 条第 1—5 款，第 7 款，第 10—11 款。

⑦ 2009 年《著作权行政处罚实施办法》第 3—4 条；第 4 条（著作权行政管理部门可以依法责令侵权者停止侵权行为，罚款，没收违法所得，没收侵权制品、安装存储侵权制品的设备以及主要用于制作侵权制品的材料、工具、设备，以及其他行政处罚）。

⑧ 2010 年《著作权法》第 48 条第 1—2 款、第 5 款。

利人许可，故意避开或者破坏权利人为其作品、录音录像制品等采取的保护著作权或与著作权有关的权利之技术措施，或者未经著作权人或者与著作权有关的权利人许可，故意删除或者改变作品、录音录像制品等的权利管理电子信息的行为也属违法。① 制作、出售假冒他人署名的作品的行为也被视为违法。② 任何人违反了其中任何一条规定，都可能引致民事责任，包括没收侵权复制品以及任何非法所得、罚金等在内的行政处罚乃至刑事处罚。③

著作权行政管理部门可以自行决定立案查处上述违法行为，或者根据有关部门移送的材料决定立案查处，也可以根据被侵权人、利害关系人或者其他知情人的投诉或者举报决定立案查处。④ 调查手段可能包括收集账簿以及其他文件等相关资

① 2010年《著作权法》第48条第6—7款。

② 2010年《著作权法》第48条第8款。

③ 2010年《著作权法》第48条。See e. g. , "IFPI Wins Illegal Music Download Cases Against Yahoo! China", *Rouse* (2008), http：//www. iprights. com/content. output/330/330/About%/20Us/Press% 2Releases/IFPI% 20wins% 20the% 20% 27illegal% 20music% 20download% 27% 20cases% 20against% 2OYahoo!% 2oChina. mspx ［该文描述了国际唱片业联盟（IFPI）向雅虎中国提起的法律诉讼之结果，北京市高级人民法院判定，雅虎中国应该知道该链接会导向盗版录音制品，仍提供该链接，也并未根据对方的提示删除这些链接，明显地纵容了这些侵权行为，因而雅虎中国侵犯了 IFPI 的著作权］；see also Charlie Zhu, "Beijing Court Rules Yahoo! China Violates IPR", *Reuters* (Dec. 2, 2007), http：//www. reuters. com/article/2007/12/21/usyahoo-china-ipr-idUSSHA9621520071221 （该文讨论了路透社关于雅虎中国被勒令删除侵权链接并赔偿人民币约20万元的报道）。But cf. Erin Coe, "Chinese Court Hands Baidu Win in File-Sharing Fight", *IP Law*360 (Jan. 26, 2010), http：//www. law360. com/articles/145679/chinese-court-hands-baidu-win-in-file-shring-fight. （由于百度搜索引擎公开展示各网站中含有盗版音乐深层链接的行为，IFPI 之后起诉百度的案件，该案裁决认为百度的行为并非侵权。）

④ 2009年《著作权行政处罚实施办法》第11条。执法人员在执法过程中，发现违法行为正在实施，情况紧急来不及立案的，可以对违法行为予以制止或者纠正，对涉嫌侵权制品、安装存储涉嫌侵权制品的设备和主要用于违法行为的材料、工具、设备等依法先行登记保存，并收集、调取其他有关证据。同前，第15条，其还被要求在七日内将有关情况和材料报所在著作权行政管理部门。

料，对涉嫌侵权制品进行抽样取证，对涉嫌侵权制品、安装存储涉嫌侵权制品的设备、涉嫌侵权的网站网页、涉嫌侵权的网站服务器和主要用于违法行为的材料、工具、设备等依法先行登记保存。①执法人员还可以向当事人以及其他证人取得陈述证据。②

案件调查结束后，行政管理部门会出具调查报告，且可能会根据侵权人的过错程度、侵权时间长短、侵权范围大小及损害后果等情节施以行政处罚。③ 行政管理部门也可勒令侵权人停止侵权行为，没收违法所得，没收、销毁侵权复制品。④ 侵权者也可能被处以非法经营额 3 倍以下的罚款；非法经营额难以计算的，可以处 10 万元人民币（约等于 15,670 美元）以下的罚款。⑤ 如果该侵权行为情节特别严重，著作权行政管理部门可以没收主要用于制作侵权制品的材料、工具、设备等。⑥

如果侵犯著作权的行为情节特别严重，也可能受到刑事制裁。⑦《刑法》禁止未经著作权人许可，复制、发行其作品，出版他人享有专有出版权的图书；未经录音录像制作者许可，复制、发行其制作的录音录像；制作、出售假冒他人署名的美

---

① 2009 年《著作权行政处罚实施办法》第 16 条。

② 2009 年《著作权行政处罚实施办法》第 18 条第 3 款、第 5 款。

③ 2009 年《著作权行政处罚实施办法》第 29 条第 1 款。

④ 参见 2010 年《著作权法》第 48 条；另见 2009 年《著作权行政处罚实施办法》第 3 条第 5 款（违反著作权法的行为将会受到行政管理部门的处罚）。

⑤ 2002 年《著作权法实施条例》第 36 条。著作权行政管理部门作出罚款决定时，罚款数额应当依照《著作权法实施条例》第 36 条、《计算机软件保护条例》第 24 条和《信息网络传播权保护条例》第 18 条、第 19 条的规定确定。参见 2009 年《著作权行政处罚实施办法》第 30 条。

⑥ 2009 年《著作权行政处罚实施办法》第 31 条。所谓"情节严重"包括如下情形：违法所得数额（获利数额）在 2500 元以上；非法经营数额在 15,000 元以上；经营侵权制品在 250 册（张或份）以上；因侵犯著作权曾经被追究法律责任又侵犯著作权；造成其他重大影响或者严重后果。

⑦ 2009 年《著作权行政处罚实施办法》第 8 条；另见 1997 年《刑法》第 217 条（规定了严重侵犯著作权的行为之刑事制裁）。

术作品。① 然而，可施加的刑罚则相对较轻。② 侵权人违法所得数额在 3 万元人民币以上的，或者复制品数量合计在 500 张（份）以上的，该侵权者可能会被判处 3 年以下有期徒刑或拘役，并处或者单处罚金。③ 违法所得数额在 15 万元人民币以上，或者复制品数量在 2500 张（份）以上的话，则该侵权者会被判处 3 年以上 7 年以下的有期徒刑，并处罚金。④ 罚金的额度一般在违法所得的 1 倍以上 5 倍以下，且应当综合考虑犯罪的所有情节。⑤

　　在一个值得注意的案件中，人民法院认定一家名为成都共软网络科技有限公司及其公司经理们在未获得微软公司的许可的情况下，复制了微软公司的 Windows XP 计算机软件并用于发行多款"番茄花园"计算机软件。⑥ 法院认为所有的被告都实施了侵犯著作权的行为，共软公司的涉案违法所得数额巨大（人民币 292,428,709 元），且案情十分严重（接近 8 万次下载，远超"特别严重情节"所要求的 2500 次）。⑦ 共软公司被判罚人民币 877,286,127 元。本案的个人被告被分别判处 2 年

---

① 2009 年《著作权行政处罚实施办法》第 217 条第 1—4 款。

② See Kristie M. Kachuriak, "Chinese Copyright Piracy: Analysis of the Problem and Suggestions for Protection of U. S. Copyrights", 13 *Dick. J. Int'l L.* 599, 611-612 (1995). （该文讨论了著作权保护体系的低效率，以及可能会施加于知识产权问题之上的较轻刑事处罚。）

③ 参见 1997 年《刑法》第 217 条（某些特定的著作权侵权行为可能会导致最高 3 年的监禁以及罚金）；see also Newsletter, China Patent Agent（H. K.）LTD., p. 5（在一个图表中展示了会导致最高 3 年监禁以及罚金的特定行为）。

④ 参见 1997 年《刑法》第 217 条（在"违法所得数额巨大或者有其他特别严重情节的"情况下，可判处 3 年以上 7 年以下有期徒刑）；see also Newsletter, China Patent Agent（H. K.）LTD., p. 5（在一个图表中展示了会导致 3 年以上 7 年以下监禁以及罚金的特定行为）。

⑤ 2007 年《最高人民法院、最高人民检察院关于办理侵犯知识产权刑事案件具体应用法律若干问题的解释（二）》第 4 条。

⑥ 江苏省苏州市虎丘区人民检察院诉成都共软网络科技有限公司（苏州市虎丘区人民法院，2009 年 8 月 20 日作出判决）。

⑦ 同前。

中国知识产权法

到 3 年零 6 个月不等的有期徒刑，并处以人民币 10 万元到 100 万元不等的罚金。此外，其违法所得也上缴国库。①

《著作权法》包含了与专利以及商标法规中类似的禁令救济及证据保全措施。② 如果著作权人认为另一方正在实施或即将实施侵犯其权利的行为，如不及时制止将会使其合法权益受到难以弥补的损害，其可以在起诉前向人民法院申请采取责令侵权者停止非法行为的措施。③ 在起诉前，如果著作权人认为证据可能灭失，或者在起诉以后难以取得，也可以向人民法院申请证据保全措施。④

人民法院也有权施以赔礼道歉、赔偿损失等民事救济措施。⑤ 权利人可能获得其因侵权行为所遭受的实际损失的赔偿，或者如果实际损失难以计算，可以按照侵权人的违法所得给予赔偿。⑥ 如果权利人的实际损失或者侵权人的违法所得不能确定，人民法院仅有权根据侵权行为的情节，判决给予人民币 50 万元以下的赔偿。⑦ 权利人也有权就其为制止侵权行为所支付的合理开支获得补偿。⑧

外国的作品可能获得的保护较少。⑨ 在英特宜家系统有限公司诉台州市中天塑业有限公司一案中，宜家（一家在荷兰

---

① 同前。
② 2010 年《著作权法》第 50 条（讨论了著作权人可用于制止侵权者的活动的禁令救济规定）。
③ 同上。人民法院处理前款申请，适用《民事诉讼法》第 93 条至第 96 条和第 99 条的规定。
④ 《民事诉讼法》第 51 条。
⑤ 《民事诉讼法》第 47—49 条（讨论了会导致民事责任的不同的侵权行为）。
⑥ 《民事诉讼法》第 49 条。
⑦ 同前。
⑧ 参见 2010 年《著作权法》第 47—49 条（讨论了会导致民事责任的不同的侵权行为）。
⑨ 例如，英特宜家系统有限公司诉台州市中天塑业有限公司案（上海市第二中级人民法院，2009 年 8 月 22 日作出判决）（讨论了究竟什么构成实用艺术的问题）。

注册的瑞典公司）指控被告中天公司，称其复制了宜家所有的玛莫特系列儿童家具，因而侵犯了宜家的著作权。法院指出，中国是《伯尔尼公约》的成员国，且外国的实用艺术作品受到中国法律的保护。① 法院进一步解释，人民法院从"实用艺术作品的实用性和艺术性角度"来考虑实用艺术作品。实用性并不受《著作权法》保护，对于艺术性部分可以归入《著作权法》规定的"美术作品"依法保护。也就是说，实用艺术作品必须在审美意义上达到美术作品应具备的艺术高度。在这种情况下，法院认为涉案的玛莫特儿童椅的外形与一般的儿童凳无异，玛莫特儿童椅的设计"属于造型设计较为简单的儿童椅和儿童凳，不具备美术作品应当具备的艺术高度"②。作为结果，该设计不能受到保护，而且，尽管被告中天公司生产的家具与原告英特宜家公司的玛莫特设计相似或者基本相同，也不构成对原告著作权的侵犯。③

六、商业秘密与不正当竞争

与美国大部分州所不同的是，中国并没有一部单独规定有关保护商业秘密的法律，即在中国不存在与被美国大多数州所采用的《统一商业秘密法》相类似的等同物。④ 相反，中国用许多相关的法律，如《反不正当竞争法》（1993年施行）、《合同法》、劳动法律以及刑事法律来处理商业秘密的保护。⑤

《反不正当竞争法》指出，经营者在市场交易中，应当遵

① 同前。
② 同前。
③ 同前。
④ See J. Benjamin Bai & Guoping Da, "Strategies for Trade Secrets Protection in China", 9 *Nw. J. Tech. & Intell. Prop.* 351, 355 (2011). （该文指出许多法令都有关于商业秘密保护的规定，其中最为重要的是《反不正当竞争法》。）
⑤ See id. （中国《公司法》《合同法》《劳动法》《劳动合同法》中规定了与商业秘密规范相关的规定）；另见1997年《刑法》第219条（讨论了侵犯商业秘密协议的刑事处罚）。

循自愿、平等、公平、诚实信用的原则，遵守公认的商业道德。① 特别是，经营者被禁止通过盗窃、利诱、胁迫等不正当手段获取他人的商业秘密②以及披露、使用或者允许他人使用以前项手段获取的权利人的商业秘密，或者违反保密协议。③ 雇员也被约束不得违反合同约定或者违反雇主就其所获得的权限而设定的，有关"披露、使用或者允许他人使用其掌握的权利人的商业秘密的要求"。④

经营者如认为自己的商业秘密受到损害，可以向"县级以上工商行政管理机关"寻求救济。⑤ 如果工商行政管理机关认定该商业秘密被侵犯，则可勒令侵权者停止销售使用权利人商业秘密生产的产品，而且也可强令销毁侵权产品。⑥ 侵权者还可能被处人民币1万元以上20万元以下的罚款，⑦ 且侵权者可被勒令将载有商业秘密的图纸、软件及其他有关资料返还权利人。⑧ 如果商业秘密的所有人因此受到重大损失，则侵权者

---

① 1993年《反不正当竞争法》第2条。

② 1993年《反不正当竞争法》第10条；另见《关于禁止侵犯商业秘密行为的若干规定》（国家工商总局1998年）第3条。根据该规定第2条，"商业秘密"被定义为"不为公众所知悉、能为权利人带来经济利益、具有实用性并经权利人采取保密措施的技术信息和经营信息"。"权利人采取保密措施"包括订立保密协议、建立保密制度及采取其他合理的保密措施。受保护的信息包括"设计、程序、产品配方、制作工艺、制作方法、管理诀窍、客户名单、货源情报、产销策略、招投标中的标底及标书内容等信息"。

③ 1993年《反不正当竞争法》第10条；另见《关于禁止侵犯商业秘密行为的若干规定》第3条（指出了何种行为构成侵犯商业秘密）。

④ 《关于禁止侵犯商业秘密行为的若干规定》第3条第4款。

⑤ 《关于禁止侵犯商业秘密行为的若干规定》第4条。

⑥ 1993年《反不正当竞争法》第6—7条。

⑦ 1993年《反不正当竞争法》第7条。

⑧ 1993年《反不正当竞争法》第7条第1款。

还有可能承担刑事责任，① 其可能会被判处 3 年以下有期徒刑或者拘役，并处或者单处罚金。②

工商行政管理机关有权调解商业秘密所有者以及侵权人之间的损害赔偿问题，或者权利人也可以向人民法院起诉，请求损害赔偿。③ 商业秘密的所有人有权就其因商业秘密被盗用而受到的损失获得赔偿，如果该损失难以计算，商业秘密的所有人可获得的赔偿额为侵权人在侵权期间因侵权所获得的利润。④ 商业秘密的所有人也有权就其因采取行动而产生的合理费用得到补偿。⑤

与合同相关的法律也包含有涉及商业秘密的使用条款。⑥

---

① 参见 1997 年《刑法》第 219 条（规定了那些侵犯商业秘密并造成损失的人可能被判刑）；see also J. Benjamin Bai & Guoping Da, "Strategies for Trade Secrets Protection in China", p. 351 ［该文指出由于中国缺乏美式的证据披露制度，使得对盗用他人的商业秘密的行为采取行动十分困难；相反，商业秘密的所有者应当考虑利用刑事检控以及针对防止盗用出台的政策］。

② 1997 年《刑法》第 219 条。对于造成特别严重后果的，还可能判处 3 年以上 7 年以下有期徒刑。例如，参见上海市人民检察院第一分院诉胡士泰等案（上海市第一中级人民法院，2010 年 3 月 29 日作出判决）（判定矿业巨头力拓公司的 4 个员工在铁矿贸易中的行为构成了受贿罪、侵犯商业秘密罪，并判处其 7 年到 14 年不等的有期徒刑、20 万元到 50 万元不等的罚金，以及没收违法所得）。

③ 《关于禁止侵犯商业秘密行为的若干规定》第 9 条；另见 1993 年《反不正当竞争法》第 20 条（经营者的合法权益受到不正当竞争行为损害的，可以向人民法院提起诉讼）。See e. g. , "GE Wins Trade Secret Infringement Case Against Jiuxiang", *Dansams News*（Nov. 12, 2007），http：//www. dansams. cominews/news. asp? id = 174. 2007 年，通用电气公司（GE）基于《反不正当竞争法》第 20 条，对西安九翔电子科技有限公司及其所有人王晓辉提起诉讼。王晓辉曾是通用电气的一名工程师，并签署过两份雇佣合同，同意不会泄露通用电气的与计算机断层扫描（CT）设备相关的商业秘密。作为通用公司的雇员，王晓辉参加了许多培训项目，且其私下获知了与 CT 设备相关的最高级别商业秘密及文件。王晓辉其后离开通用电气并成立属于自己的九翔公司，主营安装以及维修包括 CT 设备在内的医院医疗设备，且其还开设培训班并展示其得自通用公司的信息。西安市中级人民法院认定王晓辉盗用通用公司的商业秘密并侵犯了其著作权。王晓辉被勒令立即停止侵权行为，并赔偿通用公司 90 万元人民币。

④ 1993 年《反不正当竞争法》第 20 条。

⑤ 同前。

⑥ 《合同法》第 43 条。

有关合同订立之规定指出，无论合同是否成立，当事人不得泄露或者不正当地使用在订立合同过程中知悉的商业秘密。如果一方泄露或者不正当地使用该商业秘密给对方造成损失，则应承担损害赔偿责任。[①]《合同法》也专门为技术合同单设一章（如技术开发或转让合同、技术资讯或者服务合同）。[②] 根据法律规定，技术合同的当事人应当承担与任何秘密技术有关的保密义务。[③]

中国的劳动法律也允许劳动合同当事人，就保守用人单位的商业秘密和知识产权与其雇主约定。[④] 如果雇员有保守其雇主的商业秘密的义务，则用人单位可以在劳动合同或者保密协议中与劳动者约定竞业限制条款；[⑤] 然而，雇主在解除劳动合同后，必须在竞业限制期限内给予劳动者经济补偿。[⑥] 且竞业限制的人员限于用人单位的高级管理人员、高级技术人员和其他负有保密义务的人员。[⑦] 这就使得雇主无法对低级别雇员为其竞争者工作施加限制。[⑧]

---

① 同前。

② 《合同法》第 322—364 条。

③ 《合同法》第 347 条、第 350 条。

④ 参见《劳动法》第 22 条（允许当事人就其雇主的商业秘密达成约定）；另见《劳动合同法》第 23 条（一个雇主可以就要求雇员保守商业秘密方面与该雇员达成协议）；Shan Hailing, *The Protection of Trade Secrets In China*, 2008, pp. 220-221（员工的忠诚度在中国仍是相对比较新的概念，因为"在 60 年间，社会主义全民所有制一直是中国企业所有制的主要形式。在这种旧的所有制下，对企业忠诚就等于对国家忠诚"）。

⑤ 《劳动合同法》第 23 条。

⑥ 同前。

⑦ 《劳动合同法》第 24 条。

⑧ See J. Benjamin Bai & Guoping Da, "Strategies for Trade Secrets Protection in China", p. 369（并不是所有的雇员都受制于非竞争义务）。But see Sean Cooney et al., "China's New Labour Contract Law: Responding to the Growing Complexity of Labour Relations in the PRC", 30 *U. N. S. W. L. J.* 786, 799-800（2007）（该文建议应该将非竞争义务适用于任何雇员，因为该法条所使用的语言看似是允许将该种义务加入任何雇员的劳动合同之中的）。

保护在中国做生意的西方公司的商业秘密，一直以来都被
认为是极度困难的事情。① 虽然雇员以及签约者都被要求签署
协议，声明其不会泄露或者盗用其雇主的商业秘密，以及在离
职后不会与其前雇主竞争，但这类协议的真实执行状况堪
忧。② 因此，多数建议都认为，商业秘密所有人应尽可能将获
取其商业秘密信息的渠道严格限制在对知晓该信息有着合法利
益的重要员工范围内。③

七、结论

中国的知识产权改革仍在继续。该国现在已经有了在许多
方面有鲜明西方法律烙印且总体来说符合国际协议要求的知识
产权保护系统。然而，对侵权的处罚力度仍不足，且执法方面
仍有很大问题。基于对案例的分析可以明显得知，那些意欲在
中国开展生意的国家，很难合理地预期其知识产权在中国会被

---

① See e. g. , Marisa Anne Pagnattaro, "Protecting Trade Secrets in China：
Update on Employee Disclosures and the Limitations of the Law", 45 *Am. Bus. L. J.* 399,
399（2008）（该文将在中国保护商业秘密视为"让人生畏的挑战"）；Marisa Anne
Pagnattaro, "'The Google Challenge'：Enforcement of Noncompete and Trade Secret A-
greements for Employees Working in China", 44 *Am. Bus. L. J.* 603, 603（2007）（该
文指出在中国做生意的巨大挑战就是保护商业秘密）；see also Erin Ailworth, "Data
Theft Case May Test US, China Ties", *Bos. Globe*, at B5（Sept. 19, 2011）（该文报
道了美国超导公司正在调查其中国伙伴对其与风涡轮有关的加密代码以及其他技
术的明显盗窃行为）。

② See Marisa Anne Pagnattaro, "Protecting Trade Secrets in China：Update on
Employee Disclosures and the Limitations of the Law", p. 605.（该文指出了非竞争协
议在中国的执行问题，以及法院判定这类协议无效所存在的危险。）

③ See Marisa Anne Pagnattaro, "Protecting Trade Secrets in China：Update on
Employee Disclosures and the Limitations of the Law", pp. 412 -415（该文讨论了在中
国法律下起草非竞争协议以保护商业秘密的最优选择，包括限制有获取商业秘密
之权限的雇员人数）；see also Marisa Anne Pagnattaro, "The Google Challenge'：
Enforcement of Noncompete and Trade Secret Agreements for Employees Working in Chi-
na", p. 635（该文建议，"只有那些事实上有着获取商业秘密信息权限的雇员才
应该签署包含着保密条款的非竞争协议"）。

始终如一地承认并执行。①

中国与美国的知识产权法律之间存在着显著区别。② 在商标领域，中国的"申请在先"体系允许商标抢注者注册另一个公司的品牌名称，并于其后阻止合法的所有人使用自己的标识。甚至对驰名商标的所有者来说，都在中国因保护自己的商标遭遇过困难。中国的专利法律许可在未进行实质性审查的前提下授予实用新型专利，直至被提起诉讼，而中国的法律允许在专利所有人滥用、未充分实施其专利权、当公共利益受到危害的情况下，授予第三方以该专利的强制许可。著作权法律则规定了比美国要短的保护期限，而与商业秘密相关的各类法律则限制了可能受制于非竞争协议的雇员。即使是在中国法与美国法看起来差不多的情况下，其往往还受制于不同的解释。③例如，尽管中国《著作权法》保护外国的实用艺术作品，而法院则从实用性以及艺术性的角度来考量，将那些未达到美术作品应当具备的艺术高度的设计排除在保护外。

此外，中国的透明度仍有待提高。④ 法院只公布了极少数

---

① See Glen R. Butterton, "Pirates, Dragons and U. S. Intellectual Property Rights in China: Problems and Prospects of Chinese Enforcement", 38 *Aruz. L. Rev.* 1081, 1084, 1093-1107 (1996). (该文讨论了中国的知识产权执行问题，其焦点集中于对侵权以及执行来说问题特别严重的著作权领域。)

② See Justin McCabe, "Enforcing Intellectual Property Rights: A Methodology for Understanding the Enforcement Problem in China", pp. 19–27. (该文强调了美国与中国知识产权法律之间的区别。)

③ See id., pp. 19–20. [该文讨论了美国专利法的 35 U. S. C. § 271 (a) 条以及中国《专利法》第 11 条的有关专利侵权之规定所使用语言的相似性，但也指出这些法律规定可通过解读而表达不同的意思。]

④ See Wei Shi, "Incurable or Remediable? Clue to Undoing the Gordon Knot Tied by Intellectual Property Rights Enforcement in China", 30 *U. Pa. J. Int'l L.* 541, 563 (2008). (中国的行政以及司法系统的透明度很有问题。)

判例，而被翻译成英文的就更少了。① 外界被迫依赖媒体的报道或者依赖中国法院系统公布的白皮书，而在某些情况下新闻报道可能是失实甚至是有偏见的。② 除了每年的报告及由中国官方所选的以展示其执法水平提高的少数"典型意见"外，公众应当有权获得与知识产权有关的所有法院判决。③ 通过这种方式，法院一方，特别是在那些长期被指控存在保护主义的省份的法院，将会有更大责任感，而那些有兴趣在中国做生意的公司也将会有更大可预测性。④

---

① See Thomas E. Volper, Note, "TRIPS Enforcement in China: A Case for Judicial Transparency", 33 *Brook. J. Int'l L.* 309, 329 (2007). (该文探讨了中国司法的透明度问题，包括法院意见极少被公开发表这一事实)。

② See Wei Shi, "Incurable or Remediable? Clue to Undoing the Gordon Knot Tied by Intellectual Property Rights Enforcement in China", p. 563. (由于政府没有持续公布法律的变动，"对于法律数据库而言，公众并没有稳固及直接的获取途径"。)

③ See Thomas E. Volper, Note, "TRIPS Enforcement in China: A Case for Judicial Transparency", p. 329. (最高人民法院会在其公报上出版一些精选的司法意见，以及一些被精心编辑过的下级法院判决。)

④ See id. ("司法裁判的公共获取将会有助于在中国提高司法道德水平"); see also Peter K. Yu, "From Pirates to Partners: Protecting Intellectual Property in China in the Twenty-First Century", 50 *Am. U. L. Rev.* 131, 220 (2001) (美国应当鼓励中国公布并翻译其司法决定，以为公众和外国的企业提供辅助)。

特约来稿

与姓名和形象相关的财产权利

——中日两国共同关心的形象化权问题[*]

上野达弘[**] 文

谢晴川[***] 译

---

[*] 上野达弘:《氏名・肖像等に関する財産権——「パブリシティ権」をめぐる諸課題》,作者向本书投稿,书面授权翻译刊行。

[**] 上野达弘,毕业于京都大学,日本早稻田大学法学部教授,博士生导师。现兼任日本著作权法学会理事,日本工业所有权法学会常务理事,ALAI Japan 理事,日本法与计算机学会理事,德国工业产权保护和著作权联合会 (GRUR) 会员,日本知识产权战略本部"新形态信息财产检讨委员会"委员,文部省所属文化审议会著作权分科会委员,日本律师协会中央知识产权研究所研究员。迄今已公开发表日文、英文论文百余篇。

[***] 谢晴川,日本早稻田大学法学博士,南开大学法学院讲师,研究领域为知识产权法。

四、结语

一、引言

如果擅自在商品和广告中使用能吸引顾客的艺人名字和肖像，会导致什么后果？

从国际视角来看，关于这个问题的立法情况很不一样。在中国，民法通则、侵权行为法、广告法中存在关于肖像的一些规定。① 在美国，一部分的州立法赋予了关于肖像的形象化权（right of publicity）。此外，在德国，旧著作权法的一部分规定现在仍然有效力，其中就有保护肖像的条款。日本则不存在明文立法，但是通过判例承认形象化权。②

虽然各国对于姓名和肖像的商业使用都给予一定的法律保护，但是具体内容则千差万别。尤其是擅自使用他人的姓名和肖像是否构成违法，这一点没有哪个国家作出了明确规定。同时，该问题正通过互联网走向国际化因而变得越来越重要。因此，有必要从跨国的视角讨论这个问题。

在日本，关于这个问题最早的最高法院判决发生于2012年2月2日。③ 在这个案件中，一个叫做粉红淑女（Pink Lady）的女子偶像组合的肖像被杂志擅自刊登。日本最高法院在判决

---

① 这一点在日本也有若干介绍。例如，小口彦太：《中国における肖像権侵害をめぐる一诉讼——映画『秋菊の物语』撮影事件をもとにして——》，载《早稲田法学》75卷1号（1999年），第49页；刘新宇：《日本某电気通信会社の上海事务所が肖像権侵害を理由に诉えられた诉讼事件［上海市黄浦区裁判所（人民法院）判决］》，载《研究开発リーダー》4卷8号（2007年），第49页。

② 参见上野达弘：《パブリシティ権をめぐる课题と展望》，载高林龙编：《知的财产法制の再构筑》，日本评论社2008年版，第185页；上野达弘：《人のパブリシティ》，载吉田克己、片山直也编：《财の多様化と民法学》，商事法务2014年版。

③ 参见最一小判平成24年2月2日民集66卷2号89页（ピンク・レディー事件）。

时，承认了学理上的"形象化权"，还给出了关于侵权构成要件的一些判断标准。

　　当然，这个判决是基于日本法律的。然而，其中提出的理论和相关的讨论，对于包括中国在内的其他国家，应该也能供法律解释和立法参考。

　　本文首先简略介绍日本最高法院的判决，在明确其留下的课题的同时，介绍一些相关的讨论情况。

二、"粉红淑女"案

（一）案由

　　根本美鹤代与增田惠子（原告、上诉人、上告人）于1976年至1981年间，结成了女性偶像组合"粉红淑女"，主要作为歌手活动。"粉红淑女"组合在日本受到了从儿童到成年人的广泛支持，她们的曲目在全国范围内反复流传。

　　在2006年秋季，热衷于苗条瘦身的女性中开始流行用"粉红淑女"的歌曲辅助瘦身。于是某出版社（被告、被上诉人、被上告人）在自己发行的周刊《女性自身》2007年2月27日号（约200页）的封面上，刊登了《前田健解说! 压力消减"瘦身"五曲》《"粉红淑女"瘦身》的标题，在第16页至第18页的3页中，刊登了题为《粉红淑女 de 瘦身》（ピンク・レディー deダイエット）的专题，内容是用《海滨的辛巴达》《通缉》《胡椒警官》《UFO》《卡门77》等曲目进行的瘦身法的解说。在该专题中使用了根本美鹤代与增田惠子为对象的14张黑白照片（参见图1），具体情况如下：

　　①封面部分：根本美鹤代与增田惠子的歌唱照片1张（纵4.8cm×横6.7cm）

　　②瘦身法解说部分：根本美鹤代与增田惠子的歌唱照片5张（纵5cm×横7.5cm—纵8cm×横10cm）

③瘦身法的效果描述部分：根本美鹤代与增田惠子的泳装照 1 张（纵 7cm×横 4.4cm）

④回忆部分：在《本刊秘藏照片中蕴藏的粉红少女之回忆》标题下面刊登了根本美鹤代与增田惠子的照片 7 张（纵 2.8cm×横 3.6cm—纵 9.1cm×横 5.5cm）

图 1 "粉红淑女"案

本案中的照片都是过去出版社得到根本美鹤代与增田惠子的允许后拍摄的照片，但她们并没有许可将这些照片在该杂志上刊登，因此属于出版社擅自刊登。

根本美鹤代与增田惠子主张，她们使用自身具有吸引顾客能力的肖像的排他性权利被侵害，要求出版社基于侵权行为给予损害赔偿。

一审判决（东京地判平成 20 年 7 月 4 日判时 2023 号 152 页）和上诉判决（知财高判平成 21 年 8 月 27 日判时 2060 号 137 页）都判决原告败诉。原告上告至日本最高法院。

（二）判决主旨

日本最高法院判决驳回原告上诉（最一小判平成 24 年 2 月 2 日民集 66 卷 2 号 89 页），理由如下：

人的姓名、肖像（以下统称为"肖像等"）是个人人格的象征，应当认为个人拥有来源于人格权的、防止被乱用的权利。如果肖像等拥有促进商品销售、吸引顾客的能力，由于使用这种吸引顾客能力的排他性权利是基于肖像等自身商业价值产生的，所以其应属上述来源于人格权的权利内容之一。另一方面，如果某人的肖像具有吸引顾客的能力，为了获取社会的关注，他们也往往容许自己的肖像等在时事报道、评论、作品中被使用，视其为正当的表现行为。这样，擅自使用肖像等的行为：①将肖像等自身作为鉴赏对象独立出来，作为商品使用；②以区别商品等为目的，将肖像等附着于商品上；③将肖像等作为商品等的广告，专门以利用肖像的顾客吸引能力为目的使用肖像等的场合，应认定为侵害了形象化权，理解为侵权行为法上的违法行为是恰当的。

因此，在本案中，根据前述事实关系，根本美鹤代与增田惠子的组合在 1970 年代受到上至成人下至儿童的广泛支持，模仿她们伴舞的风潮流行全国，所以可以认为本案中的根本美鹤代等的肖像，具有吸引顾客的能力。

同时，根据前述事实关系，本案中的杂志之文章，介绍的不是"粉红淑女"组合自身，而是当时流行的利用"粉红淑女"的伴舞进行瘦身的方法和效果。文章不仅通过插图文字等进行解说，还回忆了童年时"粉红淑女"伴舞的风潮。并且，本案中使用了照片的，不过全本杂志共 200 页篇幅中的 3 页，且都是黑白照片，大小不过是纵 2.8cm×横 3.6cm 或者纵 8cm×横 10cm 的程度。根据上述情形，应当认定这些照片用于解说利用伴舞进行瘦身的方法以及回忆童年时"粉红淑女"伴舞的风潮，目的在于唤起读者回忆，补充正文内容。

"因此，出版社在本案中擅自刊登根本美鹤代与增田惠子的照片的行为，不是专门以使用根本美鹤代与增田惠子的肖像的顾客吸引能力为目的，不能认定为侵权行为法上的违法行为。"

（三）本判决的意义

在日本，本判决具有以下重要意义。

1. 承认了形象化权

本判决是日本首次承认形象化权的判例，而且作出这一判决的是最高法院。

在日本，虽然不存在关于形象化权的明文规定，但过去各下级法院还是积累了一些关于姓名和肖像等的财产利益的法律保护的判决。① 而且，关于人格权，最高法院过去也在"与姓名相关的 NHK 日语读法案"②"与肖像相关的京都府学联游行

---

① 参见东京地判昭和 51 年 6 月 29 日判时 817 号 23 页（マーク・レスター事件）、东京地判昭和 53 年 10 月 2 日判时 372 号 97 页（王選手記念メダル事件）、东京地判昭和 61 年 10 月 6 日判时 1212 号 142 页（おニャン子クラブ事件）、东京地判昭和 61 年 10 月 9 日判时 1212 号 142 页（中森明菜カレンダー事件）、东京地判昭和 61 年 10 月 17 日判时 617 号 190 页（中森明菜ブロマイド事件）、富山地判昭和 61 年 10 月 31 日判时 1218 号 128 页（藤岡弘事件）、东京地判平成元年 9 月 27 日判时 1326 号 137 页（光 GEN JI 事件）、东京地判平成 2 年 12 月 21 日（おニャン子クラブ事件：第一审）、东京高判平成 3 年 9 月 26 日判时 1400 号 3 页（おニャン子クラブ事件：控诉审）、横浜地判平成 4 年 6 月 4 日判时 1434 号 116 页（土井晚翠事件）、东京地判平成 10 年 1 月 21 日判时 1644 号 141 页（キング・クリムゾン事件：第一审）、东京高判平成 11 年 2 月 24 日（キング・クリムゾン事件：控诉审）、东京地判平成 12 年 2 月 29 日判时 1715 号 76 页（中田英寿事件：第一审）、东京地判平成 16 年 7 月 14 日判时 1879 号 71 页（ブブカスペシャル7 事件：第一审）、东京地判平成 16 年 10 月 21 日（山本寛斎事件）、东京地判平成 17 年 3 月 31 日判时 1189 号 267 页（長嶋一茂事件）、东京地判平成 17 年 6 月 14 日判时 1917 号 135 页（矢沢永吉パチンコ事件）、东京地判平成 17 年 8 月 31 日判时 1208 号 247 页（@ BUBKA 事件）、东京高判平成 18 年 4 月 26 日判时 1954 号 47 页（ブブカスペシャル7 事件：控诉审）、东京地判平成 20 年 7 月 4 日判时 2023 号 152 页（ピンク・レディー事件：第一审）、知财高判平成 21 年 8 月 27 日判时 2060 号 137 页（ピンク・レディー事件：控诉审）、东京地判平成 22 年 4 月 28 日（ラーメン我聞事件）、东京地判平成 22 年 10 月 21 日（ペ・ヨンジュン事件）、京都地判平成 23 年 10 月 28 日（The・サンデー事件：第一审）。
② 日本最高法院昭和 63 年 2 月 16 日民集 42 卷 2 号 27 页（NHK 日本語読み事件）。

案"①"和歌山咖喱脸部速写画案"② 中，给予与姓名、肖像相关的人格利益以一定的法律保护。

本判决在引用与人格利益相关的三个最高法院判决的基础上，认为个人拥有作为人格权的"排除自己的姓名、肖像被乱加使用的权利"，判定形象化权（排他性利用肖像等拥有的吸引顾客能力的权利）也"构成来源于人格权的权利的一部分"。

因此，最高法院承认形象化权的判例，可认为对今后的判决赋予了基础，具有很重要的意义。③

2. 形象化权的保护范围

本判决在一定程度上揭示了形象化权的保护范围（判断侵权的标准）的发展方向。

（1）一般论点

在迄今为止的判例中，围绕着形象化权的侵权判断标准，存在不同的观点。例如，既存在认为"用商业方法使用肖像等"时总是构成形象化权侵害的判例，④ 也存在认为构成形象化权侵害，需要有侵害隐私或者侵害人格权等"必需的附加要件"的观点。⑤

在这种背景下，本判决认定，"专门以利用肖像的顾客吸

---

① 日本最高法院昭和 44 年 12 月 24 日刑集 23 卷 12 号 1625 页（京都府学连デモ事件）。

② 日本最高法院平成 17 年 11 月 10 日民集 59 卷 9 号 2428 页（和歌山カレ一似顔絵事件）。

③ "粉红淑女"案最高法院判决之后的判例，参见大阪高判平成 24 年 6 月 29 日（The·サンテ一事件：控訴審）。东京地判平成 25 年 4 月 26 日判时 2195 号 45 页（嵐事件：第一审）、知财高判平成 25 年 10 月 16 日（嵐事件：控訴審）。

④ 参见东京高判平成 18 年 4 月 26 日（ブブカスペシャル7 事件：控訴審）。

⑤ 参见东京地判平成 17 年 8 月 31 日（@BUBKA 事件）。

引能力为目的"时构成对形象化权的侵害。① 按照这种观点，即使"以利用其顾客吸引能力为目的"使用肖像，如果不是"专门以使用肖像的顾客吸引能力为目的"（下划线为笔者所加），则不构成对形象化权的侵害。本判决提出的这个要件，在明确形象化权侵害的判断标准这一点上具有一定意义。

（2）适用

此外，该判例还列举了三种符合"专门以利用肖像的顾客吸引能力为目的"的情形。

第一，商品化（鉴赏目的）。这是"将肖像等自身作为鉴赏对象独立出来，作为商品使用"的情形。具体的例子包括销售印有艺人肖像的宣传照、海报、贴纸、写真集等。

第二，商品化（区别目的）。这是"以区别商品等为目的，将肖像等附着于商品上"的情形。具体的例子包括销售印有艺人肖像的文具、T恤、点心盒子以及在体育馆的训练器械上张贴艺人肖像进行营业等。

第三，广告。这是"将肖像等作为商品的广告使用"的情形。具体的例子包括制作使用包含了艺人肖像的电视广告和海报等。

这样，本判决揭示的三种情形对于明确形象化权侵害的范围，具有一定意义。

三、尚未明确的问题

如上所述，日本通过"粉红淑女"案的最高法院判

---

① 这样的标准在过去的判决中也多次出现。参见东京高判平成11年2月24日（キング・クリムゾン事件：控訴審）、东京地判平成12年2月29日（中田英寿事件：第一審）、东京地判平成16年7月14日（ブブカスペシャル7事件：第一審）、东京地判平成20年7月4日（ピンク・レディー事件：第一審）、东京地判平成22年10月21日（ペ・ヨンジュン事件）。

决承认了形象化权，在一定程度上明确了其保护范围，其意义相当重大。然而，该判决还是存在以下尚未明确的问题。

（一）解释论

首先是和法律解释相关联的问题。

1. 权利的性质

第一是形象化权的法律性质。所谓形象化权，是与把人的姓名和肖像等人格要素作为客体的做法相对的，是把姓名和肖像的吸引顾客能力这一财产性利益作为保护对象。那么，形象化权究竟是一种什么性质的权利呢？

围绕着形象化权的法律性质，以前就存在财产权说、人格权说、反不正当竞争说等各种论点。[①]"粉红淑女"案的日本最高法院判决称形象化权"构成来源于人格权的权利的内容之一"。由此可见，日本最高法院采取人格权说的立场。

但是，还有以下问题需要解决：

首先是基于形象化权的请求停止侵权的可能性。尽管"粉红淑女"案判决承认了形象化权，但本案中根本美鹤代与增田惠子终究不过是基于侵权行为请求损害赔偿。因此，由于基于形象化权的停止侵权请求没有成为本案的争诉点，判决也就没有针对这一点作出评论。然而，从本判决把形象化权定义为"排他性的使用权利"这点来看，可以自然地将这项权利

---

① 详见上野达弘：《パブリシティ権をめぐる课题と展望》，第189页以后。

理解为可以作出停止侵权请求的权利。①

其次是形象化权可否转让、继承以及形象化权的存续时间等问题。也就是说，形象化权可否让渡给他人，本人死后可否被继承，以及继承后能存续多久的问题。对于这一点，本判决也没有论及。即便如此，既然本判决将形象化权定性为"来源于人格权的权利"，那么将本判决所说的形象化权定性为不可让渡、随本人死亡而消灭的权利也就是自然而然的。② 但是，一般来说，使用已经离世艺人的肖像的广告很常见。艺人死后其肖像是否可以完全自由地被使用，这也是今后需要进行研讨的问题。

2. 权利主体

第二是形象化权的权利主体问题。

形象化权可适用于著名的艺人这一点，基本没有异议。那么，那些算不上是艺人，却是著名的作家、长寿者、奇迹般的事故生还者抑或普通美女，是不是只要拥有吸引顾客的能力，就应该承认其拥有形象化权呢？

日本过去的判例从形象化权源于"艺人"的特殊性这一点出发，曾经判决属于名人但不是艺人的诗人土井晚翠不拥有形象化权。③

---

① 中岛基至：《判例解说〔最一小判平成 24 年 2 月 2 日〕》，载 *L&T* 56 号（2012 年），第 78 页以下；吉田和彦：《パブリシティ権の存在を初めて認めた最高裁判決》，载《法律のひろば》65 卷 7 号（2012 年），第 73 页注 9，该文也采用了同样的主张。

② 参见前引中岛基至文，第 79 页；内藤笃：《『残念な判決』としてのピンク・レディー最高裁判決》，载 *NBL* 976 号（2012 年），第 24 页以下；和田光史：《人の氏名・肖像等についてパブリシティ権の存在を肯定した最高裁判決》，载《CIPIC ジャーナル》207 号（2012 年），第 28 页注 19；松田俊治、中岛慧：《パブリシティ権の法的性質と侵害の判断基准》，载《知財研フォーラム》89 号（2012 年），第 70 页；前引吉田和彦文，第 69 页。

③ 参见横浜地判平成 4 年 6 月 4 日判时 1434 号 116 页（土井晚翠事件）。

但是，从"粉红淑女"案的最高法院判决认定"肖像等有吸引顾客能力的人"这点来看，应该自然地认为，只要肖像有吸引顾客的能力，不仅仅是艺人，名人和一般人也可以拥有形象化权。

3. 权利客体

第三是形象化权的权利客体问题。

人的姓名和肖像被涵盖在形象化权的客体范围内这点不存在异议。那么，除此之外形象化权的客体还包括哪些内容呢？

既然本案的判决在提到形象化权的客体时采用了"人的姓名、肖像等"（下划线为笔者所加）说法，那么形象化权的客体应该还包括姓名和肖像外的东西。但具体内容仍不明确。

既然本判决将形象化权定义为"来源于人格权的权利"，可以推定声音、体形、笔迹、手势等与个人人格无法分离的人格要素，如果拥有吸引顾客的能力，就应该包括在形象化权的客体中。[①] 例如，如果录制了某艺人"早上好！快起床！"的声音，擅自将其存储在闹钟中并销售该闹钟，应该认为这种行为侵害了形象化权。

即使如此，假设不是原封照搬地使用著名艺人的肖像等，而是让能模仿其手势和腔调的演员制作"山寨模仿广告"，或者销售仅仅是使用了能使人明确联想到特定艺人或体育选手口号的商品，这些会构成对形象化权的侵害吗？这是有待今后解决的问题。

此外，并非人的姓名和肖像，而是物的影像或名称，能

[①] 参见前引中岛基至文，第74页；参见前引和田光史文，第27页注8，该文也采用了同样主张。

否认为它们之上也有形象化权存在，这也是一个问题。例如，将动物园里广受欢迎的熊猫照片和名字使用在商品上并销售，能否构成对熊猫所有人的权利侵害，这也会是一个问题。

确实，"粉红淑女"案最高法院判决所说的形象化权，归根结底只是"来源于人格权的权利"，这种形象化权中不应该包括物的影像和名称。实际上，日本过去曾经有一个擅自在赛马游戏中使用有能力吸引顾客的赛马名字的案件。在判决时，日本最高法院否认了赛马名字上有排他性使用权。[①] 另外也存在这样一个判例，第三人擅自复制出版包含已经没有著作权的《颜真卿自书告身帖》的影像，日本最高法院判决认为这不构成对所有权的侵害。[②] 但是，也存在相反的下级判例：擅自拍摄他人常年精心培育的长尾鸡，并将照片制作成图画集出售的行为，被认定为侵害了长尾鸡所有权人的权利。[③]

综上所述，在日本，形象化权终究只是与人相关的权利，物的形象化权还得不到承认。拍摄他人所有物的照片并在商业活动中使用的行为，是不是在任何场合下都不会影响到所有权人的权利呢？这将是今后要讨论的问题。

4. 权利的保护范围

第四是权利的保护范围（侵权的判断标准）问题。

并不是说只要擅自使用他人姓名、肖像就一定会构成形象化权侵权。那么，应该用什么样的标准去判断，这是一个问题。

在这一点上，"粉红淑女"案的最高法院判决不仅认定

---

① 参见最判平成16年2月13日民集58卷2号311页（ギャロップレーサー事件：上告審）。

② 参见最二小判昭和59年1月20日民集38卷1号1页（顔真卿事件）。

③ 参见高知地判昭和59年10月29日判夕559号291页（長尾鶏事件）。

"专门以利用其顾客吸引能力为目的使用肖像等"构成形象化权侵权，还列举了三种情形，这对于在一定程度内明确形象化权的保护范围是有意义的。

但是，该判决列举出来的只是三种情形，除此之外还有什么样的情形也包括在内，是未来要解决的问题。在具体的事例中如何判断是否符合"专门以利用其顾客吸引能力为目的使用肖像等"呢？这是另一个待决问题。

图 2　裴勇俊案

日本过去的判例中存在各种各样的事例。这里虽然只能介绍极少的一部分事例，但可以说，在书籍和杂志上刊登艺人的大幅彩色照片的话，很多情况下都能认定为侵害形象化权。例如，裴勇俊案中，在杂志《裴勇俊来日特报》（全 52 页）上刊登了原告（裴勇俊）共计 74 张肖像照片的行为应当被认定为侵害了形象化权（参见图 2）。①　此外，在岚（偶像组合名）案中，在书籍《岚完全版照片档案收藏》上刊登原告（樱井翔）的 181 张肖像照片的行为也应当被认定为侵害了形象化权（参见图 3）。②

---

① 参见东京地判平成 22 年 10 月 21 日（ペ・ヨンジュン事件）。
② 参见知财高判平成 25 年 10 月 16 日（嵐事件：控訴審）。

图 3　岚案

　　与此相反，在评论艺人的书籍中为补充内容而使用其小幅肖像照片的行为，很多应当不被认定为侵害形象化权。例如，在中田英寿案中，书籍《中田英寿——把日本带入法兰西的男人》（全237页）上刊登原告（中田英寿）共计23张肖像照片的行为应当被认为不侵害形象化权（参见图4）。① 此外，在King Crimson（乐队名）案中，在书籍 *King Crimson*（全182页）上刊登了原告罗伯特·福利普（Robert Fripp）11张肖像写真的行为应当被认为不侵害形象化权。"粉红淑女"案中，在200页杂志的其中3页上使用14张肖像照片的行为也应当被认为不侵害形象化权。

　　这样，判断某种行为是否属于"专门以利用其顾客吸引能力为目的使用肖像等"，需要综合考虑肖像照片的大小和张数，以及关联的文章内容等各种要素。即便如此，娱乐杂志在何种程度上使用艺人的姓名和肖像会构成对形象化权的侵害，以及在互联网上开设艺人的粉丝站点是否会侵害形象化权这样尚不明确的地方还有不少。这些问题都需要今后进行研讨。

---

　　① 参见东京地判平成12年2月29日判时1715号76页（中田英寿事件：第一审）。

图 4　中田英寿案

（二）立法论

其次是法律制定方面的问题。

如前所述，日本虽然通过最高法院的"粉红淑女"案判决承认了形象化权，但形象化权的让渡可能性、继承可能性以及存续时间等都尚不明确，问题被遗留了下来。当然，今后也能通过判例的积累逐步完善。但是，类似形象化权的存续时间这类问题，就算积累再多的判例恐怕也难以真正明确。

所以，要使形象化权的内容更加明确化，还是需要研讨通过明文立法的方式解决，研讨如何立法很有必要。

可供设想的具体方法如下：新设单独的《形象化权法》（暂名）；修正反不正当竞争法；修正著作权法。笔者过去曾经认为修改著作权法是现实的方法，① 但现在看来，设立单独的新法也应该时机成熟了。

四、结语

关于擅自在商品和广告上使用有顾客吸引能力的艺人等的

---

① 参见东京高判平成 11 年 2 月 24 日（キング・クリムゾン事件：控訴審）。

姓名、肖像等法律后果，各国的规定都不甚明确。于是，在什么场合下构成违法，也不甚明朗。同时，随着跨国互联网传媒的迅速发展，这个问题变得越来越重要。所以，很有必要对这个问题进行国际化的研讨。

日本没有制定关于形象化权的成文法，而作为最高法院判决，2012年的"粉红淑女"案判决首次承认了形象化权，还给出了"专门以利用肖像的顾客吸引能力为目的使用肖像"这一判断标准。但是，除此之外还是存在很多不明确的地方，需要今后解决。

本文简要介绍了"粉红淑女"案的日本最高法院判决，提出了需要进一步明确的问题以及相关的一些讨论。

当然，这里的讨论都基于日本法。然而，本判决以及相关评论或许也可能成为中国及其他国家进行法律解释和立法时的参考。笔者也期望今后中日两国在包括本问题在内的诸多法律问题上，能进一步开展学术交流，为两国的友好关系添砖加瓦。若本文能为此作出积极贡献，笔者不胜欣慰。

译后记

翻译是一件苦差事。如若是一气呵成地翻译一本著作倒也还好；对于一本编入了不同作者、不同文风，却又有着不同的译者以及不同风格译文的作品来说，这其中的艰辛，怕是只有译者自己知道。

本书收录的文章，由四位译者共同翻译。最初，译者们秉持着"忠实还原"的态度进行翻译工作，但是翻译的巧妙之处就在于，忠实还原却难以确保作者的原意被完美地表达出来。有时在英文或日文中灵巧的辅助词，转换到中文却变成了"鸡肋"。因而，在主编的协助下，译者们即时调整了思路，并在尊重原意的基础上，最大化地对其文本语言进行了细致调整。缺少了其中任何一个环节，本卷都不可能得以完成。

在此，要感谢本系列丛书的主编陈夏红。他的睿智、乐观，以及在学术上的孜孜追求精神，在对待文本时的认真与精细的态度，都深深感染着我，并给予我力量。初始时，夏红师兄带着笑意对我说："试试看吧！"在译稿完成后，夏红师兄熬夜校阅，对译文提出了许多建设性的意见。最终，这些知识产权方面的文章，才得以作为本翻译项目中的一卷，呈现在各位读者眼前；我的伙伴谢晴川博士负责日文文献部分，从联系版权到进行翻译等工作，都付出了很大的努力。仍记得在收稿过程中，我们都对研究中国知识产权问题的日本学者如此之少表达过感叹。我与谢兄相识在早稻田大学，他在短短三年内毕业于早大，现任教于南开大学，其翻译文风严谨，通俗易懂，为编辑工作节省了不少功夫。在荷兰马斯特里赫特大学的同门王杰以及彭耀进，从翻译文章、统稿校对，到提供栏目思路，都付出了很多心血，在此深表感谢。

此外，感谢各位慷慨授予版权的作者，其中有的作者在出版社索要版权费用时，为减免费用所付出的努力，编者铭记于心。想必这种创作人与出版社之间的奇妙关系，也正是我们知识产权学者们将来努力改进的目标之一吧！在此，编者也特别要感谢早稻田大学的上野达弘教授，在回顾了我们向其之约稿后，觉得该文内容过于陈旧，特地为本卷新撰一稿，并寄语本卷，要为中日之间的友好交流作出贡献。这样的学者情怀让人感动。同时，译者们也希望借此向中国大百科全书出版社学术著作分社以及郭银星社长表示感谢，没有中国大百科全书出版社的支持与帮助，这样浩大的工程想必难以完成。

最后，译者们对书中所存在之翻译纰漏，以及不完善之处负全部责任。文责自负，如若诸位读者觉得文章不够好，那一定是译者未能准确表达的问题，而非作者之责。

何天翔
2015 年于马斯特里赫特大学法学院